中国轻工业“十三五”规划教材

高等院校“互联网+”新形态教材

# 统计学——原理与应用

孟泽云　主　编

王仙雅　贺小莉　副主编



電子工業出版社

Publishing House of Electronics Industry

北京 · BEIJING

## 内 容 简 介

统计学是研究各个领域有关数据的搜集、整理、分析、解释的一门方法论性质的学科，是经济类、管理类专业的一门重要专业基础课程。本书包括统计学的基本理论和基本方法，具体包括统计概述、统计调查（统计数据的搜集）、统计整理（统计数据的整理和显示）、综合指标、抽样推断、相关与回归分析、统计指数、动态分析。考虑到 Excel、SPSS 的通用性，对书中计算量较大的内容提供了应用 Excel、SPSS 软件计算的方法。

本书可作为经济与管理专业本科生学习统计学的教材，也可以作为从事管理工作和经济分析的各类人员学习统计知识和统计方法的参考书。



**图书在版编目（CIP）数据**

统计学：原理与应用 / 孟泽云主编. —北京：电子工业出版社，2021.2
ISBN 978-7-121-38905-4

Ⅰ. ①统… Ⅱ. ①孟… Ⅲ. ①统计学－高等学校－教材 Ⅳ. ①C8

中国版本图书馆 CIP 数据核字（2020）第 052797 号

责任编辑：贾瑞敏
印　　刷：涿州市般润文化传播有限公司
装　　订：涿州市般润文化传播有限公司
出版发行：电子工业出版社
　　　　　北京市海淀区万寿路 173 信箱　　邮编 100036
开　　本：787×1 092　1/16　印张：17.5　　字数：448 千字
版　　次：2021 年 2 月第 1 版
印　　次：2023 年 3 月第 4 次印刷
定　　价：57.00 元

凡所购买电子工业出版社图书有缺损问题，请向购买书店调换。若书店售缺，请与本社发行部联系，联系及邮购电话：(010)88254888，88258888。

质量投诉请发邮件至 zlts@phei.com.cn，盗版侵权举报请发邮件至 dbqq@phei.com.cn。

本书咨询联系方式：电话 010-62017651；邮箱 fservice@vip.163.com；QQ 群 427695338；微信 DZFW18310186571。

# 前 言

本书是中国轻工业“十三五”规划教材，是为经济类、管理类专业学生编写的专业基础课教材。本书根据高校本科专业基础课程教学基本要求，总结编写团队多年统计教学与科研实践经验，根据经济类、管理类专业的特点，并借鉴国内外优秀统计学教材，经多次研讨、反复论证编写而成。本书包括统计学的基本理论和基本方法，一方面为学生学习后续专业课奠定理论和方法基础，另一方面也为学生将来从事社会经济问题研究和管理工作提供数量分析方法。

本书具有以下特点：

1. 本书的内容包括统计学原理和应用，以经济类、管理类专业对统计知识与统计方法的需求选取内容，以经济、管理领域中的数据分析为背景，让学生在未来的工作中更好地使用统计数据。

2. 本书精简了一些烦琐的数学推导和理论证明，强调统计思想、统计方法的应用，注重培养学生掌握、运用统计方法解决实际问题的能力。

3. 每章内容中间的思考题及章后的阅读材料，对内容做了适当的引申，以启发学生深入思考，满足需要进一步学习的学生的需求。

4. 每章后有简明的小结、疑难问题解答，并配备了一定数量的练习题，以帮助学生全面理解和掌握本章的内容。

5. 通过二维码链接对书中的统计计算方法提供了应用 Excel 软件计算的过程。

6. 为了更好地满足教学的需要，帮助学生更加深刻地理解统计学基本原理，掌握统计学基本方法在社会经济实践中的灵活运用，本书配有《统计学——原理与应用学习指导》。

本书由天津科技大学多年从事统计学教学的孟泽云、王仙雅、贺小莉三位老师编写，孟泽云担任主编，王仙雅、贺小莉担任副主编。具体编写分工是：孟泽云负责本书的总体设计和统稿，并编写了第三章、第四章、第八章；王仙雅编写了第一章、第二章、第七章；贺小莉编写了第五章、第六章。

本书在编写的过程中，借鉴和参考了许多优秀的统计学教材和大量文献资料，在此向有关作者表达诚挚的感谢。

由于编者学识水平有限，难免有疏漏和不足之处，恳请读者批评指正，我们将进一步修改与完善。

编　者

# 目 录

# 第一章 统计概述

**教学目标**

1. 了解统计的由来、分类和职能。
2. 了解统计的3种含义。
3. 清楚统计研究的对象。
4. 掌握统计数据的特点、计量尺度和类型。
5. 理解统计研究的基本方法。
6. 掌握统计的基本概念，如统计总体、总体单位、样本、标志和变量等。

**引导案例**

由于战争，德国有一个时期物资特别紧缺，对面包实行配给制：政府把面粉发给指定的面包房，面包师傅烤好了面包再发给居民。有位统计学家怀疑他所在区域的面包师傅私扣面粉，于是就天天称自己的面包。几个月以后，他去找面包师傅，说："政府规定配给的面包是 400 克，因为模具和其他因素，你做的面包可能是 398 克、399 克，也可能是 401 克、402 克，但是按照统计学的正态分布原理，这么多天的面包重量平均应该等于 400 克，可是你给我的面包平均重量是 398 克。我有理由怀疑你使用较小的模具，私吞了面粉。"面包师傅承认确实私吞了面粉，并再三道歉保证马上更换正常的模具。又过了几个月，统计学家又去找这个面包师傅，说："虽然这几个月你给我的面包都在 400 克以上，但是这可能是因为你没有私吞面粉，也可能是因为你从面包里特意挑大的给我。同样根据正态分布原理，这么多天不可能没有低于 400 克的面包，所以我认为你只是特意给了我比较大的面包，而不是更换了正常的模具。我会立刻要求政府检查你的模具。"面包师傅只好当众认错道歉，接受处罚。

这个故事用到了正态分布原理，其实统计学离我们的生活并不遥远，很多时候可以利用统计学解决一些生活中的小问题。

## 第一节 统计的产生与发展

### 一、统计活动的产生和发展

从历史上看，统计活动远远早于统计学的产生，它是随着人类社会经济的发展，顺应治国和管理的需要而产生和发展起来的，至今已有四五千年的历史。统计活动起源于原始社会末期，当时人们就用结绳记事、结绳计量的方法来对狩猎品和采集到的野果的数量等进行简单计数。

在奴隶社会，统治者为了维护自己的统治地位，实现对内统治、对外战争的需要，进行征兵、徭役、征税，开始了人口、土地和财产的统计活动。晋·皇甫谧（215－282 年）的《帝王世纪》记载，我国早在四千多年前的夏朝，为了治国治水的需要，就进行了初步的国情统计：全国分为 9 个州，人口为 1 355 万人，土地为 2 438 万顷。在国外，古希腊、古罗马时代，已开始了人口和居民财产的统计活动。在埃及，早在建造金字塔时，为了征集所需财物和征用劳力，就在全国进行了人口、劳力和财产的调查。

到了封建社会，统计已略具规模。封建君主和精明的政治家日益意识到统计对治国强邦的重要作用。在封建社会末期，特别是进入资本主义社会以后，社会生产力迅速发展，社会分工日益深化，交通、航运、贸易日趋发达，国际市场逐步形成。这时不仅政府需要包括人口、土地、财富、赋税、军事等方面国情国力的统计，各类企业主、商人为了经营管理和争夺市场，也需要各种商业情报和市场信息。统计逐步扩展到工业、农业、贸易、银行、保险、交通、邮电、海关等部门，并且出现了专业的统计机构和研究组织。统计逐步成为社会分工中的一个独立部门和专业。

## 二、统计学的产生和发展

统计活动经过封建社会末期的丰富和发展，客观上需要从理论上加以概括和总结，于是统计学应运而生。一般认为，统计学始于 17 世纪中期的英国。关于统计学的创始人有两种说法，其中大多数人认为是 17 世纪英国人威廉·配第，少数人认为是约翰·格朗特。从 17 世纪下半叶开始，欧洲出现了一些统计理论著作，使得统计学在理论和方法上不断丰富。由于这些统计学者所处的历史条件不同，研究的领域不同，因此形成了不同的统计学派。从发展历程来看，统计学经历了如下 3 个主要时期。

### （一）古典统计学时期（17 世纪中叶至 18 世纪中叶）

古典统计学时期，统计学并不是一门独立的学科，而是散落在其他领域中的关于统计的萌芽和思想。根据当时的统计思想，统计学的发展大致可归纳为两个学派，分别为政治算术学派和国势学派。

#### 1. 政治算术学派

政治算术学派产生于 17 世纪中期的英国，主要代表人物是配第和格朗特。17 世纪中期，英国正处于内战时期，全国上下对国家的发展普遍感到担忧，如在军事和航海实力上远远低于荷兰，甚至还不如邻国法国。当时的英国在对外扩张过程中面临荷兰和法国两大实力雄厚的竞争对手的挑战。为了知己知彼，实现"大英帝国"争夺殖民地、扩大世界市场和掠取更多原料的战略目标，客观上迫切需要专人来搜集和分析荷兰与法国在国情国力方面的统计资料。

配第的《政治算术》与《爱尔兰的政治解剖》正是在这种背景下相继问世。在这两部著作里，配第以统计数据为基础，运用一系列分析手段和计算方法，通过对荷兰、法国和英国三国的现实力量和潜在力量的分析比较，指出了英国的富强之路，并最终得出英国能够超过荷兰和法国成为世界头号强国的结论。配第是西方近代以较系统的数量分析手段对国情国力进行比较研究的先驱。《政治算术》一书问世后，马克思对他的评价非常高，称他为政治经济学之父。在某种程度上也可以说他是统计学的创始人。

政治算术学派的另一个代表人物格朗特是配第的亲密朋友和赞助人。他以1604年伦敦教会每周一次发表的《死亡公报》为研究资料，在死亡的原因及人口变动的关系上首次提出通过大量统计观察可以发现新生儿性别比例具有稳定性和不同死因的比例等人口规律，并且第一次编制了"生命表"，对死亡率与人口寿命做了分析，从而引起了普遍关注。

由于《政治算术》一书的影响力巨大，所以称为政治算术学派。此学派的统计学已经比较明显地体现了"搜集和分析数据的科学与艺术"特点，统计实证方法和理论分析方法浑然一体，现代统计学也依然继承这种方法。正因如此，这个学派的特点可归纳为"有统计学之实，无统计学之名"。

**2. 国势学派**

国势学派也称记述学派，产生于17世纪的德国，代表人物是海尔曼·康令（H. Conring，1606—1681年）和高特弗瑞德·阿亨瓦尔（G. Achenwall，1719—1772年），代表作是《近代欧洲各国国势学概论》。他们在德国的大学开设了"国势学"课程。国势学派把统计学理解为国家重要事项的记述，他们搜集大量的实际材料，分门别类地记述国家组织、土地、人口、军队、居民职业、宗教、资源、财产等社会经济情况，注重事件的文字记述，但缺乏数量的分析。由此对比后人所认为的统计学，国势学派所理解的统计学是不符合要求的，存在着名不副实的缺陷。然而，"统计学"一词就是从国势学派演变而来的。

### （二）近代统计学时期（18世纪末至19世纪末）

随着时代的不断发展，统计学成为一个独立的学科，逐渐形成了理论体系，并在各个领域，特别是社会经济领域广泛地应用。根据其研究内容，可归纳为两个学派，即以理论为主的数理统计学派和以应用为主的社会统计学派。

**1. 数理统计学派**

统计学是以概率论为基础形成和发展起来的，以随机现象为主要研究对象的数理统计，主要代表人物是比利时的阿道夫·凯特勒（Lambert Adolphe Jacques Quetelet，1796—1874年）。概率论的研究起源于意大利文艺复兴时代，最初的研究是为赌徒们找出掷骰子取胜的一套办法，合理地算出取胜的机会。到18世纪，概率理论日益成熟，开始引入到统计学中，并于19世纪中叶形成数理统计学派。

凯特勒在自己的研究工作中，把统计学与概率论结合起来。他首次在社会科学的范畴内提出了他的大数律思想，并把统计学的理论建立在大数律的基础上，认为一切社会现象都受到大数律的支配。他的这种统计思想盛行一时，至今还有影响。1857年，凯特勒在第三次国际统计会议上，论证了概率论方法对于统计价值测定的必要性；1867年，他在第六次国际统计会议上，又提出希望能建立一个特别小组委员会来处理直接与概率论有关的统计问题。凯特勒不仅把概率统计的方法引入人口、领土、政治、农业、工业、商业、道德等社会领域，还把概率统计的方法引入天文、气象、地理、动物、植物等自然领域。他的这种关于概率统计的方法是应用于任何事物数量研究的最一般方法的思想，对以后统计学的发展具有重大意义。

凯特勒把概率论和大量观察法引进统计研究领域，并最先运用大数律论证了社会生活现象并非偶然，而是有其发展规律的，由此使统计学进入一个新的发展阶段。

**2. 社会统计学派**

这一学派融合了政治算术学派和国势学派的观点，吸收了凯特勒著作中的若干思想，结合了政府统计与社会调查。该学派既重视统计方法的研究，也强调要以事物的质为前提及认识质的必要性。其主要代表人物有克尼斯（Karl Gustav Adolf Knies，1821—1898 年）、恩格尔（Ernst Engel，1821—1896 年）和梅尔（Georg Von Mayr，1841—1925 年）。

该学派的先驱者克尼斯把统计学的性质规定为“具有政治算术内容的社会科学”。他在《作为独立科学的统计学》（1850 年）一书中，提出了国家论和统计学科学分工的主张。他认为，国家论是用文字记述的国势学的科学命名，统计学则是用数值研究社会经济规律的政治算术的科学命名。社会统计学的提出标志着国势学派与政治算术学派长期争论的结束，预示了德国统计学的未来发展方向。

梅尔在《社会生活中的规律性》（1877 年）一书中提出，统计学是根据数量的大量观察，对人类社会生活的状态及其产生的规律做有系统的说明与研究。他明确指出统计学的研究对象是社会经济现象的规律，认为脱离规律性的研究就不能获得科学的认识，统计学不仅要确定事实数量的记述，还必须研究其规律性。他强调统计学是一门具有特殊研究方法的实质性社会科学，统计方法与统计科学是有区别的，主张将二者结合起来。另一位代表人物，德国统计学家恩格尔提出了统计调查、整理和分析三阶段的统计方法。他通过对英、法、德和比利时等国工人家庭的调查，撰写了《比利时工人家庭的生活费》（1895 年）一书，提出了著名的恩格尔定律，即一个家庭（或个人）的收入越低，其食品支出在收入中所占比例就越高；反之比例就越低。恩格尔系数等于食品支出总额÷收入×100%。

19 世纪后半叶到 20 世纪初，社会统计学派在欧洲大陆处于优势地位，并在世界各国传播，对美国、苏联、日本和中国等国家产生了不同程度的影响。1882 年起，社会统计学派与数理统计学派展开了关于实质科学的争论。受数理统计学派的影响，社会统计学派的性质逐渐发生了变化，由原来的实质科学向方法论科学转变。

实践领域中，19 世纪中叶以后，人们试图通过社会调查来搜集、整理、分析资料，以揭示社会现象和问题，并提出解决问题的具体办法。与此同时，经济调查和经济统计学也迅速发展起来，如早在 1835 年挪威就与人口普查相结合从事农业统计调查，1790 年美国进行了第一次人口普查等。

### （三）现代统计学时期（20 世纪初至今）

20 世纪以来，统计学广泛吸收数学、工程技术等学科多方面的研究成果，形成一个不断完善和扩大的理论体系。

一方面，统计理论领域不断完善和扩大。例如，生物遗传领域中高尔顿（Francis Galton，1822—1921 年）提出回归和相关理念；酿酒公司的化学技师戈塞特（William Sealy Gosset，1876—1936 年）提出与正态分布不一样的小样本 $t$ 分布理论；生物统计领域中科克伦（William Gemmell Cochran，1909—1980 年）提出实验设计理论和方法；威沙特（John Wishart，1898—1956 年）提出多元 $t$ 平方分布，开创了多元统计分析；瓦尔德（Abraho Wald，1902—1952 年）提出统计决策理论。

另一方面，社会统计学派仍按自己的路线发展到今天。到20世纪，这些调查活动日臻成熟。国民收入的计算和研究、指数的编制及其方法研究、时间数列分析、经济预测和计量经济学等，都在这个阶段得到了充分的发展。

与此同时，在计算机信息论等现代科学技术的影响下，统计学的研究领域和研究方法不断扩展。例如，多元统计分析、现代时间数列分析、贝叶斯统计、非参数统计、线性统计模型等实证分析都需要大量依靠计算机。

总体来看，现代统计学具有以下特征。

① 由描述统计向推断统计发展。描述统计是对所搜集的大量数据资料进行加工整理、综合概括，通过图示、列表和数字，如编制次数分布表、绘制直方图、计算各种指标等对资料进行分析和描述；推断统计则是在搜集、整理观测的样本数据基础上，对有关总体做出推断，其特点是根据带随机性的观测样本数据及问题的条件和假定（模型），对未知事物做出以概率形式表述的推断。

② 由社会、经济统计向多分支学科发展。这种发展体现了统计学对数据分析不断地发展和完善的特征。在20世纪以前，统计学集中在人口统计、生物统计、社会统计和经济统计领域。到今天，统计广泛用于研究社会现象和自然现象的各个方面，并发展成有许多分支学科的科学，如自然科学领域中的生物统计、心理统计、医学统计，社会科学领域中的保险精算、计量经济学等。

③ 统计预测和决策科学有了很大的发展。传统的统计是对已经发生和正在发生的事物进行统计，提供统计资料和数据。20世纪30年代以来，特别是第二次世界大战以来，由于经济、社会、军事等方面的客观需要，统计预测和决策科学有了很大发展，使统计走出了传统的领域而被赋予新的意义和使命。例如，在时间数列分析中，利用历史数据对未来走势进行预测。

④ 计算技术和一系列新技术、新方法在统计领域不断得到开发和应用。近几十年间，计算机技术不断发展，使统计数据的搜集、处理、分析、存储、传递、印制等过程日益现代化，提高了统计工作的效能，日益扩大了传统的和先进的统计技术的应用领域，促使统计科学和统计工作发生了革命性的变化。与此同时，随着信息量的不断增大，如何从大量资源中挖掘对自己有利的信息，也对统计学提出了更高的要求，“大数据”“数据挖掘”应运而生。如今，计算机科学成为统计科学不可分割的组成部分。随着科学技术的发展，统计理论和实践在深度与广度方面也不断发展。

总之，统计在现代化管理和社会生活中的地位日益重要。人们的日常生活和一切社会生活都离不开统计。正如英国统计学家哈斯利特所说，“统计方法的应用是这样普遍，在我们的生活和习惯中统计的影响是这样巨大，以致统计的重要性无论怎样强调都不过分”。甚至有的学者把当今时代叫作“统计时代”“大数据时代”。

## 第二节　统计的含义和研究对象

### 一、统计的含义

统计发展到今天，人们在不同场合赋予“统计”一词的含义是多种多样的，通常统计有 3 种含义——统计工作、统计数据和统计理论。

### （一）统计工作

统计工作就是统计实践活动。统计工作指的是统计数据的采集、整理和描述，以及根据经过整理的统计数据进行分析和推断的整个过程。我国的各级政府机构大都设有统计部门，其主要职能是从事统计数据的搜集；绝大多数企业都有从事统计工作的专业人员，他们负责企业生产经营活动数据的记录、整理和积累。实际从事统计工作的人员，在提到“统计”一词时多是指统计工作这层含义。

统计活动是人们为认识客观事物，通过实验或调查搜集有关资料和数据，并对其加以分类、归纳和分析，然后对客观事物规律性的数量表现给予统计解释的过程。因此，统计活动实质上就是人们认识世界的过程。

### （二）统计数据

统计数据是统计工作的结果，是依靠大量实际观测取得或者根据既定要求搜集的、反映客观事物或现象的数据和资料，是统计工作的成果。例如，某地区的十年规划希望 2020 年的国民生产总值比 2010 年翻一番，就需要该地区有关国民生产总值的历史数据和相关数据，并需要其他地区的相关统计数据，以此为基础进行分析和决策。又如，由国家统计局编辑、中国统计出版社出版的每年一册的《中国统计年鉴》，以及国家统计局每年年初公布的《国民经济与社会发展统计公报》等都是统计数据。再如，电视和报纸杂志所说的“据统计”中的统计指的也是统计数据。

统计数据必须具有客观性，即反映的事实是客观的，不受任何偏见的影响或人为的干扰；必须具有准确性，即统计数据的偏差应在根据统计研究目的确定的允许误差的范围内；必须具有及时性，即统计数据一定要及时搜集、及时加工并及时公布。

统计数据与统计工作的关系是工作成果和工作过程的关系。

### （三）统计理论

统计理论或称统计学，是一门搜集、整理和分析统计数据的方法论科学，从事统计教学或统计研究活动都会将“统计”理解为统计学。统计理论研究的是如何进行数据的搜集、加工和整理，如何从纷繁复杂的数据中得出结论，科学地解释结论，通过观察客观现象与事物，得到正确而深刻的认识。

统计理论与统计工作的关系是理论和实践的关系，理论源于实践、高于实践，又指导实践。

## 二、统计的研究对象

### （一）统计研究对象的性质

一般来说，统计学的研究对象是自然、社会经济领域中客观现象总体的数量方面。正是因为统计学的这一研究的特殊矛盾，使它成为一门万能的科学——不论是自然领域，还是社会经济领域中客观现象总体的数量方面，都是统计学所要分析和研究的。

1. 统计学的研究对象是群体现象

个体现象不需要统计。例如，对于一个人的身高和体重测量即可，而对于一群人的身高和体重，可以计算最小值、最大值、平均数、标准差等，即对一群人可以进行统计描述。

2. 统计学研究的不是个体现象，但不能脱离个体

群体是由个体组成的，因此虽然统计学研究的是群体现象，但需要统计的是每个个体的数量特征。

3. 统计学研究的是个体之间存在数量差异的群体现象

一群人的身高和体重如果都相同，就不需要进行统计，需要统计的是个体之间存在数量差异的群体现象。例如，每次掷硬币出现正面还是反面？孕妇肚中胎儿的性别是男还是女？只有通过大量的统计调查，才能发现掷硬币的正反面比是 1∶1、胎儿的男女比是 107∶100。

### （二）统计研究对象的特点

1. 数量性

统计学的研究对象是自然、社会经济领域中客观现象总体的数量方面，这一特点是统计学（定量分析学科）与其他定性分析学科的分界线。数量性是统计学研究对象的基本特点，因为数字是统计的语言、数据资料是统计的原料。一切客观事物都有质和量两个方面，事物的质与量总是密切联系，共同规定着事物的性质：没有无量的质，也没有无质的量；一定的质规定着一定的量，一定的量也表现为一定的质。但在认识的角度上，质和量是可以区分的，可以在一定的质的情况下单独地研究数量方面，通过认识事物的量进而认识事物的质。因此，事物的数量是认识客观现实的重要方面，通过分析研究统计数据资料，研究和掌握统计规律性，就可以达到统计分析研究的目的。例如，要分析和研究国民生产总值，就要对其数量、构成及数量变化趋势等进行认识，这样才能正确地分析和研究国民生产总值的规律性。

2. 总体性

统计学的研究对象是自然、社会经济领域中客观现象总体的数量方面，即统计的数量研究是对总体普遍存在的事实进行大量观察和综合分析，得出反映现象总体的数量特征和资料规律性。自然、社会经济现象的数据资料和数量对比关系等一般是在一系列复杂因素的影响下形成的。在这些因素中，有起决定和普遍作用的主要因素，也有起偶然和局部作用的次要因素。由于种种原因，在不同的个体中它们相互结合的方式和实际发生的作用都不可能完全相同，所以对于每个个体来说，就具有一定的随机性质，而对于有足够多个体的总体来说又具有相对稳定的共同趋势，显示出一定的规律性。例如，对工资的统计分析，并不是要分析和研究个别人的工资，而是要反映、分析和研究一个地区、一个部门、一个企事业单位的总体的工资情况和表现出来的规律性。统计研究对象的总体性是从对个体的实际表现的研究过渡到对总体的数量表现的研究。例如，工资统计分析要反映、分析和研究一个地区的工资情况，就要先从每个职工的工资开始统计，然后再分别汇总得到该地区的整体工资情况，以更好地分析研究现象总体的统计规律性。

3. 具体性

统计学的研究对象是自然、社会经济领域中客户现象的数量方面，即它不是纯数量的

研究，是具有明确现实意义的。数学是研究事物的抽象空间和抽象数量的科学，而统计学研究的数量是客观存在的、具体实在的数量表现。正因为统计学研究的数量是客观存在的数量表现，它才能独立于客观世界，不以人的意志为转移。统计资料作为主观对客观的反映，只有如实地反映具体的、已经发生的客观事实，才能为我们进行统计分析研究提供可靠的基础，才能分析、探索和掌握事物的统计规律性。虚假的统计数据资料是不能成为统计数据资料的，因为违背了统计学研究对象的具体性这一特点。

**4. 变异性**

统计学研究对象的变异性是指构成统计学研究对象的总体各单位，除了在某一方面必须是同质的以外，在其他方面又要有差异，而且这些差异并不是由某种特定的原因事先给定的。也就是说，总体各单位除必须有某一共同标志表现作为形成统计总体的客观依据之外，还必须在所要研究的标志上存在变异的表现；否则，就没有必要进行统计分析研究了。例如，高等院校这个统计对象，除了都是从事高等教育的教学活动这一共同性质之外，各高等院校在隶属主管部门、院校性质、招生规模、专业设置等各方面又有差异。又如，工人作为统计数据资料对象，每个工人在性别、年龄、工龄、工作性质、工资等方面是会有不同表现的。这样，统计分析研究才能对其表现出来的差异探索统计规律性。

# 第三节　统计的研究方法与研究过程

## 一、统计的研究方法

贯穿于统计工作全过程的研究，其基本方法有大量观察法、试验设计法、统计描述法和统计推断法。

### （一）大量观察法

大量观察法是统计研究的特有方法。构成社会经济现象总体的每个个别单位，由于各种因素的影响，彼此之间存在数量上的种种差异。差异大小不同，差异原因各异且主次有别，只有在大量观察的基础上，各单位的统计数据和各个调查单位表现出来的偶然差异才能相互抵消，也只有在大量观察基础上形成总体平均数，才能显示总体的一般水平和发展变化规律。例如，我国社会经济发展的宏观经济指标，每年都在变化，时而增长、时而下降、时而徘徊，即使都增长，幅度也会有差别。但是，综合观察中华人民共和国成立后70年的数据变化，可以清楚地看到我国国民经济以向上的线性发展为主要变化趋势，同时又存在若干个循环变动周期。

### （二）试验设计法

统计首先需要考察的是数据来源是否合适，试验采集的数据是否符合分析的目的要求。如果安排不科学，试验数据不能反映现象的真实情况，或者不能用以估计总体的数量特征，那么接着一系列分析工作也就会是白费工夫了。例如，要比较某农作物A品种和B品种的收获率高低，分别在两地段播种A品种和B品种，结果获得A品种的单位面积产量高于B

品种的数据。如果根据这个数据判断A品种优于B品种，那么这个结论就太不可靠了。原因是影响收获率高低的因素不但有种子品种的差异，还有土地区位、肥沃程度等差异，所以需要事先做出安排，使试验结果数据的差异中排除可控因素（土地）的差异，而显示不可控因素（品种）的差异。所谓试验设计，是指设计试验的合理程序，使得搜集的数据符合统计分析方法的要求，以便得出有效的、客观的结论。它主要适用于自然科学研究和工程技术领域的统计数据搜集。

### （三）统计描述法

统计描述是指对由试验或调查得到的数据进行登记、审核、整理、归类，计算出各种能反映总体数量特征的综合指标，并加以分析，从中抽出有用的信息，用表格或图像将其表示出来的方法。统计描述是统计研究的基础，为统计推断、统计咨询、统计决策提供必要的事实依据。它也是对客观事物认识的不断深化过程，通过对分散无序的原始资料的整理归纳，运用分组法、综合指标法和统计模型法得到现象总体的数量特征，揭示客观事物的内在数量规律性，达到认识的目的。统计描述法主要包括统计分组法和综合指标法。

① 统计分组法在统计研究中占有重要地位，不仅是统计资料整理阶段的重要方法，而且是整个统计工作全过程不可或缺的。从统计工作开始，方案的设计，资料数据的采集、整理、分类与汇总，统计数据的分析等，无一不涉及统计分组方法。采用不同分组标志实施分组，可以展现事物的类型、揭示现象的内部结构，以及探索事物之间的相互影响和制约关系。

② 综合指标法是运用表明社会经济现象不同侧面的统计指标，对现象总体展开全面、细致、深入地分析研究的方法。每个个别单位的某种数值不可能反映总体的数量特征，只有对由无数多的个别单位的原始资料加工整理、汇总计算所取得的综合数值进行分析，才能真切地反映出统计总体的综合情况。统计分析过程就是运用经过综合的统计指标来反映社会经济现象的数量关系，不仅分析现象的总体数量水平，而且分析现象的结构关系、比例关系、平衡关系、投入产出关系等。无论是宏观研究分析，还是微观研究分析，一种统计指标通常仅能反映总体的某一侧面，要了解现象的全貌，统计研究就须将几个、十几个或几十个统计指标集合在一起，组成统计指标体系，从不同侧面反映现象和事物的综合情况。

### （四）统计推断法

统计在研究现象的总体数量关系时，需要了解的总体对象的范围往往是很大的，有时甚至是无限的，而由于经费、时间和精力等各种原因，有时在客观上只能观察部分单位或对有限单位进行计算和分析，根据局部观察结果来推断总体。例如，要说明一批灯泡的平均使用寿命，只能从该批灯泡中抽取一小部分进行检验，推断这批灯泡的平均使用寿命，并给出这种推断的可靠度。这种在一定可靠度下，根据样本资料的特征对总体的特征做出估计和预测的方法称为统计推断法。统计推断是现代统计学的基本方法，在统计研究中得到了极为广泛的应用，既可以用于对总体参数的估计，也可以用于对总体某些分布特征假设的检验。从这种意义上来说，统计学是在不确定条件下做出决策或推断的一种方法。

## 二、统计的研究过程

进行一个完整的统计研究的过程主要包括以下 4 个步骤。

### （一）统计设计

统计设计是根据统计研究的目的和要求，对统计研究的对象、内容、方法、程序所做的通盘考虑和安排。

### （二）统计调查

统计调查是根据统计设计的要求搜集统计数据的阶段，是定量认识的起点。

### （三）统计整理

统计整理是对统计调查取得的资料进行初步加工整理的环节，目的在于使资料系统化和条理化，以显示总体的数量表现。

### （四）统计分析

统计分析是对统计整理的数据进行再加工和深加工的过程，主要采用各种分析方法计算各种分析指标，以揭示被研究现象的总体数量特征和规律性，从而达到统计研究的最终目的。

# 第四节　统计数据

## 一、统计数据的计量尺度

根据对研究对象计量的不同精确程度，可将所采用的计量尺度由低到高、由粗略到精确分为 4 个层次——定类尺度、定序尺度、定距尺度和定比尺度。

### （一）定类尺度

定类尺度又称类别尺度或列名尺度，是最粗略、计量层次最低的计量尺度。这种计量尺度，只能按照事物的一定属性对其进行平行分类。假如用数字表示，该数字仅为各类的代码，度量各类之间的类差别，不表明各类的大小、顺序或优劣。例如，人口按性别区分男女，用 1 表示男性，用 0 表示女性。由于定类尺度只能区分事物是同类或不同类，因此具有“等于”或“不等于”的数学特性。

### （二）定序尺度

定序尺度又名顺序尺度，是事物之间等级差或顺序差的一种测度，是比定类尺度更高一级的计量尺度。定序尺度不仅可以将事物分成不同的类别，而且可以确定各类的优劣、量的大小或顺序。例如，产品质量级别可分为一级品、二级品和三级品，就是对产品质量优劣的次序排列。定序尺度具有“大于”或“小于”的数学特性。

### （三）定距尺度

定距尺度又称间隔尺度，不仅能将事物区分为不同类型并进行排列，而且可以准确地指出类别之间的差距是多少，并用确切的数值反映现象之间在量方面的差异。定距尺度是对事物类别或次序之间间距的测度，通常采用自然或度量衡单位作为计量尺度。由于定距尺度的计量结果表现为数值并可以计算差值，因此同时具有定类尺度和定序尺度的特性。定距尺度的数学特征主要是加或减。定距尺度在统计数据中占有重要地位，统计中的总量指标就是按定距尺度计量的。

### （四）定比尺度

定比尺度又称比率尺度，是在定距尺度的基础上确定相应的比较基数，将两个相关的数进行对比而形成的结果，这个结果表现为一定的数值。除了具备前述 3 种尺度的特性外，定比尺度还有一个特性，即可以计算两个测度值之间的比值。例如，将中国的男性人口数与女性人口数对比，计算出人口性别比值，以此表明中国人口的男女比例关系状况。定比尺度的主要数学特征是乘或除。统计的对比分析就广泛采用定比尺度进行计量。

在统计分析中，一般要求测量的层次越高越好，因为计量尺度的层次越高，其包含的数学特性越多，所用的统计分析方法也越多，分析就更得心应手。因此，高层次计量尺度的运用前景十分广阔。

## 二、统计数据的类型

区分测量的层次和数据的类型十分重要，因为对不同类型的数据，将采用不同的统计方法进行处理分析。

### （一）按计量尺度分类

#### 1. 分类数据

分类数据是由定类尺度计量形成的，用文字表述。例如，性别用定类尺度计量，数据表现是“男”和“女”两类；民族用定类尺度计量，数据表现是“汉族”和各少数民族。

#### 2. 顺序数据

顺序数据是由定序尺度计量形成的，用文字表述且是有顺序的。例如，产品质量用定序尺度计量，数据表现是“合格品”“不合格品”“废品”等；高校教师职称用定序尺度计量，数据表现是“教授”“副教授”“讲师”“助教”。

#### 3. 数值型数据

数值型数据是由定距尺度或定比尺度计量形成的，用数字表示，通常采用自然单位或度量衡单位计量结果。例如，工资收入用定距尺度计量，数据表现是具体的数值 5 000 元、6 000 元、7 000 元等；男女性别比用定比尺度计量，数据表现是具体的比值 1.5∶1、2∶1、3∶2 等。

### （二）按搜集方式分类

**1. 观测数据**

观测数据是通过调查或观测而搜集到的数据。有关社会经济现象的数据几乎都是观测数据。

**2. 实验数据**

实验数据是在实验中通过控制实验对象而搜集到的数据。

> 思考：每天观察向日葵随阳光变化的生长情况，搜集的数据是什么数据？把向日葵地分成两部分，一部分做避光处理，另一部分不改变，搜集的数据是什么数据？

### （三）按数据时间性质分类

**1. 横截面数据**

横截面数据是指在同一时间对不同单位的数量表现进行观察而取得的数据，称为静态数据。例如，2019 年北京市、天津市、重庆市、上海市的人口数据。

**2. 时间数列数据**

时间数列数据是指对同一总体在不同时间的数量表现进行观察而取得的数据，称为动态数据。例如，2010—2019 年北京市的人口数据。

**3. 面板数据**

面板数据是指对不同总体在不同时间的数量表现进行观察而取得的数据，也是动态数据。例如，2010—2019 年北京市、天津市、重庆市、上海市的人口数据。

### （四）按数据表现形式分类

按统计数据的表现形式不同，统计数据可以分为绝对数、相对数和平均数。此部分内容在第四章中具体论述。

# 第五节　统计学的基本概念

统计科学与其他科学一样，在论述本门科学的理论与方法时，要运用一些专门的概念，有些是基本的、常用的，有些是局部的，在论述专门问题时使用局部的概念。局部的概念在后面章节中讲解，本节讲解几个基本的概念。

## 一、统计总体和总体单位

### （一）统计总体

统计总体一般简称总体，是依据研究目的确定的所要观察对象的全体。统计总体是由客观存在的、在某些性质上相同的众多个体集合形成的一个整体。例如，天津民营企业总体，是由每家天津民营企业集合形成的统计总体；全国人口总体，是由每位中国居民集合组成的统计总体，等等。

统计总体主要有两类：一类是以客观存在的实体为单位集合形成的总体，称为实体总体，如以个人、居民户、企业、生产设备、商品等为单位组成的统计总体；另一类是以某种行为或事件为单位组成的统计总体，称为行为总体，如以工伤事故、传销行为、劳动争议、犯罪事件等为单位组成的统计总体。

此外，统计总体又可分为有限总体和无限总体：如果构成统计总体的个别单位是有限的，则称其为有限总体，如在校学生总体、全厂计算机总体等；如果构成统计总体的个别单位是无限的，则称其为无限总体，如处于产品质量检测状况的产品总体和时间数列总体等。

统计总体的形成必须具备一定的条件。

① 从客观条件考虑，主要是：客观性，即统计总体和总体单位一定是客观存在的，并且是可以实际观察的；同质性，即组成统计总体的所有总体单位必须具有共同的性质；差异性，即构成统计总体的每个总体单位除了有共性外，还应有差别。这些特性，就是统计调查研究的前提。

② 从主观条件考虑，主要是：统计研究的目的，统计研究的目的是不同的，作为认识对象的统计总体当然会五花八门；统计工作机构的现状、研究取向、持有的观点、工作条件、了解实际的深入程度等，这些都会对统计总体的形成产生一定的制约和施以某种影响。

### （二）总体单位

总体单位是构成统计总体的每个个体单位，所以又称个体或单位。依据统计研究目的和任务的不同，总体单位既可以是人、物、机构等实物单位，也可以是一种现象或活动过程等非实物单位。

统计总体与总体单位在运用时是相对的，随着研究目的的变化或范围的不同而发生相互转换，因此作为同一研究对象，时而是统计总体，时而是总体单位。例如，研究某一工业企业的职工状况，这时工业企业是统计总体，而每个企业职工是总体单位；研究某一个地区的工业企业职工状况，这时整个地区的工业企业是统计总体，而每个工业企业是总体单位。

### （三）样本

样本是居于统计总体和总体单位之间的概念实体。样本是从统计总体中抽取部分总体单位的集合体，构成样本的总体单位数目称为样本量。在抽样推断中，统计总体又称为母体，对应的样本称为子样。抽取样本时，必须确保样本的组成单位取自同一统计总体。样本单位的抽取必须排除主观因素的干扰，以保证样本的客观性和代表性。

## 二、标志和变量

### （一）标志

#### 1. 标志的概念

标志是反映统计内容的基本概念。总体单位所具有的属性或特征，称为标志。换言之，标志是表现总体单位的特征和属性的名称。例如，以每个居民为总体单位时，性别、年龄、民族、职业和收入等都是每个居民具有的特征或属性，这就是标志。统计总体是由众多总体单位构成的，总体单位是标志的承担者。对总体的统计研究，就是从观察、登记标志的具体表现入手的。同时，还应对标志的种种表现进行综合，以揭示总体的数量特征。因此，标志是统计研究的基础。

**2. 标志的分类**

标志按其表现形式不同，分为品质标志和数量标志两类。品质标志即属性标志，用于表明总体单位质的属性与特征，一般只能以文字表述，如居民的性别、民族、职业等。品质标志主要用作分组的依据。数量标志反映总体单位的量的特征，通常都用具体数值显示，如居民的年龄、收入等。数量标志既可用于统计分组，也可用于计算相关综合指标，如平均指标等。

按照标志在各总体单位的具体表现是否一样，标志有不变标志和可变标志之分。在同一统计总体中，如果各总体单位的某一标志表现是相同的，则这个标志称为不变标志。它是由形成统计总体的客观条件之一的同质性所决定的。例如，公务员总体中，各总体单位（每名公务员）职业标志的具体表现都是公务员，这里的公务员就是不变标志。可变标志是总体中各单位的某类标志的具体表现是不相同的。例如，公务员的年龄标志，在每名公务员身上的具体表现是有大有小的，这个年龄标志就是可变标志。可变标志的属性或特征的具体表现是由一种状态变为另一种状态，统计研究将其称为变异，所以可变标志又叫作变异标志，这是由形成统计总体的另一客观条件差异性所决定的。可变标志是统计调查研究的主要内容，在统计实践中将其称为调查项目。

**思考：**研究大四男生的创业意愿，其中不变标志是什么？可变标志是什么？

### （二）变量

变量是指可变标志中的可变数量标志。例如，居民的年龄、收入等数量标志，在每个居民身上具体表现出来是不尽相同的，因此称为可变数量标志，即变量。变量值是可变数量标志的具体数值，如年龄标志显示出每个居民的具体岁数，这就是变量值，又称为标志值。例如，职工人数是一个变量，因为各个工厂的职工人数都不同。某工厂有 852 人，另一个工厂有 1 686 人，第三个工厂有 964 人等，都是职工人数这个变量的具体数值，也就是变量值。要注意区分变量和变量值。如上述，852 人、1 686 人、964 人 3 个变量值的平均数，不能说是 3 个变量的平均数，因为这里只有职工人数这一个变量，并没有 3 个变量。

变量根据其具体取值的方式不同，可分为离散变量和连续变量：离散变量可以取有限个值，并且取值都以整数表示，可以一一列举，如人口数目、企业个数、设备台数等都是离散变量；连续变量可以取无穷多个值，其取值是连续不断的，一般难以一一列举，可以取小数值，如居民年龄、收入等都是连续变量。在实际研究活动中，当离散变量具体取值很多时，可以将离散变量按连续变量来处理。

## 三、统计指标

### （一）统计指标及其构成要素

对于统计指标的含义，一般有以下两种理解。

**1．统计指标是反映总体现象数量特征的概念**

例如，人口数、商品销售额、劳动生产率等。它包括 3 个构成要素：指标名称、计量单位和计算方法。这是统计理论与统计设计上所使用的统计指标的含义。

**2．统计指标是反映总体现象数量特征的概念和具体数值**

例如，2019 年我国国内生产总值为 990 865 亿元。这个概念含义中包括了指标数值。按照这种理解，统计指标除了包括上述 3 个构成要素，还包括时间限制、空间限制、指标数值。这是统计实际工作中经常使用的统计指标的含义。因此，统计指标包括 6 个具体的构成因素。

一般认为，对统计指标的这两种理解都是成立的。在做一般性统计设计时，只能设计统计指标的名称、内容、口径、计量单位和方法，这是不包括数值的统计指标。然后经过搜集资料、汇总整理、加工计算可以得到统计指标的具体数值，用来说明总体现象的实际数量状况及其发展变化的情况。从不包括数值的统计指标到包括数值的统计指标，在一定意义上反映了统计工作的过程。

### （二）统计指标的特点

**1．数量性**

数量性即所有的统计指标都是可以用数值来表现的。这是统计指标最基本的特点。统计指标所反映的就是客观现象的数量特征，这种数量特征是统计指标存在的形式。没有数量特征的统计指标是不存在的。正因为统计指标具有数量性的特点，才能对客观总体进行量的描述，才使得统计研究运用数学方法和现代计算技术成为可能。

**2．综合性**

综合性认为统计指标既是同质总体大量个别单位的总计，又是大量个别单位标志差异的综合，是许多个体现象数量综合的结果。例如，某人的年龄、某人的存款额不能叫作统计指标，一些人的平均年龄、一些人的储蓄总额、人均储蓄额才能叫作统计指标。统计指标的形成必须经过从个体到总体的过程，它是通过个别单位数量差异的抽象化来体现总体综合数量的特点的。

**3．具体性**

统计指标的具体性有两个方面的含义：一是统计指标不是抽象的概念和数字，而是一定的具体的社会经济现象的量的反映，是在质的基础上的量的集合，这一点使社会经济统计和数理统计、数学相区别；二是统计指标说明的是客观存在的、已经发生的事实，反映了社会经济现象在具体地点、时间和条件下的数量变化，这一点又与计划指标相区别。统计指标反映的是过去的事实和根据这些事实综合计算出来的实际数量，而计划指标则说明未来所达到的具体目标。

思考：标志和指标的区别是什么？

### （三）标志与指标的区别和联系

它们的主要区别有：

① 标志是说明总体单位特征的，指标是说明统计总体特征的。例如，一个工人的工资是数量标志，全体工人的工资总额是统计指标。

② 标志有用文字表示的品质标志和用数值表示的数量标志，指标则都是用数值表示的，没有不能用数值表示的指标。

它们的主要联系有：

① 统计指标的数值多是由总体单位的数量标志值综合汇总而来的。例如，工资总额是各个职工的工资之和，工业总产值是各个工业企业的工业总产值之和。由于指标与标志的这种综合汇总关系，有些统计指标的名称与标志是一样的，如上述的工业总产值。

② 标志和指标之间存在变换关系。如果由于统计研究目的的变化，原来的统计总体变成总体单位了，则相对应的统计指标也就变成了数量标志。反过来，如果原来的总体单位变成总体了，则相对应的数量标志也就变成了统计指标。

### （四）统计指标的种类

#### 1. 按内容分类

统计指标按说明总体内容的不同，可分为数量指标和质量指标。

① 数量指标是说明总体外延规模的统计指标，如人口数、企业数、工资总额、商品销售额等。数量指标反映的是总体的绝对数量，具有实物的或货币的计量单位，其数值的大小随着总体范围的变化而变化。它是认识总体现象的基础指标。

② 质量指标是说明总体内部数量关系和总体单位水平的统计指标，如人口的年龄构成、性别比例、农业-轻工业-重工业比例、平均单产、平均工资等。它通常是用相对数和平均数的形式表现的。其数值的大小与范围的变化没有直接关系。

#### 2. 按表现形式分类

统计指标按作用和表现形式的不同，可分为总量指标、相对指标和平均指标。总量指标又分为实物指标、劳动指标和价值指标 3 种。这些统计指标的含义、内容、计算方法和作用各不相同，将在以后各章中叙述。

#### 3. 按功能分类

统计指标按管理功能作用的不同，可分为描述指标、评价指标和预警指标。

① 描述指标主要反映社会经济运行的状况、过程和结果，提供对社会经济总体现象的基本认识，是统计信息的主体。例如，反映社会经济条件的土地面积指标、自然资源拥有量指标、社会财富指标、劳动资源指标、科技力量指标；反映生产经营过程和结果的国民生产总值指标、工农业总产值指标、国民收入指标、固定资产指标、流动资金指标、利润指标；反映社会物质文化的娱乐设施指标、医疗床位数指标，等等。

② 评价指标用于对社会经济运行的结果进行比较、评估和考核，以检查工作质量或与其他定额指标结合使用。它包括国民经济评价指标和企业经济活动评价指标。

③ 预警指标一般用于对宏观经济运行进行监测，对国民经济运行中即将发生的失衡、

失控等进行预报、警示。通常选择国民经济运行中的关键性、敏感性经济现象，建立相应的监测指标体系。例如，针对经济增长、经济周期波动、失业、通货膨胀等，可以建立国民生产总值与国民收入增长率、社会消费率、积累率、失业率、物价水平、汇率、利率等预警指标。

### 四、统计指标体系

由于现象的复杂多样性，以及各种现象之间相互联系的性质，所以只用个别统计指标来反映是不够的，需要采用指标体系来进行描述。统计指标体系就是由各种相互联系的统计指标所构成的一个有机整体，用来说明所研究现象各个方面相互依存和相互制约的关系。统计指标体系因各种现象本身联系的多样性和统计研究的目的不同而分为不同的类别。

① 根据所研究问题的范围大小，可以建立宏观统计指标体系和微观统计指标体系：宏观统计指标体系就是反映整个现象大范围的统计指标体系，如反映整个国民经济和社会发展的统计指标体系；微观统计指标体系就是反映现象较小范围的统计指标体系，如反映企业或事业单位的统计指标体系。介于这两者之间的可以称为中观统计指标体系，如反映各地区或各部门的统计指标体系。

② 根据所反映现象的范围内容不同，统计指标体系可以分为综合性统计指标体系和专题性统计指标体系：综合性统计指标体系是较全面地反映总系统及其各个子系统的综合情况的统计指标体系，如国民经济和社会发展统计指标体系；专题性统计指标体系是反映某个方面或问题的统计指标体系，如经济效益指标体系。

统计指标体系也可以指若干个统计指标之间的联系表现为一个方程关系。例如，工资总额=平均工资×职工人数；商品销售额=商品销售量×商品销售价格。统计指标体系对于统计分析和研究具有重要的意义。通过一个设计科学的统计指标体系，可以描述现象的全貌和发展的全过程，既可以分析和研究现象总体存在的矛盾及各种因素对现象总体变动结果的方向和程度，也可以对未来的指标进行计算和预测、对未来现象发展变化的趋势进行预测。

## 第六节 统计的职能

### 一、统计的一般作用

统计是“社会认识的有力的武器之一”，列宁对统计职能的这一精辟论断，高度概括了统计对社会认识作用的要义，至今仍闪烁着光芒。随着社会实践的演化，为了客观、全面地了解社会和认识社会，统计是不可或缺的。经济发展的日益社会化，促进了社会经济各部门、各行业的分工协作；经济基础与上层建筑、生产力与生产关系的作用和反作用，以及生产力诸要素的合理配置，使整个社会经济的运转构成了一个庞大的现代化网络系统。这充分印证了列宁所说的，“有许多问题，而且是涉及现代国家的经济制度和这种制度发展的最根本的材料问题，过去是根据一般的估计和大致的材料加以解决的。现在如果不根据某个一定的纲要搜集并经统计专家综合的某一国家全国情况的浩繁材料，就无法加以比较认真的研究”。只有统计，并经统计专家的努力，才能用数字和符号将各种浩繁的社会经济活动微缩成一幅幅清晰、抽象的部件构造图和线路连接图，罗列出一帧帧连续、动态的屏幕画面，便于人们清楚地了解社会，并通过各种数字扩展人们的视野，提高人们对社会的认识。

统计的另一重要作用，就是参与社会管理和经济管理，构成国家管理系统的重大构件之一。统计提供的社会发展和国民经济运行中的各种分析数据，是政府形成决策、政策和规划的重要依据。

## 二、统计的基本职能

统计是认识社会的有力武器，是管理社会的有用工具，因而统计机构是获取国民经济和社会发展各种信息的主体部门，是国家重要的咨询和监督机构。因此，在社会主义市场经济的运行中，统计机构要充分发挥其信息、咨询、监督和决策服务的职能，其中信息服务职能是其最基本的职能。

### （一）统计信息服务

统计信息是各种社会经济信息来源的重要组成部分，统计资料并不等同于统计信息。统计信息是指在统计资料中，经反复筛选而提炼出来的、具有价值的、信息接收者尚未掌握的数字情报资料。统计信息服务要努力走社会化、产业化和国际化的道路。

统计信息是为宏观调控和宏观决策提供服务的。社会主义市场经济运用价值规律，促进社会资源的平衡配置，但是也会有自发盲目的消极现象出现。为了健康发展社会主义市场经济，必须搞好社会经济的宏观调控。为此，统计机构提供科学、丰富的统计信息，把握好国民经济的运行态势，协调与处理好各种错综复杂的关系，就显得极为重要了。

企业应顺应市场，充分了解市场及其变化趋势，科学地组织生产运作，从而在市场竞争中立于不败之地；利用统计部门的信息优势，展开统计调查，广泛搜集商品市场、资本市场、劳动力市场、技术市场和信息市场的有价值信息，为企业的经营决策提供最佳的统计信息服务。

统计信息服务应顺应社会经济一体化的客观变化，利用多种形式，通过多种渠道将统计信息公之于众，使之为全社会共享、人人关注，发挥最好的社会效益。

### （二）统计咨询服务

统计咨询服务有异于一般的统计信息发布，它是将统计无偿服务和有偿服务相结合，将统计信息推向市场的重要方式。统计信息以有偿服务推向市场，不仅有利于建立统计工作的良性循环，而且有助于提高统计信息质量，确立其在各种信息咨询中的重要地位。

统计咨询水平是全面衡量统计工作水平的重要标志之一。统计咨询服务除了提供有效、有用的信息外，还须着力于提供有真知灼见的统计咨询报告。这样的统计咨询报告具有很好的量化特征，时效性与针对性较强，对策建议十分切合实际，能真正杜绝空谈。

### （三）统计监督服务

统计监督服务是更高层次的社会服务。作为观察社会和经济发展的“测量仪”，统计用特定的数字语言全面、准确和及时地反映社会主义市场经济的运行与改革开放的成果，敏锐地跟踪法律法规、方针政策的贯彻实施情况，时刻关注事关人民群众切身利益的种种事件，维护社会的正义和公理，扬善抑恶。

统计监督服务始终坚持实事求是的原则，以真实可靠的统计数据为依据，敢于讲真话，善于讲真话，切中时弊，从而真正发挥其独特的作用。

### （四）统计决策服务

随着社会经济的飞速发展，统计在管理中扮演的角色日显重要和备受重视，建立和健全社会主义市场经济体制，统计无疑是极为重要的有效手段之一。无论宏观调控还是微观管理，只有根据现实状况，综合内部和外部各方面的条件及其发展变化态势，进行认真科学的辨析，才能进行正确的决策，制定出有力措施并付诸实施，以保证取得最佳效益。在这一过程中，统计能提供客观公正的数据，积极主动地参与决策。它的这种职能是其他手段无法替代的。

## 阅读材料

### 2019 年我国重点物流运输业统计调查报告

国家发改委与采购联合会对全国物流相关行业企业的经营情况和工业、流通业的企业物流状况进行了统计调查。其中，物流相关行业企业调查范围为 2018 年物流业务营业收入在亿元以上的独立法人企业，调查内容主要为 2004 年和 2018 年企业物流完成业务量、物流业务收入、物流业务成本等方面的情况。工业、批发贸易企业采取重点调查的方式，其中工业企业调查对象主要集中在煤炭、钢铁、石油、化学工业、机械、水泥等 9 个工业大类行业，按每个省市、每个行业选择两三个企业调查。调查内容主要为 2004 年和 2018 年企业的销售、采购物流活动与费用支出方面的情况。本次调查共收到 1 944 家重点企业的资料，有效报表 1 220 份，报表有效率为 69.95%。其中，物流相关行业企业经营情况表 212 份，占 19.4%；企业物流状况表 1 008 份，占 82.6%。

（一）物流业务收入增长较快，现代物流业务发展迅速

随着物流服务需求的高速增长，物流企业的物流业务收入也相应出现大幅上升。2018 年，受调查的物流企业的物流业务收入总额为 2 390.6 亿元，同比增长了 29.23%。其中，包装收入、信息及相关服务收入等现代物流业务收入分别增长了 42.5%、39.8%，运输收入等传统物流业务收入只增长了 28.39%。

（二）仓储型物流企业收入增长明显快于运输型和综合型物流企业

分析不同物流企业类型，2018 年仓储型物流企业业务收入增长了 43.4%，运输型物流企业业务收入增长了 28.8%，综合型物流企业业务收入只增长了 24.9%。各类型物流企业现代物流业务发展迅速，综合型物流企业的流通加工业务收入，仓储型物流企业的包装业务收入、信息及相关服务收入和代理业务收入比上年增长较快，增速分别为 109.3%、93.5%、95.9%和 92.9%。

（三）物流企业盈利水平较高，但企业竞争日趋激烈

2018 年，调查企业物流人员劳动报酬合计 82.5 亿元，比上年增长了 9.6%；企业实现利

润合计 415.3亿元，同比增长了 16.0%，低于上年同期利润增长水平；实现营业税金 22.2亿元，与上年基本一致。2018 年，随着物流业务的大幅增加，新设备、新技术的投入，以及油品等原材料价格的大幅上涨，物流企业的业务成本也快速上升，物流企业之间竞争日趋激烈。调查企业的物流业务成本总额为 1 889.4亿元，同比增长了 32.9%，增速比上年提高了 4.1个百分点。其中，仓储成本上升了 36.9%，运输成本上升了 32%，代理业务成本上升了 23.8%，装卸搬运业务成本上升了 18.9%，配送成本上升了 8.9%。

要求：

1. 能指出报告中的统计总体、总体单位、标志、变量、变量值吗？
2. 结合案例理解统计中的基本概念。

## 本章小结

- 统计学的发展历程
  - 古典统计学时期
    - 政治算术学派
    - 国势学派
  - 近代统计学时期
    - 数理统计学派
    - 社会统计学派
  - 现代统计学时期

- 统计的含义
  - 统计工作
  - 统计数据
  - 统计理论

- 统计的研究方法
  - 大量观察法
  - 试验设计法
  - 统计描述法
  - 统计推断法

- 统计数据
  - 计量尺度
    - 定类尺度
    - 定序尺度
    - 定距尺度
    - 定比尺度
  - 数据分类
    - 计量尺度
      - 分类数据
      - 顺序数据
      - 数值型数据
    - 搜集方式
      - 观测数据
      - 实验数据
    - 时间性质
      - 横截面数据
      - 时间数列数据
      - 面板数据
    - 表现形式
      - 绝对数
      - 相对数
      - 平均数

## 本章疑难问题解答

### 一、统计总体和总体单位的区别

统计总体是由客观存在的、在某些性质上相同的众多个体集合形成的一个整体。总体单位是构成统计总体的每个个体单位，所以又称个体或单位。统计总体与总体单位在运用时是相对的，随着研究目的的变化或范围的不同而发生相互转换，因此作为同一研究对象，时而是统计总体，时而是总体单位。例如，研究某一工业企业的职工状况，这时工业企业是统计总体，而每个企业职工是总体单位；研究某个地区的工业企业职工状况，这时整个地区的工业企业是统计总体，而每个工业企业是总体单位。

### 二、定类尺度、定序尺度、定距尺度和定比尺度的区别

定类尺度是最粗略、计量层次最低的计量尺度，只度量各类之间的类差别，不表明各类的大小、顺序或优劣。定序尺度是事物之间等级差或顺序差的一种测度，是比定类尺度更高一级的计量尺度，不仅可以将事物分成不同的类别，而且可以确定各类的优劣、量的大小或顺序。定距尺度不仅能将事物区分为不同类型并进行排列，而且可以准确地指出类别之间的差距是多少，并用确切的数值反映现象之间在量方面的差异。定比尺度是在定距尺度的基础上，确定相应的比较基数，将两个相关的数进行对比而形成的结果，可以计算两个测度值之间的比值。

## 练习题

**一、填空题**

1. 统计数据的计量尺度由低级到高级、由粗略到精确依次为（　　）、（　　）、（　　）和（　　）。
2. 教师的教龄是（　　）标志，职称是（　　）标志。
3. 统计总体的基本特征是（　　）、（　　）和（　　）。
4. 统计研究，其过程主要包括 4 个步骤（　　）、（　　）、（　　）和（　　）。
5. 统计数据按计量尺度不同分为（　　）、（　　）和（　　）。

**二、单项选择题**

1. 要了解某企业职工的文化水平情况，总体单位是（　　）。
   A. 该企业的全部职工　　B. 该企业每一职工的文化程度
   C. 该企业每个职工　　D. 该企业全部职工的平均文化
2. 某企业 1—4 月的销售额分别是 100 万元、190 万元、50 万元和 120 万元，这些数字是（　　）。
   A. 标志　　B. 变量　　C. 指标　　D. 变量值
3. 统计学是（　　）。
   A. 方法论学科　　B. 实质性学科
   C. 纯自然学科　　D. 社会学学科
4. 要了解某高校教师的科研绩效，则总体是（　　）。
   A. 该高校的全部教师　　B. 该高校每个教师的科研绩效
   C. 该高校的每个教师　　D. 该高校每个教师的科研情况
5. 下列属于数量标志的是（　　）。
   A. 性别　　B. 民族　　C. 健康状况　　D. 年龄

6. 下列属于定距尺度测量指标的是（　　）。

A. 性别　　B. 气温　　C. 产品质量等级　　D. 职工工种

7. 统计最基本的职能是（　　）。

A. 信息职能　　B. 咨询职能　　C. 监督职能　　D. 预测职能

## 三、多项选择题

1. 下列统计标志中属于品质标志的有（　　）。

A. 教师职称　　B. 教育水平　　C. 学习态度　　D. 考试成绩

E. 出勤率　　F. 企业规模　　G. 幸福指数　　H. 味道

2. 在工业企业普查中（　　）。

A. 工业企业是调查对象　　B. 工业企业的全部设备是调查对象

C. 每个工业企业是调查单位　　D. 每台设备是填报单位

E. 每个工业企业是填报单位

3. 下列属于离散变量的有（　　）。

A. 人数　　B. 身高　　C. 体重　　D. 工厂数　　E. 年龄

## 四、判断题

1. 统计调查中采用的大量观察法，是指必须对研究对象的所有单位进行调查。（　）

2. 总体的同质性是指总体中的各个单位在所有标志上都相同。（　）

3. 总体单位是标志的承担者，标志是依附于总体单位的。（　）

## 五、简答题

1. 统计研究的基本方法是什么？

2. 统计总体和总体单位的关系怎样？

3. 标志和统计指标的区别与联系是什么？

4. 数据的计量尺度有几种？

5. 统计的基本职能是什么？

# 第二章 统计调查

## 教学目标

1. 能从调查范围、调查时间、调查方式等方面对统计调查进行分类。

2. 掌握定期统计报表、普查、重点调查、典型调查和抽样调查的特点，能进行区分。

3. 了解常用的4种非概率抽样方法。

4. 掌握4种常用的抽样组织方式。

5. 了解调查问卷的形式，会根据需要绘制调查表。

## 引导案例

1930年5月，毛泽东在《反对本本主义》一文中提出了“没有调查，没有发言权”的著名论断，反对当时红军中存在的教条主义思想。毛泽东的这篇文章是为了反对当时红军中的教条主义思想而写的。那时没有用“教条主义”这个名称，而是叫作“本本主义”。

他指出：“你对于某个问题没有调查，就停止你对于某个问题的发言权。”“本本主义”者必须“速速改变保守思想！换取共产党人的进步的斗争思想！到斗争中去！到群众中作实际调查去!”。

并进一步指出：“你对于某个问题没有调查，就停止你对于某个问题的发言权。这不太野蛮了吗？一点也不野蛮。你对那个问题的现实情况和历史情况既然没有调查，不知底里，对于那个问题的发言便一定是瞎说一顿。”

这个论断后来成为中国共产党人深入实际，深入群众，形成正确工作方法的行动口号。毛泽东在社会调查实践中，根据当时的时代背景，总结出如下调查技术。

1. 要开调查会做讨论式的调查

只有这样才能近于正确，才能抽出结论。那种不开调查会，不做讨论式的调查，只凭一个人讲他的经验方法，是容易犯错误的。那种只随便问一下子，不提出中心问题在会议席上经过辩论的方法，是不能抽出近于正确的结论的。

2. 调查会到些什么人

要能深切明了社会经济情况的人。以年龄说，老年人最好，因为他们有丰富的经验，不但懂得现状，而且明白因果。有斗争经验的青年人也要，因为他们有进步的思想，有锐利的观察。以职业说，工人也要，农民也要，商人也要，知识分子也要，有时兵士也要，流氓也要。自然，调查某个问题时，与那个问题无关的人不必在座，如调查商业时，工农学各业不必在座。

3. 开调查会人多好还是人少好

看调查人的指挥能力。那种善于指挥的，可以多到十几个人或二十几个人。人多有人多的好处，就是在做统计时（如征询贫农占农民总数的百分之几），在做结论时（如征询土地分配平均分好还是差别分好），能得到比较正确的回答。自然人多也有人多的坏处，指挥能力缺的人会无法使会场得到安静。究竟人多人少，要依调查人的情况决定，但是至少需要三人。

4. 要定调查纲目

纲目要事先准备，调查人按照纲目发问，会众口说。不明了的，有疑义的，提起辩论。所谓“调查纲目”，要有大纲，还要有细目，如“商业”是个大纲，“布匹”“粮食”“杂货”“药材”都是细目，布匹下再分“洋布”“土布”各项细目。

5. 要亲自出马

凡担负指导工作的人，从乡政府主席到全国中央政府主席，从大队长到总司令，从支部书记到总书记，一定都要亲身从事社会经济的实际调查，不能单靠书面报告，因为二者是两回事。

6. 要深入

初次从事调查工作的人，要做一两回深入的调查工作，就是要了解一处地方（如一个农村、一个城市）或一个问题（如粮食问题、货币问题）的底里。深切地了解一处地方或一个问题了，往后调查别处地方、别个问题，便容易找到门路了。

7. 要自己做记录

调查不但要自己当主席，适当地指挥调查会的到会人，而且要自己做记录，把调查的结果记下来。假手于人是不行的。

尽管以上调查技术是在革命时期总结出来的，但部分原则和技术对现在还非常有用。

# 第一节　统计调查概述

## 一、统计调查的意义

统计调查是按统计研究的目的和基本任务要求，采用科学的方法，对所要研究的社会经济现象总体，进行有计划与系统地搜集大量原始统计资料的工作过程。

原始统计资料是指从各调查单位搜集的，经过整理将显示总体状况的个体资料。它是原始的统计信息，是进行统计整理、统计分析的基础，是决定整个统计工作质量的基本环境。毛泽东在《实践论》中强调了搜集资料的重要性：“只有感觉的材料十分丰富（不是零碎不全）和合乎实际（不是错觉），才能根据这样的材料造出正确的概念和论理来。”如果调查搞得不好，搜集到的资料不实，数字不准确或残缺不全，那么根据这种资料与数据进行整理和分析的结果，就不能如实反映客观事物的真实状况，甚至可能得出相悖的结论。只有搞好统计调查，才能保障统计工作活动取得预期的效果。

## 二、统计调查的基本要求

统计调查在统计研究的全过程中至关重要，攸关全局，因此必须遵循统计调查的基本要求。

### （一）准确性

统计调查工作的运行必须遵循实事求是的原则，搜集的调查资料应符合客观实际情况，数据或计算合规合矩、真实可靠，绝对排除主观臆测与弄虚作假，这是最基本的要求。统计工作活动离不开数字，因而统计工作的质量，相当大的程度上取决于所搜集的资料和数据的真实性与准确性。

在统计调查工作中，造成情况失实与数据不真有主观和客观的原因，我们能做的最重要的就是对主观因素的防范和杜绝。

### （二）及时性或时效性

统计调查在时间上要求迅速搜集和反馈资料，就必须严格按照统计调查方案中规定的时间快捷地提供调查资料。如果统计资料的搜集或登记延时，那么将贻误统计整理的时间，统计资料的使用价值就会大大缩水，甚至全无用处，影响决策者适时获得统计信息，从而使统计的作用可能丧失殆尽。

### （三）系统完整性

所谓系统完整性要求，是指统计调查不重复、不遗漏，调查项目的资料搜集齐全、系统。统计资料的系统完整性在对研究对象进行全貌的科学分析中极为重要。如果统计资料残缺不全，无法正确反映社会经济现象总体的完整表现和特征，就会影响人们对客观现象的规律性做出明晰的判断，从而干扰决策的正确性、有效性和科学性。

## 三、统计调查的分类

统计所研究的社会经济现象是错综复杂的，存在着千差万别的态势，并且统计研究的目的任务也是多元化的，因而进行统计调查时，应该因时因地制宜，灵活运用多种多样的调查方式方法，完成资料的搜集工作。

### （一）全面调查与非全面调查

根据调查对象包括的范围大小，统计调查有全面调查和非全面调查之分。

#### 1. 全面调查

全面调查是对被研究对象的所有组成单位无一例外地进行调查。例如，我国每 10 年进行一次的全国人口普查、全国的耕地普查等都是全面调查。

#### 2. 非全面调查

非全面调查是对被研究对象总体的部分单位进行调查，以取得部分单位的数据与资料，据此来反映或推断现象总体的相关状况。例如，我国每两次人口普查年份中“逢 5”年度的人口抽样调查、城乡居民的生活情况调查等都属于非全面调查。

### （二）经常性调查与一时性调查

根据调查资料登记时间的连续程度不同，统计调查有经常性调查和一时性调查之分。

#### 1. 经常性调查

经常性调查一般指登记资料的时间是连续性的。例如，按日、按月、按季度对客观现象的数据或资料连续进行登记或搜集，人口的出生、死亡、迁出、迁入的登记皆是连续登记取得的。

#### 2. 一时性调查

一时性调查也称一次性调查，是指对客观现象的观察是非连续的，搜集或登记资料是间断的，多数情况是时点性质的数据或资料。例如，每隔若干年不定期的耕地面积调查、全国性的经济普查等。一时性调查可以是周期性的，如 10 年或 5 年做一次，但多为不定期的，如森林情况调查、民营经济调查、突发事件调查等。

### （三）统计报表与专门调查

根据调查组织方式的不同，统计调查有统计报表和专门调查之分。

#### 1. 统计报表

统计报表方式的调查是按照统一规定的表式要求，自上而下地统一布置、自下而上地逐级汇报汇总的一种调查组织方式。我国建立的统计报表制度要求相关企业、事业单位责无旁贷地按规定的表式、项目、日期和程序，向主管机构提交报表。

#### 2. 专门调查

专门调查是为了研究一些专门问题，由主持调查的机构专门组织的搜集或登记资料的调查。例如，我国每隔 10 年进行的全国人口普查、逢 5 的年度搞的人口抽样调查、环境污染源调查等。

### （四）政府调查和民间调查

根据数据搜集实施主体的不同，统计调查可分为政府调查和民间调查。

#### 1. 政府调查

政府调查是指由政府统计机构依法组织实施的统计调查，包括国家调查、部门调查和地方调查。

① 国家调查是指全国性基本情况的统计调查，包括国家统计局单独拟定的、国家统计局和国务院有关部门共同拟定的统计调查项目，如经济普查、人口普查等。

② 部门调查是指各部门组织的专业性统计调查，如国家卫生健康委员会组织的国家卫生服务调查等。

③ 地方调查是指地方人民政府根据需要批准实施的地方性的统计调查，如湖南省农业厅组织的农村脱贫情况调查、天津市教委组织的中小学生心理健康调查等。

目前，我国几乎所有的政府调查都是义务性调查，其所提供的统计信息为政府向社会提供服务的重要组成部分，其所占份额在市场经济条件下仍然占有很大的比重。政府调查具有强制性。

2. 民间调查

民间调查是由民间统计机构以自己的名义或接受委托而进行的统计调查。与政府调查相比，民间调查有两个明显特点。一是自愿性。只要调查者的调查行为不违法，调查者就可以根据自己的需要或委托者的意愿进行调查，或者自己使用、有偿买卖民间调查结果。对被调查者而言，是否接受民间调查不具有任何强制性。二是营利性。民间调查机构是利用自己的资源进行统计调查，其目的是获取一定的经济利益。

上述各种统计调查的方式有各自不同的特点及不同的实施条件。在统计工作中应根据调查任务、调查对象和调查内容等，因时、因地、因事制宜地灵活运用多种调查方式和调查方法，以便及时、全面和系统地提供准确的资料，取得良好的调查效果。

## 第二节 统计调查方案设计

案例

麦可思《2019 年中国大学生就业报告》（蓝皮书）指出：2018 届本科毕业生就业率最高的学科门类是工学（93.1%），其次是管理学（92.7%），最低的是法学（85.1%）。2018 届本科毕业生就业率排前三位的专业是软件工程（96.8%）、能源与动力工程（96.8%）和工程管理（95.8%）。

思考：这些数据是如何取得的？

搜集数据担负着为解决问题提供基础性数据的重任，数据的搜集质量直接影响解决问题的质量和使用者的决策。根据对统计数据的通常要求——客观性、适用性、准确性和及时性，在统计调查工作正式开始之前，应当事先设计一个切实可行、周密细致的数据搜集方案，以指导整个调查工作，使调查得以顺利地实施和完成。调查方案设计就是统计调查组织和实施者在进行实际调查之前，根据调查研究目的和调查对象的性质，对调查工作总任务的各个方面和分阶段进行的整体设计，提出相应的调查实施方案，制定出合理的工作程序。调查方案设计是指导整个调查过程的纲领性文件，其内容主要包括以下几个方面。

### 一、明确调查目的

在调查方案中首先明确本次调查的目的。调查目的是调查所要达到的具体目标，所回答的是“为什么调查”“要解决什么样的问题”。调查目的不同，调查对象的范围、内容、方法就不同。只有确定调查目的后，我们才能确定向谁调查、调查什么及采用什么方法进行调查。

### 二、确定调查对象、调查单位和填报单位

确定调查对象和调查单位就是要确定“向谁调查”，即调查所需数据的提供方是谁的问

题。所谓调查对象，是根据调查目的和调查对象特性而确定的调查研究总体，即接受调查的社会现象的总体。所谓调查单位，是指所要调查的具体单位，即构成调查对象的每个单位。它是调查项目和标志的承担者与载体，是我们搜集数据、分析数据的基本单位。调查对象与调查单位的关系类似于统计总体和总体单位的关系。

统计调查时常常使用填报（或报告）单位的概念。填报单位是负责报告调查资料的单位。一般情况下，总体单位就是填报单位。但当总体单位是“物”的时候，填报单位当然就应由所在单位的“人”来担任。明确了填报单位，即可知道调查表应发给谁，以及由谁来填报。

填报单位和调查单位是两个概念，但填报单位和调查单位关系密切。二者意义有时相同，有时不同。调查单位是能取得调查单位资料的单位，填报单位本身的标志就是需要调查的资料，这时填报单位和调查单位一致，二者合二为一。

**思考：**①天津市教委欲调查高中生每月的生活费用，调查对象是谁？调查单位是谁？填报单位是谁？

② 天津市教委欲调查各所高中的多媒体使用情况，调查对象是谁？调查单位是谁？填报单位是谁？

## 三、选择调查方式和调查方法

统计调查的方式、方法有多种，应该根据该次统计调查的内容和特点，并结合各种调查方式、方法的优缺点来综合考虑确定。调查方式是指调查的组织方式，主要有普查、抽样调查、定期统计报表、重点调查、典型调查和空间遥感调查。调查方法是指搜集统计资料的方法，主要有问卷法、访谈法、观察法和实验法。

## 四、设计调查项目和调查问卷

调查项目是调查的具体内容，是调查中所要登记的调查单位的特征，即调查单位所承担的基本特征。

调查问卷又称调查表或询问表，就是将调查项目细化、表格化或问题化，即以问题的形式系统地记载调查内容的一种文件。调查问卷可以是表格式、卡片式或簿记式。设计调查问卷是询问调查的关键。较完善的调查问卷必须具备两个功能，即能将问题传达给被调查者和使被调查者愿意回答。为此，调查问卷设计时应当遵循一定的原则和程序，并运用一定的技巧。

## 五、确定调查时间

统计调查时间包括两种含义，即调查时间和调查期限。

① 调查时间是指调查资料所属的时间（时期或时点）。在统计调查中，如果是时期现象，就要明确规定资料所反映的是调查对象从何年何月何日起到何年何月何日止的资料。例如，2018 年我国第四次经济普查，产值、产量、销售量、工资总额等是时期现象，调查时间为 2018 年 1 月 1 日至 2018 年 12 月 31 日。如果调查的是时点现象，就要规定统一的

标准时间。例如，2020 年第七次全国人口普查，人口数是时点现象，调查的标准时间为 2020 年 11 月 1 日零时。

② 调查期限是指进行调查工作的时间，包括搜集资料和报送资料的整个工作所需要的时间。例如，对企业进行财务审计调查，从 2020 年 3 月 1 日开始到 2020 年 3 月 30 日结束，调查期限为 30 天。

### 六、撰写调查报告

调查报告的撰写包括调查过程的描述、依调查数据所做的决策和对调查结果的评价。在调查方案中，应给出提交调查报告的具体时间，并对调查的精度、费用等提出具体要求。

### 七、制订调查工作的组织实施计划

除了以上内容外，调查方案还应对统计调查的组织实施问题进行安排。其主要包括：调查的组织领导机构，调查员的选择、组织和培训，调查问卷等文件印刷，调查经费来源和开支预算，调查资料的报送程序与方式，调查结果公布时间等。

## 第三节 统计调查的组织方式

统计调查按照组织方式分类，主要有普查、抽样调查、定期统计报表、重点调查、典型调查和空间遥感调查等。

### 一、普查

#### （一）普查的含义

普查是专门组织的一次性全面调查，主要用来调查属于一定时点上或时期内的社会经济现象的总量。它通过逐个调查一定时点或时期内的社会经济现象的状况，全系统地搜集、整理、提供反映某一方面情况的统计数据。我国曾开展 7 次人口普查、2 次农业普查、3 次工业普查和 3 次经济普查。2003 年 8 月，为完善社会主义市场经济体制，并与国家编制 5 年发展计划衔接，推动国民经济核算和统计调查体系的综合配套改革，我国确立了人口普查、农业普查、经济普查 3 项国家周期性普查制度。人口普查、农业普查每 10 年进行一次，分别在尾数逢 0 和 6 的年份实施；经济普查每 5 年进行一次，分别在尾数逢 3 和 8 的年份实施。上述 3 项普查是国家搜集重大国情国力信息的基本方式，是最基本、最重要的统计调查。普查涉及国民经济和社会发展各个方面，是和平时期重大的社会动员，在我国的政治、经济和社会活动中具有十分重要的地位和作用。

#### （二）普查的特点

普查具有如下特点。

① 普查是一次性调查，时间性强，调查对象主要是时点现象。

② 普查是全面性调查，搜集的资料全面、系统、准确。

③ 普查点多面广，工作量大，投入多。

由于普查是专门组织的一次性大规模的全面统计调查，取得的统计数据一般比经常性的全面报表调查取得的统计数据更为全面、系统、准确和可靠。由于普查的工作量大，需要投入大量的人力、物力和财力，所以不可能经常搞普查，只能少而精地进行。例如，第六次全国人口普查号称和平时期最大的一次社会动员，共调动了600万名普查员，加上普查指导员、协调员，不算经济普查办公室人员，总共近千万人，耗费80亿元人民币。

### （三）普查的原则

#### 1. 时间统一性原则

规定统一的普查时间（标准时点）。普查的标准时间是指登记调查单位项目所依据的统一时点，所有的调查数据都必须反映这一时点上的状况。例如，2020年我国第七次人口普查的统计标准时点是11月1日零时，凡在这一时点以前死亡的人口在这一时点之后出生的人口都不得计入这次人口普查的总人数内，否则有可能发生数据的重复计算或遗漏，造成统计数据失实。

#### 2. 登记工作的规范性原则

普查的登记工作应在整个普查范围内同时进行，并在尽可能短的时间内完成普查资料的登记工作，以便在方法上、步调上保持一致，保证普查资料的时效性和准确性。

#### 3. 普查项目统一规定原则

普查项目一经确定，任何单位或个人不得任意增加或减少普查项目，否则无法对普查数据进行综合汇总。普查项目应根据调查研究的目的和任务而定，同时还要考虑到理论的需要与实践的可能性。例如，我国第一次全国人口普查的项目只有6项，第二次增加了3项，第三次增加到19项，第四次增加到21项，第五次增加到28项，第六次增加到45项。

#### 4. 同类普查同周期性原则

同类普查应尽可能保持一定的周期性，以便与历史资料进行动态对比与分析，掌握调查对象的变化趋势和规律。

## 二、抽样调查

### （一）抽样调查的含义

抽样调查是一种非全面调查，是从全部调查研究对象中抽选一部分单位进行调查，并据以对全部调查研究对象做出估计和推断的一种调查方法。显然，抽样调查的目的在于取得反映总体情况的信息资料。

### （二）抽样调查的种类

根据抽选样本的方法，抽样调查可以分为概率抽样和非概率抽样两类。

① 概率抽样是根据随机原则从总体中抽选样本，并根据样本信息对总体的某些特征做出估计推断，对推断可能出现的误差可以从概率意义上加以控制。

② 非概率抽样就是调查者根据自己的方便或主观判断抽取样本的方法。它不是严格按随机抽样原则来抽取样本，故失去了大数律的存在基础，无法确定抽样误差，无法正确地

说明样本的统计值在多大程度上适合于总体。虽然根据样本调查的结果也可在一定程度上说明总体的性质、特征，但不能从数量上推断总体。

**1. 概率抽样的种类**

概率抽样的调查形式主要有纯随机抽样、机械抽样、类型抽样和整群抽样等。

① 纯随机抽样又称简单随机抽样，是按随机原则，直接从总体 $N$ 个单位中抽选 $n$ 个单位组成样本，保证总体的 $N$ 个单位在抽选时都有可能被抽中。在此，最重要的是确定总体的范围，对总体单位编号，形成明确的"抽样框"，然后用抽签的方式或根据随机数表来抽取必要的单位数。

② 机械抽样又称系统随机抽样或等距抽样，是将总体单位按某一标志排队，然后按固定顺序和一定间隔抽取调查单位构成抽样总体（样本）。设总体有 $N$ 个单位，从中抽取 $n$ 个单位组成样本，先将总体单位按某一标志排队，将 $N$ 个单位划分为 $n$ 个部分（包括的单位数都一样），每个部分的单位数为 $f$，即 $f=N/n$。$f$ 为抽样距离或抽样间隔。在实施抽样时，先从第一部分抽取一个单位（第 $i$ 个单位），再从第二部分抽取第 $i+f$ 个单位，依次继续抽取，至最后一部分抽取第 $i+(n-1)f$ 个单位为止，共抽取 $n$ 个单位组成样本。需要注意的是，为消除系统性偏差，保证样本的代表性，应尽量避免抽样距离与现象本身的周期性波动重合。在机械抽样中，作为总体单位顺序排列的标志，既可以是无关标志，也可以是有关标志。无关标志是指依据排列的标志与总体单位的标志值大小无关或前者对后者不发生主要影响。采用机械抽样可以使样本单位在总体中保持均匀分布，因而它的抽样误差比纯随机抽样的误差小。

**思考：**运用机械抽样从以下 30人中抽出 5人，按年龄排序——15, 16, 17, 17, 20, 21, 21, 21, 22, 23, 23, 24, 25, 25, 25, 27, 27, 30, 30, 32, 33, 34, 37, 37, 38, 40, 41, 41, 42, 44。

③ 类型抽样又称分层抽样或分类抽样，是先将总体按主要标志分组，然后在各组中按纯随机抽样原则抽选一定单位组成样本。类型抽样是统计分组方法和纯随机抽样的结合运用形式。按现象的某种特征进行分组，可以使各组的分布较均匀，各标志值之间的差异相对缩小，因而在同组内抽取单位的代表性会好一些。在现象总体中，各单位的分布较分散，各标志值大小悬殊，这种情况下采用类型抽样比纯随机抽样的样本的代表程度会更高，效果会更好，因而类型抽样方法运用得相当广泛。采用一定标志进行分组，各组的单位会有多有少，为了保持各组抽样的比例一致，应按各组单位数占总体单位数的比重来抽取样本单位，单位数多的组多抽，单位数少的组少抽。

类型抽样示意图如图 2.1 所示。

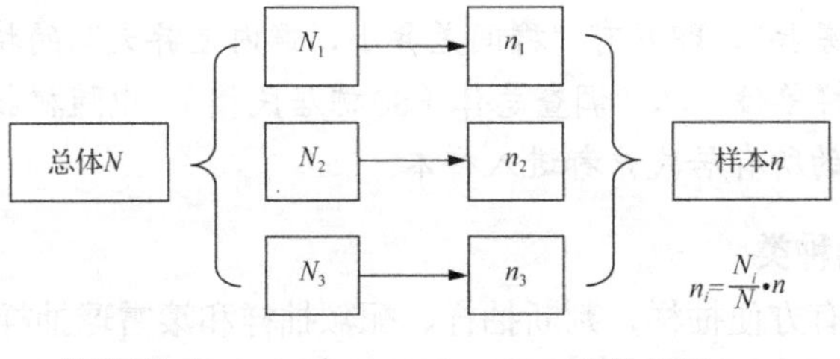


**图 2.1　类型抽样示意图**

**例 2-1** 研究员工学历对工资收入的影响。员工总人数 100 人，按主要标志“学历”对 100 名员工进行分组：本科以下 10 人；本科 40 人；硕士研究生 30 人；博士研究生 20 人。要求用类型抽样随机抽取 20 人为样本。

根据公式 $n_i=\frac{N_i}{N}n$ 计算每种学历的人数。

$$n_{本科以下}=\frac{10}{100}\times 20=2 \qquad n_{本科}=\frac{40}{100}\times 20=8$$

$$n_{硕士}=\frac{30}{100}\times 20=6 \qquad n_{博士}=\frac{20}{100}\times 20=4$$

④ 整群抽样是将总体单位分为若干群，然后以群为单位，从中抽取若干群，对抽中群的全部单位进行调查。例如，按日期抽查数天的产品的质量、按片抽查森林资源等。整群抽样是以群为单位进行抽选，抽选的单位较集中，明显影响了各单位在总体中分布的均匀性。在抽样单位数量相同的情况下，整群抽样比前述 3 种抽样方式的抽样误差会大一些，代表性低一些。因此，在实际操作时，整群抽样所抽选的样本单位要尽量多一些，以减小误差，提高准确度。

整群抽样示意图如图 2.2 所示。

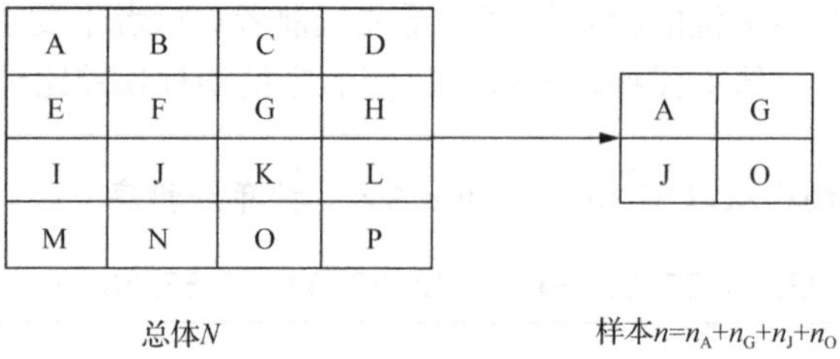


**图 2.2 整群抽样示意图**

## 案例

**整群抽样在小区居民调查中的应用**

某个居民区由 80 栋居民楼组成，其中住户总数达数千户。现欲用抽样调查方法估计该居民区使用各种宽带网络品牌的比例。

分析 本案例中，调查的目的是了解各宽带品牌在该小区的占有率，调查总体为该小区所有的居民户，调查单位为该小区被抽中的每户居民户。由于调查总体比较大，所以本调查不适合进行全面调查。分析研究对象的特征“每栋楼之间安装的宽带品牌差异小，但每栋楼内部存在较大差异”，即具有“群间差异小，群内差异大”的特点，适合采用整群抽样，即以每栋楼为抽样单位，从“调查总体（80 栋居民楼）”中随机抽取部分楼，一旦某栋楼被抽中，则该栋楼的所有居民户都进入样本。

### 2. 非概率抽样的种类

非概率抽样主要有方便抽样、判断抽样、配额抽样和滚雪球抽样等。

① 方便抽样的样本限于总体中易于抽到的一部分。最常见的方便抽样是偶遇抽样，即研究者将在某一时间和环境中遇到的每一总体单位均作为样本成员。“街头拦人法”就是一

种偶遇抽样。方便抽样是非随机抽样中最简单的方法，省时省钱，但样本代表性因受偶然因素的影响太大而得不到保证。

② 判断抽样又称立意抽样，是调查者根据研究目的和自己的主观经验，来选择和确定调查对象的一种方式。

③ 配额抽样是指调查人员将调查总体按一定标志分层，确定各层单位的样本数额，在配额内任意抽选样本的抽样方式。

*例 2-2*　设某高校有 2 000 名学生，其中男生占 60%，女生占 40%；文科学生和理科学生各占 50%；大一、大二、大三、大四分别占 40%、30%、20%和 10%。现要求用配额抽样方法依上述 3 个变量抽取一个规模为 100 人的样本。

配额抽样的比例关系如表 2.1 所示。

**表 2.1　配额抽样的比例关系**

| | 男生 60% | | | | | | | | 女生 40% | | | | | | | |
|---|---|---|---|---|---|---|---|---|---|---|---|---|---|---|---|---|
| | 文科 30% | | | | 理科 30% | | | | 文科 20% | | | | 理科 20% | | | |
| 年级 | 一 | 二 | 三 | 四 | 一 | 二 | 三 | 四 | 一 | 二 | 三 | 四 | 一 | 二 | 三 | 四 |
| 人数 | 12% | 9% | 6% | 3% | 12% | 9% | 6% | 3% | 8% | 6% | 4% | 2% | 8% | 6% | 4% | 2% |

根据表格中最后一行配额的比例，乘以 2 000 得到的就是每组抽取的样本人数。

**思考：**类型抽样与配额抽样的区别是什么？

④ 滚雪球抽样是先找出少数个体，然后通过这些个体了解更多的个体，再通过更多的个体去了解另外的个体，以此类推，就像滚雪球一样，了解的个体越来越多，越来越接近于总体。例如，要研究退休老人的生活，可以去公园结识几位散步的老人，再通过他们结识其他朋友，以此类推。

非概率抽样具有简单易行、成本低、省时间等特点，在统计上也比概率抽样简单。但由于无法排除抽样者的主观性，无法控制和客观地测量样本代表性，因此样本不具有推断总体的性质。非概率抽样多用于探索性研究和预备性研究，以及总体边界不清难以实施概率抽样的研究。

习惯上，我们通常所说的抽样调查是指概率抽样。以下如果没有特别说明，则所说的抽样调查特指概率抽样。

### （三）抽样调查的优势

① 经济性。与全面调查相比，抽样调查所调查的单位数少，调查时间相对较短，能以较少的人力、物力和财力投入取得必要的统计数据。

② 时效性。通常情况下，抽样调查可以在较短的时间内完成数据的搜集、处理和结果发布工作。例如，电视节目收视率调查，时效性要求很高，不可能用普查的方式而只能采用抽样调查。

③ 准确性。一方面，样本单位的抽取遵循了随机的原则，排除了人为因素的影响，使总体中每个单位都有均等的机会被抽取，因而样本的结构足以代表总体的结构；另一方面，

在我国目前的现实情况下，采用抽样调查的方法可以避免或减少层层汇总上报过程中的行政干预，使调查资料尽可能地反映客观实际。目前，抽样调查已成为世界各国普遍采用的一种统计调查方法。在我国，抽样调查的应用范围也越来越广，如1%人口抽样调查、城乡住户调查、粮食产量调查、棉花产量调查、限额以下餐饮业调查和民意测验等。

### （四）抽样调查的特点

#### 1. 遵循随机原则

在抽选样本单位时，排除了人们的主观意志，使现象总体中的每个单位都有被抽中的机会。这样，就有可能使所选出的样本结构与总体结构保持一致，并且能进一步计算和控制抽样误差。实行随机原则是抽样推断的先决条件。

#### 2. 抽样调查取得的实际资料用于推断与估计总体的数量特征

抽样调查的任务在于通过对样本单位的调查，计算出综合指标，然后以此来推算总体的总量和水平指标。数理统计论证中样本指标和总体指标之间存在内在联系，样本和总体之间的误差分布是有规律可循的，因而从部分推断总体的方法会在很大程度上提高统计的认识能力和预见性。

#### 3. 抽样误差可以事先计算和进行控制

抽样调查结果用以推算总体，免不了出现误差，然而这种抽样误差可以借助现有的资料预先计算出来，并且通过某种途径来控制误差范围，使抽样推断尽量达到预期的可靠程度。

## 三、定期统计报表

### （一）定期统计报表的含义

定期统计报表简称统计报表，是我国搜集资料的一种重要组织形式，是按照国家有关规定自上而下统一布置，自下而上逐级提供基本统计资料的一种统计调查组织形式。统计报表要以一定的原始记录为基础，按照统一的表式、统一的指标、统一的报送时间和报送程序填报。表2.2展示了城镇居民家庭非现金收入调查表。

**表 2.2　城镇居民家庭非现金收入调查表**

地区编码：　　　　　　　　　　　　　　　　　　　表号：W206 表
□□□□□□□□□□□□□□　　　　　　　　　制定机关：国家统计局
户编码：□□□□□□　　　　20　年　　季　　　　文号：国统字〔2021〕82 号
有效期至：20××年 9 月

| 项　目 | 计量单位 | 代　码 | 合　计 | 来自单位 | 其　他 |
|---|---|---|---|---|---|
| 非现金收入总计 | 元 | C | | | |
| 一、食品 | 元 | C1 | | | |
| （一）粮油类 | 元 | C11 | | | |
| （二）肉禽蛋水产品类 | 元 | C12 | | | |

（续表）

| 项　目 | 计量单位 | 代　码 | 合　计 | 来自单位 | 其　他 |
|---|---|---|---|---|---|
| … | | | | | |
| 二、衣着 | 元 | C2 | | | |
| 三、居住 | 元 | C7 | | | |
| （一）住房 | 元 | C71 | | | |
| （二）水电燃料及其他 | 元 | C72 | | | |
| （三）居住服务费 | 元 | C73 | | | |
| 四、家庭设备用品及服务 | 元 | C3 | | | |
| … | | | | | |
| 八、其他商品和服务 | 元 | C8 | | | |

督导员：　　调查员：　　填表人：　　报出日期：20　年　月　日

说明：① 本表由国家统计局各调查总队核实转报。

② 统计范围是抽中的调查户。

③ 报送时间4月8日前，7月5日前，1月、10月10日前。报送方式为网络传输。

统计报表可以在统计调查开展之前往下布置，以便调查单位提前做好准备，尽量将统计调查建立在可靠的基础上，保证其效果。

### （二）定期统计报表的特点

① 统计报表要求各单位填报时必须依据原始记录。因此，只要各基层单位认真执行，建立健全原始记录，统计资料的来源和准确性就有了可靠的基础。

② 由于调查内容、表式、时间都是统一规定的，所以保证了统计资料的统一性和及时性。

③ 各单位在规定期限内按期填报，保证了统计资料的全面性和连续性。

④ 统计报表有助于完善资料的积累工作，利于历史比较。

⑤ 统计报表逐级汇总上报，可以满足各级政府部门掌握有关统计资料的需要。当然，经济利益的多元化可能会出现某些单位为了本单位利益而虚报或瞒报的现象，从而影响统计资料的质量。

### （三）定期统计报表的种类

**1. 按照统计报表内容的实施范围不同，有国家的、部门的和地方的统计报表**

国家统计报表在全国范围内实施，包括有关社会经济状况的基本项目；部门统计报表在各自部门范围内实施，包括各部门本身所需要的专业统计资料；地方统计报表是在各地区范围内实施的。无论是部门还是地方的统计报表，均是国家统计报表的补充。

**2. 按照统计报表填报的周期不同，有定期报表和年报两类**

定期报表包括日报、旬报、月报、季报和半年报等。一般而言，报告周期的长短与其指标的繁简有密切关系。报告周期较短的报表，指标应力求简明；报告周期较长的报表，指标可以多一些，如年报可以详尽一些。在及时性方面，报送周期短的报表要求强一些，年报相对可以宽松一点。在准确性、全面性和系统性方面，报送周期短的报表要求低一些，而年报则必须严格要求。

**3. 按照统计报表填报单位区分，有基层报表和综合报表**

基层单位（如企业等）填报的统计报表反映了基层单位的各项活动情况，称为基层报表；由各级主管部门根据基层或下级提供的报表而填报的统计报表，称为综合报表。

## 四、重点调查

### （一）重点调查的含义

重点调查就是在被研究现象总体的所有组成单位中，选择其中的重点单位进行调查的方法。重点单位是客观存在的，它们在总体的全部单位中虽然只是少数，但在研究总体的总量里却占有绝大部分的比例，能够反映现象总体的基本情况。例如，要了解全国煤炭的生产情况，只需要重点对若干统配煤矿的生产状况展开调查，就可以基本掌握全国煤炭的生产情况。

重点单位既可以是基层单位的企业，也可以是某些地区、某些行业或部门。统计研究的任务不同或调查对象不同，会有不同的重点。例如，当需要掌握棉花生产的基本情况时，可以将主要产棉区作为重点来进行调查。

### （二）重点调查的特点

**1. 重点调查前需要对调查对象有初步了解**

在此基础上，主观选择部分重点单位进行调查，其中重点单位的选取直接影响调查的结果。例如，为了掌握长沙市工业企业的运行状况，经过产值等数据可知三一重工、中联重科和山河智能等重工业在工业生产中占有举足轻重的地位，因此重点调查可对这 3 个企业进行调查；为了了解全国牛奶市场上三聚氰胺含量的情况，可以选取蒙牛、伊利两大市场份额较大企业的产品进行调查。

**2. 重点调查是一种非全面调查**

选择的重点单位数目较少，但由于占总标志值的比重大，因此能够大致反映总体的基本特征和变化趋势。

**3. 重点调查省时省力**

重点调查的调查单位少，调查时花费少，节省人力、物力，并且能及时提供所需资料，对各级领导部门及时了解和掌握社会经济形势、适时解决问题、指挥各项工作的运行起着很大的作用。

### （三）重点单位的选择

进行重点调查需要选择好重点单位。重点单位是指在调查对象中具有较大标志值的那部分调查单位。重点单位不是一成不变的，随着社会经济形势的发展和工作重点的转移，不同时期的重点是会变化的，即使是相同的问题，由于侧重角度的不同，重点也会发生某种转变。

重点单位毕竟是少数，一次重点调查应包括多少重点单位，要考虑到重点单位的标志值合计，以能够反映所研究对象的基本情况为度。如果调查对象中调查单位的标志值都差不多，没有什么明显差别，则重点单位就较难界定。

重点单位的运用有两个前提：一是调查对象中确实存在可以作为重点的单位；二是调查单位所取得的资料能够满足推断总体基本情况的需要。

重点调查既可以是专门组织的调查，也可以通过统计报表取得资料，或者二者兼而有之。

思考：某行业有 1 000个企业，总产值是 100万元，其中有 10个企业总产值达到 90万元，这 10个企业是不是重点单位？

## 五、典型调查

### （一）典型调查的含义

典型调查属于非全面调查，是从调查对象中选择具有代表性的调查单位，将其作为典型单位开展调查的一种方法。典型调查是一种比较灵活的调查方法，根据认识的需要，既可以侧重于现象的量的方面和数量关系的研究，也可从质的研究人手，分析数量和数量关系形成的深层次原因；既可以从纵的方向展开研究，深入少数单位了解问题的历史和现状，也可以从横的方面进行分析，了解问题在不同情况下各自的表现。

### （二）典型调查的特点

① 调查单位少，可以深入实际、深入群众开展调查研究，将对情况的了解和细致分析密切结合起来。

② 调查单位是根据调查目的对调查对象进行初步的定性分析，并有意识地加以选择的，因而调查的结果能很好地满足需要。

③ 典型调查机动灵活，节省人力和物力，可以提高调查的时效性。

### （三）典型调查的作用

**1. 典型调查能够对所研究的问题做具体、深入的分析**

普查、统计报表等对客观事物仅做出一般的说明，而典型调查可以具体揭示事物发生和发展的过程，以及因果关系，做到有数据、有情况、有思想、有过程、有措施、有结果，从而有利于对事物发展的一般规律进行具体、深入的认识与分析。

**2. 典型调查可以用来研究新生事物**

社会经济现象是错综复杂的，各方面的情况瞬息万变，新情况、新问题层出不穷，这些都需要研究解决。统计工作需要从事物的萌芽状态和典型经验中抓住真谛、抓住主流，探究事物发展的方向和规律。与此同时，要抓住新问题，深入调查分析，提出解决问题的建议，为指导工作提供依据。

**3. 在一定条件下，典型调查可以用来验证全面调查数据与情况的真实性**

**4. 典型调查可以测算和推断有关总体的数据**

通过典型调查，掌握有足够代表性的典型情况，据此可推断总体的有关情况。虽然这种推断不一定能得到完整、详细的数值，却可以描绘事物的基本轮廓或走势，从而便于把握事物的本质，以指导实际。

#### （四）典型调查的程序

**1. 从实际需要出发，确定调查题目**

这关系到调查单位的选择，调查内容、调查范围的确定，具体调查方法的规定等。

**2. 正确选择典型单位**

这是决定调查成效的关键，一定要审慎从事。正确选择典型单位，需要注意几点：第一，事前要对研究的现象进行全面分析；第二，选择典型单位要充分考虑到被调查事物的特点，从而确定典型单位是一个还是多个；第三，选择的典型单位因目的而异。如果为了近似地估算总体的数值，可以在大概了解总体情况的基础上把总体分成若干类型，从每一类型中，按它在总体内所占比重的大小选出若干典型单位进行调查；如果是为了了解总体的一般数量表现，则可以选择中等的典型单位作为调查单位；如果是为了研究成功的经验与失败的教训，则可以选出先进的和后进的典型单位，或者选择上、中、下等典型单位进行调查对比。

**3. 开好调查会**

可以邀请熟悉情况或有丰富经验的人士座谈，搜集情况、展开讨论、共同分析、求得共识、找出办法。为此，开调查会应注意几点：第一，要搞讨论式调查；第二，与会者须深入地了解情况；第三，吸收较多的人与会；第四，调查提纲要有的放矢；第五，要深入，勿浅尝辄止；第六，自己动手，不假手于人。除了开调查会这个基本方法外，还有个别访问法、直接观察法等。

### 六、空间遥感调查

#### （一）空间遥感调查的含义

空间遥感调查又称卫星遥感调查，是现代高科技用于统计调查的一种形式。具体来说，空间遥感调查是依靠现代测量手段，以地理信息系统和全球定位系统为基础，再根据不同的调查对象，加载不同的卫星遥感信息，最后通过计算机处理，得到所需要的图形及调查数据的一种调查形式。

我国开始对地观测空间遥感技术的应用是在20世纪70年代，目前已成功地发射了十几颗对地观测卫星。到20世纪80年代，又先后引进研制了气象卫星、陆地卫星地面接收站，使空间遥感技术得以充分应用。在我国的统计工作中，利用空间遥感技术对地面农作物进行观测来估计农作物产量已形成一定的规模，取得了一定的成效。

#### （二）空间遥感调查的特点

空间遥感调查与其他统计调查相比，具有更强的科学性，具体表现在以下几方面。

**1. 很强的时效性**

借助卫星获取地面上的信息后，数据立即形成，并及时传送到地面接收站，再经过计算机的相应处理，就可迅速得到所需图形和数据。

**2. 极高的准确性**

人工统计调查在工作量大、时间紧的情况下，难以达到调查的及时和准确两方面的要求，免不了顾此失彼。而空间遥感技术可对全球的陆地进行精确测量，精确度最高可达到厘米级。因此，空间遥感调查既可保证时效性，又可保证准确性。

**3. 真正的客观性**

如何保证统计数据的客观性，真正如实地反映实际，是统计工作难以解决的问题。在人工统计中，往往存在人为产生差错的因素，有些是无意的，但相当多的情况下可能是故意的，因而导致统计数据的失真。空间遥感调查在技术安排上完全避开了人为干扰，所以具有绝对的客观性。

**4. 满足需要的多层面性**

因为通过卫星遥感图片可以按大小不同的行政区域对村、乡、县、地区、省进行统计调查研究和分析，所以空间遥感调查资料可以满足各级政府的需要。

# 第四节　统计数据的搜集方法

统计数据的搜集有两种来源，如图 2.3 所示。通过直接来源得到的数据为一手数据或原始数据；通过间接来源得到的数据为二手数据或次级数据。获取直接来源数据的方法包括问卷法、访谈法、观察法和实验法，获取间接来源数据的方法是二手数据法。

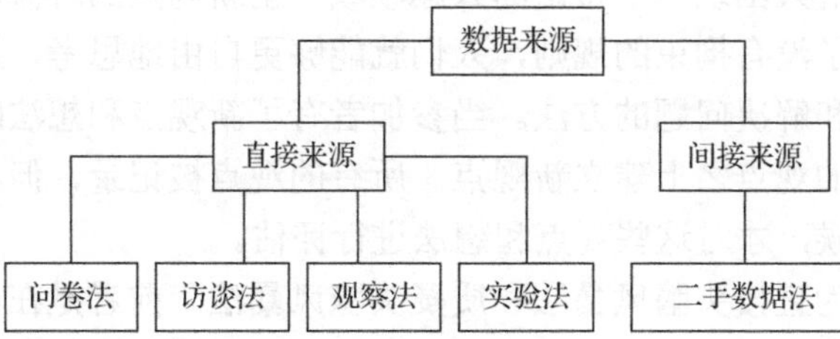


**图 2.3　数据来源**

## 一、统计数据的直接搜集方法

### （一）问卷法

在社会调查中，搜集资料最基本的手段就是看和问。像询问这样的做法，调查者要从对有关社会事实有接触和体验的人那里去了解情况。问卷法和访谈法是其中最主要的两种方法。采用问卷进行调查不仅是国际通行的一种调查方法，也是当前发展最快、应用最广泛的一种调查方法。

### （二）访谈法

访谈法是通过有目的地与调查对象直接交谈来获取社会信息的一种数据搜集方法。访谈法也是调查者用“问”来搜集资料，这种方法和问卷法最大的区别在“答”的方面。对于调查者提出的问题，用问卷法时，被调查者是用“笔”来回答；用访谈法时，被调查者则是用“嘴”来回答。因此，我们在做访谈时，必须与被调查者面对面直接交谈。

访谈法的优点主要有广泛地认识社会现象、深入地研究问题、资料搜集可靠和应用面很广。

访谈法的缺点主要有：第一，访谈法的实施和调查质量的保证必须依赖于具有较高素质的调查员；第二，直接交谈也会对获取资料的客观性产生负面影响；第三，在不便当面询问或不能询问被调查者时，访谈法就无法实施，也不能获取资料；第四，调查费用高、时间长，调查过程中会碰到许多意料不到的困难。

访谈法与我们日常生活中相互之间的交谈有许多不同之处：首先，访谈有预定计划，有专门的主题，有一定的工具（如调查问卷）或辅助手段（如录音机），而日常交谈不需要这些；其次，访谈主要由被调查者提供信息，而日常交谈则是双方互换信息。

根据被调查者人数的多少可以分为：个别访谈和集体访谈。个别访谈是指调查者对每位受访者进行一对一的单独访谈。个别访谈是访谈的基础，也是应用最多的一种方式。集体访谈是一种通过一对多的形式进行集中搜集信息的方法，是一种了解情况工作效率高、经费投入少的调查方法，但对调查员组织会议能力的要求很高，同时也不适用于某些涉及保密、隐私、敏感性的问题调查。集体访谈法常用的有头脑风暴法、德尔菲法和深度访谈法。

#### 1. 头脑风暴法

头脑风暴法又称智力激励法，是现代创造学奠基人美国的奥斯本发明的一种创造能力的集体训练法。当一群人围绕一个特定的兴趣领域产生新观点的时候，这种情境就叫头脑风暴。由于会议使用了没有拘束的规则，人们就能够更自由地思考，进入思想的新区域，从而产生很多新观点和解决问题的方法。当参加者有了新观点和想法时，他们就大声说出来，然后在他人提出的观点之上建立新观点。所有的观点被记录，但不进行评估。只有头脑风暴会议结束的时候，才对这些观点和想法进行评估。

头脑风暴法可分为直接头脑风暴法和质疑头脑风暴法。前者是在专家群体决策基础上尽可能激发创造性，产生尽可能多设想的方法；后者则是对前者提出的设想、方案逐一质疑，发现其现实可行性的方法。

### 案例

#### 头脑风暴法的应用

盖莫里公司是法国一家拥有300人的中小型私人企业，有许多厂家与这一企业生产的电器竞争。该企业的销售负责人（以下简称主管）参加了一个关于发挥员工创造力的会议后大有启发，开始在自己公司谋划成立了一个创造小组。在冲破了来自公司内部的层层阻挠后，他把整个小组（约10人）安排到了农村一家小旅馆里。在以后的3天中，每人都采取了一些措施，以避免外部的电话或其他干扰。第一天全部用来训练，通过各种训练，组内人员开始相互认识，他们相互之间的关系逐渐融洽——开始还有人感到惊讶，但很快他们都进入了角色。第二天，他们开始创造力训练，开始涉及头脑风暴法及其他方法。他们要解决的问题有两个，在解决了第一个问题——发明一种拥有其他产品没有的新功能电器后，他们开始解决第二个问题——为此新产品命名。在第一、第二两个问题的解决过程中，都用到了头脑风暴法。在为新产品命名这一问题的解决过程中，经过两个多小时的热烈讨论后，共为它取了300多个名字，主管暂时将这些名字保存起来。第三天一开始，主管便让大家根据记忆，默写出昨天大家提出的名字。在300多个名字中，大家记住了20多个，然后主管在这20多个名字中筛选出3个大家认为比较可行的名字，再用这些名字征求顾客的意见，最终确定了一个。结果新产品一上市，便因为其新颖的功能和朗朗上口的名字受到了顾客的欢迎，从而迅速占领了大部分市场，在竞争中击败了对手。

**2. 德尔菲法**

德尔菲法又名专家意见法或专家函询调查法，是指采用背对背的通信方式征询专家小组成员的预测意见，经过几轮征询，使专家小组的预测意见趋于集中，最后做出符合市场未来发展趋势的预测结论。该方法主要是由调查者拟定调查表，按照既定程序，以函件的方式分别向专家组成员进行征询，而专家组成员又以匿名的方式（函件）提交意见。经过几次反复征询和反馈，专家组成员的意见逐步趋于集中，最后获得具有很高准确率的集体判断结果。德尔菲法是依据系统的程序，采用匿名发表意见的方式，即团队成员之间不互相讨论、不发生横向联系，只能与调查员发生联系，以反复填写问卷的方式，集结问卷填写人的共识并搜集各方意见。因此，德尔菲法具有匿名性、反复性和统一性等特点。

**3. 深度访谈法**

深度访谈法又称深层访谈法，是一种无结构的、直接的、个人的访问，在访问的过程中，一个掌握高级技巧的调查员深入地访谈一个被调查者，以揭示被调查者对某一问题的潜在动机、信念、态度和感情。与小组座谈会一样，深度访谈法主要也是用于获取对问题的理解和深层了解的探索性研究。不过，深度访谈法不如小组座谈会用得那么普遍。例如，为发掘目标顾客在某产品所引起的深度动机时，可采用深度访谈法；在某些过程中，研究者为消除受访者的自我防卫心理，可以采用文字联想法、语句完成法、角色扮演法之类的技巧来对顾客进行访问。

### （三）观察法

观察法是所有科学研究方法的始祖。观察搜集到的资料比访谈搜集到的资料更接地气，由于观察者与被观察的客观事物直接接触，中间不需要其他环节，所以观察所获得的信息资料，是真正意义上的第一手资料。“观察可称为科学研究的第一等方法”。

观察法是指对所发生的事或人的行为的直接观察和记录。在观察过程中，调查员所处的地位是被动的，也就是说调查员对所观察的事件或行为不加以控制或干涉。例如，在进行商场调查时，调查员并不访问任何人，只是观察现场的基本情况，然后记录备案。一般调查的内容有某段时间的客流量、顾客在各柜台的停留时间、各组的销售状况、顾客的基本特征、售货员的服务态度等。

观察法又可以分为公开观察法和隐蔽观察法两种：公开观察法是指调查员在调查地点是公开的，即被调查者意识到有人在观察自己的行为；隐蔽观察法是指被调查者没有意识到自己的行为已被观察和记录。例如，超级市场的经营者可以通过公开观察来记录客流，统计客流规律和商店购买人次，重新设计商品的陈列和布局，这就是公开调查；而顾客走进商店时，多半会驻足观看，甚至选购某些商品，市场调查员可以利用这一机会，观察和搜集顾客对新产品或季节产品的注意力及购买情况的资料，这就是隐蔽观察法。

观察法的主要优点有：

① 它能通过观察直接获得资料，不需要其他中间环节，因此观察的资料比较真实。

② 在自然状态下的观察，能获得生动的资料。

③ 观察具有及时性的优点，能捕捉到正在发生的现象。

④ 观察能搜集到一些无法言表的材料。

观察法的主要缺点有：

① 受时间限制。某些事件的发生是有一定时间限制的，过了这段时间就不会再发生。

② 受观察对象限制。例如，研究青少年犯罪问题，有些秘密团伙一般不会让别人观察到。

③ 受观察者本身限制。一方面，人的感官都有生理限制，超出这个限度就很难直接观察；另一方面，观察结果也会受到主观意识的影响。

④ 观察者只能观察外表现象和某些物质结构，不能直接观察到事物的本质和人们的思想意识。

⑤ 观察法不适用于大范围调查。

### （四）实验法

实验法是一种特殊的观察调查方法，是在所设定的特殊实验场所、特殊状态下，对调查对象进行实验取得所需资料的一种调查方法。例如，教育实验法是依据一定的教学理论假说，在教学实践中进行的，运用必要的控制方法，变革研究对象，探索教学的因果规律的一种科学研究活动。可预见性和可干预性是实验法最显著的两个特点。实验法在自然科学中应用比较多，近年来更多的实验法应用于社会经济现象研究。

**相关链接**

**常见知名市场调查公司**

1. 益普索集团（Ipsos Organization），http://www.ipsos.com.cn
2. 特恩斯市场研究咨询有限公司（Taylor Nelson Sofres，TNS），http:// www.tnsglobal.com.cn
3. 盖洛普咨询公司（The Gallup Organization），http://www.gallup.com
4. AC尼尔森（ACNielsen），http://www.nielsen.com/cn/zh.html
5. 捷孚凯市场咨询有限公司，http:// www.gfk. com/cn/pages/default.aspx
6. 央视市场研究股份有限公司（Cvsc-Tns Research，CTR），http://www.ctrchina.cn/ctrwebsite/cn
7. IDC市场研究公司（International Data Corporation），http://www.idc.com.cn
8. 零点研究咨询集团，http://www.horizon-china.Com
9. 北京慧聪资道咨询有限公司，http://www.hcr.com.cn
10. 艾瑞咨询集团，http://www.iresearch.com.cn
11. 北京新生代市场监测机构有限公司，http://www.sinomonltor.com

## 二、统计数据的间接搜集方法

在统计数据的搜集过程中，有时很难通过直接来源获得一手数据，需要通过间接来源获取二手数据。

### （一）二手数据的搜集途径

**1. 公开出版的统计数据**

这些数据主要来源于官方统计部门、政府、组织、科研机构、学校等的统计结果，查阅途径有网络、报纸、杂志、广播、电视等。目前，较为权威的经济类统计年鉴有《中国统计年鉴》《地方统计年鉴》《中国金融年鉴》；权威统计类期刊有《中国统计》《统计研究》；权威统计网站有国家统计局网站、中国经济信息网等。

**2. 尚未公开发表的统计数据**

这些数据多是各企业内部经营报表、专业调查咨询机构掌握的调查数据、科研机构或院校尚未发表的研究数据等。

在实际调查工作中适当地运用二手数据往往能够起到节约时间和费用、取得良好成果和效益的作用。在使用二手数据时应注意以下问题：

① 要先对二手数据的可用价值进行评价。

② 注意二手数据中各项指标的含义、统计口径和计算方法是否具有可比性，避免误用、错用他人数据。

③ 注意弥补缺失数据和进行质量检查。

④ 引用二手数据时，一定要注明数据来源和数据所属时间。

### （二）二手数据的特点

二手数据是针对原始一手数据而言的，因而与一手数据相比，二手数据具有自己的优点，当然也存在一些缺点。

**1. 二手数据的优点**

二手数据的优点很多，主要体现为快捷、成本低、易获取。

① 快捷。与搜集原始数据相比，二手数据的获得要快得多，而搜集原始数据，从头至尾可能要几个月的时间，甚至更长。

② 成本低。与搜集原始数据相比，所需的调查成本要少得多。

③ 易获取。所需资料通常都可以找到，可获得性高。

**2. 二手数据的缺点**

二手数据也有一些缺点，主要表现为相关性差、时效性差和可靠性低。

① 相关性差。二手数据可能与调研者所研究项目的要求存在关联性低或不匹配的问题，导致其相关性差。

② 时效性差。在迅速变化的市场环境下，研究对象发生了很大甚至是质的变化，此时应判断二手数据是否已经过时，能否正确反映客观事实。一般来说，如果研究对象变化慢，则时效性强；反之，则时效性差。

③ 可靠性低。主要根据二手数据与此次研究的目的关联性来判断，如果关联性低，则可靠性就低。一般来说，二手数据与使用者的研究目的存在一定的差距，所以二手数据可靠性较低。

相关链接

**获取经济类二手数据的常见渠道**

1. 中华人民共和国国家统计局，http://www.stats.gov.cn
2. 美国劳工网，http://www.bls.gov
3. 美国经济分析局，http://www.bea.gov/index.htm
4. 国际货币基金组织数据库，http://www.imf.org/external/data.htm
5. 世界银行统计数据库，http://data.worldbank.org
6. 联合国统计部数据库，http://unstats.un.org/unsd/default.htm
7. 宾大国际数据库（佩思表），http://www.rug.nl/research/ggdc/data/penn-world-table
8. OECD数据库，http://www.oecd.org/statistics
9. 香港环亚经济数据有限公司，http://www.ceicdata.com/products/global
10. Wind资讯，http://www.wind.com.cn

## 第五节　问卷调查与设计

案例

**调查问卷的发明人——弗期西斯·高尔顿**

弗朗西斯·高尔顿（Francis Galton，1822—1911年）是英国探险家、优生学家、心理学家、差异心理学之父，也是心理测量学上生理计量法的创始人。他出生于英国伯明翰市斯帕克布洛附近的拉杰斯的一个贵族家庭，父亲是银行家，母亲和达尔文的父亲是同父异母的兄妹。高尔顿是达尔文的表弟，最后因急性支气管炎病逝于英国萨里郡黑索米尔镇。

为了解先天因素和后天因素对个人在科学成就上的作用，高尔顿发明了一个新的研究工具：自我问卷。他设计了一套问卷，内容涉及民族、宗教、社会和政治背景、性格特征，甚至头发颜色及帽子大小的问题，然后将问卷分发给英国皇家协会的会员。尽管问卷长得惊人，但大部分受试者都完成并寄回了问卷。高尔顿对调查后的结果进行分析，发现大部分人相信他们对科学的兴趣是天生的，而后天教育对他们在科学上的成就的作用则存在截然不同的观点，部分认为有作用，另一部分则认为没有作用。这一点与高尔顿的判断并不一致，当然也与现在的共识不一致。其原因在于，他的问卷和数据分析方法存在以下几个问题：第一，高尔顿的调查对象只是特定的对象，忽略了其他群体，如其他科学家和一般人员；第二，其中许多问题，特别是有关受试者成功因素的问题，只会得出非常主观的答案；第三，他没有办法（虽然后来他又发明了一个）用数学办法来衡量任何两个因素之间的关系，因而就无法评判到底是偶然还是重要的因素。不过，高尔顿使用的问卷和数据分析方法都是具有极重要意义的发明，从此之后就成了心理学研究中的重要工具。

在统计调查实施之前，调查人员需要确定好调查问卷。统计调查问卷作为常用的调查工具，是采用书面的形式将所需调查的项目以问答的方式系统地罗列出来，请被调查者填写问卷，以此获取统计资料。调查问卷主要用于非政府统计机构或个人的市场调查或社会调查。

## 一、调查问卷的设计

问卷调查的关键在于调查问卷的设计。设计一份符合调查意图的调查问卷要掌握问卷的结构，问卷的基本结构包括问卷标题、起始部分（见面语、问卷说明、问卷编号）、主体部分（测量问题、被调查者基本情况）等。以下逐一对各个部分做具体阐述。

### （一）问卷标题

问卷标题要概括性地说明调查研究的主题，使被调查者通过标题对问卷内容能够有大致的了解。问卷标题要力求简明、扼要、主题突出、易于引起被调查者的兴趣。但是如果问卷调查的内容比较敏感，题目就要隐晦一些，免得引起被调查者的防备心理。

例如，欲调查北京市居民收入差距。这是一个敏感的研究主题，如果问卷标题直接写成“北京市居民收入差距调查”，则容易降低低收入居民的答题意愿，所以题目可写得婉转些，写成“北京市居民收入情况调查”即可。

### （二）起始部分

#### 1. 见面语

见面语在问卷中，特别是在需要由被调查者自填时，如何表述就显得极为重要。见面问候语气委婉、礼貌亲切，很容易拉近与被调查者的距离，能够缓和陌生感、消除顾虑，引起被调查者对调查的兴趣，激发其参与意识，使之积极合作。见面语的内容应该包括调查目的、调查意义、调查员自我介绍、保密原则，以及对被调查者付出劳动的感谢，如有酬劳一并写明。

例如，某城市出租车载客情况调查问卷的见面语如下：

您好，打扰了！我们正进行出租车载客情况的调查，目的是了解公众对出租车的态度，以促进城市交通事业的发展。请您回答自己的真实看法和意见。耽误了您的时间，请见谅。对于您的回答我们会保密，敬请放心！非常感谢您的积极参与和热心支持！

再如，某城市商品房满意度调查的见面语如下：

您好！感谢您百忙中参加我们的调查活动。您所参加的调查是由中国消费者协会和北京市消费者权益保护委员会组织联合开展的。您的真实回答有助于我们了解当前商品房市场的相关情况，为我们进一步做好消费者权益保护工作打好基础。您的个人资料我们绝对保密。感谢您的参与！

#### 2. 问卷说明

问卷说明是告知被调查者如何规范填写问卷，对问卷进行简单说明。它可以集中放在问卷的起始部分，当然也可以视情况而定，放在有关问题的前面。问卷说明应包括填写注意事项和填写方法。

例如：

① 请在所选择答案的题号上画圈。对只许选择一个答案的题目画一个圈；对可多选择

答案的题目，可在您认为合适的答案上画圈。

② 需要填写数字的题目，请在留出的横线上填写。

③ 请把您的见解填写在下方的横线上。

④ 以下每题有 5 个选择：A.非常不符合；B.很不符合；C.一般；D.很符合；E.非常符合。每题只选择一个答案，凭直觉尽快作答即可。

### 3. 问卷编号

对每张问卷应进行编号，理出顺序，便于查找和甄别错误。问卷编号可有可无，根据研究意图而定。

## （三）主体部分

主体部分是调查问卷的关键部分，包括所有测量问题，涉及的关键环节是提问方式的选取和测量问题的设计。

### 1. 提问方式的选取

提问方式有两种：一种是开放式的提问，要求被调查者根据问题写出答案；另一种是封闭式的提问，预先设计出各种可能的答案，由被调查者自主选择。问题答案应标准化，以便于被调查者对问题的理解和回答，也方便事后对调查结果的整理。对于有初步了解的内容，可设计封闭式问题，相反则设计开放式问题，便于搜集和整理数据。

封闭式问题的回答形式主要有以下 5 种。

（1）是非法

是非问题的回答只有两种可供选择的答案，即“是”或“否”。

（2）选择法

在设计问卷时，对一个问题给出若干个答案，由被调查者选择回答。根据要选择答案多少的不同，选择题有单项选择、多项选择和限制选择等形式。

① 单项选择。要求被调查者从问题的众多答案中，只选择其中一项。

② 多项选择。要求被调查者从问题的众多答案中，选出自己认为合适的答案，项数不限。

③ 限制选择。要求被调查者从问题的众多答案中，选出自己认为合适的答案，但选择的项数受到一定限制。

（3）顺序法

问题的答案很多，要求被调查者将这些答案按其重要程度进行排列。这样顺序排列的回答方法，称为顺序法。顺序法中的问题答案既要反映所调查的内容，更重要的是要表明被调查者对问题所持的态度。在市场调查中，顺序法最常用，用于制作质量改进矩阵。

例如，对于某大学课堂教学质量、师资力量、科研成果、学生获奖、学生就业、学科点建设、团队建设 7 个方面进行评估，量化得到每个方面的得分（1～7 分）。为了进一步明确大学的改进方向，需要判断这 7 个方面的重要程度，因此需要设计以下测量题目：“××××大学是教学型大学，请您对课堂教学质量、师资力量、科研成果、学生获奖、学生就业、学科点建设、团队建设进行重要程度排序（1～7 分），最重要的是 7，最不重要的是 1。”

按重要程度得到的分值和评估后的量化得分如表 2.3 所示。

表 2.3 重要程度与评估得分

| | 课堂教学质量 | 师资力量 | 科研成果 | 学生获奖 | 学生就业 | 学科点建设 | 团队建设 |
|---|---|---|---|---|---|---|---|
| 重要程度 | 7 | 5 | 1 | 4 | 6 | 3 | 2 |
| 评估得分 | 4 | 3 | 5 | 2 | 6 | 1 | 7 |

由此可画出质量改进矩阵，如图 2.4 所示。

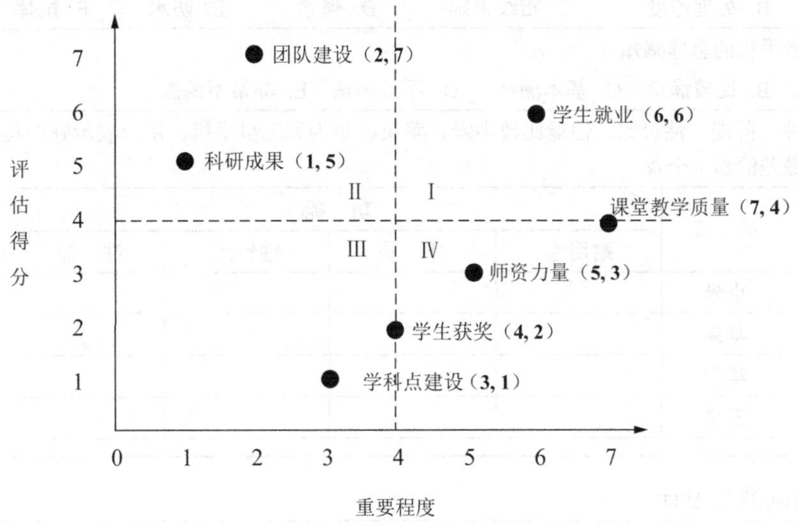


图 2.4 质量改进矩阵

在质量改进矩阵中，可以清晰地发现：首先，重要程度高评估得分低的第Ⅳ区间是应重点改进的方面，即师资力量、学生获奖和课堂教学质量；其次，重要程度和评估得分均高的第Ⅰ区间是应保持的方面，即学生就业；再次，重要程度和评估得分均低的第Ⅲ区间是应一般关注的方面，即学科点建设；最后，重要程度低评估得分高的第Ⅱ区间是应转移资源配置的方面，应将资源转移到需要重点改进的第Ⅳ区间。顺序法通常用于此种情景。

（4）程度法

问卷中问题的答案，由表示不同级别或不同程度的词组组成，按照其程度高低排列，被调查者可依次选定。程度法特别适合进行量化研究。例如，您对某物业公司的服务质量①非常满意；②比较满意；③一般满意；④不太满意；⑤非常不满意。按照满意的程度，可以进行赋值，非常满意赋值为 5，比较满意赋值为 4，一般满意赋值为 3，不太满意赋值为 2，非常不满意赋值为 1。

（5）双向法

双向法是把两类不同问题结合在一张表格中，表的横行是一类问题，表的纵栏是另一类问题。用表格形式综合表现其作用，十分醒目和简便。

现以小米手机的调查展示 5 种提问方式，如表 2.4 所示。

**表 2.4　小米手机使用情况调查表**

（1）您用过小米手机吗？（　　）

A. 用过　　B. 没用过

（2）您觉得小米手机最吸引您的是什么？（　　）

A. 价格便宜　B. 功能先进　C. 性价比高　D. 外观漂亮

（3）现想推出新款小米手机，您认为从哪些方面进行设计会更吸引客户？请按重要程度从左到右排序。

A. 外观　B. 处理速度　C. 指纹识别　D. 像素　E. 防水　F. 抗摔

（4）您对小米手机的总体感知（　　）。

A. 非常满意　B. 比较满意　C. 基本满意　D. 不太满意　E. 非常不满意

（5）从耐用性、外观、性价比、性能比较小米、苹果、华为和三星手机。用☆表示好的程度。最好的画 4 个☆，最差的画 1 个☆。

| 品　牌 | 功　能 | | | |
|---|---|---|---|---|
| | 耐用性 | 外　观 | 性价比 | 性　能 |
| 小米 | | | | |
| 苹果 | | | | |
| 华为 | | | | |
| 三星 | | | | |

### 2. 测量问题的设计

**思考：** 如何保障搜集到的数据有效？

数据有效需要被调查者配合，应做到以下 3 点。

① 大多数被调查者会认真阅读和回答问卷中的所有问题。

② 大多数被调查者有足够的能力理解问卷中的问题。

③ 大多数被调查者能提供真实、坦诚的答案。

被调查者配合的前提条件是问卷本身质量高，能测量出想测量的构念。

在设计测量问题之前，首先要想清楚是自行开发问题还是沿用现有的问题。如果研究的内容具有普适性，如“工作满意度”是非常成熟的构念，可以直接采用现有的测量问题；如果研究的内容具有情境依赖性，如“科研压力”，虽然可以参考“工作压力”的测量问题，但是需要结合科研情境下的具体压力源进行测量问题设计。

测量问题设计的注意事项如下。

（1）避免使用具有双重语意的问题

有时候调查者会不自觉地将两种语意表述在同一问题中，从而使这个问题有双重语意。例如，“高老师讲课逻辑清晰，代入感强”就是双重语意的情况，被调查者可能认为高老师讲课逻辑清晰，但代入感不强，那么在填写问卷时将无法客观回答。因此，设计测量题目时，应分开成两个问题，即“高老师讲课逻辑清晰”和“高老师讲课代入感强”，便于被调查者回答。

（2）避免使用诱导性的问题

无论调查者自身持有什么样的价值观念和取向，都必须保持客观和中立。在设计测量问题时，应避免将自身的价值取向带入问题以求得到应答者的呼应。例如，“学分制改革非常有效，教师和学生都受益。您认为呢？ A. 非常符合 B. 很符合 C. 一般 D. 不符合 E. 非常不符合”，这样的设计题目融入了过多的调查者观点，诱导性太强。

（3）避免使用被调查者需要依记忆才能回答的问题

有时调查者不得不要求被调查者追溯已经发生的往事。在设计这样的问题时必须注意，不是所有人都拥有良好的记忆能力，被调查者很可能已不记得问卷中问题所涉及的场景、事件和后果。如果必须用，则应尽量缩短需要记忆的时段，如“您在过去 3 年中平均每年缺勤几天？”是个难以准确回答的问题，如果换成“您在过去 3 个月中缺勤几天？”就会好得多。同时，加上一个控制条件，询问“过去 3 个月的缺勤情况与以往 3 年有什么不同吗？”。

（4）避免启动被调查者为满足社会期望值而答题的动机

每个社会都有被公众认可的道德标准和行为准则，每个人多多少少会有一些取悦他人的动机和行为。如果问卷中的问题触及了被公众认可的道德标准和行为准则，就可能启动被调查者自我保护或自我服务的动机，使其从社会期望值的角度来回答问题，而不展露自己的真实想法。例如，面对“您认为有残疾的人应该被包括在劳动力大军中吗？”的问题，谁又会说“不应该”呢？我们的社会、文化、所受的教育都使我们认同残疾者的平等权利。即使一个被调查者的真实想法与社会准则不同，他也不会公开承认这一点。因此，应尽量避免问此类问题。

**思考：**试设计测量员工敬业度的调查问卷。

### 3. 被调查者基本情况的调查

为了进行数据的分类处理，通常在问卷的最后要询问被调查者的基本情况，设计一些与被调查者相关的背景资料问题。表 2.5 是对高校教师的背景资料调查。

**表 2.5 被调查者基本情况调查表**

| | | | | |
|---|---|---|---|---|
| 1. 性别： | □男 | | □女 | |
| 2. 年龄： | □30 岁及以下 | □31～40 岁 | □41～50 岁 | □51 岁及以上 |
| 3. 教龄： | □1～5 年 | □6～10 年 | □11～15 年 | □16 年及以上 |
| 4. 婚姻状况： | □未婚 | □已婚无子女 | □已婚有子女 | □其他 |
| 5. 职称： | □助教 | □讲师 | □副教授 | □教授 |
| 6. 学校性质： | □985、211 学校 | | □一般本科学校 | |

### 4. 测量问题的排列顺序

设计问卷时，一般封闭式问题和较易回答的问题放在前面，敏感性问题放在后面，从而有利于获取正确且完全的信息，否则被调查者容易拒答或故意错答。因此，问题应是容易回答且具有趣味性的，旨在提高被调查者的兴趣。核心问题置于问卷中间部分，人口统计学特征的问题，如收入、职业、年龄等通常置于问卷之末。

问卷中问题的顺序一般按下列规则排列。

① 由浅入深，由易到难。容易回答的问题放前面，较难回答的问题放稍后，困窘性问题放后面，个人资料的事实性问题放卷尾。

② 保证问题的逻辑顺序，按时间顺序、类别顺序等合理排列，同时还可以设计跳转问题，避免被调查者回答一些不相干的问题。

## 二、调查问卷的评价

调查问卷设计好之后，调查者还需要做一些批评性评估。在评估过程中，主要考察：每个问题是否有必要；问卷长度是否适中；是否回答了调研目标所需的信息；开放问题是否留足空间；问卷说明是否用了明显字体，等等。进一步，在设计过程中可能还有一些实际存在的问题并不知道，因此还需要获得其他人员的认可，如上级部门在设计过程中可能会多次加入新信息。

当问卷已经获得最终认可后，还必须进行小范围调查以测试问卷的有效性。在此过程中，既可以发现问卷中存在的错误解释、不连贯的地方、不正确的跳跃等问题，也可以发现封闭式问题选项的合理性及被调查者的一般反应。

## 三、调查问卷的示例

**幼儿园家长调查问卷**

亲爱的家长:

您好！非常感谢您在百忙之中抽出时间来填写这份问卷，这份问卷调查的是备受社会关注的幼小衔接的问题。幼小衔接是指幼儿从幼儿园阶段到小学阶段的两个教育阶段之间的衔接，其主要目的是让幼儿平稳度过从幼儿园到小学阶段的适应期，从而较好地完成对小学生活的适应。为进一步了解幼儿园的幼小衔接工作及家长对幼小衔接的态度，故进行此次调查。请您放心，本次调查的数据仅用于课题研究，不涉及正确与否，您的意见对我们很重要。

本问卷每题有 5个选择: 1. 非常不符合; 2. 很不符合; 3. 一般; 4. 很符合; 5. 非常符合。请在您认可的选项上打“√”。注: 每题只选择一个答案，凭直觉尽快作答即可。对于从未考虑过的问题，也尽可能做出选择，请不要遗漏。感谢您的配合！

| 项　目 | 非常不符合 | 很不符合 | 一般 | 很符合 | 非常符合 |
|---|---|---|---|---|---|
| **第一部分：您认为孩子进入小学后面临的主要困难和挑战** | | | | | |
| 1. 相比幼儿园，小学每天的学习时间更长 | 1 | 2 | 3 | 4 | 5 |
| 2. 相比幼儿园，小学的学习压力更大 | 1 | 2 | 3 | 4 | 5 |
| 3. 相比幼儿园，小学的课程难度更高 | 1 | 2 | 3 | 4 | 5 |
| 4. 相比幼儿园，孩子面临的同学关系更复杂 | 1 | 2 | 3 | 4 | 5 |
| 5. 相比幼儿园，小学的规则和纪律要求更严格 | 1 | 2 | 3 | 4 | 5 |
| 6. 相比幼儿园，小学对孩子的自理能力要求更高 | 1 | 2 | 3 | 4 | 5 |
| 7. 相比幼儿园，小学的老师管理和要求更严格 | 1 | 2 | 3 | 4 | 5 |

（续表）

| 项　目 | 非常不符合 | 很不符合 | 一般 | 很符合 | 非常符合 |
|---|---|---|---|---|---|
| **第二部分：您对孩子自身能力的评价** | | | | | |
| **（一）学习能力和习惯** | | | | | |
| 1. 我的孩子能够集中注意力做一件事情达到20分钟以上 | 1 | 2 | 3 | 4 | 5 |
| 2. 我的孩子能够听懂、理解老师的指令，并按要求完成 | 1 | 2 | 3 | 4 | 5 |
| 3. 我的孩子能够准确地记下老师布置的小任务，并比较完整地向我转述 | 1 | 2 | 3 | 4 | 5 |
| 4. 我的孩子敢于向老师表达自己的想法和需要 | 1 | 2 | 3 | 4 | 5 |
| 5. 我的孩子能够自己独立准备、整理书包文具等学习用品 | 1 | 2 | 3 | 4 | 5 |
| 6. 我的孩子初步掌握正确的握笔、书写姿势 | 1 | 2 | 3 | 4 | 5 |
| 7. 我的孩子每天能够花一些时间阅读 | 1 | 2 | 3 | 4 | 5 |
| **（二）生活能力和习惯** | | | | | |
| 1. 我的孩子能够理解基本的时间概念 | 1 | 2 | 3 | 4 | 5 |
| 2. 我的孩子能够早睡早起 | 1 | 2 | 3 | 4 | 5 |
| 3. 我的孩子能够主动喝水 | 1 | 2 | 3 | 4 | 5 |
| 4. 我的孩子能够在课间时间主动上厕所 | 1 | 2 | 3 | 4 | 5 |
| 5. 我的孩子能够独立进行一些简单的生活劳动（如擦桌子、扫地等） | 1 | 2 | 3 | 4 | 5 |
| **第三部分：您为孩子幼小衔接进行的准备** | | | | | |
| 1. 我已经让孩子学习了一些拼音知识 | 1 | 2 | 3 | 4 | 5 |
| 2. 我已经让孩子学习了一些小学数学知识 | 1 | 2 | 3 | 4 | 5 |
| 3. 我已经让孩子学习了一些英语 | 1 | 2 | 3 | 4 | 5 |
| 4. 我已经让孩子认识了一些常见字 | 1 | 2 | 3 | 4 | 5 |
| 5. 我已经让孩子练习了写字 | 1 | 2 | 3 | 4 | 5 |
| 6. 我已经加强了孩子的身体锻炼 | 1 | 2 | 3 | 4 | 5 |
| 7. 我已经加强了孩子的自理能力锻炼 | 1 | 2 | 3 | 4 | 5 |
| 8. 我已经让孩子提前适应小学的作息时间 | 1 | 2 | 3 | 4 | 5 |
| 9. 我没有让孩子特别做什么准备 | 1 | 2 | 3 | 4 | 5 |
| **第四部分：您对幼儿园所做幼小衔接工作的评价** | | | | | |
| 1. 孩子所在幼儿园开展的各种培养幼儿学习能力和习惯的教育很有帮助 | 1 | 2 | 3 | 4 | 5 |
| 2. 孩子所在幼儿园开展的各种培养幼儿生活能力和习惯的教育很有帮助 | 1 | 2 | 3 | 4 | 5 |
| 3. 孩子所在幼儿园开展的幼小衔接家长讲座很有帮助 | 1 | 2 | 3 | 4 | 5 |
| 4. 孩子所在幼儿园开展的幼儿参观小学等活动很有帮助 | 1 | 2 | 3 | 4 | 5 |
| 5. 孩子所在幼儿园开展的其他一些幼小衔接活动很有帮助 | 1 | 2 | 3 | 4 | 5 |

（续表）

| 项　目 | 非常不符合 | 很不符合 | 一般 | 很符合 | 非常符合 |
|---|---|---|---|---|---|
| **第五部分：您对孩子适应小学生活的担心** | | | | | |
| 1. 我担心我的孩子不能适应小学生活 | 1 | 2 | 3 | 4 | 5 |
| 2. 我担心我的孩子上小学后的学习跟不上进度 | 1 | 2 | 3 | 4 | 5 |
| 3. 我担心我的孩子不能适应小学的上课方式 | 1 | 2 | 3 | 4 | 5 |
| 4. 我担心我的孩子不能适应小学的纪律和规则要求 | 1 | 2 | 3 | 4 | 5 |
| 5. 我担心我的孩子不能养成良好的学习习惯 | 1 | 2 | 3 | 4 | 5 |
| 6. 我担心我的孩子不能处理好跟小学老师的关系 | 1 | 2 | 3 | 4 | 5 |
| 7. 我担心我的孩子不能跟同学友好相处 | 1 | 2 | 3 | 4 | 5 |
| 8. 我担心我的孩子上小学后不能照顾好自己 | 1 | 2 | 3 | 4 | 5 |

以下是基本情况调查（请在符合您情况的选项上画✓）

1. 您（问卷填写人）是孩子的_____。

（1）父亲　（2）母亲

（3）祖父母或外祖父母　（4）其他

2. 孩子父亲的学历是_____；

（1）研究生及以上　（2）大学本科

（3）大专　（4）中专技校　（5）其他

孩子母亲的学历是_____。

（1）研究生及以上　（2）大学本科　（3）大专

（4）中专技校　（5）其他

3. 孩子父亲的职业是_____；

（1）基础教育行业　（2）教育行业（非基础教育）

（3）专业技术人员（除教育之外）　（4）商业、服务业人员

（5）军人　（6）农林牧渔业　（7）工业　（8）自由职业

（9）政府、党群组织、事业单位工作人员　（10）全职家长　（11）其他

孩子母亲的职业是______。

（1）基础教育行业　（2）教育行业（非基础教育）

（3）专业技术人员（除教育之外）　（4）商业、服务业人员

（5）军人　（6）农林牧渔业　（7）工业　（8）自由职业

（9）政府、党群组织、事业单位工作人员　（10）全职家长　（11）其他

4. 孩子父母平时与孩子相处的时间（除孩子在园时间和睡眠时间外）平均有多少？

（1）每天超过2小时

（2）每天不足2小时

（3）平时基本没有时间，只有周末才有时间与孩子相处

（4）几乎没有什么时间与孩子相处

## 本章小结

统计调查方案设计

1. 明确调查目的
2. 确定调查对象、调查单位和填报单位
3. 选择调查方式和调查方法
4. 设计调查项目和调查问卷
5. 确定调查时间
6. 撰写调查报告
7. 制订调查工作的组织实施计划

统计调查分类

- 调查对象范围
  - 全面调查
  - 非全面调查
- 调查时间连续性
  - 经常性调查
  - 一时性调查
- 调查组织方式
  - 统计报表
  - 专门调查
- 调查主体
  - 政府调查
  - 民间调查

统计调查的组织方式

- 普查
- 抽样调查
  - 概率抽样
    - 纯随机抽样
    - 机械抽样
    - 类型抽样
    - 整群抽样
  - 非概率抽样
    - 方便抽样
    - 判断抽样
    - 配额抽样
    - 滚雪球抽样
- 定期统计报表
- 重点调查
- 典型调查
- 空间遥感调查

数据来源

- 直接来源
  - 问卷法
  - 访谈法
    - 头脑风暴法
    - 德尔菲法
    - 深度访谈法
  - 观察法
  - 实验法
- 间接来源 —— 二手数据法

调查问卷结构

- 问卷标题
- 起始部分
  - 见面语
  - 问卷说明
  - 问卷编号
- 主体部分
  - 测量问题 —— 提问方式
    - 是非法
    - 选择法
    - 顺序法
    - 程度法
    - 双向法
  - 被调查者基本情况

## 本章疑难问题解答

### 一、普查、抽样调查、重点调查和典型调查的特点和区别

1. 普查是专门组织的一次性全面调查，主要用于调查属于一定时点上或时期内的社会经济现象的总量，包括人口普查、经济普查和农业普查等。其特点是：普查是一次性调查，时间性强，调查对象主要是时点现象；普查是全面性调查，搜集的资料全面、系统、准确；普查点多面广，工作量大，投入多。

2. 抽样调查是一种非全面调查，它是从全部调查研究对象中，抽选一部分单位进行调查，并据以对全部调查研究对象做出估计和推断的一种调查方法。其特点是：经济性；时效性；准确性。

3. 重点调查是在被研究现象总体的所有组成单位中，选择其中的重点单位进行调查的方法。重点单位既可以是基层单位的企业，也可以是某些地区、某些行业或部门。其特点是：重点调查前需要对调查对象有初步了解；重点调查是一种非全面调查；重点调查省时省力。

4. 典型调查属于非全面调查，是从调查对象中选择具有代表性的调查单位，将其作为典型单位开展调查的一种方法。典型调查既可以侧重于现象的量的方面和数量关系的研究，也可从质的研究入手，分析数量和数量关系形成的深层次原因。其特点是：调查单位少，可以深入实际、深入群众开展调查研究，将对情况的了解和细致分析密切结合起来；调查单位是根据调查目的对调查对象进行初步的定性分析，并有意识地加以选择的，因而调查的结果能很好地满足需要；典型调查机动灵活，节省人力和物力，可以提高调查的时效性。

### 二、纯随机抽样、机械抽样、类型抽样和整群抽样方法的区别

1. 纯随机抽样是按随机原则，直接从总体 $N$ 个单位中抽选 $n$ 个单位组成样本，保证总体的 $N$ 个单位在抽选时都有可能被抽中。

2. 机械抽样是将总体单位按某一标志排队，然后按固定顺序和一定间隔抽取调查单位构成抽样总体（样本）。设总体有 $N$ 个单位，从中抽取 $n$ 个单位组成样本，先将总体单位按某一标志排队，将 $N$ 个单位划分为 $n$ 个部分（包括的单位数都一样），每个部分的单位数为 $f$，即 $f=N/n$。$f$ 为抽样距离或抽样间隔。

3. 类型抽样是先将总体按主要标志分组，然后在各组中按随机抽样原则抽选一定单位组成样本。类型抽样是统计分组方法和纯随机抽样的结合运用形式。

4. 整群抽样是将总体单位分为若干群，然后以“群”为单位，从中抽取若干群，对抽中的群的全部单位进行调查。在抽样单位数量相同的情况下，整群抽样比前述 3 种抽样方式的抽样误差会大一些，代表性低一些。

## 练习题

### 一、填空题

1. 常用的统计调查组织方式主要有（　　）、（　　）、（　　）、（　　）、（　　）和（　　）。
2. 统计调查按其调查对象包括的范围不同，可分为（　　）和（　　）。
3. 统计调查按其调查登记的时间是否连续，可分为（　　）和（　　）。
4. 统计调查按其组织方式不同，可分为（　　）和（　　）。
5. 重点单位是指在调查对象中，其（　　）占（　　）绝大比重的单位。
6. 典型调查是指在被研究总体中，（　　）地选择一部分有（　　）的典型单位进行调查。

## 二、单项选择题

1. 全面调查与非全面调查中的“全面性”是指（　　）。

A. 调查内容全　　B. 调查单位全　　C. 调查时间全　　D. 调查地点全

2. 下列适合连续登记的是（　　）。

A. 产品产量　　B. 厂房面积　　C. 职工人数　　D. 设备投入数

3. 在对总体进行初步分析的基础上，有意识地选择一部分单位加以观察，这种调查方式为（　　）。

A. 普查　　B. 典型调查　　C. 抽样调查　　D. 随意调查

4. 要研究某厂生产的彩色显像管的平均寿命，宜用（　　）。

A. 普查　　B. 典型调查　　C. 抽样调查　　D. 重点调查

5. 重点调查的重点单位是指（　　）。

A. 有关国计民生的重要单位

B. 国家重点照顾扶持的单位

C. 标志总量占总体标志总量绝大比重的单位

D. 单位数量占总体全部单位总量绝大比重的单位

6. 规定普查的标准时点旨在保证调查资料的（　　）。

A. 准确性　　B. 时效性　　C. 周期性　　D. 全面性

7. 某地区为了掌握该地区水泥生产的质量情况，拟对占该地区水泥总产量 80%的 5 个大型水泥厂的生产情况进行调查，这种调查方式是（　　）。

A. 普查　　B. 典型调查　　C. 抽样调查　　D. 重点调查

8. 对于生产过程中产品质量的检查和控制宜采用（　　）。

A. 普查　　B. 典型调查　　C. 抽样调查　　D. 重点调查

9. 统计调查项目的直接承担者是（　　）。

A. 调查单位　　B. 填报单位　　C. 调查表　　D. 调查问卷

10. 调查项目（　　）。

A. 是依附于调查单位的基本标志　　B. 是依附于调查对象的基本指标

C. 与调查单位是一致的　　D. 与填报单位是一致的

## 三、多项选择题

1. 典型调查（　　　）。

A. 是一种非全面调查　　B. 调查单位的选择具有主观性

C. 是一种专门调查　　D. 可以补充全面调查的不足

E. 其误差是可以控制的

2. 下列调查中，调查单位与填报单位一致的是（　　　）。

A. 企业设备调查　　B. 工业企业现状调查

C. 农村耕地调查　　D. 人口普查　　E. 高校教学质量调查

3. 人口普查是（　　　）。

A. 全面调查　　B. 非全面调查　　C. 一次性调查

D. 专门调查　　E. 经常性调查

4. 统计调查的基本要求是（　　　）。

A. 连续性　　B. 客观性　　C. 准确性

D. 及时性　　E. 完整性

5. 为了顺利达到统计调查的目的，在统计调查工作过程中，必须（　　）。

A. 统一认识　　B. 统一内容　　C. 统一方法

D. 统一时间　　E. 统一步骤

6. 问卷调查必须注意（　　）。

A. 问卷形式要满足调查目的的要求　　B. 问卷形式要适合调查对象的特点

C. 问卷中备选的项目应具有互斥性　　D. 问卷要公正客观，杜绝主观意向

E. 仅用调查表的格式

7. 统计调查中的专门调查有（　　）。

A. 普查　　B. 重点调查　　C. 抽样调查

D. 空间遥感调查　　E. 典型调查

8. 空间遥感统计调查的特点有（　　）。

A. 强烈的时效性　　B. 极高的准确性　　C. 真正的客观性

D. 完整性　　E. 满足需要的多层面性

9. 在工业企业设备调查中，（　　）。

A. 工业企业的全部设备是调查对象　　B. 全部工业企业是调查对象

C. 每个工业企业是填报单位　　D. 每台设备是调查单位

E. 每台设备是填报单位

10. 下列情况中可利用空间遥感统计调查方法获得资料的有（　　）。

A. 地球资源　　B. 人口数目　　C. 自然灾害

D. 耕地和农作物　　E. 环境

11. 问卷调查的提问回答形式有（　　）。

A. 是非法　　B. 选择法　　C. 顺序法

D. 程度法　　E. 双向法

## 四、简答题

1. 重点调查和典型调查如何区分？
2. 抽样调查中概率抽样有哪几种形式？简述每种形式。
3. 统计调查方案的设计步骤是什么？
4. 什么是问卷调查？调查问卷的基本结构如何？
5. 设计测量问题需要注意哪些细节？

## 五、问卷设计

假如你打算调查大学生的就业意向及他们的就业准备，试设计一份调查问卷。

第三章

# 统计整理

**教学目标**

1. 了解统计整理的意义及程序。
2. 理解统计分组的概念、作用、种类和原则。
3. 掌握变量分布数列的编制方法。
4. 能够选择恰当的统计表或统计图表现统计整理的结果。

**引导案例**

**肺癌与吸烟有关系吗？**

1947年，英国的肺癌死亡率比25年前提高了15倍，引起了人们的恐慌。当时，吸烟的人相当多，英国医学委员会向英国统计学家希尔咨询：肺癌与吸烟有关系吗？

为此，希尔从伦敦医院所有肺癌患者中找出649人，并找出同样数量的其他癌症病人。调查结果显示，肺癌病人、其他癌症病人中都有95%以上的人吸烟，这解释不了问题。于是他将病人按照吸烟数量的多少分成不同组进行整理，发现：随着每日吸烟量的增加，患肺癌的比例显著增加，即吸烟越多的人患肺癌的可能性越大。由此，英国医学委员会提醒人们，为了减少肺癌患者，建议人们少吸烟甚至不吸烟。

吸烟越多的人患肺癌的可能性越大是希尔采用分组的方法研究得出的结论。统计分组是统计整理阶段的重要方法，而且在整个统计工作过程中占有重要地位。

## 第一节　统计整理概述

### 一、统计整理的概念及意义

统计整理就是根据统计研究的目的和统计工作的要求，对统计调查所取得的反映总体单位特征的分散资料进行科学的分组、综合，使之系统化、条理化和规范化，从而归纳出反映客观现象总体特征的统计资料。例如，在全国人口普查中所搜集到的每个居民的资料，只能说明每个居民的性别、年龄、民族、文化程度、职业等具体情况。为了说明人口总体的综合特征，如全国的人口总数、性别比例、年龄构成、民族构成、职业构成等特征，需要对每个居民的资料进行分组、汇总。由此可见，统计整理既是统计调查的继续，也是统计分析的前提，在统计工作中起着承前启后的作用。不恰当的加工、整理，往往使统计调查搜集来的丰富、完备的资料失去价值，掩盖了现象的真相，导致得出错误的结论。因此，必须充分重视统计整理工作。

## 二、统计整理的程序

### （一）制定汇总方案

统计整理的主要任务是抓住最基本、最能说明问题本质特征的统计分组和统计指标，对统计资料进行加工整理。因此，明确统计分组和汇总指标是汇总方案的第一步。

### （二）审核

对原始统计资料的审核是为了保证统计资料的质量，保证统计分析结果的正确性。

#### 1. 审核的内容

对统计资料的审核主要是检查数据的完整性和准确性。完整性审核主要是检查应调查的单位有无遗漏、所有的调查项目是否填写齐全等。准确性审核包括两个方面：一是检查资料是否真实、可靠；二是检查数据是否有错误、计算是否正确等。

#### 2. 审核的方法

准确性检查采用的方法主要是逻辑检查和计算检查。逻辑检查多用于定性资料的审核，主要是审核资料的内容是否合理，各项目或数字之间有无相互矛盾的现象。例如，年龄为5 岁的人所填的文化程度是大学本科，对这种违背逻辑的项目应进一步查实，如果是错填，就应进行纠正。计算检查多用于定量资料的审核，主要是检查调查表中的各项数据在计算结果和计算方法上有无错误，如各分项数字之和是否等于相应的合计数、出现在不同表中的同一指标数值是否一致等。

### （三）分组

为了对资料进行分析，用来说明一定的问题，必须对审核过的统计资料进行科学的分组或分类，编制分配数列。这是统计整理的核心问题，将在本章第二节、第三节做详细介绍。

### （四）汇总

根据确定的汇总指标进行分组汇总和全面汇总。汇总的方法有手工汇总和计算机汇总。在大规模的统计调查中，汇总是一项繁重的任务，为了使汇总准确迅速，一般利用计算机进行汇总。

思考：计算机汇总的主要工作是什么？

### （五）编制统计表、绘制统计图

统计整理的结果可以用合适的统计图、统计表的形式显示，本章第四节将详细介绍如何编制统计表与绘制统计图。

# 第二节 统计分组

## 一、统计分组的概念

统计分组是根据现象总体内在特点和统计研究的要求，按照一个或几个重要标志，把总体划分为不同性质的若干组成部分的一种统计方法。统计分组的实质就是把同质总体内具有不同性质的单位分开，把相同性质的单位合在一起，保证各组内统计资料的一致性和组间资料的差异性，以便进一步运用各种统计方法，研究现象的数量表现和数量关系，从而认识事物的本质及规律性。统计分组是使认识深化的手段，是统计研究的基本方法之一。

## 二、统计分组的作用

统计分组法是统计研究的基本方法。统计分组是统计整理的基础，是统计分析的重要手段。它在统计研究中占有重要地位，贯穿统计研究的全过程。

统计分组的主要作用有以下几个方面。

### （一）划分经济现象的类型

任何统计分组都是按照标志把总体划分为不同的类型。按照不同的类别分辨事物，就不会混淆事物的性质，就可以认识事物的本质特征。例如，把国民经济按产业进行分组分成第一产业、第二产业、第三产业，便于进行分门别类的、深入细致的研究与分析，揭示不同产业的特征及发展规律。

### （二）研究现象结构

将所研究的现象按某一标志进行分组，计算出各组在总体中的比重，以反映总体内部的构成，认识总体各部分的地位，借助于总体各部分数量上的差别和联系，进而对总体做出正确的分析。例如，2020 年某高校本科毕业生流向如表 3.1 所示。

表 3.1　2020 年某高校本科毕业生流向

| 流　向 | 人　数 | 比重/% |
|---|---|---|
| 签约就业 | 3 585 | 68.52 |
| 国内升学 | 686 | 15.16 |
| 出国 | 793 | 13.11 |
| 其他 | 168 | 3.21 |
| 合　计 | 5 232 | 100.00 |

通过上述分组，可以研究某高校本科毕业生流向。其中，签约就业是学生的首要选择，占毕业生人数的 68.52%；国内升学、出国也是毕业生的一个主要选择。

### （三）分析现象之间的依存关系

现象不是孤立的，而是相互依存和相互联系的，如产量和产品成本之间、商品销售额和商品流通费用之间、施肥量和亩产量之间的关系。利用统计分组分析现象之间的依存关系，首先用影响标志对总体进行分组，然后计算出结果标志的平均值，就可以分析两个标志的联系程度和方向。例如，分析产量和单位成本之间的依存关系，分组资料如表 3.2 所示。

**表 3.2　某地区 30 个企业产量与单位成本情况**

| 产量/万吨 | 企业数/个 | 平均单位成本/（元/吨） |
|---|---|---|
| 20 | 9 | 16.8 |
| 30 | 5 | 15.6 |
| 40 | 5 | 15.0 |
| 50 | 6 | 14.8 |
| 80 | 5 | 14.2 |

从表 3.2 看出，产量和平均单位成本之间有明显的依存关系，产量越高，平均单位成本越低。

## 三、统计分组的分类

### （一）按分组标志的性质不同，分为属性分组和变量分组

属性分组是按品质标志进行的分组。例如，教师按性别、职称、学历等标志分组；企业按行业、类型等标志分组。

变量分组是按数量标志进行的分组。例如，工业企业按职工人数、生产能力等标志分组。按数量标志进行分组并不是单纯确定各组的数量差别，而是要通过各组数量上的差异来区分各组的不同类型和性质。按变量分组需要解决好两个问题：一是分成几个组，即确定组数；二是各组的界限，即组限如何确定。

### （二）按分组标志的多少不同，分为简单分组和复合分组

#### 1. 简单分组及平行分组体系

简单分组就是对总体只按一个标志进行分组。例如，工业企业仅按规模进行分组或按经营状况进行分组。简单分组实际上就是各组是按一个标志形成的，只反映现象在一个标志特征方面的差异情况。例如，工业企业按规模分组，只能说明企业规模的大小差异，说明不了经营状况、行业等方面的差异性。

对同一总体选择两个或两个以上的标志分别进行简单分组，就形成了平行分组体系，如图 3.1 所示。平行分组体系运用多个分组标志进行多种分组，分组相互独立而不重叠，既可以从不同的角度、不同方面对社会经济现象做出比较全面的说明，反映事物的多种结构，又不至于使分组过于烦琐，故这种分组被广泛采用。

#### 2. 复合分组及复合分组体系

复合分组就是对同一总体采用两个或两个以上的标志进行层叠式分组，它是先按一个标志分组，再按另一个标志对已经分好的各组进行再分组。例如，对工业企业按照规模分为大型、中型、小型 3 个组，再按经营状况把每个组分成盈利和亏损两个组。复合分组本

身就是复合分组体系，如图 3.2 所示。复合分组（体系）可以更深入细致地研究总体的内部结构，反映问题更全面深入。但其组数会随着分组标志的增加而成倍地增加，使各组的单位数减少，次数分布不集中，不易揭示总体的本质特征。因此，复合分组（体系）不宜采用过多的分组标志，且不宜对较小的总体进行复合分组。

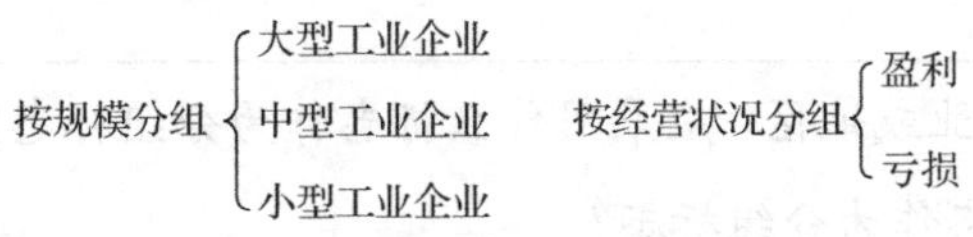


**图 3.1 平行分组体系**

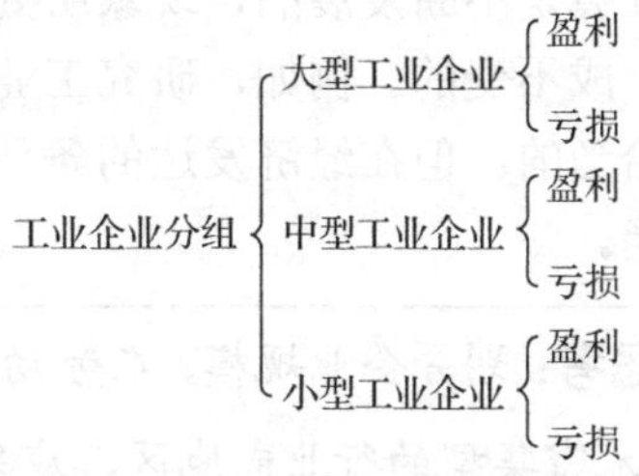


**图 3.2 复合分组体系**

**思考：货运量按运输方式分组属于统计分组的哪一类？**

## 四、统计分组的原则

① 必须坚持组内资料的同质性和组间资料的差异性。

② 必须符合完备性原则。总体中的任一单位都必须归属于某一组，不能出现某些单位不能归属到任何一组的情况。

③ 必须遵守互斥性原则。总体任一单位都只能归属于一个组，而不能同时属于两个或两个以上的组。

**思考：某商场把服装分为男装、女装、童装是否违反了统计分组的原则？**

## 五、分组标志的选择

统计分组的关键是分组标志的选择和各组界限的划分。分组标志就是分组时所依据的标准。例如，人口总体按性别分组，学生按年龄分组，那么性别、年龄就是分组标志。分组标志不同所进行的统计分组就不同，由此所得出的结论也不同。由此可见，正确地选择分组标志既是正确进行统计分组的前提，也是进行正确分析，从而得出正确结论的前提。分组标志确定以后，各组界限的划分也是一个重要的问题。确定分组界限的原则是：将不同类的单位归入不同的组，每个单位只能归入一组。

选择何种标志进行分组，应遵循以下原则。

### （一）根据统计研究的目的与任务来选择分组标志

例如，要研究推销人员的工作业绩，可以采用销售量或销售额作为分组标志；如果要研究推销人员的收入，则要选择总收入作为分组标志。

### （二）选择能够反映现象本质特征的标志

例如，研究职工的生活水平，采用职工家庭的人均收入水平作为分组标志比采用职工的工资水平作为分组标志更能反映职工的生活水平。因为职工生活水平的高低，不仅取决于职工收入的高低，还取决于赡养人口的多少。

### （三）选择有现实意义的分组标志

社会是不断发展的，现象所处的具体历史条件和经济条件也在变化，因此分组标志也不是一成不变的。例如，研究工业企业的规模，在经济不发达的条件下，用职工人数来反映是恰当的。但在经济发达的条件下，就不切合实际，而采用固定资产总值或年生产能力更恰当。

**思考：** 划分企业规模，在劳动密集型的行业或地区，应采用什么标志作为分组标志？在技术密集型的行业或地区，应采用什么标志作为分组标志？

## 六、统计分组的方法

### （一）品质标志分组的方法

按品质标志分组，有些品质标志概念清晰，分组标志确定以后，组的名称和组数很容易确定，组与组的界限也比较明确，如人口按性别分组。有些品质标志的概念抽象复杂，组与组的界限不易区分。例如，工业企业按部门分组、产品按种类分组就很复杂，在实际工作中，可以统一的《工业部门分类目录》《产品分类目录》为依据进行分组，所以划分各组界限并不困难。

### （二）数量标志分组的方法

#### 1. 单项式分组

单项式分组是把一个变量值作为一个组，如城市居民按家庭成员数分组。单项式分组适合于离散型变量且变量分布范围不大的情况。

#### 2. 组距式分组

组距式分组是把变量值划分为若干个区间，每个区间作为一个组。它适合于连续型变量或变动范围较大的离散型变量。组距划分的原则是确保能区别总体内各组成部分的性质差异。

50～60
60～70
70～80
80～90
90～100

**图 3.3　等距分组**

组距式分组根据各组组距是否相同分为等距分组和异距分组：等距分组是各组的组距都相同，适合于变量值分布比较均匀的场合，如图 3.3 所示；异距分组是各组的变量值变动范围不同，即有两个及两个以上不同的组距。

异距分组的适用范围：

① 社会经济现象的分布存在明显偏斜，标志值分布很不均匀。例如，学生的成绩密集在 60～70 分，在分数密集的分数段采用较短的组距，在分数稀疏的分数段采用较长的组距。

② 社会经济现象的标志变异范围很大，组和组之间的性质变化是由变量值的非均匀增

长造成的。例如，对不同年龄人口的疾病研究，1 岁以下按月；1～10 岁按年；10～20 岁按 5 年，等等。

## 第三节　分配数列

### 一、分配数列的概念、分类

#### （一）概念

分配数列是在统计分组的基础上，将总体所有单位按组归类排列，形成总体单位在各组间的分布。分配数列也称分布数列或次数分布，如表 3.3 所示。

表 3.3　某班学生统计考试成绩分组

| 按成绩分组/分 | 学生人数（频数）/人 | 比重（频率）/% |
|---|---|---|
| 60 以下 | 4 | 10 |
| 60～70 | 8 | 20 |
| 70～80 | 12 | 30 |
| 80～90 | 10 | 25 |
| 90 以上 | 6 | 15 |
| 合　计 | 40 | 100.0 |

很显然，分配数列由两个要素构成：一个是总体的分组；另一个是各组的单位数（也叫频数）或各组单位数占总单位数的比重（也叫频率）。对总体进行分组的过程也就是分配数列的形成过程。分配数列是统计整理结果的一种重要表现形式，是进行统计描述和统计分析的一种重要方法。它可以表明总体各单位的分布特点、总体内部的结构，并据以研究总体某一标志的平均水平及其变动的规律性。

#### （二）分配数列的分类

编制分配数列所采用的分组标志既可以是品质标志，也可以是数量标志。按品质标志进行分组所编制的分配数列叫属性分布数列，用于观察总体中不同属性的总体单位的分布情况。例如，表 3.4 就是对 2019 年中国常住人口按城镇乡村分组形成的品质数列。属性分布数列的编制只要在按品质标志分组之后，计算出各组的单位数或比重即可。

表 3.4　2019 年中国城乡常住人口结构

| 按城乡分组 | 人口数/万人 | 比重/% |
|---|---|---|
| 城镇 | 84 843 | 60.60 |
| 乡村 | 55 162 | 39.40 |
| 合　计 | 140 005 | 100.00 |

按数量标志进行分组所编制的分配数列叫变量分布数列。在变量分布数列中，单位数越大表明该组标志值对总体水平的影响越大，所起的作用越大。

变量分布数列的编制比较复杂，下面专门讨论变量分布数列的编制。

## 二、变量分布数列的编制

按数量标志分组编制的变量分布数列有两种形式：一种是单项式数列；另一种是组距数列。单项式数列只适合于单位数不多的离散型变量；总体单位数多的离散型变量或连续型变量应当采用组距数列。

### （一）单项式数列的编制

单项式数列是把一个变量值作为一个组的数列。

编制步骤如下.

步骤 1　将各变量值按顺序排列。

步骤 2　按变量值分组。

步骤 3　计算各组的单位和比重。

步骤 4　用统计表表示分配数列，反映变量值的分布特征。

举例说明如下。

**例** *3-1*　某车间 30 名工人某日加工的零件个数统计如下：

30　30　28　29　30　31　29　30　29　29　30　27　30　29　28　29　30　27
27　29　30　28　29　29　29　31　29　31　30　29

要求：编制变量分布数列，反映工人加工零件的分布情况。

步骤 1　把 30 名工人加工零件的个数按照由小到大的顺序排列，排列结果如下。

27 27 27 28 28 28 29 29 29 29 29 29 29 29 29 29 29 29
30 30 30 30 30 30 30 30 30 31 31 31

步骤 2　进行分组。由于变量值只有 27、28、29、30、31，因此可以把一个变量值作为一组，同时计算出各变量值出现的次数（各组的工人数或比重），按顺序加以排列，如表 3.5 所示。

**表 3.5　30 名工人加工零件个数分布表**

| 按工人加工零件个数分组 | 工人数/人 | 比重/% |
|---|---|---|
| 27 | 3 | 10 |
| 28 | 3 | 10 |
| 29 | 12 | 40 |
| 30 | 9 | 30 |
| 31 | 3 | 10 |
| 合　计 | 30 | 100 |

### （二）组距数列的编制

#### 1. 组数和组距

（1）组数和组距的概念

组数是划分成的各组的总个数，组距是每个组中最大值与最小值的差，组数的多少与组距的大小成反比。

（2）确定组数的方法

美国学者斯特杰斯根据经验，提出了计算组距和确定组数的经验公式：

$$d=\frac{x_n-x_1}{1+3.322\lg N}=\frac{R}{n}$$

式中，$d$为组距；$x_n$为最大变量值；$x_1$为最小变量值；$R$为全距；$N$为总体单位总量；$n$为组数。

在对总体进行分组时，分组过细会把同类单位分到不同的组，分组过粗会把不同性质的单位归到一个组，都达不到正确反映客观事实的目的。那么，怎样确定组数和组距呢？根据一般经验，组数在5～15组为宜，组距宜取5%、10%或10%的整数倍，并尽量采用相等的组距。总之，组数、组距的确定应能够充分显示数据的分布特点。

**2. 组限**

（1）定义

组限是各组两端的数值，每组的最小值称为下限，最大值称为上限。同时，具有上限和下限的组是闭口组，仅有上限或仅有下限的组是开口组。

（2）分类

按组限是否连续，可分为间断式组限和连续式组限：间断式组限是相邻两组之间界限明确，组限不相连；连续式组限是相邻两组的组限相连并有重叠。离散型变量由于其变量值只能是整数，可以一一列举，因此各组的上下限都可以用确定的数值表示。例如，对工业企业按职工人数分组，可表示为：200人以下、201～300人、301～400人、……但在实际工作中，离散型变量的分组，也普遍采用各组的上限作为下组的下限，如按职工人数分组，还可表示为：200人以下、200～300人、300～400人、……这样不仅比较简明，而且计算组中值也比较方便。由于连续型变量的变量值在两个数值之间有无数个中间数值，因此相邻组的上限和下限无法用两个确定的数值分别表示，只能采用相邻两组上下限重叠的方式，即上一组的上限同时也是下一组的下限。例如，职工的工资可分为为5 000元以下、5 000～8 000元、8 000～11 000元等，8 000既是第二组的上限，也是第三组的下限。那么，工资为8 000元的职工应归到哪个组？统计规定，按上限不在内的原则处理，把工资为8 000元的职工归到8 000～11 000元这一组。

**3. 组中值**

组距数列中每组上限与下限之和的中点称为组中值。在组距数列中，各组的变量值只表现为一个范围，各组内的每个单位的具体变量值被掩盖了，为了反映各组变量值的一般水平，统计工作中采用了组中值来代表。利用组中值来代表各组变量值的一般水平，实际是以组内各单位的变量值呈均匀分布或以组中值为中心呈对称分布为前提的，但在实际中大多数资料并非如此。因此，用组中值作为各组变量值的代表值有误差。组中值的计算公式为：

$$组中值=\frac{下限+上限}{2}$$

$$缺上限的开口组中值=下限+\frac{邻组组距}{2}$$

$$缺下限的开口组中值 = 上限 - \frac{邻组组距}{2}$$

**4. 组距数列的编制步骤**

步骤 1　将各变量值按顺序排列。

步骤 2　计算全距 $R$。$R$=最大变量值-最小变量值。

步骤 3　初步确定组数 $n$。

步骤 4　计算组距 $d$。$d=R/n$。如果 $d$ 为小数，则调整为整数。

步骤 5　确定组限与组中值。一般情况下，最小组的下限低于最小变量值，最大组的上限高于最大变量值，即应把所有变量值都包括在内。如果有极端值，则为了不使组距太大，可采用开口组。

**例 3-2**　某企业销售部 30 名推销员销售额的完成情况如下（单位：%）:

98　102　82　106　108　112　109　108　87　125　113　105　116　99　107
115　104　126　85　119　102　106　117　93　111　107　123　114　116　103

步骤 1　排序。将变量值按由小到大的顺序排列，确定最大值、最小值，计算全距。排列结果如下:

82　85　87　93　98　99　102　102　103　104　105　106　106　107　107
108　108　109　111　112　113　114　115　116　116　117　119　123　125　126

最大值为 126%，最小值为 82%，全距=最大值-最小值=126%-82%=44%。

步骤 2　确定组距和组数。本例中，可以把 30名推销员按销售额的完成情况分为 5组，每个组的组距为 10%。本例变量值的变动范围不大，变动比较均匀，可以采用等距数列。

步骤 3　确定组限。本例中最小的变量值是 82%，最大的变量值是 126%，因此把最小组的下限确定为 80%，把最大组的上限确定为 130%。可以做如下分组：80%～90%、90%～100%、100%～110%、110%～120%、120%～130%。

步骤 4　计算组中值。

步骤 5　编制变量数列。将总体各单位分配到各组，计算出各组的次数，就形成如表 3.6 所示的组距数列。

**表 3.6　30 名推销员销售额的完成情况分布**

| 销售额的完成情况/% | 推销员人数/人 | 比重/% |
|---|---|---|
| 80～90 | 3 | 10 |
| 90～100 | 3 | 10 |
| 100～110 | 12 | 40 |
| 110～120 | 9 | 30 |
| 120～130 | 3 | 10 |
| 合　计 | 30 | 100 |

表 3.6基本上反映出 80%的推销员完成了任务。

### （三）累计频数（频率）

为了统计分析的需要，有时还需要观察某一数值以下或者某一数值以上的频数或频率之和，这就需要计算累计频数和累计频率。按累计的方向不同分为向下累计和向上累计：向下累计是从变量值高的组向变量值低的组逐组累计，每组的累计频数或者累计频率表示大于该组下限值的频数或频率共有多少；向上累计从变量值低的组向变量值高的组逐组累计，每组的累计频数或者累计频率表示小于该组上限值的频数或频率共有多少。仍以例 3-2 为例，说明累计频数和累计频率的计算，如表 3.7 所示。

**表 3.7 30 名推销员销售额的完成情况分布**

| 销售额的完成情况/% | 频数/人 | 频率/% | 向上累计 | | 向下累计 | |
|---|---|---|---|---|---|---|
| | | | 频数/人 | 频率/% | 频数/人 | 频率/% |
| 80～90 | 3 | 10 | 3 | 10 | 30 | 100 |
| 90～100 | 3 | 10 | 6 | 20 | 27 | 90 |
| 100～110 | 12 | 40 | 18 | 60 | 24 | 80 |
| 110～120 | 9 | 30 | 27 | 90 | 12 | 40 |
| 120～130 | 3 | 10 | 30 | 100 | 3 | 10 |
| 合　计 | 30 | 100 | — | — | — | — |

如果想知道完成销售额的推销员有多少，占多大比例，就可以查 100%～110%这一组对应的向下累计频数和向下累计频率，可知完成销售额的推销员有 24%人，占 80%；如果想知道没有完成销售额的推销员有多少，占多大比例，就可以查 90%～100%这一组对应的向上累计频数和向上累计频率，可知没有完成销售额的推销员有 6 人，占 20%。

## 三、分配数列的表示方法

分配数列可以采用统计表的形式表示，见表 3.6 和表 3.7。这既是分配数列的基本表现形式，也是最主要的表现形式。此外，分配数列也可以采用几何图形表示。表现分配数列的几何图形（统计图）主要有直方图、折线图。

### （一）直方图

在平面直角坐标中，以横轴表示各组组距，可以从任何合适的数字开始并可以选择任何合适的位置开始。纵轴表示频数或频率，从 0 开始。用没有间隔的条形来表示分配数列，如图 3.4 所示。

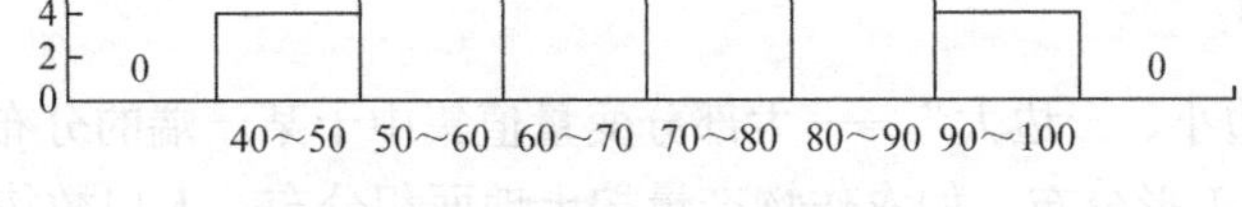


**图 3.4 某班学生期末统计考试成绩分布（一）**

### （二）折线图

把直方图每个条形顶部中点（组中值）用直线连接起来，便形成折线图。它是反映总体分配数列规律的一种有效方法。图 3.5 反映了某班学生期末统计考试成绩的分布情况。

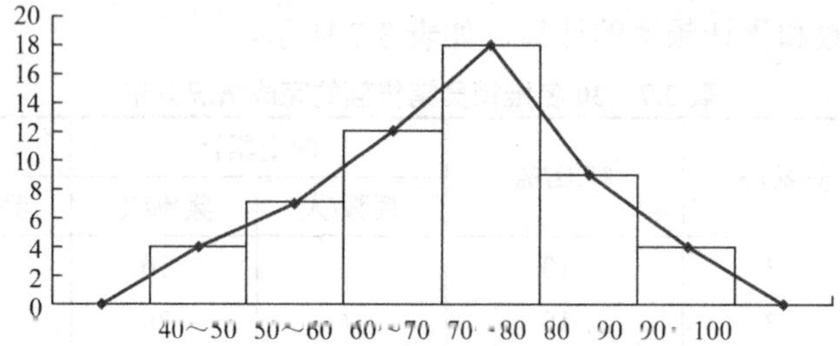


**图 3.5　某班学生期末统计考试成绩分布（二）**

## 四、分配数列的主要类型

社会经济现象有 3 种常见的分配数列。

### （一）钟形分布

钟形分布“中间大、两头小”——靠近中间的变量值分布的次数多，靠近两端的变量值分布的次数少。极端的情况少，水平一般的多，如考试成绩、人的身高和体重等。钟形分布是现实生活中最常见的分布，分为对称分布和非对称分布：对称分布也叫正态分布；非对称分布也叫偏态分布，有右偏和左偏两种形式，如图 3.6 所示。

### （二）U 形分布

U 形分布“两头大、中间小”——靠近中间的变量值分布的次数少，靠近两端的变量值分布的次数多。极端的情况多，水平一般的少，如设备的故障率、按人口年龄分组的死亡率等。U 形分布如图 3.7 所示。

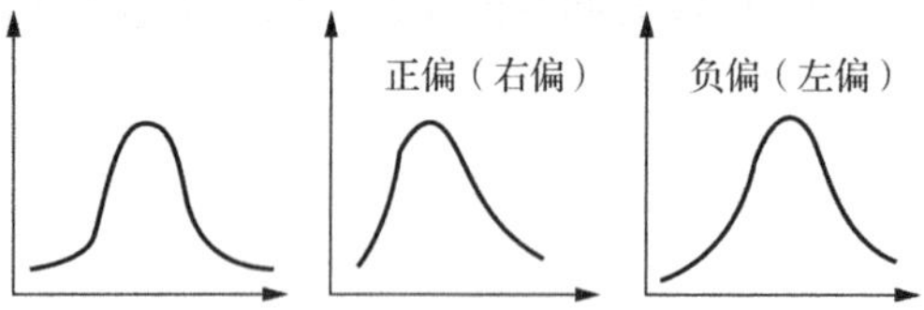


**图 3.6　钟形分布**

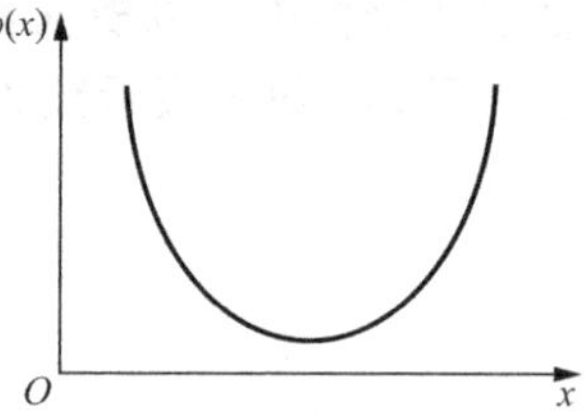


**图 3.7　U 形分布**

### （三）J 形分布

J 形分布“一边小、一边大”——大部分变量值集中于某一端的分布。次数随着变量值的增加而增加的是 J 形分布，如农作物产量按土地面积分布、人口数按零售商品销售额分布、工人数按总产值分布、库存量按库存费用分布等。次数随着变量值的增加而减少的是倒 J 形分布，如企业数按投资额分布、人口数按年龄大小分布等。J 形分布如图 3.8 所示。

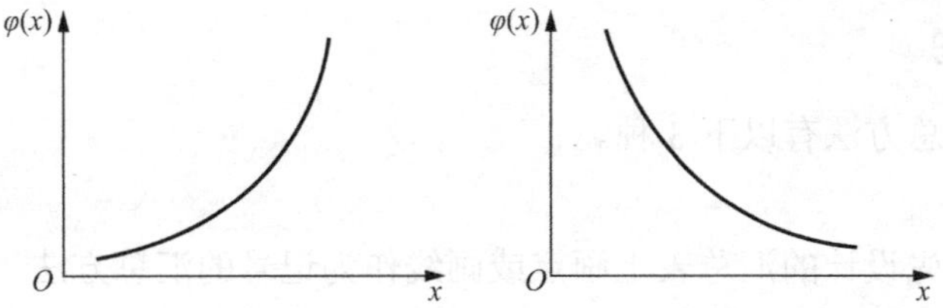


图 3.8　J 形分布

# 第四节　统计汇总

统计汇总是继统计分组之后的一个重要步骤。它既包括计算各组和总体的单位总数，也包括计算各组和总体的标志总量。汇总是统计整理的中心内容。对于大规模的统计调查，汇总还是一项复杂繁重的工作。

## 一、统计汇总的形式

统计资料的汇总形式分为集中汇总、逐级汇总和综合汇总。

### （一）集中汇总

集中汇总就是把全部的调查资料集中在国家统计局或组织调查的机关进行汇总。如果是一个省、市、自治区组织调查，就把调查资料集中在省、市、自治区进行汇总。

集中汇总可以减去许多中间环节，并便于采用电子计算机进行汇总，这样可提高统计资料的时效性和准确性。集中汇总的缺点是：如果发现资料有差错，则审核订正会比较困难；同时，由某一领导部门进行汇总，使调查资料不能满足各级领导部门的需要。

### （二）逐级汇总

逐级汇总就是按照整理纲要的统一要求，在一定的领导系统内自下而上的逐级进行汇总。我国的统计报表制，就是采用逐级进行汇总的形式。

逐级汇总的优点是便于审核和订正资料，而且汇总的资料能够满足各级领导的需求；缺点是由于经过的中间环节多，所以资料层层汇总需要的时间较长。

### （三）综合汇总

综合汇总就是在汇总的过程中，一方面把最基本的重要指标实行逐级汇总，以满足各级领导的需要；另一方面又把全部原始的资料随同综合表集中到一个机关进行汇总。综合汇总集中了集中汇总和逐级汇总的优点。

## 二、统计汇总的技术

统计汇总技术主要有手工汇总和电子计算机汇总。

### （一）手工汇总

常用的手工汇总方法有以下 3 种。

**1. 画记法**

画记法是在预先设计的汇总表上画点或画线作为记号的汇总方法。它适用于对总体单位数的汇总。汇总时看总体单位属于哪一组，就在汇总表上相应的组内画上一个点或一条线，最后计算各组内点或线的数目，便得到各组单位数。常用的点线符号有“正”字。画记法一般在总体单位不多且只要求汇总单位数，不要求汇总标志值时采用。

**2. 过录法**

过录法是先将调查资料过录到预先设计的汇总表上，然后计算加总，得出各组和总体的单位合计数、各组和总体的标志值的合计数，最后填入统计表。过录法既可汇总单位数，又可汇总标志值，而且便于校对，便于计算。但过录工作需要花费较多时间，过录项目多时也容易发生错误。因此，在总体单位不多、分组简单的情况下，采用过录法比较合适。

**3. 折叠法**

折叠法是把调查表所要汇总的同一项目的数值，折叠在一条线上进行汇总，将结果直接填入统计表。这种方法不需要设计汇总表，简单易行，适用于对标志值的汇总；缺点是在汇总的过程中，如果发现差错，就需要返工，从头做起。

手工汇总通常利用小型计算器进行汇总。

### （二）电子计算机汇总

利用电子计算机进行统计资料的汇总既是统计汇总技术的新发展，也是统计现代化的重要标志。利用电子计算机软件汇总统计资料，可以大大提高汇总的准确性和时效性。

# 第五节　统计表

统计表、统计图既是统计整理结果最常用的表现形式，也是整理统计资料的重要工具。本节主要介绍统计表。

## 一、统计表的意义

广义的统计表应涵盖统计工作各阶段所使用的各种统计表，即包括调查表、汇总或整理表和分析表，而狭义的统计表仅指统计整理结果所采用的统计表。

把一系列说明总体特征的数据按照一定的结构和顺序以表格的形式显示出来，这种表格叫统计表。它是统计整理的最常用形式。

在实际工作中，统计表具有如下重要作用。

① 资料具有条理性，清晰易懂，一目了然。

② 便于比较各指标之间的关系，便于计算和分析。

③ 易于检查数据的完整性和准确性。

④ 利于对现象展开深入分析。

## 二、统计表的结构

### （一）统计表的组成结构

统计表从组成上看，由以下四部分构成。

① 总标题。它是统计表的名称，用于简明、扼要地概括表中资料的内容，位于表的正上方。

② 横行标题。它是各组的名称，反映总体单位的分组情况，位于表的左方。

③ 纵栏标题。它是分组标志或指标的名称，位于表的右上方。

④ 指标数值。它是表的具体内容，位于横行标题与纵栏标题的交叉处。

### （二）统计表的内容结构

统计表从内容上看，包括主词与宾词两部分：主词是统计表所要说明的总体单位的名称或各组的名称；宾词是用来说明主词的指标名称和指标数值。图 3.9 清楚地反映了统计表的结构。

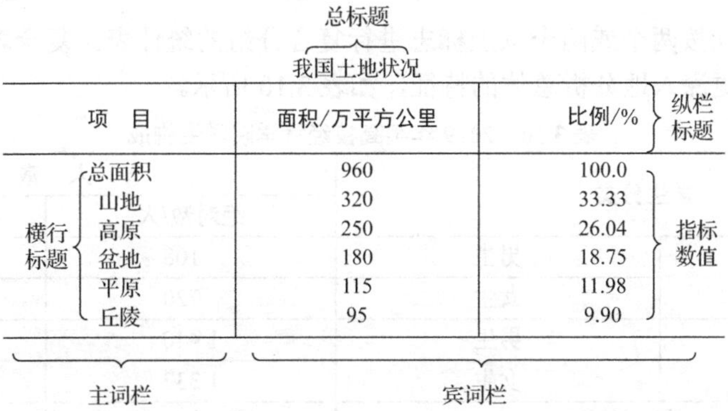


**图 3.9 统计表的结构**

## 三、统计表的分类

### （一）按照主词是否分组可分为简单表、分组表和复合表

#### 1. 简单表

简单表是主词未经任何分组的统计表。简单表的主词一般按时间顺序排列，或者按总体各单位名称排列。表 3.8 是按总体各单位名称排列的简单表。

**表 3.8 三大城市 2014—2019 年财政收入**

亿元

| 城 市 | 2014 年 | 2015 年 | 2016 年 | 2017 年 | 2018 年 | 2019 年 |
|---|---|---|---|---|---|---|
| 天津市 | 2 390.02 | 2 667.00 | 2 723.46 | 2 310.11 | 2 106.19 | 2 410.30 |
| 北京市 | 4 027.20 | 4 723.90 | 5 081.30 | 5 430.80 | 5 785.90 | 5 817.10 |
| 上海市 | 4 585.55 | 5 519.50 | 6 406.10 | 6 642.30 | 7 108.10 | 7 165.10 |

2. 分组表

分组表是主词按某一标志进行分组的统计表。利用分组表可以揭示不同类型现象的不同特征，研究总体的结构。例如，根据表 3.9 可以对我国 2019 年全国居民人均可支配收入结构进行分析。

表 3.9　2019 年全国居民人均可支配收入

| 指　标 | 绝对数/元 | 占比/% |
|---|---|---|
| 全国居民人均可支配收入 | 30 733 | 100 |
| 其中人均：工资性收入 | 17 186 | 55.9 |
| 经营净收入 | 5 247 | 17.1 |
| 财产净收入 | 2 619 | 8.5 |
| 转移净收入 | 5 680 | 18.5 |

从以上数据不难发现，工资性收入在全国居民人均可支配收入中占比超过一半，是城镇居民收入的主要来源。

3. 复合表

复合表是主词按两个或两个以上标志进行复合分组的统计表。复合表可以把更多的标志结合起来，以更深入地分析总体的特征，如表 3.10 所示。

表 3.10　2019 年某高校经管学院学生构成

| 学生分类 | | 人　数 | |
|---|---|---|---|
| | | 绝对数/人 | 占比/% |
| 文科 | 男生 | 108 | 3 |
| | 女生 | 720 | 20 |
| 理科 | 男生 | 1 440 | 40 |
| | 女生 | 1 332 | 37 |
| 合　计 | | 3 600 | 100 |

（二）按宾词设计的分类

宾词是用来说明主词的，当对宾词有进一步分组要求的情况下，按对宾词的简单设计和复合设计，可以分为平行配置统计表和层叠配置统计表。

1. 平行配置统计表

这是指把宾词的各个指标做平行排列，如表 3.11 所示。

表 3.11　某系 4 个专业教师职称与性别构成情况

| 专　业 | 教师人数 | 男 | 女 | 初级职称 | 中级职称 | 高级职称 |
|---|---|---|---|---|---|---|
| 财务管理 | 32 | 12 | 20 | 4 | 20 | 8 |
| 物流管理 | 16 | 7 | 9 | 2 | 11 | 3 |
| 国际贸易 | 28 | 14 | 14 | 4 | 18 | 6 |
| 信息管理 | 12 | 8 | 4 | 3 | 7 | 2 |
| 合　计 | 88 | 41 | 47 | 13 | 56 | 21 |

2. 层叠配置统计表

这是指把宾词的各个指标做层叠排列，如表 3.12 所示。

表 3.12 某系 4 个专业教师职称与性别构成情况

| 专 业 | 教师人数 | 初级职称 | | 中级职称 | | 高级职称 | |
|---|---|---|---|---|---|---|---|
| | | 男 | 女 | 男 | 女 | 男 | 女 |
| 财务管理 | 32 | 2 | 2 | 8 | 12 | 2 | 6 |
| 物流管理 | 16 | | 2 | 5 | 6 | 2 | 1 |
| 国际贸易 | 28 | 2 | 2 | 8 | 10 | 4 | 2 |
| 信息管理 | 12 | 1 | 2 | 5 | 2 | 2 | |
| 合 计 | 88 | 5 | 8 | 26 | 30 | 10 | 9 |

宾词的复合设计，可以更深入地分析问题。表 3.12 的资料，不仅可以说明各系教师的职称分布及性别分布，而且可以详细地分析各系不同职称下的性别分布情况。但要注意，由于宾词的复合设计会使宾词的栏数成倍增加，所以宾词的各指标不宜过多地层叠，以免统计表过于庞杂。

## 四、统计表的编制规则

为使统计表明确、清晰地反映总体的数量特征，在设计统计表时，应遵循以下原则。

① 统计表的各种标题力求简明、确切和概括地反映表的主要内容。总标题还要标明资料所属的时间、地点。

② 表的内容要简明扼要，不要过于庞杂。分组层次及宾词指标不宜过多。

③ 表中的主词各行和宾词各栏一般应按先局部后整体的原则排列，即先列各项目，后列总计。不需要列出全部项目时，可以先列总计，后列其中一部分重要项目。

④ 统计表的格式一般是开口式的，即表的左右两端不画纵线。统计表设计成矩形比较美观。

⑤ 统计表的栏数较多，通常要加以编号。主词及计量单位等栏用（甲）、（乙）、（丙）等文字标明；宾词各栏用（1）、（2）、（3）等数字标明。各栏之间的数量关系要用数学算式表示出来。例如，（5）=（2）×（4）表示第 5 栏等于第 2 栏乘以第 4 栏。

⑥ 表中数字要填写整齐，对准位数，同栏数字的单位、小数位要一致。如果有相同数字，则应全部填写，不得写“同上”字样；没有数字的格要用“—”表示；当缺乏某项资料时，用“…”表示。

⑦ 统计表中必须注明数字资料的计量单位。当表中数字只有一种计量单位时，可把它标注在表头的右上方。如果表中数字的计量单位不相同，则横行的计量单位需要单设一栏；纵栏的计量单位要与纵栏标题写在一起，用小字标明。

⑧ 必要时可在表的下端做注解或附注，说明某些指标的计算方法、指标包括的范围及表中资料的来源等。

编制合理、实用、美观的统计表关键在于实践，常观察、多动手才能熟练掌握。

## 第六节 统计图

统计图是用几何图形来显示统计资料，具有醒目鲜明、望图知义的特点。统计图有多种类型，常用的有条形图、线形图、圆形图等。它们具有各自的特点和作用。

### 一、条形图

条形图是用宽度相同、高度不同或者长度不同的成比例的条形显示相关统计资料多少或指标数值大小的一种几何图形。

条形图按直条的排列方式不同，分为纵条形图、横条形图：纵条形图的直条是竖直纵向排列的，按直条的高低进行数据大小的比较，如图 3.10 所示；横条形图的直条是水平横向排列的，按直条的长短进行大小的比较，如图 3.11 所示。

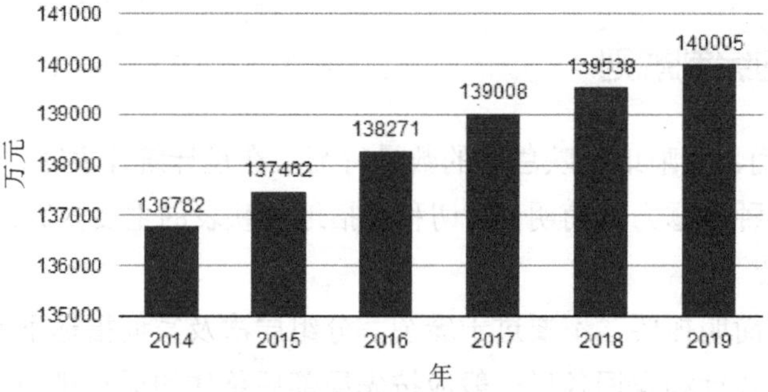


**图 3.10 某国 2014—2019 年 GDP**

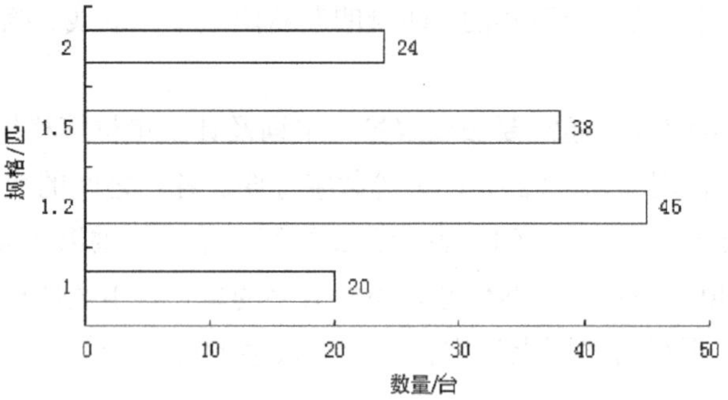


**图 3.11 某商场 7 月某品牌空调销售量**

条形图按照分析作用的不同，可分为条形比较图和条形结构图。条形比较图的直条在两条以上，便于对两组以上的数据进行比较。例如，图 3.12 是对甲乙两个停车场各类车辆停放数量的对比，图 3.13 是对我国 2015—2019 年普通本专科、中等职业教育、普通高中招生人数的对比。条形结构图是把直条分为若干段，用以显示总体的构成情况。例如，图 3.14 显示了我国 2015—2019 年 3 个产业增加值占 GDP 的比重。

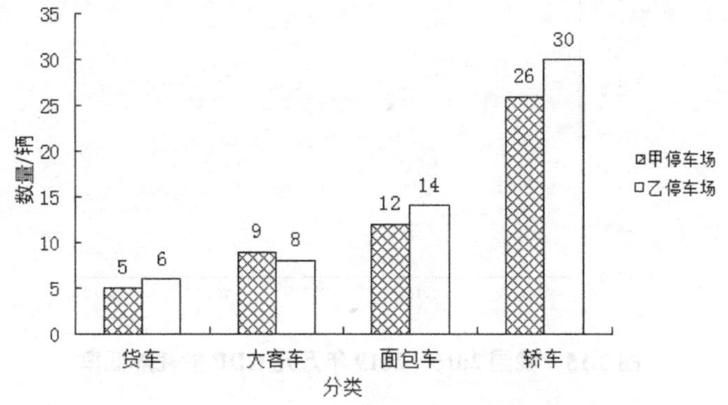


**图 3.12 甲乙两个停车场各类车辆停放情况**

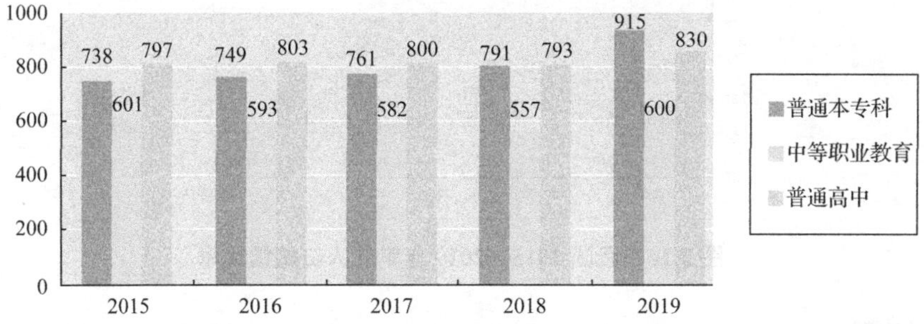


**图 3.13 我国 2015—2019 年普通本专科、中等职业教育、普通高中招生人数**

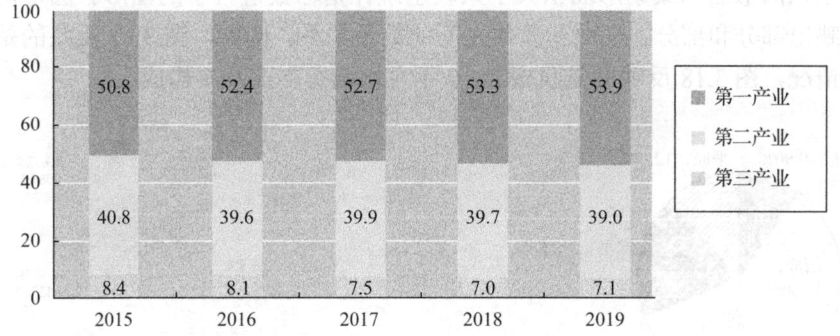


**图 3.14 我国 2015—2019 年 3 个产业增加值占 GDP 的比重**

## 二、线形图

线形图是以几何元素“线”为依托，以线条的升降走势表现统计指标数值大小及现象变动趋势的统计图。动态线形图表现事物在时间上的走势与演变状况。例如，图 3.15 显示我国 2015—2019 年万元 GDP 能耗降低率呈下降趋势，图 3.16 显示我国 2015—2019 年常住人口城镇化率呈增长趋势。

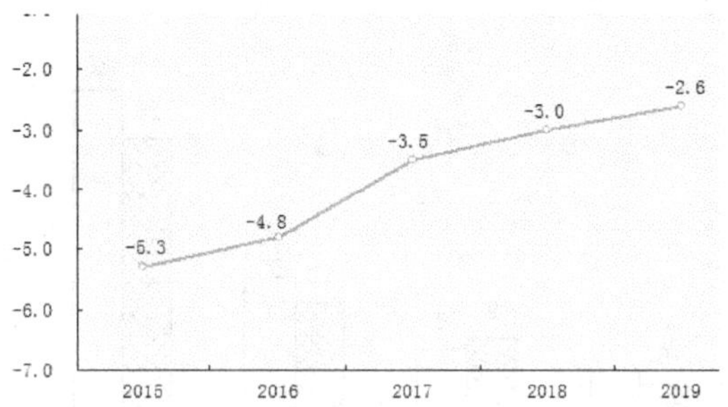


**图 3.15　我国 2015—2019 年万元 GDP 能耗降低率**

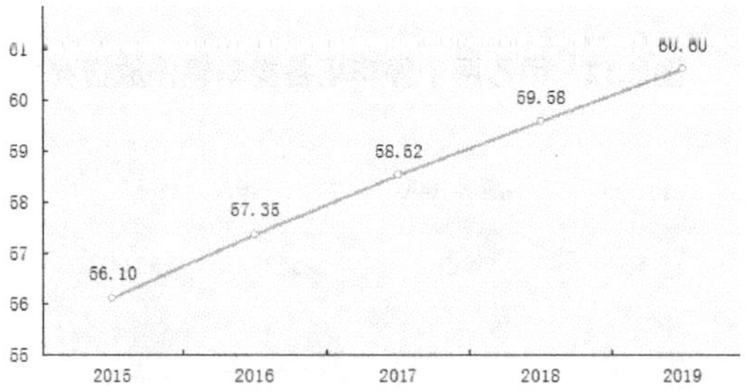


**图 3.16　我国 2015—2019 年常住人口城镇化率**

## 三、饼图

饼图是以圆形面积或扇形面积大小来表示统计指标数值大小的图形。圆形图可以比较清楚地反映出部分和部分、部分和整体之间的数量关系。例如，图 3.17 反映的是我国陆地地形分布情况，图 3.18 反映的是我国 2019 年人均消费支出及其构成。

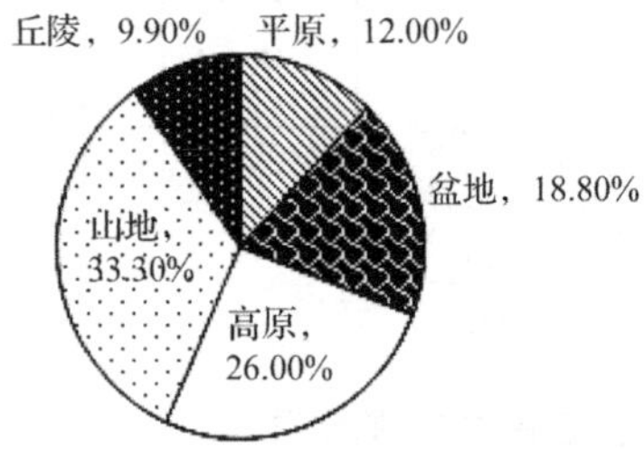


**图 3.17　我国陆地地形分布情况**

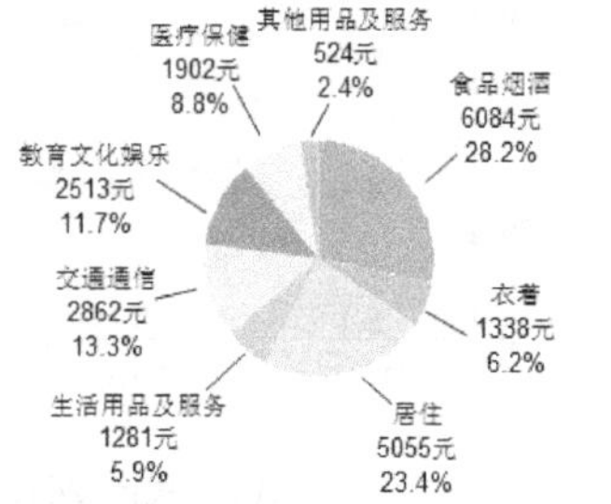


**图 3.18　我国 2019 年人均消费支出及其构成**

## 四、合理选择统计图

因为每种图的类型都有其优缺点，所以需要全面考虑。

① 比较不同时间的数值时，一般使用柱形图和条形图。

② 说明均匀时间间隔一般用折线图，如股票和债券行情。

③ 表示数据间的相对关系一般用饼形图。饼形图的特点是能画出一个数据系列。虽然单一的数据系列可用任何图表表示，但饼形图特别能表示每一数据点的相对关系及其整体关系。

# 第七节　用 Excel 制作统计图

视频演示

## 一、绘制单式条形图

步骤 1　把我国 2014—2019 年的 GDP 数据输入到 Excel 表格中，选择“插入”|“图表”命令，如图 3.19 所示。打开“图表向导—4 步骤之 1—图表类型”对话框，在“图表类型”列表框中选中柱形图，再在“子图表类型”中选中一个子类型图，如图 3.20 所示。

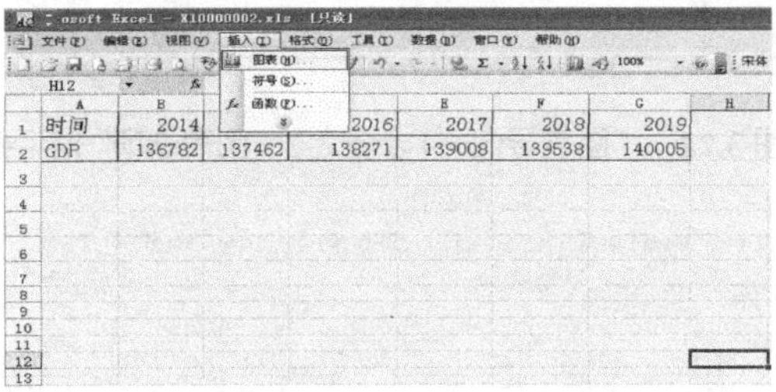


图 3.19　输入数据与选择“图表”命令

图 3.20　选择图表类型

步骤 2　单击“下一步”按钮，打开“图表向导—4 步骤之 2—图表源数据”对话框，如图 3.21 所示。在“数据区域”文本框中选择 B2:G2，如图 3.22 所示。

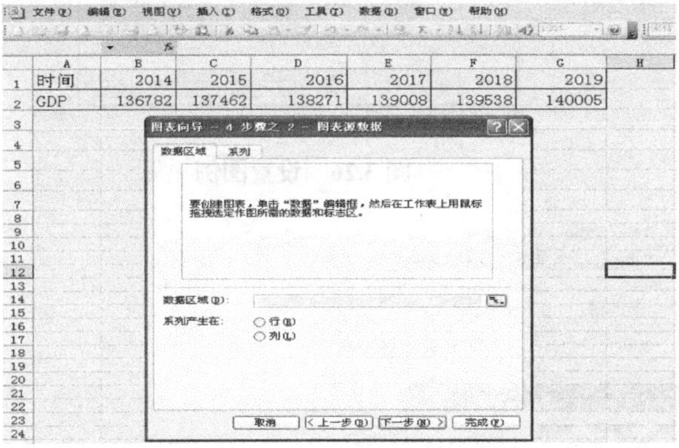


图 3.21　“图表向导—4 步骤之 2—图表源数据”对话框

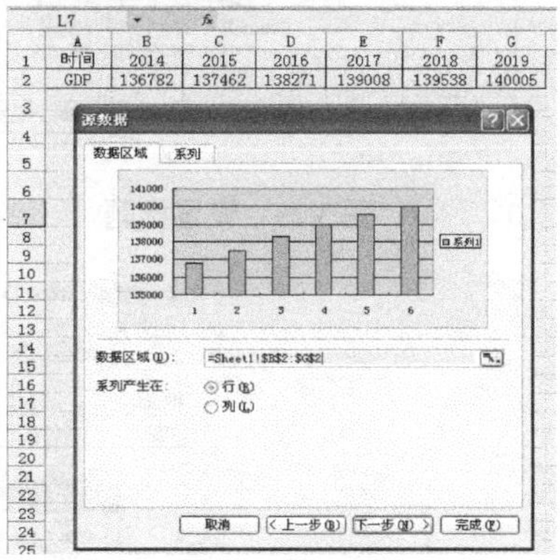


图 3.22　选择源数据

步骤 3　单击“系列”标签，在“名称”文本框中选择 A2，在“分类（X 轴）标志”文本框中选择 B1:G1，如图 3.23 所示。

步骤 4　单击“下一步”按钮，打开“图表导向—4 步骤之 3—图表选项”对话框，如图 3.24 所示。分别单击“标题”“坐标轴”“网格线”“图例”“数据标志”“数据表”标签，根据需要进行设置，如图 3.25 至图 3.27 所示。

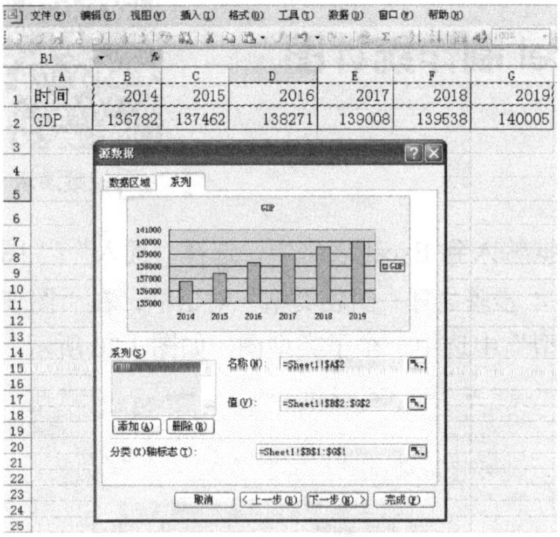


图 3.23　设置系列

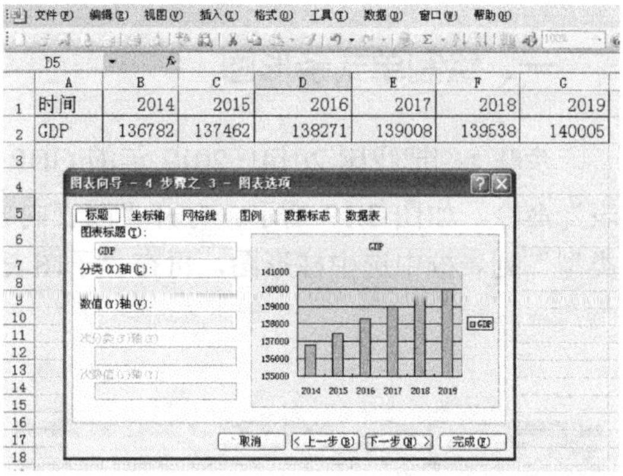


图 3.24　“图表导向—4 步骤之 3—图表选项”对话框

图 3.25　设置标题

图 3.26　设置图例

图 3.27　设置数据标志

步骤 5 单击“下一步”按钮，打开“图表导向—4 步骤之 3—图表位置”对话框，如图 3.28 所示。选中“作为其中的对象插入”单选按钮，再单击“完成”按钮，如图 3.29 所示。

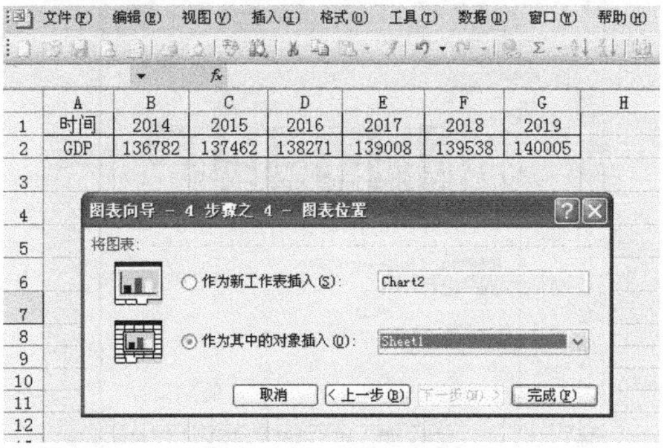


图 3.28 选择图表位置

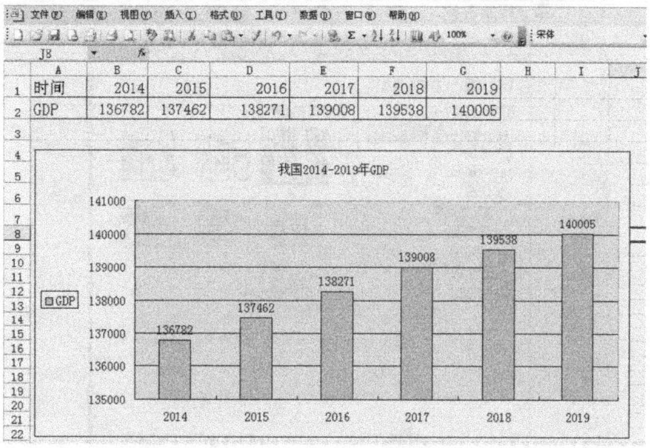


图 3.29 插入图形

步骤 6 根据需要还可以对标题格式、坐标轴格式、图例格式、数据标志格式、图表区格式、绘图区格式进行修改，直到满意，如图 3.30 所示。

图 3.30 单式条形图

## 二、绘制条形比较图和条形结构图

视频演示

### （一）条形比较图的绘制

步骤 1 把我国 2015—2019 年 3 个产业的占比数据输入到 Excel 表格中，选择“插入”|“图表”命令，打开“图表向导—4 步骤之 1—图表类型”对话框。在“图表类型”列表框中选中柱形图，再在“子图表类型”中选中一个子类型图，如图 3.31 所示。

步骤 2 单击“下一步”按钮，打开“图表向导—4 步骤之 2—图表源数据”对话框。在“数据区域”文本框中选择 B2:F4，如图 3.32 所示。

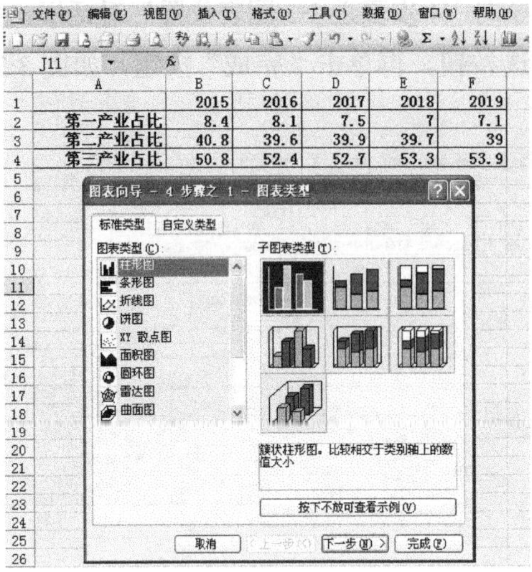


图 3.31　选择图表类型

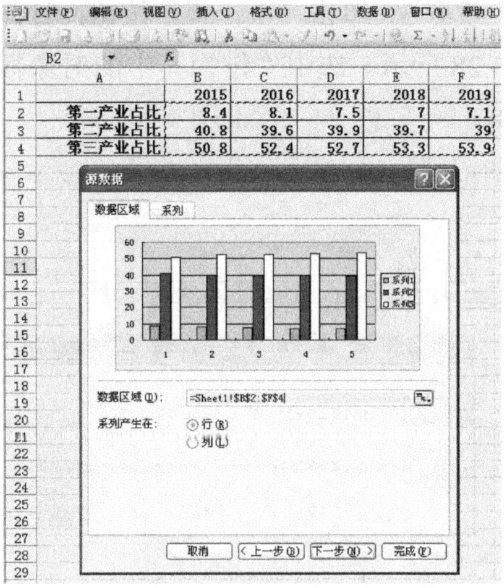


图 3.32　选择源数据

步骤 3　单击“系列”标签，在系列 1“名称”文本框中选择 A2，在系列 2“名称”文本框中选择 A3，在系列 3“名称”文本框中选择 A4；在“分类（X 轴）标志”文本框中选择 B1:F1，如图 3.33 所示。

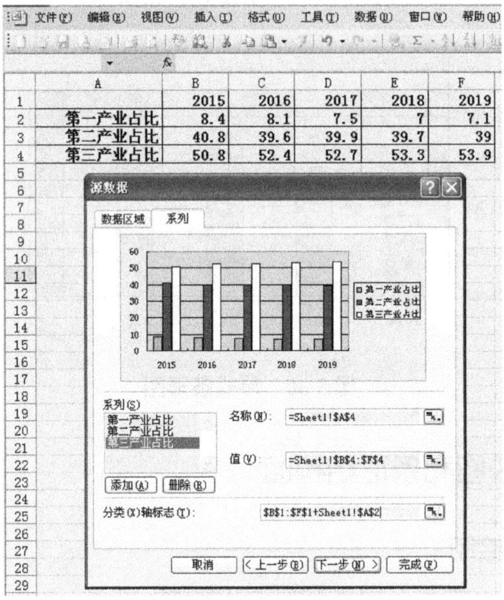


图 3.33　设置系列

步骤 4　单击“下一步”按钮，打开“图表向导—4 步骤之 3—图表选项”文本框，分别单击“标题”“坐标轴”“网格线”“图例”“数据标志”“数据表”标签，根据需要进行设置。数据标志设置如图 3.34 所示。

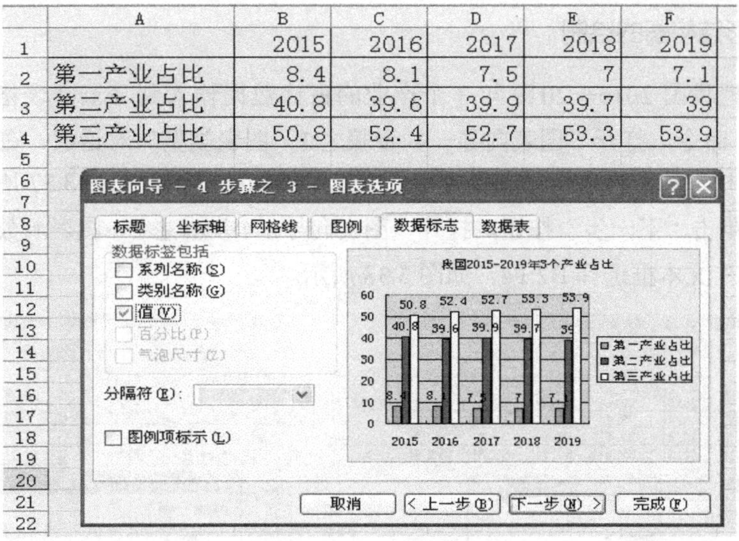


图 3.34　设置数据标志

步骤 5　单击“完成”按钮，如图 3.35 所示。根据需要还可以对标题格式、坐标轴格式、图例格式、数据标志格式、图表区格式、绘图区格式进行修改，直到满意，如图 3.36 所示。

图 3.35　条形比较图

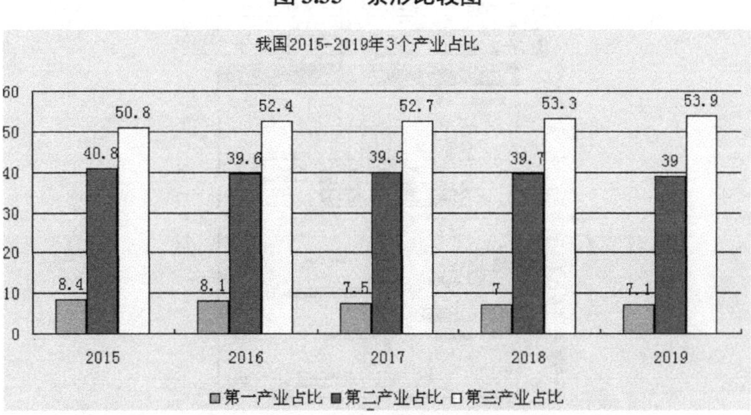


图 3.36　修改后的条形比较图

### （二）条形结构图的绘制

步骤 1　把我国 2015—2019 年 3 个产业的占比数据输入到 Excel 表格中，选择“插入”|“图表”命令，打开“图表向导—4 步骤之 1—图表类型”对话框。在“图表类型”列表框中选中柱形图，再在“子图表类型”中选中结构柱形图，如图 3.37 所示。

步骤 2　单击“下一步”按钮，打开“图表向导—4 步骤之 2—图表源数据”对话框。在“数据区域”文本框选择 B2:F4，如图 3.38 所示。

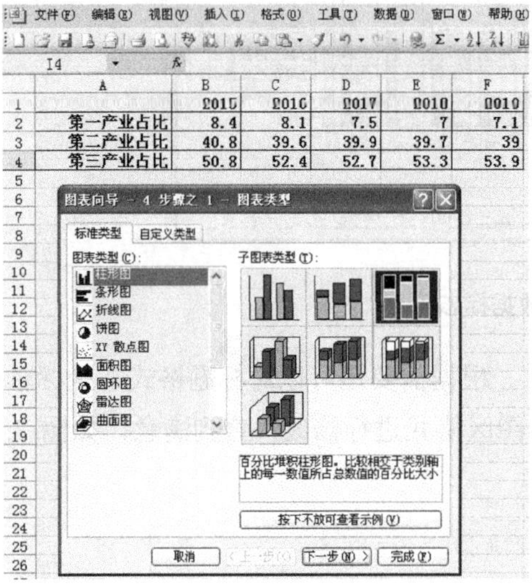

图 3.37　选择图表类型

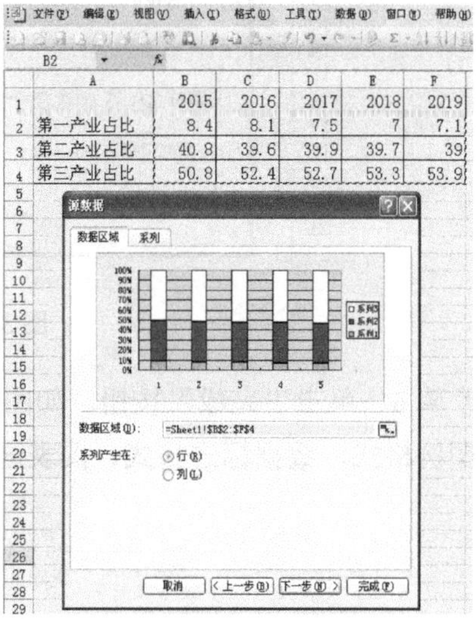

图 3.38　选择源数据

步骤 3　单击“系列”标签，在系列 1“名称”文本框中选择 A2，在系列 2“名称”文本框中选择 A3，在系列 3“名称”文本框中选择 A4，在“分类（X 轴）标志”文本框中选择 B1:F1，如图 3.39 所示。

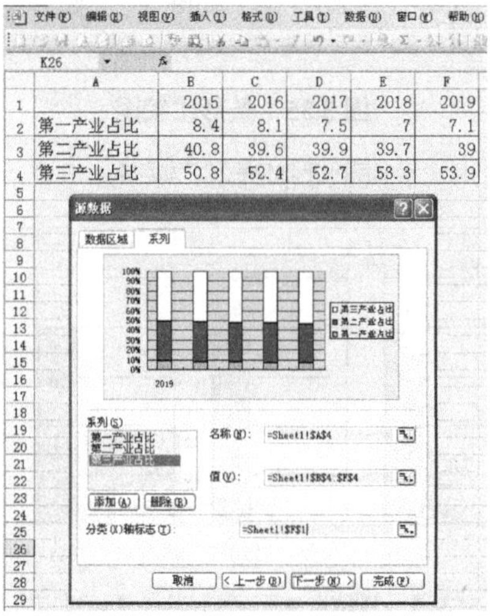

图 3.39　设置系列

步骤 4 单击“下一步”按钮，打开“图表向导—4 步骤之 3—图表选项”对话框，分别单击“标题”“坐标轴”“网格线”“图例”“数据标志”“数据表”标签，根据需要进行设置。数据标志设置如图 3.40 所示。

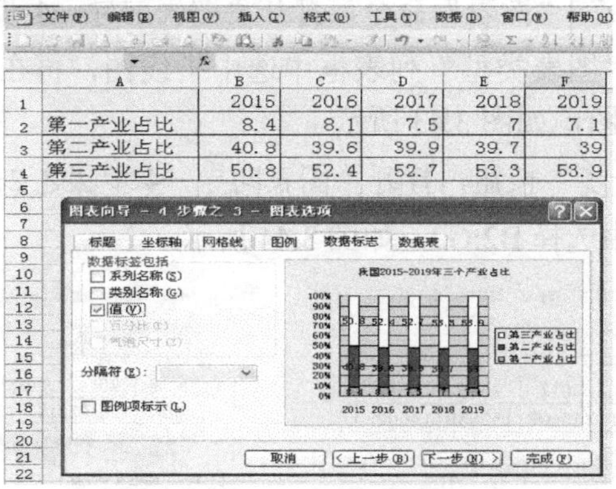


图 3.40 设置数据标志

步骤 5 单击“完成”按钮，如图 3.41 所示。根据需要还可以对标题格式、坐标轴格式、图例格式、数据标志格式、图表区格式、绘图区格式进行修改，直到满意，如图 3.42 所示。

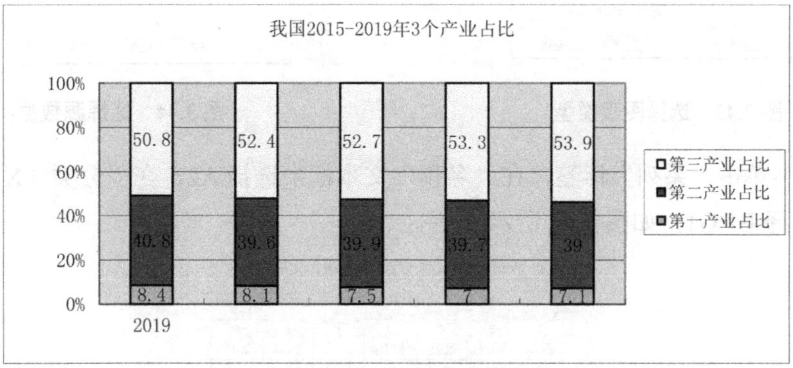


图 3.41 结构条形图

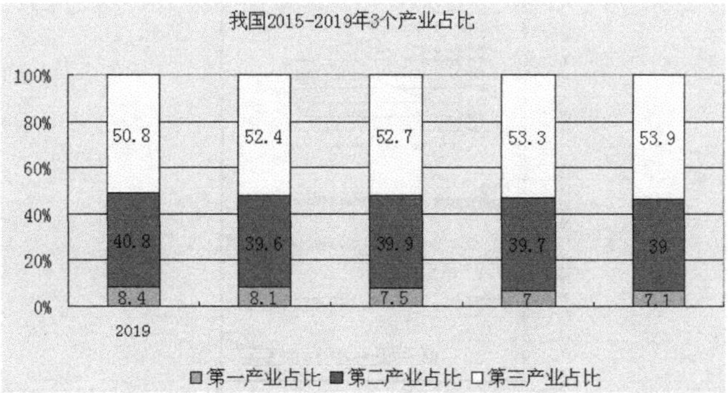


图 3.42 修改后的结构条形图

## 三、绘制线形图

视频演示

步骤 1　选择“插入”|“图表”命令，打开“图表向导—4 步骤之 1—图表类型”对话框。在“图表类型”列表框中选中折线图，再在“子图表类型”中选中一个折线图，如图 3.43 所示。

步骤 2　单击“下一步”按钮，打开“图表向导—4 步骤之 2—图表源数据”对话框。在“数据区域”文本框中选择 B2:G2，如图 3.44 所示。

图 3.43　选择图表类型

图 3.44　选择源数据

步骤 3　单击“系列”标签，在“名称”文本框中选择 A2，在“分类（X 轴）标志”文本框中选择 B1:G1，如图 3.45 所示。

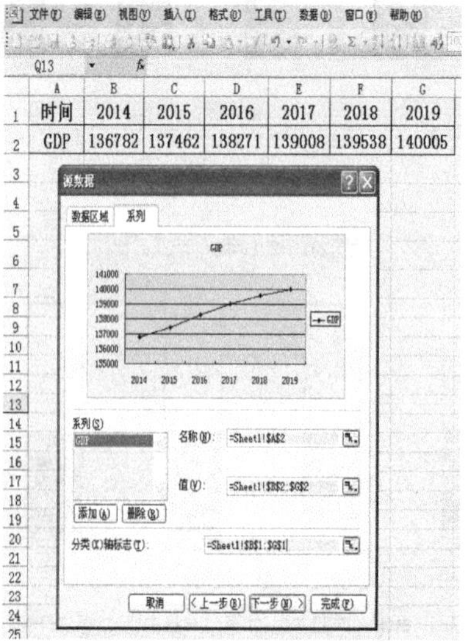


图 3.45　设置系列

步骤 4　单击“下一步”按钮，打开“图表向导—4 步骤之 3—图表选项”对话框。分别单击“标题”“坐标轴”“网格线”“图例”“数据标志”“数据表”标签，根据需要进行设置。数据标志设置如图 3.46 所示。

步骤 5　单击“完成”按钮。根据需要还可以对标题格式、坐标轴格式、图例格式、数据标志格式（见图 3.47）、图表区格式、绘图区格式进行修改，直到满意，如图 3.48 所示。

图 3.46　设置数据标志

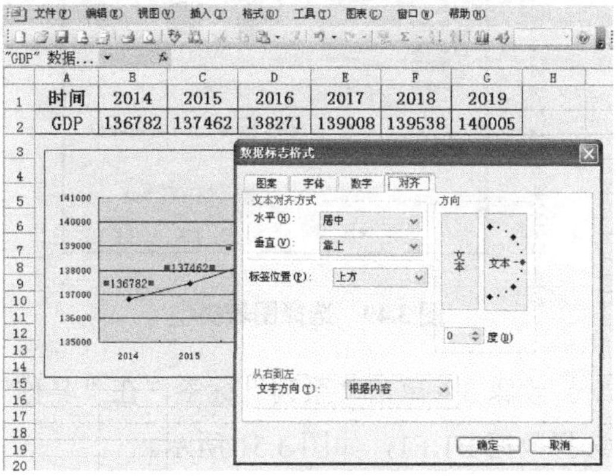


图 3.47　设置数据标志格式

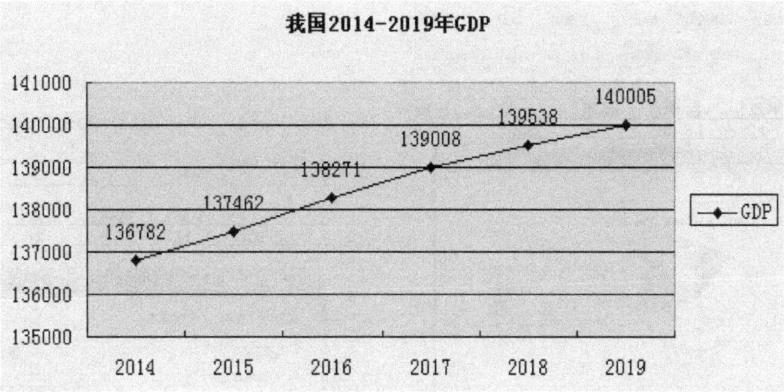


图 3.48　线性图

## 四、绘制饼图

视频演示

步骤 1　选择“插入”|“图表”命令，打开“图表向导—4 步骤之 1—图表类型”对话框。在“图表类型”列表框中选中饼图，再在“子图表类型”中选中一个饼图，如图 3.49 所示。

步骤 2　单击“下一步”按钮，打开“图表向导—4 步骤之 2—图表源数据”对话框。在“数据区域”文本框中选择 B2:F2，如图 3.50 所示。

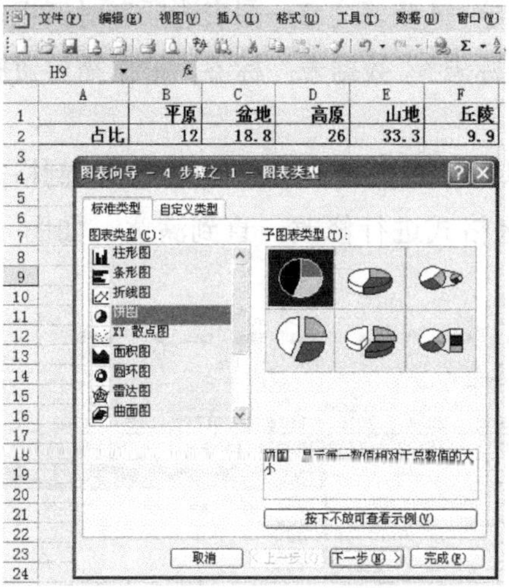

图 3.49　选择图表类型

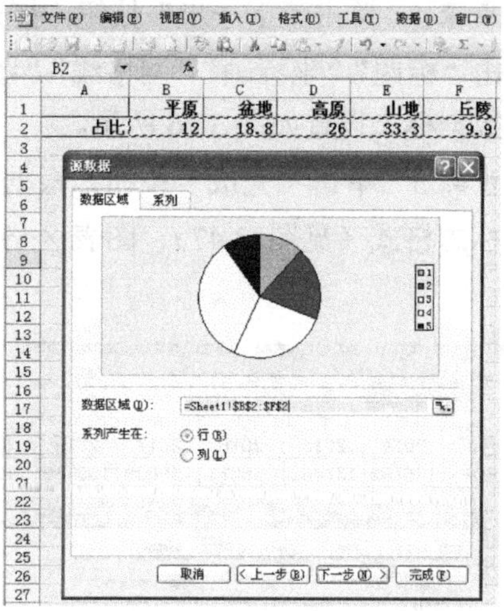

图 3.50　选择数据区域

步骤 3　单击“系列”标签，在“名称”文本框中选择 B1:F1，在“分类标志”文本框选择数据 B1:F1，如图 3.51 所示。

步骤 4　单击“下一步”按钮，打开“图表向导—4 步骤之 3—图表选项”对话框。分别单击“标题”“图例”“数据标志”标签，根据需要进行设置，如图 3.52 所示。

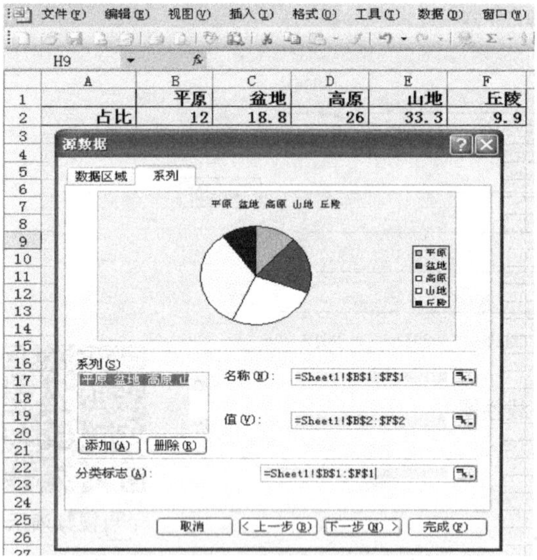

图 3.51　选择系列

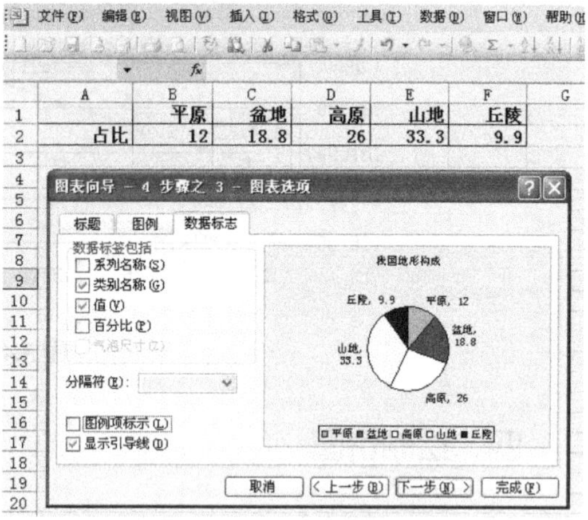

图 3.52　设置数据标志

步骤 5　单击“完成”按钮，根据需要还可以对标题格式、图例格式、数据标志格式、图表区格式、绘图区格式进行修改，直到满意，如图 3.53 所示。

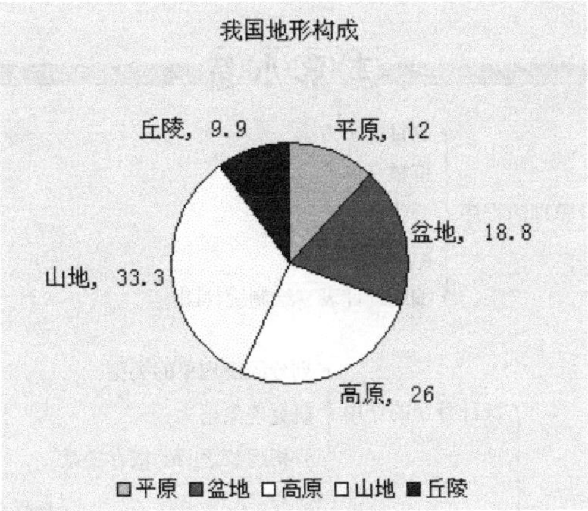


图 3.53 饼图

## 阅读材料

### 税收统计资料分组

税收统计资料的分组原则为：

① 系统性。各分组内容之间要符合逻辑，界限明确，层次分明，既自成体系，又相互联系。

② 可比性。分组内容要与历史资料保持连贯，分组口径要前后一致，以便前后对比。

③ 实用性。进行各种分组要有利于统计资料的使用，满足当前税收工作的需要，并便于各级领导查阅。

④ 以现有资料为依据。确定分组内容时，必须考虑到各项分组指标的数据来源，要在现有统计资料的分类指标基础上进行分组，而不能设立现有资料中没有的分类指标。例如，现有资料中只有税收违章罚款总额，对此进行分组时就不能再按发票违章、申报违章等违章性质设立分组指标。

确定分组内容时，必须综合考虑上述各项原则，尤其要兼顾统计资料的可比性和实用性。如果出现与前期资料分组口径不同，则必须在整理的统计资料中逐项加以说明，以免在使用资料时发生差错。

现行税收统计的分组方法及其内容主要有：

① 按税种分组，观察各种税收的发展变化情况。

② 按地区分组，观察各地区的税收变化情况及各个地区占全国税收比重的变化情况。

③ 按经济类型分组，观察来自不同经济类型的税收比重变化情况。

④ 按时期分组，观察各个不同时期的税收发展情况及占全年税收的比重变化情况。

⑤ 按城乡分组，观察来自城市、县镇、乡村的税收比重及其变化规律。

⑥ 按行业分组，观察来自工业、商业、交通运输业及其他行业的税收变化情况。

⑦ 按重点项目、税目或重点产品分组，观察比重较大的项目、税目和产品的税源、税收收入变化情况及其对整个税种的税收影响程度的变化情况。

要求：结合资料理解统计的分组原则和分组标志的选择。

## 本章小结

- 统计整理的程序
  - 制订汇总方案
  - 审核
  - 分组
  - 汇总
  - 编制统计表、绘制统计图

- 统计分组
  - 统计分组的作用
    - 划分经济现象的类型
    - 研究现象结构
    - 分析现象之间的依存关系
  - 统计分组的分类
    - 按分组标志的性质不同
      - 属性分组
      - 变量分组
    - 按分组标志的多少不同
      - 简单分组
      - 复合分组
  - 统计分组的原则
    - 组内同质性和组间差异性
    - 完备性原则
    - 互斥性原则

- 统计汇总
  - 统计汇总的形式
    - 集中汇总
    - 逐级汇总
    - 综合汇总
  - 统计汇总的技术
    - 手工汇总
    - 电子计算机汇总

- 统计表的分类
  - 按照主词是否分组
    - 简单表
    - 分组表
    - 复合表
  - 按照宾词的设计
    - 平行配置统计表
    - 层叠配置统计表

## 本章疑难问题解答

### 一、分组标志的选择和各组界限的划分是统计分组的关键

统计分组的关键是分组标志的选择和各组界限的划分。分组标志是统计分组借以划分资料的标准和依据。分组标志的选择是否恰当，关系到能否正确反映总体的数量特征及其变化规律。用不同标志对同一资料分组，往往会得出不同的结论，影响总体基本特征的显示。分组标志确定之后，各组界限如何正确划分直接影响到统计分析结果的真实性。任何分组标志都包含许多差异，都可能从中划定出不同的分组界限，如果划分不当，则必将混淆各组的性质差别。可见，区分各组的性质差别界限十分重要。

### 二、确定组距式分组的组限

组限是组与组之间的分界线，组限的合理确定至少要考虑 3 个因素：

首先，根据变量的性质确定重叠组限与不重叠组限；根据极端值的存在与否确定首、末组采用开口组还是闭口组。

其次，根据能否反映数据的真实分布特征确定初始值。初始值的确定有两种基本方法：

其一是以小于或等于最小变量值作为第一组的下限；其二是以大于或等于最小变量值作为末组的上限。

再次，要根据客观事物自身从量变到质变的内在规律性，确定各组间的组限。把决定事物性质的差异的数量界限作为组限。

## 练习题

### 一、填空题

1. 对同一总体采取多个分组标志，分别进行简单分组。许多简单分组从不同角度展示同一总体，这就构成一个（　　）。

2. 统计整理的关键在于（　　），统计分组的关键在于（　　）。

3. 根据分组标志的不同，分配数列可以分为（　　）数列和（　　）数列。

4. 对连续型变量只能编制（　　）数列，并且相邻组的组限必须（　　）。

5. 分配数列是由两个要素构成的：一个是（　　）；另一个是（　　）。

6. 变量数列根据变量连续与否可分为（　　）数列和（　　）数列。

7. 分布在各组的总体单位数，称为（　　），各组次数与总次数之比称为（　　）。

8. 统计表的构成按内容可分为两个组成部分：一部分是所要说明的总体，称为（　　）；另一部分是所要说明总体的指标，称为（　　）。

### 二、单项选择题

1. 分配数列（　　）。
   A. 都是变量数列　　B. 都是品质数列
   C. 是变量数列或品质数列　　D. 是统计分组

2. 按照国民收入水平分组是（　　）。
   A. 品质标志分组　　B. 数量标志分组
   C. 复合标志分组　　D. 混合标志分组

3. 统计分组对总体而言是（　　）。
   A. 将总体区分为性质相同的若干部分　　B. 将总体区分为性质相异的若干部分
   C. 将总体单位区分为性质相同的若干部分　　D. 将不同总体划分为性质相异的若干部分

4. 在分配数列中，频率是指（　　）。
   A. 各组的频率相互之比　　B. 各组频数相互之比
   C. 各组频数与频率之比　　D. 各组频数与总次数之比

5. 按某一标志分组的结果就表现为（　　）。
   A. 组内差异性，组间同质性　　B. 组内同质性，组间同质性
   C. 组内同质性，组间差异性　　D. 组内差异性，组间差异性

6. 划分连续型变量的组限时，相邻组的组限必须（　　）。
   A. 交叉　　B. 不等　　C. 重叠　　D. 间断

7. 统计分组的关键在于（　　）。
   A. 按品质标志分组　　B. 按数量标志分组
   C. 选择分组标志　　D. 按主要标志分组

8. 某数列两个极端值之差是（　　）。
   A. 平均差　　B. 全距　　C. 组距　　D. 标准差

## 三、多项选择题

1. 统计分组的含义是（　　）。

A. 一种统计方法　　B. 对总体而言是“合”

C. 对总体而言是“分”　　D. 对个体而言是“合”

E. 对个体而言是“分”

2. 等距分组中，（　　）。

A. 各组组距是相等的　　B. 各组组距绝大部分是等距的

C. 标志值的变动在各组之间都是相等的　　D. 标志值的变动在各组之间不一定相等

E. 指标值的变动在各组之间不一定相等

3. 分配数列的两个组成要素为（　　）。

A. 品质标志和数量标志　　B. 次数和指标

C. 各变量值　　D. 频数　　E. 总体的分组

4. 分组标志的选择（　　）。

A. 是对总体划分的标准　　B. 要根据统计研究目的进行选择

C. 要适应被研究对象的特征　　D. 必须是数量标志

E. 必须考虑历史资料的可比性

5. 按宾词的设计不同，统计表有（　　）。

A. 简单表　　B. 分组表　　C. 复合表

D. 平行配置统计表　　E. 层叠配置统计表

6. 资料汇总前对调查资料的审核有（　　）。

A. 逻辑检查　　B. 计算检查　　C. 汇总指标检查

D. 汇总结果准确性检查　　E. 汇总结果评估

7. 按企业利润额分组，绘制的分配数列属于（　　）。

A. 属性分配数列　　B. 连续分配数列　　C. 间断分配数列

D. 品质分配数列　　E. 变量分配数列

8. 人口按年龄分组（　　）。

A. 是按品质标志分组　　B. 是按数量标志分组

C. 可采用单项式分组　　D. 可采用组距式分组

E. 是简单分组

## 四、判断题

1. 当统计表中全表只有一种计量单位时可以把它写在统计表的右上方。（　）

2. 组限连续情况下，当缺下限开口组的邻组分组为 800～1 000，则其组中值为 950。（　）

3. 现象是均匀变动的，应编制等距数列。（　）

4. 组距式分组一般可适用于连续型变量的分组。（　）

5. 统计分组时，某单位的标志值恰好等于相邻两组的下限值或上限值时，此值一般按等于下限值组归入。（　）

6. 离散型变量只能进行单项式分组。（　）

## 五、问答题

1. 什么是统计分组？统计分组的关键是什么？

2. 什么情况下编制单项式数列、组距数列？

3. 编制统计表的原则有哪些?

**六、分析题**

1. 某班40名学生数学考试成绩如下:

80 52 92 75 81 93 86 70 90 67 83 94 67 64 61 88 63 78 83 81
85 75 81 73 97 100 70 85 95 88 98 78 100 96 73 64 84 56 100 51

要求:

(1) 根据以上资料编制等距数列(组距为10)。

(2) 计算组中值,向上、向下累计频数和向上、向下累计频率。

(3) 用直方图、折线图反映学生考试成绩的分布情况。

2. 调查本学院学生的构成情况,将结果用饼图表示出来。

3. 调查本学院近几年的招生数量,将结果用条形图表示出来。

# 第四章 综合指标

**教学目标**

1. 理解总量指标、相对指标的含义、分类及作用。
2. 掌握各种相对指标的计算方法及其应用。
3. 理解平均指标、标志变异指标的意义及作用。
4. 学会正确计算和应用平均指标、标志变异指标。

## 引导案例

据国家统计局发布的2019年经济数据，2019年全国居民人均消费支出21 559元，比上年名义增长8.6%，扣除价格因素，实际增长5.5%。其中，城镇居民人均消费支出28 063元，增长7.5%，扣除价格因素，实际增长4.6%；农村居民人均消费支出13 328元，增长9.9%，扣除价格因素，实际增长6.5%。

2019年，全国居民人均食品烟酒消费支出6 084元，增长8.0%，占人均消费支出的比重为28.2%；人均衣着消费支出1 338元，增长3.8%，占人均消费支出的比重为6.2%；人均居住消费支出5 055元，增长8.8%，占人均消费支出的比重为23.4%；人均生活用品及服务消费支出1 281元，增长4.8%，占人均消费支出的比重为5.9%；人均交通通信消费支出2 862元，增长7.0%，占人均消费支出的比重为13.3%；人均教育文化娱乐消费支出2 513元，增长12.9%，占人均消费支出的比重为11.7%；人均医疗保健消费支出1 902元，增长12.9%，占人均消费支出的比重为8.8%；人均其他用品及服务消费支出524元，增长9.7%，占人均消费支出的比重为2.4%。

我国2019年全国居民人均消费支出稳定增长。其中，人均教育文化娱乐消费支出增长最快，人均食品烟酒消费支出占人均消费支出的比重最大，农村居民人均消费支出快于城镇的基本状况是通过一系列指标揭示的。那么，统计指标都有哪些种类？具有什么作用？如何计算呢？

广义上讲，所有的统计指标都是综合指标。但本章所讲的综合指标不是一般意义上的综合指标，而是基本的综合指标，根据其数值的表现形式分为三大类，即总量指标、相对指标和平均指标。这些指标分别反映总体的规模、结构、比例、水平、集中、分散等数量特征，在统计分析中具有十分重要的作用。本章将对这3种基本的综合指标做详细的介绍。

# 第一节　总量指标

## 一、总量指标的含义及作用

### （一）总量指标含义

总量指标是反映社会经济现象总体在一定时间和空间条件下所达到的总规模、总水平或工作总量的综合指标，其指标数值用绝对数形式表现，所以也称为绝对数。例如，2019年我国粮食产量达 66 384 万吨，说明了 2019 年我国粮食生产的总水平。

总量指标的数值随总体范围的大小而增加或减小。总量指标与第一章中所讲的数量指标是一致的。

### （二）总量指标的作用

**1. 总量指标是认识社会经济现象的起点**

社会经济现象的基本情况往往通过总量指标来表现。例如，要了解我国 2019 年各类社会保险参保的基本情况，各类社保参加人数及增加人数这些总量指标是认识的起点，如表 4.1 所示。

**表 4.1　2019 年参加各类保险人数**　　万人

| 保险种类 | 参加人数 | 比上年增加人数 |
|---|---|---|
| 城镇职工基本养老保险 | 43 482 | 1 581 |
| 职工基本医疗保险 | 32 926 | 1 245 |
| 失业保险 | 20 543 | 899 |
| 工伤保险 | 25 474 | 1 600 |
| 生育保险 | 21 432 | 997 |

**2. 总量指标是实行宏观调控和微观管理的主要依据**

无论宏观调控还是微观管理，都必须掌握反映国际、国内、企业有关现状和历史的总量指标，为制定政策、计划和管理提供依据。

**3. 总量指标是计算相对指标和平均指标的基础**

总量指标是统计资料汇总后，最先得到的能说明具体社会经济总量的综合性数字，是最基本的统计指标。相对指标和平均指标一般是由两个有联系的总量指标对比而产生的，是总量指标的派生指标。总量指标计算是否科学、合理、准确，将会直接影响相对指标和平均指标的准确性。例如，单位平均成本是总成本与总产量对比的结果，总成本与总产量的数值准确与否就会直接影响平均单位成本的准确性。

思考：反映一个高校基本情况的总量指标有哪些？

## 二、总量指标的分类

### （一）总量指标按所反映的总体内容的不同，分为总体单位总量和总体标志总量

总体单位总量是一个总体内包含的单位个数，主要用来说明总体本身规模的大小；总体标志总量是总体各单位某一标志值的总和，主要用来说明总体各单位某一标志值总量的大小。例如，调查了解全国工业企业的生产经营状况，全国工业企业数就是总体单位总量；全国工业企业的职工人数、工资总额、工业增加值和利税总额等都是总体标志总量。在一个特定的总体中，总体单位总量只有一个，总体标志总量则有多个。

总体单位总量和总体标志总量不是固定不变的，随着研究目的和被研究对象的不同而变化。一个总量指标常常在一种情况下是总体标志总量，在另一种情况下则表现为总体单位总量。例如，上例的调查目的改为调查了解全国工业企业职工的工资水平，那么全国工业企业的职工人数就不再是总体标志总量，而成为总体单位总量。

### （二）总量指标按所反映的时间状况不同，分为时期指标和时点指标

时期指标是反映社会经济现象在一定时期内所达到的总量。它是社会经济现象在一段时间内发展的结果。例如，国民收入、总产值、利润、工资总额、人口出生数等都是时期指标。时点指标是反映社会经济现象在某一时点上所存在的总量。例如，人口数、土地面积、库存量、储蓄存款余额等都是时点指标。

正确区分时期指标和时点指标，对于动态分析中计算动态平均数是很重要的。下面对两者的区别分析如下。

#### 1. 统计方式不同

时期指标的数值一般通过连续登记取得，即把在这段时间内发生的数量连续登记后再进行累计；时点指标的数值则通过间断登记取得，即只要在某一时点上进行统计。

#### 2. 统计特征不同

时期指标的数值没有重复计算，可以累加，说明较长时期内的总量，如年内各月销售额的总和是年销售额；时点指标的数值有重复计算，相加无实际意义，如月末库存量的一部分被统计到年末库存量中，使得各月末库存量之和没有任何实际意义。

#### 3. 与时间的关系不同

时期指标数值的大小与时期长短有直接关系，在一般情况下时期越长数值越大，如年销售额一定大于年内某月的销售额；时点指标数值的大小与时点间隔的长短没有直接关系，如年末库存量并不一定比年内各月末的库存量多。

时期指标与时点指标的区别如表 4.2 所示。

表 4.2　时期指标与时点指标的区别

| | 时期指标 | 时点指标 |
|---|---|---|
| 统计方式 | 连续登记 | 间断计数 |
| 统计特征 | 可以累加 | 不可以累加 |
| 与时间的关系 | 与时期长短有直接关系 | 与时点间隔长短无关 |

## 三、总量指标的计算方法和计量单位

### （一）总量指标的计算方法

统计中的总量指标具有一定的社会经济内容，所以计算总量指标绝不是简单的数学计算问题，首先要明确规定总量指标的含义、计算范围和计算方法，然后才能计算其指标数值。例如，在计算工业总产值时，首先应确定工业的含义，再确定总产值的统计范围、计算方法，才能进行正确的统计。

总量指标的计算方法主要分为直接计算法、间接推算法。

#### 1. 直接计算法

直接计算法是对研究对象用直接的计数、点数和测量等方法登记各单位的具体数值加以汇总，得到总量指标的数值。例如，统计报表或普查中的总量指标，基本上都是用直接计算法计算出来的。

#### 2. 间接推算法

间接推算法是采用社会经济现象之间的平衡关系、因果关系、比例关系或利用非全面调查资料进行推算得到总量指标的数值。

（1）平衡关系推算法

平衡关系推算法是一种利用社会经济现象之间存在的某种平衡关系，依据已知的指标来推算未知指标的方法。例如：

期初库存+本期购进=本期消耗+期末库存

利润=销售额−成本

（2）因素关系推算法

因素关系推算法是指社会经济现象一般可分解为若干个因素指标，即现象的某项指标可以分解为若干影响因素指标乘积的形式，这些因素指标的乘积等于该项指标的总量。例如：

销售额=销售量×单价

工业产值=职工人数×劳动生产率

（3）比例关系推算法

比例关系推算法是根据已知的某一时期、某一地区或某一单位的某种指标与其相关指标的比例关系来推算另一时期、另一地区或另一单位的指标，或者根据部分资料，利用其比例关系推算总体资料。

**前提条件**：利用比例关系的双方比较接近。

*例 4-1*　某企业 2019 年的产值为 200 万元，利润为 10 万元，预计 2020 年的产值为 300 万元，利润为多少？

如果2020年产值利润率与2019年接近，则2020年的利润=300×（10÷200）=15（万元）

### （二）总量指标的计量单位

总量指标具有一定的经济内容，所以其数值必须有计量单位。总量指标所采用的计量单位有实物单位、货币单位和劳动单位。

### 1. 实物单位

实物单位是根据事物的自然属性和特点来确定的计量单位，主要有自然单位、度量衡单位、复合单位、双重单位和标准实物单位。

① 自然单位是按照被研究现象的自然状况来度量其数量的一种计量单位，如人口以“人”为单位、汽车以“辆”为单位、企业以“个”为单位等。

② 度量衡单位是按照统一的度量衡制度规定的单位来度量其数量的，如煤炭以“吨”为单位、棉布以“尺”或“米”为单位、运输里程以“千米”为单位等。度量衡单位的采用主要是由于有些现象无法采用自然单位来表明其数量，如粮食、钢铁等；另外有些实物，如鸡蛋等，虽然也可以采用自然单位，但不如用度量衡单位准确方便。

③ 复合单位是将两种计量单位结合在一起以乘积表示事物的数量，如货物周转量就是用“吨公里”来计量。

④ 双重单位是用两种计量单位表示事物的数量，如发电机是以“台/千瓦”计量。

⑤ 标准实物单位是按照统一折算标准来度量被研究现象数量的一种计量单位。例如，将各种不同含量的化肥用折纯法折合成含量 100%来计算其总量、将各种不同发热量的能源统一折合成 29.3 千焦 / 千克的标准煤单位计算其总量等。标准实物量计算如表 4.3 所示。

表 4.3　标准实物量计算

| 产品名称 | 产量/吨 | 含氮量 | 折合系数 | 折合标准实物量/吨 |
|---|---|---|---|---|
| 碳酸氮铵 | 6 000 | 17.0 | 0.170 | 1 020 |
| 硫酸氮 | 8 000 | 21.0 | 0.210 | 1 680 |
| 尿素 | 5 000 | 46.2 | 0.462 | 2 310 |
| 合　计 | 19 000 | — | — | 5 010 |

### 2. 货币单位

货币单位是以货币作为价值尺度来计量事物的总量。例如，GDP（国内生产总值）、社会商品零售额、产品成本等都是以“元”或扩大为“万元”“亿元”来计量的。

用实物单位计量的总量指标称为实物指标，能够具体地反映事物的规模和水平。但实物指标也有其局限性，不同类产品的数量不能直接汇总。用货币单位计量的总量指标称为价值指标，价值指标具有广泛的综合性和概括性，能将不能直接相加的产品数量过渡到能够相加。但价值指标也有其局限性，它脱离了具体的物质内容，比较抽象。因此，在实际工作中，应注意把价值指标与实物指标结合起来使用，以便全面认识客观事物。

### 3. 劳动单位

劳动单位是用劳动时间表示的计量单位，如“工时”“工日”等。工时是指一个职工做一个小时的工作；工日通常指一个职工做 8 小时的工作。

用劳动单位计量的总量指标称为劳动量指标。它是企业编制计划和制定劳动定额的依据，往往只限于企业内部的业务核算。

**思考：** 一般情况下不同类的产品实物指标总量无法汇总，如不能把 3 吨木材与 5 吨钢材相加说明总量是 8 吨，但在计算货物运输量时可以把 3 吨木材与 5 吨钢材相加，说明运输量是 8 吨。为什么？

# 第二节 相对指标

社会经济现象之间无论是在时间上、空间上、现象内部的结构上，还是在一现象与其他现象的关系上总是相互联系、相互依存的，因此要对社会经济现象做深入的了解，就需要对总体的组成和其各部分之间的数量关系进行分析、比较，这时就需要计算相对指标。

## 一、相对指标的含义和表现形式

### （一）相对指标的含义

相对指标是应用对比的方法来反映某些相关现象之间数量联系程度的综合指标，用以反映现象的发展程度、结构、强度或比例关系。相对指标以相对数形式表示，所以，也称统计相对数。例如，人口的性别比例和年龄构成、人口出生率、人口密度等都是相对指标。

### （二）相对指标的表现形式

#### 1. 无名数

相对指标多数是一个抽象的比值，其计量单位是无名数，通常用系数或倍数、成数、百分数和千分数表示。系数或倍数是将对比的基数抽象为 1 来计算相对指标；成数是将对比的基数抽象化为 10 来计算相对指标，1/10 即是一成；百分数是将对比的基数抽象化为 100 来计算相对指标，是最常用的一种表现形式，通常用“%”表示；千分数是将对比的基数抽象为 1 000 来计算相对指标，适用于对比的分子数值比分母数值小很多的情形，通常用“‰”表示。相对指标的表现形式示例如表 4.4 所示。

**表 4.4 相对指标的表现形式示例**

| 基尼系数 | 某乡玉米产量增长率 | 销售额计划完成程度 | 滞纳金 |
|---|---|---|---|
| 0.2 | 2/10 | 108% | 1‰ |
| 系数 | 成数（二成） | 百分数 | 千分数 |

#### 2. 有名数

有名数主要用于强度相对指标，强度相对指标的计量单位由两个对比指标原来的计量单位组成，如人口密度的计量单位为“人/平方公里”。

有时相对指标也用百分点作为计量单位。百分点是两个对比基准相同的百分数相减之后的结果。例如，某企业劳动生产率计划比去年提高 3%，实际提高 4.2%，则实际劳动生产率比计划劳动生产率提高 1.2 个百分点（4.2%-3%）。

**思考：** 2019 年全国城镇人口占总人口比重（城镇化率）为 60.60%，比上年末提高 1.02 个百分点。怎么理解 1.02 个百分点？

## 二、相对指标的作用

社会经济现象之间的数量联系在很多情况下是通过相对指标来反映的，因此，相对指标在统计分析中得到广泛的应用。它的主要作用表现在以下几个方面。

① 相对指标可以反映现象之间的发展变化程度、构成、比例关系、强度等，充分说明现象的本质。例如，2019 年我国城镇居民人均可支配收入为 42 359 元，为 2018 年的 107.9%，即 2019 年比 2018 年名义增长 8.9%，扣除价格因素实际增长 5.0%，说明 2019 年我国城镇居民生活收入水平提高了。如果仅凭绝对数 42 359 元，则很难对我国城镇居民生活水平做出评价。

② 利用相对指标可以使利用总量指标不能直接对比的现象变为可以直接对比，进行更为有效的分析。例如，利用利润额不能直接对比说明哪个企业的经济效益好，因为企业的规模不同，资金占用额不同。如果用各个企业的资金利润率，就可直接对比、评价哪个企业的经济效益好，如表 4.5 所示。由此得出，甲企业的经济效益好于乙企业。

**表 4.5 资金利润率计算**

| 企 业 | 利润额/万元 | 资金占用额/万元 | 资金利润率/% |
|---|---|---|---|
| 甲企业 | 20 | 100 | 20/100=20 |
| 乙企业 | 40 | 400 | 40/400=10 |

## 三、相对指标的种类和计算方法

研究的目的不同，对比的基础不同，产生了不同的相对指标。下面介绍几种常用的相对指标。

### （一）计划完成程度相对指标

计划完成程度相对指标又称计划完成相对数，是现象在某一段时间内实际完成数值与计划任务数值的比值，反映计划完成的情况。它通常以百分数表示。

其基本计算公式为：

$$计划完成程度相对指标=\frac{实际完成数值}{计划任务数值}\times 100\%$$

在公式中，计划任务数值是计划规定的用于衡量计划完成情况的标准，因此计划任务数值只能做分母，并且分子与分母的指标含义、计算口径、计算方法、计量单位及时间长度和空间范围都必须保持一致。

由于下达的计划任务数值形式有绝对数、相对数，所以计划完成程度相对指标有不同的计算方法。

#### 1. 计划任务数为绝对数

当计划任务数为绝对数时，短期计划完成情况的检查，又可分为两种情况：一是计划数与实际数是同期的，如年实际数与年计划数对比说明年度计划执行的结果；二是计划期中某一段时间的实际累计数与全期计划任务数对比，用以表明计划执行的进度。其计算公式为：

$$计划执行进度=\frac{累计至本期止实际完成数}{全期计划任务数}\times100\%$$

**例 4-2** 某企业 2019 年计划完成销售额 500 万元，年实际完成销售额 520 万元，其中前 3 个季度完成 380 万元，则：

$$该企业年度销售额计划完成程度=\frac{520}{500}\times100\%=104\%$$

$$该企业前3个季度销售额计划执行进度=\frac{380}{500}\times100\%=76\%$$

说明该企业超额 4%完成了年度销售额计划，前 3 个季度计划执行的进度超额 1%完成年度进度计划。

**2. 计划任务数为相对数**

当计划任务数为相对数，而且以提高（或降低）百分数表示时，则不能以实际提高百分数（或实际降低百分数）与计划提高百分数（或计划降低百分数）直接对比，而应考虑到是在原有基数 100%的基础上提高（或降低），才能对比。其计算公式为：

$$计划完成程度=\frac{实际为上年的百分比}{计划为上年的百分比}\times100\%$$

**例 4-3** 某企业劳动生产率计划提高 10%，实际提高 12%，计算该企业劳动生产率提高计划完成程度。

$$该企业劳动生产率提高计划完成程度=\frac{100\%+12\%}{100\%+10\%}=\frac{112\%}{110\%}=101.82\%$$

计算结果表明，劳动生产率超额 1.82%完成计划。

**例 4-4** 某产品单位成本计划降低 6%，实际降低 8%，计算该产品单位成本降低计划完成程度。

$$该产品单位成本降低计划完成程度=\frac{100\%-8\%}{100\%-6\%}=\frac{92\%}{94\%}=97.87\%$$

计算结果表明，该产品单位成本实际比计划降低 2.13%，所以超额完成单位成本降低计划。

**注意：**根据计划完成程度相对指标来判断是否完成了计划，要根据指标的性质来确定。对数值越大越好的指标，超过 100%是超额完成计划，小于 100%是没有完成计划，如产量、劳动生产率、利润和销售额等指标；对数值越小越好的指标，小于 100%是超额完成计划，大于 100%是没有完成计划，如成本和消耗量等指标。

### （二）结构相对指标

社会经济现象总体一般由若干部分组成，要研究各部分在总体中的地位和所起的作用，需要在对总体分组的基础上，计算结构相对指标。

结构相对指标是以总体总量作为比较标准，求出各组总量占总体总量的比重，通常用百分数表示。其计算公式为：

$$结构相对指标=\frac{总体部分数值}{总体全部数值}\times 100\%$$

结构相对指标是反映总体内部组成情况的综合指标，由于结构相对指标对比的基础相同，即都是以同一总体全部数值对比，因此各部分的结构相对指标之和等于 100%。2019 年年末我国人口年龄构成如表 4.6 所示。

**表 4.6　2019 年年末我国人口年龄构成**

| 全部人口按年龄分组/岁 | 年末人数/万人 | 比重/% |
|---|---|---|
| 0～16 | 24 977 | 17.9 |
| 17～59 | 89 640 | 64.0 |
| 60 以上 | 25 388 | 18.1 |
| 合　计 | 140 005 | 100 |

表 4.6 所示的资料显示我国不同年龄段的人口所占的比重，用来分析我国人口的年龄构成。

### （三）比例相对指标

总体内部各个组成部分之间存在一定的比例关系，为分析这种比例关系和各个组成部分之间的协调平衡状况，需要计算比例相对指标。其计算公式为：

$$比例相对指标=\frac{总体中某一部分数值}{总体中另一部分数值}\times 100\%$$

一般用系数或倍数表示，也用比的形式表示。

例如，2019 年年末男性人数为 71 527 万人，女性人数为 68 478 万人，总人口男女性别比为 71 527∶68 478=104.45∶100。

在社会经济生活中，许多现象都要求按比例发展，若比例失调，则会带来严重后果。

### （四）比较相对指标

比较相对指标是同一指标数值在同一时间不同空间内（地区与地区之间、部门与部门之间、单位与单位之间）进行的对比，用来分析同类现象在不同空间条件下的差异程度。其计算公式为：

$$比较相对指标=\frac{甲单位(地区)某一指标数值}{乙单位(地区)同一指标数值}\times 100\%$$

一般用百分数表示，也可以用倍数表示。

*例 4-5*　2019 年北京居民人均可支配收入 67 756 元，上海市居民人均可支配收入 69 442 元，则：

北京市居民人均可支配收入与上海进行对比：67 756 ÷ 69 442 × 100%=97.57%

说明 2019年北京市居民人均可支配收入为上海的 97.57%。

在经济管理工作中，把企业的各项技术经济指标与国家规定的质量标准对比，与同行业的先进水平对比，可找出差距，为提高本单位的生产和管理水平提供依据。

计算比较相对指标，既可以用绝对指标，也可以用相对指标或平均指标，但不管用何种指标计算，都必须考虑是否具有可比性。

### （五）强度相对指标

研究不同现象之间的数量对比关系，需要把两个性质不同但有联系的总量指标进行对比，其比值即为强度相对指标。它可以反映现象的强度、密度或普遍程度，一般用复名数表示（由分子与分母的计量单位组成）。其计算公式为：

$$强度相对指标=\frac{某一现象的指标数值}{另一有联系现象的指标数值}$$

例如，按人口平均计算的钢产量，是用全年的钢产量与全国的人口数对比得到的相对数，用来反映一个国家的钢铁发展程度，也是反映国家经济实力的重要指标之一。

强度相对指标有正、逆指标之分。凡是强度相对指标数值的大小与所研究对象的发展程度或密度成正比例，称为正指标；反之，其数值大小与所研究对象的发展程度或密度成反比例，称为逆指标。在统计实际中，是采用正指标还是逆指标，应根据哪一个指标更能清楚地说明问题来决定。

**例 4-6**　某城市 2019 年年末人口为 100 万人，零售商店 5 000 个，计算该城市零售商业网密度。

该城市零售商业网密度=5 000 ÷ 1 000 000=5（个/千人）

以上强度相对数 5（个/千人），说明该市每千人有 5个零售商业机构为他们服务。指标值越大，表示零售商业网的密度越大。它是从正方向说明零售商业网密度的，所以称为正指标。

如果把分子和分母互换一下，则：

该城市零售商业网密度=1 000 000 ÷ 5 000=200（人/个）

这个强度相对数（200 人/个）说明该市每个零售商业机构所服务的人数是 200 人。指标的数值越大，表示零售商业网的密度越小。它是从反方向来说明零售商业网密度的，所以称为逆指标。

> 思考：反映企业经济效益的强度相对指标主要有哪些？

### （六）动态相对指标

动态相对指标又称发展速度，是把同一指标在不同时间的数值进行对比，用来说明某一现象发展变化的方向和程度。通常把作为比较基础的时期称为基期，把与基期进行比较的时期称为报告期。计算结果通常用百分数表示，也可以用倍数表示。其计算公式为：

$$动态相对指标=\frac{报告期指标数值}{基期同一指标数值}\times 100\%$$

**例 4-7**　2019 年上海市居民人均可支配收入为 69 442 元，2018 年上海市居民人均可支配收入为 64 183 元，计算其动态相对指标。

$$动态相对指标=\frac{69\,442}{64\,183}\times 100\%=108.19\%$$

说明上海市居民人均可支配收入 2019年为 2018年的 108.19%，增长了 8.19%。

动态相对指标在对事物进行动态分析中很重要。本书将在第八章中详细介绍。

### 四、正确运用相对指标的原则

#### （一）可比性原则

所谓可比性，是指作为对比的分子指标和分母指标所包括的内容、计算范围要有可比性，对比的结果有实际意义。例如，计算人口密度时，人口数和土地面积必须是同一地域范围的。

#### （二）相对指标与总量指标结合运用的原则

总量指标能够反映现象发展的总规模和总水平，却无法反映现象之间的联系；相对指标反映了现象之间的数量对比关系和差异程度，却又将现象的具体规模水平抽象掉了。因此，只有将相对指标和总量指标结合起来使用，才能克服认识上的片面性，达到对客观事物全面正确的认识。

#### （三）多种相对指标结合运用的原则

相对指标有多种，每种相对指标只能从某个侧面反映数量之间的对比关系，因此要全面深刻地认识事物，就需要将各种相对指标结合起来进行考察和研究。

## 第三节　平均指标

### 一、平均指标的意义

#### （一）平均指标的概念

平均指标用来说明同质总体内某一数量标志在具体时间、地点条件下达到的一般水平。其数值表现为平均数，也称统计平均数。

任何一个总体都是由许多单位所构成的。在一个确定的研究目的下，各总体单位具有共同的标志，但却具有不同的标志值，如果从整体上去观察这些标志值，便会发现这些具有差异的标志值在分布上具有集中趋势，即向某一数值聚集。这个数值便可代表总体各单位标志值的一般水平，它就是平均指标。例如，某班学生统计测验成绩高低不同，为了反映全班同学的整体成绩，就需要有一个值代表所有学生的成绩，这个代表值就是平均成绩。

#### （二）平均指标的作用

① 利用平均指标可以消除因总体范围不同而带来的总体数量差异，从而使不同的总体具有可比性。例如，比较生产同类产品的几个企业的生产情况，不能用总产值、总成本等总量指标进行对比，因为总量指标受企业规模、产品产量的影响，如果用平均指标，如单位产品成本、劳动生产率进行对比，就可以较好地评价企业的生产情况。

② 利用平均指标可以分析现象之间的依存关系。利用统计分组分析现象之间的依存关系，首先要用影响标志对总体进行分组，然后再计算出结果标志的平均值，所以平均指标在研究现象相互关系中起着重要的作用。例如，将商业企业按商品流转额的大小划分为不同规模的组，再计算每组的平均商品流通费用率，就可以反映出商品流转额和流通费用率之间的依存关系。

③ 利用平均指标还可以估计和推算其他有关指标。例如，在抽样推断中要利用样本平均数来估计总体平均数和推算总体总量。

## 二、平均指标的种类及计算

平均指标有多种不同的计算方法，因而也有不同的类别，通常主要有算术平均数、调和平均数、几何平均数、众数和中位数等。其中，算术平均数、调和平均数、几何平均数都是根据总体所有单位的标志值来计算的，因而称为数值平均数；众数和中位数是根据标志值所处的位置来确定的，所以称为位置平均数。

这些平均数虽然都用来反映现象的一般水平，但是所反映的一般水平有不同的意义，同时每种平均数无论从计算方法，还是适用场合上都有各自的特点，下面分别予以讲述。

### （一）算术平均数

算术平均数是应用最广泛的一种平均指标，是总体标志总量与总体单位总量的比值。其基本计算公式为：

$$\text{算术平均数}=\frac{\text{总体标志总量}}{\text{总体单位总量}}$$

利用上面的公式计算算术平均数时，要求总体标志总量与总体单位总量必须属于同一总体，即分子的各个标志值和分母的各个单位之间必须是一一对应的。这也是算术平均数与强度相对指标的根本区别。

如果掌握总体标志总量与总体单位总量的数据，就可以直接利用基本公式计算算术平均数。

*例 4-8* 某企业职工月工资总额为 60 万元，职工人数为 400 人，则：

该企业职工月平均工资=600 000 ÷ 400=1 500（元/人）

在实际工作中，大量的平均指标不能直接利用基本公式来计算，那么根据所掌握资料的不同，可以采用简单算术平均数和加权算术平均数两种形式来计算。

#### 1. 简单算术平均数

这是将总体单位的每一个标志值相加得到的标志总量除以总体单位总量求得的平均数。

*例 4-9* 某班有 6 名同学参加了英语竞赛。这 6 名同学的成绩分别为：89、73、64、78、83、72 分，则：

$$6\text{名同学的平均成绩}=\frac{89+73+64+78+83+72}{6}=\frac{459}{6}=76.5\text{（分）}$$

将上述计算方法用公式表示：

$$\overline{x}=\frac{\sum x}{n}$$

式中，$\overline{x}$ 为算术平均数；$x$ 为各单位标志值；$n$ 为总体单位数；$\sum$ 为总和的符号。

简单算术平均数适用于总体单位数较少的未分组资料计算平均数。

**2．加权算术平均数**

由分组资料计算算术平均数，必须先将各组的标志值乘以相应各组单位数求出各组的标志总量，然后加总求得总体标志总量，最后用总体标志总量除以总体单位总量。按此方法计算的算术平均数为加权算术平均数。

**例 *4–10*** 某车间有 120 名工人，将他们每人每日生产某种零件的个数编制成单项式数列，如表 4.7 所示。

**表 4.7 某车间工人日产零件分组**

| 工人按日产零件分组 $x$/（件/人） | 工人数 $f$/人 | 日产量 $xf$/件 |
|---|---|---|
| 20 | 10 | 200 |
| 22 | 12 | 264 |
| 24 | 25 | 600 |
| 25 | 30 | 750 |
| 26 | 18 | 468 |
| 28 | 15 | 420 |
| 30 | 10 | 300 |
| 合 计 | 120 | 3 002 |

$$\text{工人平均日产量}=\frac{200+264+600+750+468+420+300}{10+12+25+30+18+15+10}=\frac{3\ 002}{120}=25\text{（件/人）}$$

计算结果应取整数。

将上述计算方法用公式表示：

$$\overline{x}=\frac{\sum xf}{\sum f}$$

式中，$\overline{x}$ 为加权算术平均数；$x$ 为各单位的标志值；$f$ 为各组单位数，在分配数列中，称为频数，也称权数；$\sum$ 为总和符号。

从例 4-10 的计算结果看出，工人平均日产零件最接近 25 件/人，即最接近工人数多的一组的日产量。这是因为平均数的大小不仅取决于各组标志值（$x$）的大小，还取决于各组标志值出现频数（$f$）的多少。某组标志值出现频数多，对平均数影响就大；反之，对平均数影响就小，因此平均数往往都接近于频数多的一组的标志值。各组标志值频数 $f$ 的多少对平均数的大小起着重要的作用，因此统计中又把频数称为权数，加权算术平均数也由此得名。

当各组频数完全相同，即 $f_1=f_2=f_3=\cdots=f_n$ 时，$\overline{x}=\frac{\sum xf}{\sum f}=\frac{\sum x}{n}$，则 $f$ 对各组变量值产生同等的影响，那么其权衡作用不复存在，加权算术平均数就等于简单算术平均数。可见，简单算术平均数实际上是加权算术平均数在权数相等时的一种特例。权数除用各组单位数表示外，也可用各组单位数占总体单位数中的比重来表示，因此加权算术平均数的计算公式还可表示为：

$$\overline{x}=\sum x\frac{f}{\sum f}$$

式中，$\frac{f}{\sum f}$为各组单位数占全部单位数的比重，也称频率。

加权算术平均数适用于分组资料计算平均数。

*例 4-11* 某车间有工人 120 人，将他们每人每日生产某种零件数编制成单项式数列，如表 4.8 所示。

**表 4.8 某车间工人日产零件分组**

| 工人按日产零件分组 x/（件/人） | 工人数比重 $\frac{f}{\sum f}$/% | 日产量 $x\frac{f}{\sum f}$/（件/人） |
|---|---|---|
| 20 | 8.33 | 1.67 |
| 22 | 10.00 | 2.2 |
| 24 | 20.84 | 5 |
| 25 | 25.00 | 6.25 |
| 26 | 15.00 | 3.9 |
| 28 | 12.50 | 3.5 |
| 30 | 8.33 | 2.50 |
| 合　计 | 100.00 | 25.02 |

工人平均日产量 $\overline{x}=\sum x\frac{f}{\sum f}=25$（件/人）

以比重为权数计算的结果与用绝对数权数计算的结果完全一致。

例 4-10、例 4-11 是对单项式数列计算平均数，如果所掌握的是组距数列资料，则其计算方法与上述方法基本相同。有一点不同的是，组距数列以各组组中值代表各组变量值的一般水平进行计算。

*例 4-12* 某管理局所属生产同一产品的企业按工人劳动生产率高低分组的资料如表 4.9 所示。计算平均劳动生产率。

**表 4.9 工人劳动生产率分组**

| 劳动生产率分组/（件/人） | 企业数/个 | 组中值 x/（件/人） | 各组工人数 f/人 | 各组产量 xf/件 |
|---|---|---|---|---|
| 50～60 | 6 | 55 | 1 200 | 66 000 |
| 60～70 | 8 | 65 | 2 000 | 130 000 |
| 70～80 | 4 | 75 | 800 | 60 000 |
| 80～90 | 2 | 85 | 400 | 34 000 |
| 90～100 | 2 | 95 | 250 | 23 750 |
| | 22 | — | 4 650 | 313 750 |

平均劳动生产率 $\overline{x}=\frac{\sum xf}{\sum f}=\frac{313\,750}{4\,650}=67$（件/人）

计算结果应取整数。

计算加权算术平均数会遇到权数的选择问题。一般说来，分配数列中的频数常常就是权数，但也有例外的情况。例如，例 4-12 中企业数虽是劳动生产率不同的各个组的频数，但不是合适的权数，因为企业数与劳动生产率的乘积没有意义。一般由相对数或平均数求平均数时，也常会遇到频数不适合作为权数的情况，因而对于权数的选择要慎重考虑。通常它应该同时满足两个条件：第一，必须是标志的直接承担者；第二，与标志值相乘具有一定的经济意义。

**3. 算术平均数的应用**

计算算术平均数时，每个数值都要用到。与大多数数据相比，如果存在一两个极端的大或极端的小的数值，算术平均数可能就不再是一个能够代表所有数据的恰当的平均数了。例如，某证券公司的几个股票经纪人的年收入分别为 62 900 美元、61 600 美元、62 500 美元、60 800 美元和 12 000 000 美元，其均值为 289 560 美元。显然，它对于这组数据不具有代表性，因为除一人外其他股票经纪人的收入都在 60 000 美元与 63 000 美元之间。一个人的收入（12 000 000 美元）不适当地影响了均值。

**思考：** 为什么一些比赛项目，如体操、跳水比赛，在根据评委打分计算平均分时，要去掉一个最高分和一个最低分？

## （二）调和平均数

调和平均数是根据各标志值的倒数计算的，是标志值倒数的算术平均数的倒数。在实际工作中，有时由于缺乏总体单位数的资料，而不能直接计算平均数，这时就可采用调和平均数计算。因此，在统计工作中调和平均数常常被作为算术平均数的变形来使用。调和平均数也有简单调和平均数和加权调和平均数两种形式。

**1. 简单调和平均数**

简单调和平均数适用于未分组资料。

**例 4-13** 某市场西瓜的价格分别是早市每千克 0.40 元，中午每千克 0.35 元，晚市每千克 0.25 元，如果早、中、晚各买 1 元钱的西瓜，则平均每千克的价格是多少？

平均每千克的价格=购买总金额÷购买总数量，尽管早、中、晚购买西瓜的金额相同，但因价格不同，购买的数量就不相同，因此要先计算早、中、晚购买西瓜的数量，再加总得出购买的总数量，最后计算平均价格。其计算过程为：

$$\frac{1+1+1}{\frac{1}{0.40}+\frac{1}{0.35}+\frac{1}{0.25}}=\frac{3}{9.36}=0.32\ (\text{元/千克})$$

将上述计算方法用公式表示，简单调和平均数的计算公式为：

$$\bar{x}=\frac{n}{\sum\frac{1}{x}}$$

式中，$n$ 为标志总量；$x$ 为各单位标志值。

**2. 加权调和平均数**

加权调和平均数适用于分组资料。

**例 4-14** 承例 4-13，如果早、中、晚所购金额不同（见表 4.10），则平均每千克的价格是多少？

**表 4.10 平均价格计算**

| 市 场 | 价格 $x$/（元/千克） | 采购金额 $m$/元 | 采购量 $\frac{m}{x}$/千克 |
|---|---|---|---|
| 早市 | 0.4 | 6.4 | 16 |
| 午市 | 0.6 | 12 | 20 |
| 晚市 | 0.5 | 6 | 12 |
| 合 计 | — | 24.4 | 48 |

平均每斤价格 $=\frac{24.4}{48}=0.51$（元/千克）

将上述计算方法用公式表示，则加权调和平均数的计算公式为：

$$m=\frac{\sum m}{\sum \frac{m}{x}}$$

式中，$\frac{m}{x}$ 为各组的单位数；$x$ 为变量值，$m$ 为各组的标志总量。

从以上例子我们可以看出，在计算平均价格时，无论是简单调和平均数还是加权调和平均数，其公式的分子指标都是采购金额，分母指标都是采购数量，即分子为标志总量，分母为单位总量。也就是说，调和平均数只是算术平均数的变形，在公式的实质含义、计算结果上均与算术平均数一致。如果掌握的资料是各组标志值的频数，则采用加权算术平均数计算；如果掌握的资料是各组的标志总量，则采用调和平均数计算。

### 3. 由相对数、平均数计算平均数

**例 4-15** 已知某商品在 3 个市场上的平均价格及销售量资料如表 4.11 所示，计算总平均价格。

**表 4.11 平均价格计算**

| 市 场 | 平均价格 $x$/（元/千克） | 销售量 $f$/千克 | 销售额 $m$/元 |
|---|---|---|---|
| 中部 | 0.9 | 15 000 | 13 500 |
| 东部 | 1.1 | 10 000 | 11 000 |
| 西部 | 0.9 | 12 500 | 11 250 |
| 合 计 | — | 37 500 | 35 750 |

如果已知销售量，则需要用加权算术平均数计算。

$$\bar{x}=\frac{\sum xf}{\sum f}=\frac{35\,750}{37\,500}=0.95\text{（元/千克）}$$

如果未知销售量，直接掌握销售额，则应用加权调和平均数计算。

$$\bar{x}=\frac{\sum m}{\sum \frac{m}{x}}=\frac{35\,750}{37\,500}=0.95\text{（元/千克）}$$

以上两例说明，由相对数或平均数求平均指标时，如果掌握的权数是相对数或平均数的分母数值，则采用加权算术平均数计算；如果掌握的权数是相对数或平均数的分子数值，则采用加权调和平均数计算。

### （三）几何平均数

在计算百分比、比率、指数或增长率的平均变动时，应用几何平均数来计算它们的平均比率和平均速度，反映现象的一般水平。其计算公式为：

$$\bar{x}=\sqrt[n]{x_1\times x_2\times x_3\times\cdots\times x_n}$$

**例 4-16** 某产品经过 3 道工序加工，第一道工序的合格率为 95%，第二道工序的合格率为 90%，第三道工序的合格率为 98%，则 3 道工序的平均合格率为多少？

$$\bar{x}=\sqrt[3]{95\%\times 90\%\times 98\%}=94.28\%$$

**思考：**某投资者 2014—2019 年的投资收益率分别为 5.8%、8.6%、7.5%、5.6%、6.3%、4.8%，则该投资者 6 年的平均收益率为 $\bar{x}=\sqrt[6]{5.8\%\times 8.6\%\times 7.5\%\times 5.6\%\times 6.3\%\times 4.8\%}$。这样计算是否正确？为什么？

### （四）众数

#### 1．众数的意义

众数是总体中出现频数最多的标志值，即最经常、最普遍出现的标志值。

在总体单位数很多，且有明显的集中趋势的情况下，可以采用众数来代表现象的一般水平。因为众数在总体中出现的频数最多，所以在总体中占有重要地位。例如，某种商品在集市交易中绝大部分以每千克 0.75 元价格成交，则 0.75 即可用来代表这种商品价格的一般水平。又如，在生产的男式衬衫中有多种尺码，其中 42 厘米是销售量最多的尺码，则 42 就是众数，可代表男式衬衫尺码的一般水平，要大量生产。

#### 2．众数的确定

（1）由单项式数列确定众数

由单项式数列确定众数比较容易，通过观察找出出现频数最多的标志值即为众数。

例如，由表 4.12 可以看出，日产零件 25 件/人的工人数为 30 人，在工人中人数最多，因此众数为 25。

**表 4.12　众数计算**

| 工人按日产零件分组/（件/人） | 工人数/人 |
|---|---|
| 20 | 10 |
| 22 | 12 |
| 24 | 25 |
| 25 | 30 |
| 26 | 18 |
| 28 | 15 |
| 30 | 10 |
| 合　计 | 120 |

（2）由组距数列确定众数

首先应确定众数所在的组，然后应用插值法来推算众数的近似值。

计算众数有下限公式和上限公式两种，其计算结果相同，可根据情况任选一个。

下限公式为：

$$M_o = L + \frac{\Delta_1}{\Delta_1 + \Delta_2} \times i$$

上限公式为：

$$M_o = U - \frac{\Delta_2}{\Delta_1 + \Delta_2} \times i$$

式中，$M_o$ 为众数；$\Delta_1$ 为众数组次数与下一组次数之差；$\Delta_2$ 为众数组次数与上一组次数之差；$i$ 为众数组组距；$L$ 为众数组的下限；$U$ 为众数组的上限。

下面举例来说明组距数列众数的计算方法。

**例 4-17** 某企业 60 名工人 5 月份包装某产品的数量如表 4.13 所示，确定众数。

**表 4.13 众数计算**

| 工人按日包装量分组/（件/人） | 工人数/人 |
|---|---|
| 400 以下 | 3 |
| 400～500 | 5 |
| 500～600 | 12 |
| 600～700 | 20 |
| 700～800 | 15 |
| 800 以上 | 5 |
| 合 计 | 60 |

从表 4.13 可见，第 4 组的工人日包装量是最多的，因此众数应在 600～700 这组。

计算众数的近似值：

$$M_o = L + \frac{\Delta_1}{\Delta_1 + \Delta_2} \times i = 600 + \frac{20-12}{(20-12)+(20-15)} \times 100 = 661\text{（件）}$$

$$M_o = U - \frac{\Delta_2}{\Delta_1 + \Delta_2} \times i = 700 - \frac{20-15}{(20-12)+(20-15)} \times 100 = 661\text{（件）}$$

计算结果应取整数。

## （五）中位数

### 1. 中位数的意义

将总体中各单位的标志值按大小顺序排列，位于中间位置的标志值就是中位数。也就是说，中位数将全部标志值分成两部分：一半单位的标志值小于中位数；另一半单位的标志值大于中位数。中位数以处于中心位置的标志值代表现象的一般水平，所以它不受极端值的影响。

在总体中如果大部分单位的标志值比较集中，只有个别单位的标志值分布在两端，则这时采用中位数更能反映现象的一般水平。在产品质量检验中或分析季节变动时，要用到中位数。

### 2. 中位数的确定

中位数的确定要根据所掌握的资料不同而采不同的计算方法。

（1）由未分组资料确定中位数

将各标志值按大小顺序排列后，首先用公式（$n$+1）/2 确定中位数在数列中的位置，然后根据中点位置的标志值确定中位数。如果 $n$ 为奇数，则中位数就是位于中间位置的那个标志值；如果 $n$ 为偶数，则中位数就是位于中间位置的两个标志值的算术平均数。

**例 4–18** 有甲、乙两组人发放调查表，1 小时发放数量如下：

甲组 7 个人 1 小时发放数量分别为：5、6、7、8、8、10、12。

乙组 8 个人 1 小时发放数量分别为：5、5、6、8、8、9、9、10。

甲组中位数位置是：(7+1)÷2=4，则中位数是第 4 个人的 1 小时发放数量 8；

乙组中位数位置是：(8+1)÷2=4.5，则中位数为第 4、5 两个人的 1 小时发放数量的平均值，即(8+8)÷2=8。

（2）由分组资料确定中位数

分组资料有单项式数列和组距数列，对于单项式数列确定中位数方法比较简单，先计算各组的累积频数$\sum f$，然后根据$\sum f/2$确定中位数所在的组，则该组的标志值即为中位数。

**例 4–19** 某班组工人按日产量分组资料如表 4.14 所示，确定中位数。

表 4.14　中位数计算

| 工人按日产零件分组/（件/人） | 工人数/人 | 向上累计频数/人 | 向下累计频数/人 |
|---|---|---|---|
| 20 | 10 | 10 | 120 |
| 22 | 12 | 22 | 110 |
| 24 | 25 | 47 | 98 |
| 25 | 30 | 77 | 73 |
| 26 | 18 | 95 | 43 |
| 28 | 15 | 110 | 25 |
| 30 | 10 | 120 | 10 |
| 合　计 | 120 | — | — |

由表 4.14，中位数位置为$\frac{\sum f}{2}=60$，60包含在日产零件 25 的累计频数里，所以中位数为 25。

组距数列确定中位数一般分为 3 步。

步骤 1　计算累积频数$\sum f$。

步骤 2　根据$\frac{\sum f}{2}$确定中位数所在的组。

步骤 3　用插值法计算中位数。

组距数列确定中位数可用下限公式和上限公式两种计算方法。

下限公式为：

$$M_e = L + \frac{\frac{\sum f}{2} - S_{m-1}}{f_m} \times i$$

上限公式为：

$$M_e = U - \frac{\frac{\sum f}{2} - S_{m+1}}{f_m} \times i$$

式中，$M_e$ 为中位数；$L$ 为中位数所在组的下限；$f_m$ 为中位数所在组的频数；$\sum f$ 为代表总频数；$S_{m-1}$ 为中位数所在组以下的累积频数；$i$ 为中位数所在组的组距；$U$ 为中位数所在组的上限；$S_{m+1}$ 为中位数所在组以上的累计频数。

下面举例说明组距数列中位数的计算方法。

**例 4-20** 某企业 60 名工人 5 月份包装某产品的数量如表 4.15 所示，确定中位数。

**表 4.15 中位数计算**

| 按日包装量分组/（件/人） | 工人数 f/人 | 累计频数 S/人 | |
|---|---|---|---|
| | | 较小制 | 较大制 |
| 400 以下 | 3 | 3 | 60 |
| 400～500 | 5 | 8 | 57 |
| 500～600 | 12 | 20 | 52 |
| 600～700 | 20 | 40 | 40 |
| 700～800 | 15 | 55 | 20 |
| 800 以上 | 5 | 60 | 5 |
| 合 计 | 60 | — | — |

中位数位置$=\frac{\sum f}{2}=\frac{60}{2}=30$，中位数位于 600～700组，我们在该组内确定中位数的具体数值。

由组距数列求中位数，假定频数在组内分配是均匀的，这样就可按比例推算出中位数的近似值。

具体计算可采用下限公式或上限公式：

下限公式：$M_e = L + \frac{\frac{\sum f}{2} - S_{m-1}}{f_m} \times i = 600 + \frac{30-20}{20} \times 100 = 650$（件/人）

上限公式：$M_e = U - \frac{\frac{\sum f}{2} - S_{m+1}}{f_m} \times i = 700 - \frac{30-20}{20} \times 100 = 650$（件/人）

计算结果应取整数。

思考：算术平均数、众数和中位数之间有什么关系？

## 三、应用平均指标应注意的几个原则

平均指标在统计分析中应用得非常广泛，要使各种平均数充分发挥作用，应用时必须注意下列几个原则。

### （一）平均数只能在同质总体中进行计算

所谓同质，就是总体的各个单位在某一标志上性质是相同的。这是计算平均数的必要前提条件和基本原则。只有在同质总体中，总体各单位才具有共同的特征，从而才能通过计算它们的平均数来反映其一般水平。如果总体各单位是不同质的，那么计算出来的平均数非但不能说明事物的性质及其规律性，反而会掩盖现象之间的本质差别，甚至歪曲事实真相。

### （二）用组平均数补充总平均数

按同质总体所计算的总平均数是一个笼统平均数，在许多情况下还不能充分反映所研究现象的特征及其规律性。也就是说，在同质总体中，各单位之间还存在其他一些性质上的重要差别，而它们对总平均数往往有着重要影响，因而应当用有关标志对总体进行分组，计算组平均数以对总平均数做补充说明，来揭示现象内部结构组成的影响。

例如，由表 4.16 可知，甲公司月平均工资高于乙公司，但无论技术工人还是非技术工人的月平均工资甲公司都低于乙公司。那么，为什么会出现这种情况呢？原因在于甲公司平均工资高的技术工人所占比重为 70%，平均工资低的非技术工人所占比重为 30%，而乙公司平均工资高的技术工人所占比重为 30%，平均工资低的非技术工人所占比重为 70%，由于平均工资高低不同的工人所占比重的差异，造成组平均工资高，反而总平均工资低。因此，在统计分析时，应注意用组平均数补充总平均数。

**表 4.16　总平均数计算**

| 分　类 | 甲公司 | | | 乙公司 | | |
|---|---|---|---|---|---|---|
| | 平均工资/（元/人） | 人数/人 | 工资总额/元 | 平均工资/（元/人） | 人数/人 | 工资总额/元 |
| 技术工人 | 7 200 | 700 | 5 040 000 | 7 650 | 300 | 2 295 000 |
| 非技术工人 | 4 500 | 300 | 1 350 000 | 5 040 | 700 | 3 528 000 |
| 合　计 | 6 390 | 1 000 | 6 390 000 | 5 820 | 1 000 | 5 823 000 |

### （三）用分配数列来补充说明平均数

平均数只是用一个数值来说明现象的一般水平，掩盖了总体各单位某一标志值之间的差异及其分布情况。为了更深入地说明问题，需要对总体进行分组，用分配数列补充说明平均数，如表 4.17 所示。

150 名员工平均租金 $\bar{x}=\dfrac{\sum xf}{\sum f}=\dfrac{111\,500}{150}=743.3$（元）

150 名员工的平均租金为 743.3 元，但它掩盖了工人之间租金的差异。把平均租金与分配数列结合起来分析，不仅能看出租金一般水平，而且能看出租金之间的差异。

表 4.17 租金分布与计算

| 租金/（元/人） | 人数/人 | 总租金/元 |
|---|---|---|
| 500 | 10 | 5 000 |
| 600 | 20 | 12 000 |
| 700 | 40 | 28 000 |
| 800 | 60 | 48 000 |
| 900 | 15 | 13 500 |
| 1 000 | 5 | 5 000 |
| 合 计 | 150 | 111 500 |

# 第四节 标志变异指标

**案例**

像平均值和中位数这样关于位置的度量只能描述一组数据的中心位置。虽然一定意义上这些指标很有价值，但它不能告诉我们任何有关数据分散的信息。例如，如果直觉告诉你前方河流的平均深度为 1 米，在没有其他信息的情况下你会徒步涉水蹚过这条河流吗？或许不会，你可能想知道有关河水深度的变化情况。河流的最深处是 1.2 米，最浅处是 0.8 米吗？如果是这样，你大概会同意蹚过这条河。但如果你发现河水的深度在 0.16～1.83 米，又会怎样呢？你大概就不会蹚过这条河。在决定是否要蹚过这条河之前，你不仅需要知道河水的平均深度，还需要知道其深度的离散情况。如果度量离散程度的值较小，就意味着数据紧密地围绕在算术平均数的周围，因而可以认为均值对这组数据很有代表性；相反，如果度量离散程度的值较大，就意味着均值并不可靠。

## 一、标志变异指标的意义

第三节所讲的平均指标反映了总体各单位标志值的集中趋势。然而，总体各单位标志值的差异是客观存在的，因此为了更全面地研究总体的数量特征，还需要另一种指标反映总体各单位标志值的差异程度，也就是现象的离中趋势。这类指标在统计中称为标志变异指标或标志变动度。

标志变异指标在统计分析中的具体作用如下。

**1．反映总体各单位标志值分布的离中趋势，说明平均指标的代表性大小**

平均指标作为总体各单位标志值集中趋势的代表值，其代表性的大小与总体各单位标志值的差异程度，即离中趋势有直接关系。总体的变异指标值越大，平均数代表性越小；反之，变异指标值越小，平均数代表性越大。

**例 4-21** 3 个咖啡店连续 10 天日销售卡布奇诺咖啡数量（杯）如下。

甲店：125 125 125 125 125 125 125 125 125 125

乙店：120 122 123 125 125 126 126 126 128 129

丙店：111 115 118 122 130 129 131 125 134 135

以上 3个咖啡店的平均日销售卡布奇诺咖啡都是 125杯，但甲店日销售卡布奇诺咖啡数量没有差异，乙店日销售卡布奇诺咖啡数量差异小，丙店日销售卡布其诺咖啡数量差异大。也就是说，3个店日销售卡布奇诺咖啡数量偏离125杯的程度由小到大依次为甲、乙、丙。因此，平均日销售卡布其诺125杯的代表性由大到小依次为甲、乙、丙。

**2. 说明现象变动的均匀性和稳定性程度**

在统计分析中，人们常用标志变异指标来分析生产、供应、销售计划的执行是否均匀，产品的质量是否稳定。

*例 4-22* 两个企业某月份利润计划完成情况如表4.18所示。

**表4.18 两个企业利润计划完成情况**

| 企业 | 计划任务/万元 | 实际完成情况 | | | | | | | |
|---|---|---|---|---|---|---|---|---|---|
| | | 上旬 | | 中旬 | | 下旬 | | 全月 | |
| | | 绝对数/万元 | 占全月比重/% | 绝对数/万元 | 占全月比重/% | 绝对数/万元 | 占全月比重/% | 绝对数/万元 | 完成计划/% |
| 万和 | 360 | 114 | 31.7 | 120 | 33.3 | 126 | 35.0 | 360 | 100 |
| 泰兴 | 480 | 80 | 11.7 | 160 | 33.3 | 240 | 50.0 | 480 | 100 |

从表4.18看，甲、乙两个企业均完成了全月利润计划，但从各旬完成情况看，万和各旬计划完成程度都在30%左右，差异小，完成过程比较均衡；泰兴上旬仅完成月计划16.67%，而下旬突击完成月计划的50%，完成过程前松后紧，很不均衡。

**3. 标志变异指标在抽样调查中的作用**

标志变异指标的大小，与抽样方式的选择和必要抽样数目的确定有密切关系，将在第五章抽样推断中做详细叙述。

## 二、标志变异指标的种类及计算

标志变异指标主要有全距、平均差、标准差和变异系数等。这些指标的计算方法不同，含义各异，因此应用的场合也不同。以下对这些指标的定义、计算方法和特点进行分述。

### （一）全距

全距是一种最简单的测定变异程度的指标，是最大标志值与最小标志值之差，说明标志值变动范围的大小。其计算公式为：

全距=最大标志值−最小标志值

全距的优点是计算方法简单，但是它只说明总体中两个极端标志值的变动范围，并不能全面反映各单位标志值的变异程度。这是全距的局限性，全距在误差检测与控制中有重要应用。

### （二）平均差

平均差是总体各单位标志值与其算术平均数之间离差的绝对值的算术平均数，反映的是各标志值与其平均数的平均差异程度。平均差越大，表明标志变异程度越大，平均数代表性越差；反之亦然。

根据所掌握的资料不同，平均差的计算可以分为简单式与加权式两种形式。

**1. 简单式**

其计算公式为：

$$\mathrm{AD}=\frac{|x-\bar{x}|}{n}$$

简单式适用于非分组资料计算平均差。

**2. 加权式**

其计算公式为：

$$\mathrm{AD}=\frac{|x-\bar{x}|f}{\sum f}$$

加权式适用于分组资料计算平均差。

尽管平均差是根据全部标志值计算的，能够反映各单位标志值的离散程度，但由于采用绝对值计算，不符合代数方法的演算，所以在统计分析中应用较少。

### （三）标准差

标准差又称均方差，是总体中各单位标志值与算术平均数的离差平方的算术平均数的平方根。标准差的实质与平均差基本相同，只是在数学处理方法上与平均差不同。平均差是采用绝对值的方法消除离差的正负号，然后计算离差绝对值的算术平均数；标准差是用平方的方法来消除离差的正负号，然后计算离差平方的算术平均数，再开方求出标准差。标准差是测定标志值离散程度的最主要的指标。标准差越大，表明标志变异程度越大，平均数代表性越差；反之亦然。

根据所掌握的资料不同，标准差的计算可以分为简单式与加权式两种形式。

**1. 简单式**

其计算公式为：

$$\sigma=\sqrt{\frac{\sum(x-\bar{x})^2}{n}}$$

它适用于未分组资料计算标准差。

**2. 加权式**

其计算公式为：

$$\sigma=\sqrt{\frac{\sum(x-\bar{x})^2 f}{\sum f}}$$

它适用于分组资料计算标准差。

***例 4-23*** 某班学生考试成绩分组资料如表 4.19 所示，计算标准差。

**表 4.19 标准差计算**

| 按成绩分组/分 | 人数 $f$/人 | 组中值 $x$/分 | $f$ | $xf$ | $(x-\bar{x})^2$ | $(x-\bar{x})^2 f$ |
|---|---|---|---|---|---|---|
| 60 以下 | 3 | 55 | 3 | 165 | 484 | 1 452 |
| 60～70 | 6 | 65 | 6 | 390 | 144 | 864 |
| 70～80 | 15 | 75 | 15 | 1 125 | 4 | 60 |
| 80～90 | 12 | 85 | 12 | 1 020 | 64 | 768 |
| 90 以上 | 4 | 95 | 4 | 380 | 324 | 1 296 |
| 合　计 | — | — | 40 | 3 080 | — | 4 440 |

$$\bar{x}=\frac{\sum xf}{\sum f}=\frac{3\,080}{40}=77\text{（分）}$$

$$\sigma=\sqrt{\frac{\sum(x-\bar{x})^2 f}{\sum f}}=\sqrt{\frac{4\,440}{40}}=10.54\text{（分）}$$

**3. 是非标志标准差的计算**

社会经济现象中可以用“是”“非”或“有”“无”表示的标志称为是非标志。例如，可将全部产品划分为合格品与不合格品、将人口划分为男与女等。是非标志有两种表现形式，通常用 1 表示具有某种标志的标志值，用 0 表示不具有某种标志的标志值，因此是非标志也称为 0、1 标志，把是非品质标志转化为 0、1 标志后，就可以计算其平均数和标准差。

设全部总体单位数为 $n$，具有某种标志的单位数为 $n_1$，不具有某种标志的单位数为 $n_0$，则 $n=n_1+n_0$；又设具有某种标志单位数占全部单位数的比重（成数）为 $p$，不具有某种标志的单位数占全部单位数的比重（成数）为 $q$，则：

$$p=\frac{n_1}{n},\quad q=\frac{n_0}{n},\quad p+q=1$$

是非标志的平均数为：

$$\bar{x}=\frac{\sum xf}{\sum f}=\frac{1\times n_1+0\times(1-n_1)}{n}=\frac{n_1}{n}=p$$

是非标志的标准差为：

$$\sqrt{\frac{\sum(x-\bar{x})^2 f}{\sum f}}=\sqrt{\frac{(1-p)^2 n_1+(0-p)^2 n_0}{n_1+n_0}}=\sqrt{q^2 p+p^2 q}$$
$$=\sqrt{pq(p+q)}=\sqrt{pq}=\sqrt{p(1-p)}$$

**（四）变异系数**

变异指标中的平均差或标准差都是绝对指标，其数值的大小不仅受各单位标志值差异程度的影响，而且还受数列平均水平高低的影响。因此，对比分析不同水平的变量数列之间标志值的变异程度，还不宜直接用各数列的平均差或标准差进行比较，必须消除各数列平均水平高低的影响，才能直接反映出不同水平数列的离散程度。消除方法是将平均差或标准差与算术平均数进行对比，这时就要计算变异系数。变异系数是以相对数形式表示的变异指标，是通过变异指标中的平均差或标准差与平均数对比得到的。它常用的是标准差系数，以 $v_\sigma$ 表示。其计算公式为：

$$v_\sigma=\frac{\sigma}{\bar{x}}\times100\%$$

标准差系数反映的是单位平均水平下标志值的离散程度，它为水平高低不同的两个数列提供了对比的基础。

*例 4-24* 在不同城市的两所高校学生的平均生活费用、标准差如表 4.20 所示：比较哪所高校学生的平均生活费用代表性高。

表 4.20 标准差系数计算

| 高 校 | 平均生活费用 $\bar{x}$ /（元/人） | 标准差 $\sigma$ | 标准差系数 $v_{\sigma}=\frac{\sigma}{\bar{x}}$ /% |
|---|---|---|---|
| 甲 | 1 320.6 | 264.8 | 20.05 |
| 乙 | 1 140.3 | 239.2 | 20.98 |

由于甲、乙两所高校学生的平均生活费用不同，因此仅用标准差无法确定哪所高校学生的平均生活费用更具有代表性，只能通过标准差系数确定。由计算结果可知，甲高校学生的平均生活费用的标准差系数小于乙高校，因此甲高校平均生活费用的代表性高于乙高校。

**思考：** 在北京随机抽取 10 个年轻人，请其品尝一种新推出的寿司，在 1～50 之间进行评分，1 表示不喜欢程度最低，50 表示喜欢程度最高。评定结果为：34 39 40 46 33 31 34 14 15 45。

在杭州也随机抽取 10 个年轻人，请其品尝同样的寿司，评定结果为：28 25 35 16 25 29 24 26 17 20。

假如你是一名市场研究人员，请对这两个市场喜欢寿司的程度进行比较。

# 第五节 利用 Excel 计算平均数、标准差

下面是某城市 50 家居民 2020 年 10 月的电费支出（单位：元）。

108 119 183 151 114 135 191 137 129 158 95 163 150 130 143
187 166 139 149 154 141 149 206 175 123 128 144 168 109 167
96 171 202 178 147 102 153 197 127 82 157 185 90 116 172
111 148 213 130 165

要求计算平均电费及电费的标准差。

步骤 1 输入“电费”及数据，再输入“最大值”“最小值”“平均数”“标准差”，如图 4.1 所示。

视频演示

步骤 2 计算平均数。如图 4.2 所示，选择“插入”|“函数”命令。打开“插入函数”对话框，选择“统计”类别，选择 AVERAGE 函数（计算最大值选择 MAX 函数、最小值选择 MIN 函数、标准差选择 STDEVP 函数），然后单击“确定”按钮，如图 4.3 所示。

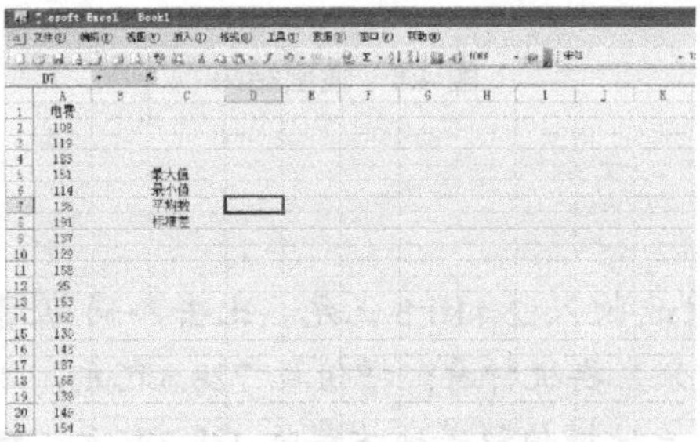

图 4.1 输入电费数据

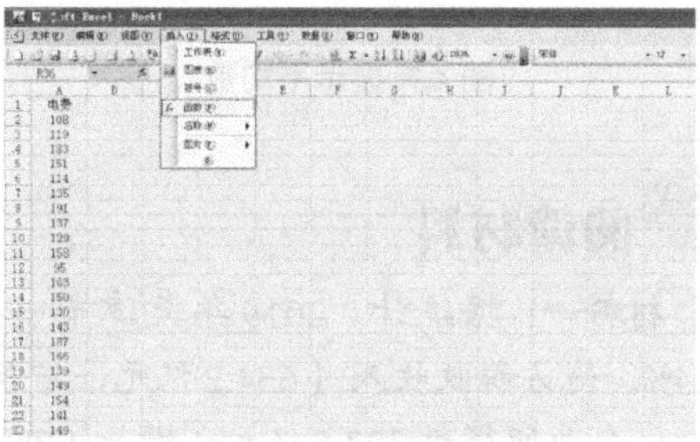

图 4.2 选择函数

步骤 3　打开“函数参数”对话框，如图 4.4 所示。选择数据区域 A2:A51，如图 4.5 所示。按回车键，在“函数参数”对话框中单击“确定”按钮，如图 4.6 所示。显示平均数 147.06，如图 4.7 所示。

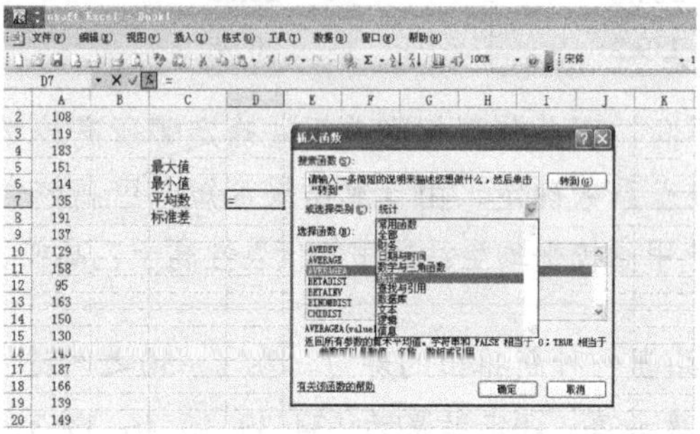

**图 4.3　选择 AVERAGE 函数**

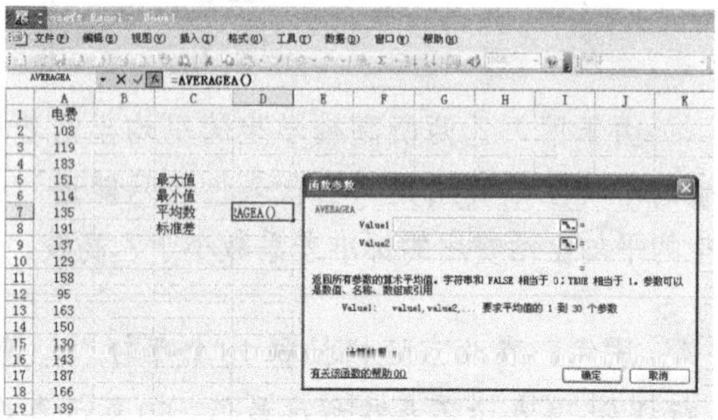

**图 4.4　AVERAGE 函数参数对话框**

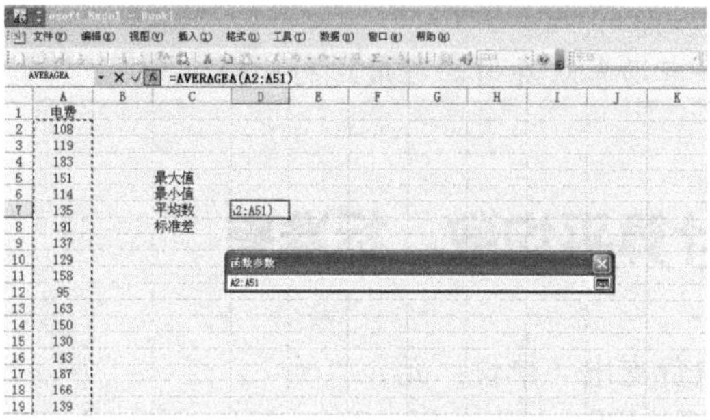

**图 4.5　选择数据**

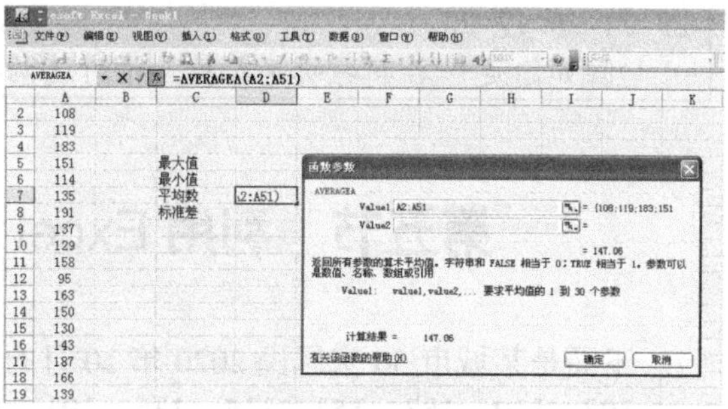

**图 4.6　确定数据**

重复上述步骤，可依次计算出最大值、最小值、标准差，如图 4.8 所示。

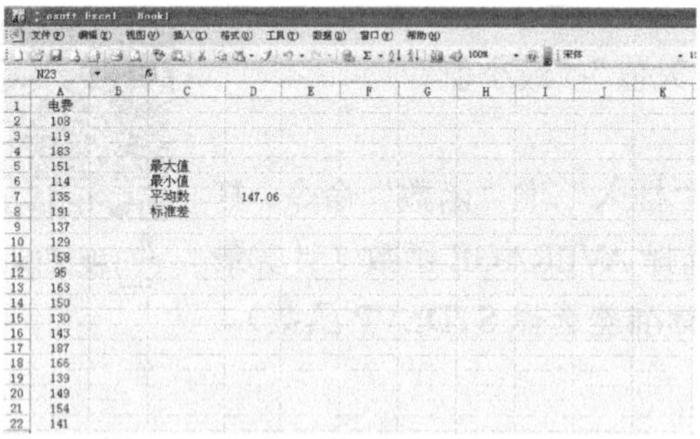

**图 4.7 显示平均数**

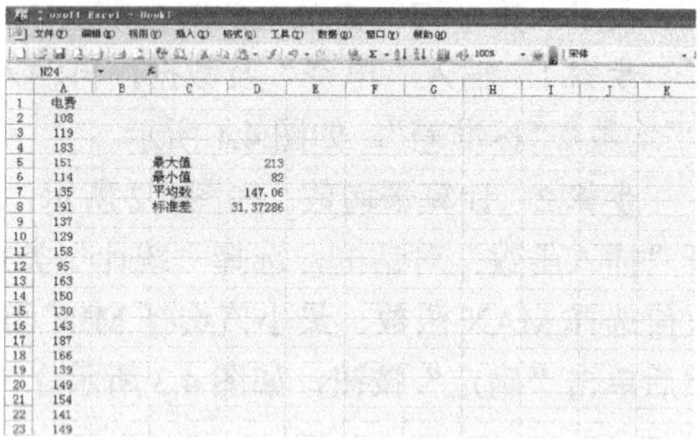

**图 4.8　输出结果**

## 阅读材料

材料一：据统计，2019 年天津市一般公共财政收入 2 410.3 亿元，比去年同期增长 14.4%。地方税收收入 1 634.2 亿元，增长 0.6%。分主要税种看：增值税 728.3 亿元，增长 4.3%；企业所得税 323.8 亿元，增长 1.3%；契税、土地增值税等地方税收 485.7 亿元，增长

1.8%；个人所得税受实施专项扣除等政策影响，收入 96.5 亿元，下降 25.7%。非税收入 776.1 亿元，增长 61.2%，非税收入增幅较大，主要是天津市盘活变现政府资产，全面推进国有企业混改，转让部分国有企业政府持有股权，国有资本经营收入和国有资源（资产）有偿使用收入大幅增长。

全市一般公共财政支出 3 508.7 亿元，增长 13.1%。分主要科目看：公共安全支出 213.3 亿元，下降 9.8%；教育支出 467 亿元，增长 4.2%；社会保障和就业支出 550.6 亿元，增长 8.9%；城乡社区支出 751.2 亿元，增长 33.8%。

**材料二：**截至 2019 年 11 月末，天津市金融机构（含外资）本外币各项存款余额 31 196.25 亿元，同比增长 2.21%；各项贷款余额 36 238.88 亿元，同比增长 6.75%。

要求：材料中包含了哪些类型的指标？通过这些指标对材料进行解读。

## 本章小结

- 总量指标
  - 按反映的总体内容不同
    - 总体单位总量
    - 总体标志总量
  - 按反映的时间状况不同
    - 时期指标
    - 时点指标
- 相对指标
  - 计划完成程度相对指标 $=\dfrac{\text{实际完成数值}}{\text{计划任务数值}}\times 100\%$
  - 结构相对指标 $=\dfrac{\text{总体部分数值}}{\text{总体全部数值}}$
  - 比例相对指标 $=\dfrac{\text{总体中某一部分数值}}{\text{总体中另一部分数值}}$
  - 比较相对指标 $=\dfrac{\text{甲单位（地区）某一指标数值}}{\text{乙单位（地区）同一指标数值}}$
  - 强度相对指标 $=\dfrac{\text{某一现象的指标数值}}{\text{另一有联系现象的指标数值}}$
  - 动态相对指标 $=\dfrac{\text{报告期指标数值}}{\text{基期同一指标数值}}$
- 平均指标
  - 算术平均数 $\bar{x}=\dfrac{\sum x}{n}$ 或 $\bar{x}=\dfrac{\sum xf}{\sum f}=\sum x\dfrac{f}{\sum f}$
  - 调和平均数 $m=\dfrac{\sum m}{\sum \dfrac{m}{x}}$ 等
  - 几何平均数 $\bar{x}=\sqrt[n]{x_1\times x_2\times x_3\times\cdots\times x_n}$
  - 众数 $M_o=L+\dfrac{\Delta_1}{\Delta_1+\Delta_2}\times i$ 或 $M_o=U-\dfrac{\Delta_2}{\Delta_1+\Delta_2}\times i$
  - 中位数 $M_e=L+\dfrac{\sum\dfrac{f}{2}-S_{m-1}}{f_m}\times i$ 或 $M_e=U-\dfrac{\sum\dfrac{f}{2}-S_{m+1}}{f_m}\times i$
- 标志变异指标
  - 全距 $d=x_{\max}-x_{\min}$
  - 平均差 $AD=\dfrac{|x-\bar{x}|}{n}$ 或 $AD=\dfrac{|x-\bar{x}|f}{\sum f}$
  - 标准差 $\sigma=\sqrt{\dfrac{\sum(x-\bar{x})^2}{n}}$ 或 $\sigma=\sqrt{\dfrac{\sum(x-\bar{x})^2 f}{\sum f}}$
  - 标准差系数 $v_\sigma=\dfrac{\sigma}{\bar{x}}\times 100\%$

## 本章疑难问题解答

### 一、结构相对指标与比例相对指标、比较相对指标的区别

结构相对指标是以总体总量为比较标准，计算各组总量占总体总量的比重，来反映总体内部组成情况的综合指标，如各工种的工人占全部工人的比重；比例相对指标是总体不同部分数量对比的相对数，用来分析总体范围内各个局部之间的比例关系和协调平衡状况，如轻重工业比例；比较相对指标是不同单位的同类指标对比而确定的相对数，用来说明同类现象在同一时期内各单位发展的不平衡程度，如甲地职工平均收入是乙地职工平均收入的 1.3 倍。比例相对指标和比较相对指标的区别是：

① 子项与母项的内容不同。比例相对指标是同一总体内不同组成部分的指标数值的对比；比较相对指标是同一时间同类指标在空间上的对比。

② 说明问题不同。比例相对指标说明总体内部的比例关系；比较相对指标说明现象发展的不均衡程度。

### 二、强度相对指标与其他相对指标的区别

① 其他各种相对指标都属于同一总体内的数量进行对比，而强度相对指标是两个性质不同但又有联系的属于不同总体的总量指标之间的对比。

② 计算结果表现形式不同。其他相对指标用无名数表示，而强度相对指标主要用有名数表示。

③ 当计算强度相对指标的分子、分母的位置互换后会产生正指标和逆指标，而其他相对指标不存在正、逆指标之分。

### 三、强度相对指标与平均指标的区别

① 指标的含义不同。强度相对指标说明的是某一现象在另一现象中发展的强度、密度或普遍程度，而平均指标说明的是现象发展的一般水平。

② 计算方法不同。强度相对指标是两个有联系属于不同总体的总量指标之间的对比，而平均指标是在一个同质总体内标志总量和单位总量之间的对比。

## 练习题

### 一、填空题

1. 反映社会经济总体现象的总规模和总水平的指标是（　　）。
2. 总体单位的（　　）的总和称为总体标志总量。
3. 指标按其反映对象所处的不同时间状况可分为（　　）指标和（　　）指标。
4. 计算和运用相对指标时必须注意分子分母的（　　）。
5. 总体部分数值与总体全部数值对比的结果叫作（　　）相对数。
6. 强度相对数的分子、分母有时可以互换，这就产生了有些强度相对数有（　　）指标和（　　）指标两种形式。
7. 平均数表明同一总体各单位（　　）的一般水平。
8. 中位数是将总体中各单位某一数量标志值按其（　　）排列后，位于（　　）的那个标志值。
9. 众数是在总体中（　　）的那个标志值。
10. 直接利用标准差来比较两个数列平均水平代表性的前提条件是两个数列的（　　）相等。
11. 加权平均数不但受分配数列中（　　）的影响，而且受（　　）的影响。

**二、单项选择题**

1. 总量指标数值大小（　　）。
   A. 随总体范围扩大而增大　　B. 随总体范围扩大而减小
   C. 随总体范围缩小而增大　　D. 与总体范围大小无关
2. 直接反映总体规模大小的指标是（　　）。
   A. 平均指标　　B. 相对指标　　C. 总量指标　　D. 变异指标
3. 总量指标按其反映的时间状况不同可分为（　　）。
   A. 数量指标和质量指标　　B. 实物指标和价值指标
   C. 总体单位总量和总体标志总量　　D. 时期指标和时点指标
4. 不同时点的指标数值（　　）。
   A. 可以相加　　B. 不能相加　　C. 可加或可减　　D. 以上都不对
5. 下面统计指标中，属于总量指标的是（　　）。
   A. 产品废品率　　B. 劳动生产率　　C. 工人人数　　D. 平均工资
6. 数列 9、6、8、4、14、12、5 的中位数是（　　）。
   A. 6　　B. 5　　C. 8　　D. 4
7. 某企业年产值（单位：万元）分别为 101、102、103、104、106、102、105、102、110、105、102。据此计算的结果是（　　）。
   A. 算术平均数=中位数=众数　　B. 算术平均数>中位数>众数
   C. 算术平均数<中位数<众数　　D. 中位数>算术平均数>众数
8. 某企业计划规定某产品单位成本降低 3%，实际降低了 5%，则单位成本降低计划完成程度为（　　）。
   A. 101.9%　　B. 167%　　C. 60%　　D. 97.9%
9. 下列相对指标中，属于不同时期对比的指标有（　　）。
   A. 结构相对指标　　B. 动态相对指标　　C. 比较相对指标　　D. 强度相对指标
10. 计算结构相对指标时，总体各部分数值与总体数值对比求得的比重之和（　　）。
    A. 小于 100%　　B. 大于 100%　　C. 等于 100%　　D. 小于或大于 100%
11. 某企业计划规定年利润增长 4%，实际降低了 3%，则利润增长计划完成程度为（　　）。
    A. 105.1%　　B. 95.2%　　C. 97%　　D. 93.3%
12. 加权算术平均数的大小（　　）。
    A. 主要受各组标志值的大小影响，而与各组频数多少无关
    B. 主要受各组频数的多少影响，而与各组标志值的大小无关
    C. 既受各组标志值大小的影响，也受各组频数多少的影响
    D. 既与各组标志值的大小无关，也与各组频数多少无关
13. 分配数列中，当标志值较小，而权数较大时，计算出来的算术平均数（　　）。
    A. 接近于标志值大的一方　　B. 接近于标志值小的一方
    C. 接近于大小合适的标志值　　D. 不受权数影响
14. 2019 年某地区下岗职工已安置了 13.7 万人，安置率达 80.6%。此处安置率是（　　）。
    A. 总量指标　　B. 变异指标　　C. 平均指标　　D. 相对指标
15. 下面各项中属于平均指标的是（　　）。
    A. 某县粮食作物所占耕地平均每亩粮食产量　　B. 某县平均每人占有粮食产量
    C. 某县平均每个医院服务患者的人数　　D. 某县平均每户拥有电视机数
16. 要比较平均水平不同的两个总体平均数的代表性高低，需要用（　　）。

## 三、多项选择题

1. 时期指标的特点有（　　　）。

A. 可以连续计数　B. 只能间断计数　C. 数值的大小与时期长短有关
D. 数值可以直接相加　E. 数值不能直接相加

2. 总量指标的计量单位有（　　　）。

A. 实物单位　B. 劳动时间单位　C. 价值单位
D. 百分数和千分数　E. 无名数

3. 在相对指标中，分子和分母可以互相对换的有（　　　）。

A. 比较相对指标　B. 动态相对指标　C. 结构相对指标
D. 强度相对指标　E. 计划完成情况相对指标

4. 加权算术平均数的大小（　　　）。

A. 受各组频率和频数的影响　B. 受各组标志值大小的影响
C. 受各组标志值和权数的影响　D. 只受各组标志值大小的影响
E. 只受权数大小的影响

5. 位置平均数是指（　　　）。

A. 算术平均数　B. 调和平均数　C. 几何平均数
D. 众数　E. 中位数

6. 下列指标中属于强度相对指标的有（　　　）。

A. 按人口计算平均每人占有国民收入　B. 人口密度
C. 按人口计算平均每人占有粮食产量　D. 职工出勤率
E. 劳动生产率

7. 中位数（　　　）。

A. 由标志值在数列中所处位置决定　B. 根据标志值出现的频数决定
C. 总体单位水平的平均值　D. 总体一般水平的代表值
E. 不受总体中极端数值的影响

8. 标志变异指标可以反映（　　　）。

A. 平均数代表性的大小　B. 总体各单位标志值分布的集中趋势
C. 总体各单位标志值分布的离中趋势　D. 社会生产的规模和水平
E. 社会生产过程的均衡性

9. 在各种平均指标中，不受极端值影响的平均指标是（　　　）。

A. 算术平均数　B. 调和平均数　C. 中位数
D. 几何平均数　E. 众数

10. 影响加权算术平均数大小的主要因素有（　　　）。

A. 频数　B. 离差程度　C. 权数　D. 变量值　E. 标志

## 四、判断题

1. 中位数就是处于中间位置的标志值。（　）
2. 相对指标都是用无名数形式表现的。（　）
3. 计划完成情况相对指标大于100%一定是超额完成计划。（　）
4. 某地区某年人口出生数是时点数。（　）
5. 在特定条件下，加权算术平均数等于简单算术平均数。（　）
6. 全国平均每平方千米有107人，是平均指标。（　）

7. 国民收入中积累额与消费额之比为1：3，这是一个比较相对指标。（ ）

8. 甲、乙两个班级某次某科考试平均成绩相同，但标志变动度不同，标志变动度大的那个班级比标志变动度小的那个班级学习成绩稳定。（ ）

9. 用相对指标分子资料做权数计算平均数应采用加权算术平均法。（ ）

10. 标志变异指标数值越大，说明总体中各单位标志值的变异越大，平均指标的代表性就越小。（ ）

**五、简答题**

1. 结构相对指标、比例相对指标和比较相对指标有什么不同的特点？请举例说明。

2. 强度相对指标与平均指标的区别是什么？

3. 如何理解权数的意义？在什么情况下，应用简单算术平均数和加权算术平均数计算结果是一致的？

4. 什么是变异系数？变异系数的应用条件是什么？

**六、计算题**

1. 某公司2018年、2019年的产量情况如下表所示。

吨

| 品　种 | 2018年实际产量 | 2019年产量 | |
|---|---|---|---|
| | | 计　划 | 实　际 |
| 甲 | 35 070 | 36 000 | 42 480 |
| 乙 | 15 540 | 17 500 | 19 775 |
| 丙 | 7 448 | 8 350 | 8 016 |

要求：计算各产品的产量动态相对指标，以及2019年计划完成相对指标。

2. 某生产车间40名工人日加工零件数如下（单位：件）。

30　26　42　41　36　44　40　37　43　35　37　25　45　29　43

31　36　49　34　47　33　43　38　42　32　25　30　46　29　34

38　46　43　39　35　40　48　33　27　28

要求：

（1）根据以上资料分成如下几组：25～30，30～35，35～40，40～45，45～50（单位：件）。计算出各组频数和频率，编制分配数列表。

（2）根据分配数列表计算工人生产该零件的平均日产量。

3. 某地区销售某种商品的价格和销售量资料如下表所示。

| 商品名称 | 销售价格/元 | 各组商品销售量占总销售量的比重/% |
|---|---|---|
| 甲 | 30～40 | 20 |
| 乙 | 40～50 | 50 |
| 丙 | 50～60 | 30 |

要求：根据资料计算3种商品的平均销售价格。

4. 某厂3个车间一季度生产情况如下表所示。

| 车　间 | 计划完成百分比/% | 实际产量/件 | 单位产品成本/（元/件） |
|---|---|---|---|
| 第一车间 | 90% | 198 | 15 |
| 第二车间 | 105% | 315 | 10 |
| 第三车间 | 110% | 220 | 8 |

要求：

（1）计算一季度3个车间产量平均计划完成百分比。

（2）计算一季度3个车间平均单位产品成本。

5. 甲、乙两单位人数及月工资资料如下表所示。

| 月工资/元 | 甲单位人数/人 | 乙单位人数比重/% |
|---|---|---|
| 4 000 以下 | 4 | 2 |
| 4 000～6 000 | 25 | 8 |
| 6 000～8 000 | 84 | 30 |
| 8 000～10 000 | 126 | 42 |
| 10 000 以上 | 28 | 18 |
| 合　计 | 267 | 100 |

要求：

（1）比较甲、乙两单位哪个单位工资水平高。

（2）说明哪个单位的平均工资更具代表性。

6. 有两个工厂生产3种产品的单位成本和总成本资料如下表所示。

| 品　种 | 单位成本/（元/件） | 总成本/元 | |
|---|---|---|---|
| | | 一　厂 | 二　厂 |
| 甲 | 15 | 2 100 | 3 225 |
| 乙 | 20 | 3 000 | 1 500 |
| 丙 | 30 | 1 500 | 1 500 |

试比较两个厂的总平均成本的高低，并找出其原因。

7. 某集团公司员工的工资情况如下表所示，分别使用算术平均数、中位数和众数计算该集团公司员工的平均工资。（中位数和众数使用插补法计算）

| 按月工资分组/元 | 各组职工所占比重/% |
|---|---|
| 6 000 以下 | 20 |
| 6 000～8 000 | 25 |
| 8 000～10 000 | 30 |
| 10 000～12 000 | 15 |
| 12 000 以上 | 10 |
| 合　计 | 100 |

# 第五章

# 抽样推断

**教学目标**

1. 掌握抽样推断的基本概念和特点。
2. 了解抽样推断的基本原理。
3. 会进行抽样平均误差和抽样极限误差的计算。
4. 掌握不同抽样组织形式下的抽样误差的计算方法。

**引导案例**

市场研究部经理收到一名下属的总结报告，报告中指出成年人在冬季运动休闲娱乐上的开支平均为每年 302.45 美元。仔细阅读后，经理发现这个均值是对佛蒙特州 540 名成年人的一个统计样本调查的结果。这个平均数是建立在一个样本而不是整个总体上的。如果你是市场部的经理，你可能会问哪些问题呢？

① 实际的成年人总体均值，也就是成年人在冬季运动休闲娱乐上的平均开支是否也等于 302.45 美元呢？

② 如果总体均值不等于 302.45 美元，那么这个 302.45 美元的样本均值离真正的总体均值远吗？

③ 从为数几百万人的总体中仅仅抽取 540 人的样本是否足够？是否足以为总体均值提供好的估计？

在统计调查中，为了取得某一社会经济现象总体的特征，除用全面调查的方法之外，是否能对总体中的部分单位进行调查，进而掌握总体的综合特征呢？尤其是很多时候总体包含的单位数众多而没有办法获得全面调查数据，或者某些现象总体的综合特征需要经过破坏性测试才能获得的情况下，能否只是根据对总体的一部分单位进行调查获得的数据就去推断总体的特征呢？答案是肯定的。

事实上，在现实工作和生活中，我们采用的调查方法就是这样的。例如，仓库保管员为了了解商品的保存质量，不一定每件商品都检查，只需要从中抽取几箱检测就可以掌握这批商品的保存质量。而上述本章引导案例中想了解成年人在冬季运动休闲娱乐上的开支，只需要抽取部分样本数据进行推断就可以掌握市场总体开支情况。以上这些方法就是抽样推断的方法。现实中严格意义上的抽样推断要以一定的科学原理为指导，推断的计算方法也要复杂些，本章就以抽样推断过程及基本方法为主要探讨问题。本章内容学习过后，同学们就能够对以上引导案例中提出的 3 个问题给出自己的科学回答。

# 第一节　抽样推断概述

## 一、抽样推断的概念

抽样推断是按照随机原则，从研究对象总体中抽取一部分单位进行观察，并根据样本的实际数据，对总体的数量特征做出具有一定可靠程度的估计和判断，从而达到对研究对象总体的认识的一种统计方法。

抽样推断既是搜集统计资料的方法（一般称为抽样调查），又是对现象总体进行科学的估计和判断的分析方法（一般称为抽样估计）。因此，抽样推断在统计调查和统计分析中都得到了广泛的应用。抽样推断的核心问题是如何根据已知的部分资料来推断未知的总体情况。

## 二、抽样推断的特点

### （一）抽样推断是非全面调查

抽样推断是非全面调查，与全面调查不同，它不需要调查总体中所有的单位，只需要从总体中抽取部分样本，获得样本信息，并推断总体特征。

### （二）按照随机原则抽选调查单位

在非全面调查中的重点调查和典型调查过程中，一般会提前根据调查任务的要求选择部分调查单位进行调查。而抽样推断在选取调查单位时，必须客观地按照随机的原则抽取调查单位，否则会使样本参数估计量失去代表性，推断得到的总体参数数值出现错误。

### （三）用样本的指标数值去推断总体的指标数值

通过样本的指标数值去推断得到总体的基本数量特征是抽样推断的基本目标。这点也与重点调查不同，重点调查不需要去推断总体，其结果就说明了总体的主要情况。

### （四）抽样推断中产生的抽样误差可以事先计算并加以控制

抽样推断是会产生抽样误差的，但与其他的统计估算不同的是，抽样调查的误差范围是可以事先计算并控制的，以保证抽样推断的结果满足可靠程度的要求。

## 三、抽样推断的作用

抽样推断的作用主要体现在以下几个方面。

① 对某些不可能进行全面调查而又要求反映其全面情况的无限总体，必须采用抽样推断的方法。例如，在生产线中会有持续生产的产品，如果要了解生产线生产出来的产品质量状况，就必须采取抽样推断的方法。

② 对某些属于破坏性或消耗性产品质量的检查只能进行抽样推断。例如，汽车安全性

能检查、食品卫生状况的检查及灯管的耐用时间的实验等都是具有破坏性或损耗性的，不可能进行全面调查，只能进行抽样推断。

③ 对某些不必要进行全面调查的现象总体可以利用抽样推断法取得资料。城乡居民家庭收支情况等问题，从理论上讲可以进行全面调查获得数量特征，但实践中办不到也没有必要。对这类问题的分析一般采取抽样调查的方法。对农产品产量的调查数据一般也采取抽样推断的方法，因为如果要进行全面调查，就必须等到全部收割完毕并统计一段时间后才能取得，一般要 2 个月左右，这对于农产品的收购、储运和运输等都是不利的。而如果通过抽样调查，就可以在收获农产品的同时获得样本数据和推断结果，从而可以有效安排并管理相关活动。

④ 抽样调查可以对全面调查的资料进行验证和补充，并以此作为修正数字的参考。统计数据和客观实际数量之间是有差别的，这种差别通常被称为误差。误差通常有两种：登记误差和代表性误差。登记误差是由于在调查登记、汇总计算等过程中发生的错误导致的误差，可以设法避免；代表性误差是用样本代表总体的过程中推断总体所产生的误差，这类误差是无法避免的。

全面调查有登记误差而没有代表性误差；抽样调查两类误差都有。全面调查过程中涉及的调查单位多，汇总过程人员也多，因此发生登记误差的可能性大；抽样调查过程往往相对专业，发生登记误差的可能性较小。在很多人口和农业领域的调查过程中，为保证调查数据的准确性，往往结合抽样调查对全面调查的资料进行验证，并以此作为修正数字的参考。

⑤ 抽样推断法可以用于生产过程的质量控制。抽样推断法不仅用于生产结果的核算，而且用于生产过程中的质量控制。通过抽取一定的产品检验生产过程是否存在问题，并提供相关信息，便于采取措施预防并降低次品率。

⑥ 利用抽样推断原理，可以对某些总体的假设进行检验，判断真伪，为制定决策提供依据。例如，对新工艺、新技术的可行性研究或实验过程中，需要通过对未知的总体做出一些假设，然后利用抽样推断的方法对假设的结果进行检验并做出判断。

**思考：**日常生活中还有哪些问题的研究可以应用抽样推断的方法？

## 四、抽样推断的基本指标

### （一）全及总体和抽样总体

#### 1. 全及总体

全及总体（简称总体）是指调查对象的全体，是由具有某种共同性质的个体单位组成的。例如，研究某城市职工的消费水平，则该城市的全部职工构成总体；研究某地区粮食产量，则该地区全部的粮食种植面积为总体。

通常总体的单位数用大写字母 $N$ 表示。一般情况下，总体的单位数即使是有限的，往往也很大。例如，城市职工总体、人口总体、粮食产量总体等。对无限总体的认识只能采用抽样的方法，而对于有限总体的认识，理论上虽然可以应用全面调查来搜集资料，但是实际上往往由于不可能或不经济而通常会采用抽样的方法来获得。

2. 抽样总体

抽样总体（简称样本）是指对总体按照随机原则抽取的那一部分单位所构成的集合体。因此，样本往往不是唯一确定的，一个总体可以抽取得到多个样本。全部样本的可能数目与样本容量及抽样方法有关。

一般情况下，样本的单位数用小写字母$n$表示。相对于总体单位数$N$来讲，样本单位数$n$可能是很小的数。

## （二）全及指标和抽样指标

### 1. 全及指标

根据总体各单位标志值计算出来的，反映总体某种属性或特征的综合指标叫全及指标。由于总体在特定问题下是唯一确定的，所以根据总体计算的全及指标也是唯一确定的。不同性质的总体，需要计算不同的全及指标。全及指标主要包括以下 4 种。

（1）总体平均数

它代表总体单位数量标志的一般水平和集中趋势。其计算公式为：

$$\bar{X}=\frac{X_1+X_2+\cdots+X_N}{N}=\frac{\sum_{i=1}^{N}X_i}{N}$$

$$\bar{X}=\frac{\sum Xf}{\sum f}$$

（2）总体成数

当总体的一个现象有两种表现时，其中具有某种表现的单位数占总体单位数的比重叫总体成数。设总体的$N$个单位中，有$N_1$个单位具有某种属性，而$N_0$个单位不具有某种属性，$P$为总体中具有某属性的单位数所占比重，$Q$为总体中不具有某种属性的单位数所占的比重，因此总体成数$P$可以表示为：

$$P=\frac{N_1}{N}$$

$$Q=\frac{N_0}{N}=\frac{N-N_1}{N}=1-\frac{N_1}{N}$$

$$P+Q=1$$

（3）总体标准差

总体标准差是表明总体单位之间标志值的变异程度指标。其计算公式为：

$$\sigma=\sqrt{\frac{\sum(X-\bar{X})^2}{N}}$$

$$\sigma=\sqrt{\frac{\sum(X-\bar{X})^2 f}{\sum f}}$$

（4）总体方差

总体方差是总体标准差的平方。其计算公式为：

$$\sigma^2=\frac{\sum(X-\bar{X})^2}{N}$$

$$\sigma^2 = \frac{\sum (X - \overline{X})^2 f}{\sum f}$$

**2. 抽样指标**

抽样指标是指根据抽样总体，也就是样本的各单位标志值计算的综合指标。与全及指标相对应，抽样指标也有 4 种，分别为抽样平均数、抽样成数、抽样标准差和样本方差。抽样指标一般用小写字母表示。

一个总体可以随机抽取得到多个样本，每个样本都可以得到其抽样指标。因此，抽样指标的数值会随之变化，其本身也是随机变量。

（1）抽样平均数

抽样平均数代表样本单位数量标志的一般水平和集中趋势。其计算公式为：

$$\overline{x} = \frac{x_1 + x_2 + \cdots + x_n}{n} = \frac{\sum_{i=1}^{n} x_i}{n}$$

$$\overline{x} = \frac{\sum xf}{\sum f}$$

（2）抽样成数

在抽样总体中，一个现象有两种表现时，其中具有某种表现的单位数占抽样总体单位数的比重叫抽样成数。设样本的 $n$ 个单位中，有 $n_1$ 个单位具有某种属性，而 $n_0$ 个单位不具有某种属性，$p$ 为样本中具有某种属性的单位数所占比重，因此样本成数 $p$ 可以表示为：

$$p = \frac{n_1}{n}$$

$$q = \frac{n_0}{n}$$

$$p + q = 1$$

（3）抽样总体标准差

抽样总体标准差是表明抽样总体之间标志值变异程度的指标。其计算公式为：

$$s = \sqrt{\frac{\sum (x - \overline{x})^2}{n}}$$

$$s = \sqrt{\frac{\sum (x - \overline{x})^2 f}{\sum f}}$$

（4）抽样总体方差

抽样总体方差是抽样总体标准差的平方。其计算公式为：

$$s^2 = \frac{\sum (x - \overline{x})^2}{n}$$

$$s^2 = \frac{\sum (x - \overline{x})^2 f}{\sum f}$$

## 五、抽样方法和样本可能数目

样本可能数目和抽样方法有关。根据取样的方法不同，抽样方法可以分为重复抽样和不重复抽样。

重复抽样又叫有放回抽样，是指统计抽样时对每次被抽到的单位登记后再放回总体，重新参与下一次抽选的抽样方法。重复抽样中每次抽选时，总体待抽选的单位数是不变的，前面被抽到的单位在后面的抽选中还有可能被抽中，这样每次抽选的概率都是相等的，$n$ 次抽取过程相当于进行了 $n$ 次独立的试验。可见每个单位中选或不中选的机会在每轮抽样中都是完全一样的。一般地，从总体 $N$ 中抽取 $n$ 个单位，组成样本的可能数目 $m$：

$$m = N^n$$

不重复抽样又称为不放回抽样，与重复抽样的方法不同。假设要从单位数为 $N$ 的总体中抽取容量为 $n$ 的样本，每次从总体抽取一个单位，登记后不放回总体，剩余的总体单位继续参加下一轮的抽取，直到抽完所需要的样本单位数为止。可见不重复抽样具有如下特点：$n$ 个单位的样本由 $n$ 次实验的结果构成，但由于每次抽样不重复，所以实质上相当于从总体中一次性抽取 $n$ 个样本单位；每次实验都不是独立的，即本次抽取的结果会影响下一次抽取的情况；每个单位在多次实验过程中被抽取的机会是不相同的。一般情况下，不重复抽样从总体 $N$ 中抽取 $n$ 个单位，组成样本的可能数目 $m$：

$$m = p_N^n = N(N-1)(N-2)\cdots(N-n+1) = \frac{N!}{(N-n)!}$$

思考：重复抽样和不重复抽样的主要区别是什么？

## 六、抽样推断的理论基础

### （一）大数律

抽样推断是建立在概率论的大数律基础上的，大数律的一系列定理为抽样推断提供了重要的数据依据。大数律是关于大量随机现象具有稳定性质的定律。大数律认为如果被研究总体是由大量相互独立的随机因素所构成的，而每个因素对总体的影响都相对小，那么这些大量因素加以综合平均的结果会使因素的个别影响相互抵消，而呈现出共有的作用特征，使得总体具有稳定的性质。

大数律理论上揭示了样本和总体的内在联系。也就是说，随着抽样单位数 $n$ 的增加，抽样平均数有接近于总体平均数的趋势。也就是对于充分大的抽样单位数，可以用几乎趋近于 1 的概率来期望抽样平均数与总体平均数的绝对离差为任意小。

$$\lim_{n\to\infty} p(|\bar{x} - \bar{X}| < \alpha) = 1$$

大数律论证了样本平均数趋近于总体平均数，为抽样推断提供了依据。但是抽样平均数和总体平均数的差别究竟有多大、分布怎样，则没有给出，需要结合另一个重要定理：中心极限定理。

### （二）中心极限定理

中心极限定理（central limit theorem）是：设从均值为$\mu$、方差为$\sigma^2$的任意一个（有限）总体中抽取样本量为$n$的样本，当$n$充分大时，样本均值的抽样分布近似服从均值为$\mu$、方差为$\sigma^2/n$的正态分布。

图 5.1 描述的是样本均值的抽样分布趋于正态分布的过程。

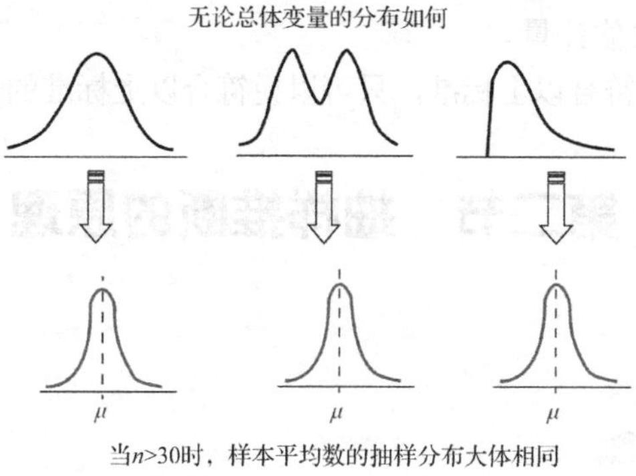


**图 5.1 样本均值的抽样分布趋于正态分布的过程**

中心极限定理要求$n$充分大，那么多大才是充分大呢？这与总体的分布形状有关。总体偏离正态越远，则要求$n$越大。然而在实际应用中，总体的分布未知。中心极限定理可以延伸为对任意分布总体，而此时常要求样本量大于 30。

大样本、小样本之间并不是以样本量大小来区分的。在样本量固定的条件下所进行的统计推断、问题分析，不管样本量有多大，都称为小样本问题。而在样本量$n\to\infty$条件下进行的统计推断、问题分析则称为大样本问题。一般统计学中，$n\geqslant 30$为大样本，$n<30$为小样本。但这只是一种经验的说法。

## 七、抽样估计的优良标准

### （一）无偏性

用抽样指标估计总体指标，要求抽样指标的平均数等于被估计的总体指标。

虽然每个可能样本的抽样指标不一定等于未知的全及指标，但在多次反复估计中，要求各个抽样指标的平均数应该等于全及指标，即从平均数来讲，抽样指标的估计是没有偏误的，叫作无偏性。

以样本平均数为例，样本平均数是总体平均数的无偏估计量，即样本平均数的平均数等于总体平均数。

### （二）一致性

用抽样指标估计总体指标，要求其样本的单位数充分大时，抽样指标也充分靠近总体指标。随着样本单位数的无限增大，抽样指标和未知的总体指标之间的绝对离差为任意小的可能性也趋于必然。

以样本平均数为例，当样本单位数无限增大时，样本平均数和总体平均数的绝对离差小于任意正数的概率趋近于 1。

### （三）有效性

用抽样指标估计总体指标，要求作为优良估计量的方差比其他估计量的方差小。

用样本平均数和总体某一变量来估计总体平均数，虽然两者都是无偏估计量，而且每次估计中两种估计量和总体平均数都可能有离差，但样本平均数更靠近总体平均数，所以样本平均数是更为优良的估计量。

不是所有的估计量都符合以上标准，只可以说符合以上标准的估计量比不符合的更优良。

# 第二节　抽样推断的原理

## 一、抽样误差

### （一）抽样误差的概念

抽样误差是指由于随机抽样的偶然因素使样本各单位的结构不足以代表总体各单位的结构，而引起抽样指标和全及指标的绝对离差，是客观存在并不可避免的。

在统计推断中，误差的来源是多方面的，统计误差按产生的来源分类，有登记性误差和代表性误差。

#### 1. 登记性误差

登记性误差是又称调查误差或工作误差，是指在调查过程中，由于各种主观或客观的原因而引起的误差。例如，由于指标含义不清、口径不同而造成的误差；由于被调查者提供不实的资料，以及在登记、计算、抄写上有差错等而出现的误差。这种登记性误差不论是在抽样调查还是在其他形式的调查中都有可能产生。调查的范围越广、规模越大、内容越复杂，产生登记性误差的可能性就越大。登记性误差是所有统计调查都可能发生的且可以采取一定方法加以避免的。

#### 2. 代表性误差

代表性误差是指在抽样调查中，样本各单位的结构情况不足以代表总体的状况，而用部分去推断总体所产生的误差。代表性误差的发生有两种情况。一种是由于违反了抽样调查的随机原则。例如，有意识地多选好的单位或较差的单位进行调查而造成的偏差。在产品质量检测中，调查者为了得到较好的调查结论而有意地选择部分质量较好的产品作为样本，而在样本中剔除掉一些较差的产品。这种由于破坏抽样过程的随机原则而产生的误差称为偏差。可见，只要遵循了随机原则就可以避免产生偏差。偏差与登记性误差一样，都是抽样组织工作造成的，应该采取措施预防误差发生或将其减小到最低程度。另一种情况是指遵循了随机原则，可能抽到各种不同的样本而产生的随机性误差。随机性误差在抽样推断中是不可避免的，是偶然的代表性误差。

#### 3. 抽样误差

通常意义上的抽样误差是指随机性误差，主要包括两类：抽样极限误差和抽样平均误差。抽样极限误差是抽样指标和全及指标间的差别，可以表示为$\left|\bar{x}-\bar{X}\right|$或$\left|p-P\right|$；抽样平均误差是抽样平均数的标准差反映抽样平均数（或抽样成数）与总体平均数（或总体成数）

的平均误差程度，通常用 $\mu_{\bar{x}}$ 或 $\mu_p$ 表示。抽样平均误差是可以计算的，所以通常所说的抽样误差往往指的是抽样平均误差。因此，抽样误差的相关概念可以总结为图 5.2。

- 误差
  - 登记性误差
  - 代表性误差
    - 偏差
    - 随机性误差⇒抽样误差

图 5.2　抽样误差的相关概念

### （二）影响抽样误差的因素

为了计算并对抽样误差加以控制，需要分析影响抽样误差的因素。影响抽样误差的因素主要有 3 个方面：样本容量的大小、总体的标志变异程度、抽样组织方式和抽样方法。

#### 1. 样本容量的大小

在其他条件不变的情况下，抽取的样本单位数越多，抽样误差越小；样本单位数越少，抽样误差越大。样本容量和抽样误差呈反方向变动关系。这是因为样本量越大，样本和总体特征越接近，抽样误差也就越小。当样本量与总体单位数一致时，实际上就不存在抽样误差了。

#### 2. 总体的标志变异程度

总体的标志变异程度越大，抽样误差也就越大，而总体的标志变异程度越小，抽样误差也越小。当总体不存在标志变异，数值都相等时，抽样指标和全及指标一致，抽样误差实际上也不存在了。

#### 3. 抽样组织方式和抽样方法

采用不同的组织方式，会有不同的抽样误差，这是因为不同的抽样组织方式所抽中的样本，对于总体的代表性也不同。通常我们根据事先给定的抽样误差要求，判断并给出各种抽样组织方式。一般情况下，机械抽样和类型抽样的误差小于纯随机抽样和整群抽样的误差。采用不同的抽样方法，抽样误差也会不同。采用不重复抽样比采用重复抽样的抽样误差小。这部分内容将在本章第三节中具体介绍。

### （三）抽样平均误差

#### 1. 抽样平均误差的含义

从一个总体中可能抽取很多样本，因此样本指标，如样本平均数或样本成数，将随着不同的样本而有不同的取值。它们对总体指标，如总体平均数或总体成数的离差也将有大有小。也就是说从理论上讲，可以计算出多个抽样误差，有的误差为正数，有的误差为负数；有的误差可能大些，有的误差可能小些。因此用这些误差的平均数，即抽样平均误差来反映抽样误差的一般水平，说明抽样误差是个随机变量。抽样平均误差则是反映抽样误差的一般水平的一个指标，但由于所有可能样本平均数的平均数等于总体平均数，样本成数的平均数等于总体成数，因此我们不能用简单算术平均的方法来求抽样平均误差，而应采取标准差的方法来计算抽样平均误差。抽样平均误差是指抽样平均数的标准差或抽样成数的标准差。

#### 2. 抽样平均误差的计算

（1）抽样平均数的抽样平均误差

重复抽样的公式为：

$$\mu_{\bar{x}}=\sqrt{\frac{\sigma^2}{n}}=\frac{\sigma}{\sqrt{n}}$$

不重复抽样的公式为：

$$\mu_{\bar{x}}=\sqrt{\frac{\sigma^2}{n}\left(\frac{N-n}{N-1}\right)}$$

式中，$\sigma$ 为总体标准差；$n$ 为样本单位数；$N$ 为总体单位数。

通过以上公式可以发现：第一，不重复抽样的抽样平均误差永远小于重复抽样的抽样平均误差；第二，如果抽样单位数很少，而总体单位数很多，那么 $n/N$ 很小，修正系数会接近 1（因此在实际工作中，对于不重复抽样的抽样平均误差，也往往采用重复抽样的公式计算）；第三，总体方差是固定的，要减小抽样平均误差，只能增大样本单位数 $n$。

**例 5-1** 某厂从一天所生产的产品 10 000 个中抽取 100 个检查其寿命，得平均寿命为 2 000 小时（一般为重复抽样）。根据以往资料，$\sigma$=20 小时，计算其抽样平均误差。

$$\mu_{\bar{x}}=\sqrt{\frac{20^2}{100}}=\pm 2\text{（小时）}$$

根据以往资料，产品质量不太稳定，如果 $\sigma=200$ 小时，则 $\mu=\pm 20$ 小时。

本例中，如果为不重复抽样过程，则得到抽样平均误差为：

$$\mu_{\bar{x}}=\sqrt{\frac{20^2}{100}\times\left(\frac{10\,000-100}{10\,000-1}\right)}=\pm 1.99\text{（小时）}$$

（2）抽样成数的抽样平均误差

全及成数方差也称交替标志的方差，是指某种现象总体的各总体单位按某一标志区分为具有这个标志与不具有这个标志的两类，非此即彼，交替出现。例如，产品可以分为合格品和不合格品，消费者对产品评价分为满意和不满意等。

为了计算交替标志的均值和方差，用 1 表示具有这一标志的标志值；用 0 表示不具有这一标志的标志值。那么，交替标志的均值和标准差可以利用均值和方差公式计算得到，分别为：

$$\bar{x}=\frac{1\times p+0\times q}{p+q}=p$$

$$\sigma=\sqrt{\frac{\sum(x-\bar{x})f}{\sum f}}=\sqrt{\frac{p(1-p)^2+q(0-p)^2}{p+q}}$$

$$=\sqrt{\frac{pq^2+qp^2}{p+q}}=\sqrt{pq}=\sqrt{p(1-p)}$$

抽样成数的抽样平均误差只需要将全及成数的方差代替公式中全及平均数的方差就可以得到。

在重复抽样的情况下：

$$\mu_p=\sqrt{\frac{p(1-p)}{n}}$$

在不重复抽样的情况下：

$$\mu_p=\sqrt{\frac{p(1-p)}{n}\left(\frac{N-n}{N-1}\right)}$$

*例 5-2* 某玻璃器皿厂某日生产 15 000 只印花玻璃杯，现按重复抽样方式从中抽取 150 只进行质量检验，结果有 147 只合格，其余 3 只为不合格品，试求这批印花玻璃杯合格率（成数）的抽样平均误差。

因为 $N=15\,000$，$n=150$，$p=\dfrac{147}{150}=98\%$

所以 $\mu_p=\sqrt{\dfrac{p(1-p)}{n}}=\sqrt{\dfrac{0.98\times(1-0.98)}{150}}=1.14\%$

如果按不重复抽样方式，则：

$$\mu_p=\sqrt{\frac{p(1-p)}{n}\left(1-\frac{n}{N}\right)}=\sqrt{\frac{0.98\times(1-0.98)}{150}\times\left(1-\frac{150}{15\,000}\right)}=1.1374\%$$

值得注意的是，这里在没有总体方差或总体标准差时，一般可以用样本方差 $s^2$ 代替总体方差 $\sigma^2$，用 $p(1-p)$ 代替 $P(1-P)$，也就是用样本资料代替总体。这点在概率论的理论研究中已经得到证实，样本方差可以相当于总体方差。这也是在实际工作中常采用的一种方法。

**（四）抽样极限误差**

抽样极限误差也称为置信区间，是样本指标和总体指标之间抽样误差的一种可能范围，即用一定的概率来保证抽样误差不超过某一给定的最大可能范围。总体指标是一个确定的量，样本指标是一个随机变量，所以样本指标是围绕着总体指标左右变动的，既可能大于总体指标，也可能小于总体指标，从而产生正误差和负误差，因此用绝对值表示。这种以绝对值表示的抽样误差的可能范围称为极限误差，或者称为抽样误差范围和允许误差，也就是 $|\bar{x}-\bar{X}|$ 和 $|p-P|$。通常抽样极限误差用 $\Delta_{\bar{x}}$ 和 $\Delta_p$ 表示，即：

$$\Delta_{\bar{x}}=|\bar{x}-\bar{X}|$$

$$\Delta_p=|p-P|$$

但是由于总体指标都是未知的，会用样本指标对总体指标进行估计，因此抽样误差范围的实际含义是希望被估计的总体平均数包含在置信区间内。将上面的等式变换后，基于抽样极限误差的概念可以得到如下的不等式：

$$\bar{x}-\Delta_{\bar{x}}\leqslant\bar{X}\leqslant\bar{x}+\Delta_{\bar{x}}$$

$$p-\Delta_p\leqslant P\leqslant p+\Delta_p$$

抽样极限误差表明抽样估计准确度的可能范围。因此，进行抽样估计要考虑准确度和可靠度两方面。抽样极限误差通常以抽样平均误差作为标准来衡量。例如，大学生群体的平均身高为 170 厘米，抽样平均误差是 5 厘米，大学生的平均身高在 165～175 厘米（$\bar{x}\pm1\mu_{\bar{x}}$）的概率保证程度是 68.27%；大学生的平均身高在 160～180 厘米（抽样极限误差是 10 cm，$\bar{x}\pm2\mu_{\bar{x}}$）的概率保证程度则变为 95.45%；如果抽样极限误差扩大到 5 厘米的 3 倍（$\bar{x}\pm3\mu_{\bar{x}}$），那么大学生的平均身高在 155～185 厘米的概率保证程度将增加为 99.73%。

这里为了明确得到抽样极限误差和抽样平均误差的关系，定义概率度 $t$：

$$t=\frac{\Delta_{\bar{x}}}{\mu_{\bar{x}}}\quad t=\frac{\Delta_p}{\mu_p}$$

概率度$t$越大，抽样误差范围越大，可能落在误差范围的概率也越大，从而得到推断的可靠度也越高。如果把可靠度用概率$P$表示，那么$P$就是$t$的函数，即$P=F(t)$，表明概率分布是概率度的函数。利用概率表，既可以根据概率度查出相应的概率保证程度，也可以按概率保证程度来估计可能的误差范围。需要说明的是：从概率角度，可靠度通常叫作概率保证程度或置信度。

在正态分布情况下，从总体中随机抽取一个样本，则样本得到的抽样指标落在某一范围的概率可以用正态曲线面积的大小来表示。因此，当以全及平均数为中心加减一个抽样平均误差为范围所包含的面积为总面积的 68.27%。或者说从总体中随机抽取一个样本，抽样的平均数落在这个范围内的概率为 68.27%。而以$\bar{x}\pm 2\mu_{\bar{x}}$为范围所包含的曲线面积为总面积的 95.45%，或者说从总体中随机抽取一个样本，样本平均数落在这个范围的概率为95.45%。以此类推，可以得到类似的结论。可见随着概率度的增加，概率也逐渐增加并趋近于 1。

以样本平均数（或样本成数）估计总体平均数（或总体成数）时，常常有一种良好的愿望，即希望估计的准确度尽量高，同时也希望估计的可靠度尽量高。

$\Delta$——估计的准确度。极限误差范围越小，估计得越准确。

$t$——估计的可靠度。概率度越大，概率保证程度越大，估计得越可靠。

但是估计的准确度和可靠度是相互矛盾的，提高可靠度势必会降低准确度，反之亦然。

**思考：** 你是怎样理解“估计的准确度和可靠度是相互矛盾的”这句话的呢？

## 二、总体平均数的点估计和区间估计

点估计是以抽样得到的样本指标作为总体指标的估计值，同时给出极限误差和相应的可靠度的一种估计方法；区间估计是根据一定的可靠度的要求，用样本指标和抽样误差去推断总体指标的可能范围的一种估计方法。

我们知道，用样本平均数推断总体平均数往往有一种良好的愿望，希望准确度高一些，同时也希望估计的可靠度也尽量高一些。但两者之间是相互矛盾的。基于此，提出了对总体平均数估计的两种模式：给定抽样极限误差范围求概率保证程度和给定概率保证程度要求估计抽样极限误差。具体来说，对总体平均数的估计有两套模式。

第一套模式是根据已经给定的抽样极限误差范围，求概率保证程度，即已知$\Delta$，求$F(t)$。其具体计算过程可以总结为：

步骤 1　抽取样本，计算样本平均数（或样本成数），以此作为总体平均数（或总体成数）的估计值，并计算样本标准差，以此推算抽样平均误差。

步骤 2　根据给定的抽样极限误差范围，估计总体平均数（或总体成数）的下限和上限。

步骤 3　将抽样极限误差除以抽样平均误差，求出概率度$t$值，再根据$t$值查概率表，求出相应的概率保证程度。

*例 5-3*　某电池厂要检查某型号电池的耐用性，随机抽取 100 节电池进行检验，要求耐用时数极限误差不超过 2.6 小时，试估计该厂电池的耐用性能。相应的数据资料如表 5.1 所示，数据计算如表 5.2 所示。

表 5.1 电池耐用性数据

| 耐用时间 $x$/小时 | 节数 $f$/节 |
|---|---|
| 520～530 | 4 |
| 530～540 | 18 |
| 540～550 | 24 |
| 550～560 | 28 |
| 560～570 | 16 |
| 570～580 | 10 |
| 合 计 | 100 |

表 5.2 电池耐用性计算

| 耐用时间 $x$/小时 | 节数 $f$/节 | 组中值 $x$ | $xf$ | $x-\overline{x}$ | $(x-\overline{x})^2$ | $(x-\overline{x})^2 f$ |
|---|---|---|---|---|---|---|
| 520～530 | 4 | 525 | 2 100 | −26.4 | 696.96 | 2 787.84 |
| 530～540 | 18 | 535 | 9 630 | −16.4 | 268.96 | 4 841.28 |
| 540～550 | 24 | 545 | 13 080 | −6.4 | 40.96 | 983.04 |
| 550～560 | 28 | 555 | 15 540 | 3.6 | 12.96 | 362.88 |
| 560～570 | 16 | 565 | 9 040 | 13.6 | 184.96 | 2 959.36 |
| 570～580 | 10 | 575 | 5 750 | 23.6 | 556.96 | 5 569.6 |
| 合 计 | 100 | | 55 140 | | | 17 504 |

（1）计算样本平均数和标准差，并推算平均误差。

$$\overline{x}=\frac{\sum xf}{\sum f}=\frac{55\,140}{100}=551.4\text{（小时）}$$

$$S=\sqrt{\frac{\sum(x-\overline{x})^2 f}{\sum f}}=\sqrt{\frac{17\,504}{100}}=13.2\text{（小时）}$$

$$\mu_{\overline{x}}=\frac{S}{\sqrt{n}}=\frac{13.2}{10}=1.32\text{（小时）}$$

本题中我们用样本标准差 $S$ 代替总体标准差 $\sigma$，求得抽样平均误差。

（2）根据给定的极限误差，计算总体平均数的上下限。

下限 $=\overline{x}-\Delta_{\overline{x}}=551.4-2.6=548.8$（小时）

上限 $=\overline{x}+\Delta_{\overline{x}}=551.4+2.6=554$（小时）

（3）根据

$$t=\frac{\Delta_{\overline{x}}}{\mu_{\overline{x}}}=\frac{2.6}{1.32}=1.97$$

$F(t)=F(1.97)=95\%$

因此，得出以下结论。

点估计：该厂电池的平均耐用时间为551.4小时，误差不超过2.6小时的概率保证程度为95%。

区间估计：在95%的概率保证程度下，估计该厂电池耐用时数在548.8～554小时。

**例 5-4** 为了解某市居民住户空调的普及率，随机抽取 350 户居民，其中有 280 户居民有空调。要求抽样极限误差范围不超过 3.5%，试对该市居民住户空调普及率进行估计。

（1）抽取样本，计算样本成数、样本标准差及抽样平均误差。

$$p=\frac{n_1}{n}=\frac{280}{350}=80\%$$

$$S=\sqrt{p(1-p)}=\sqrt{0.8\times(1-0.8)}=40\%$$

$$\mu_p=\sqrt{\frac{p(1-p)}{n}}=\sqrt{\frac{0.8\times(1-0.8)}{350}}=2.14\%$$

（2）根据给定的抽样误差范围，计算总体成数的上下限。

$$下限=p-\Delta_p=80\%-3.5\%=76.5\%$$

$$上限=p+\Delta_p=80\%+3.5\%=83.5\%$$

（3）根据

$$t=\frac{\Delta_p}{\mu_p}=\frac{3.5\%}{2.14\%}=1.64$$

查表得到：$F(1.64)=90\%$

因此，得出以下结论。

点估计：估计该市居民空调普及率为 80%，其误差不超过 3.5%的概率保证程度为 90%。

区间估计：在 90%的概率保证程度下，估计该市居民空调普及率在 76.5%~83.5%。

第二套模式是根据给定的概率保证程度来估计极限抽样误差的可能范围，即已知 $F(t)$，求 $\Delta$。其具体计算过程可以总结为：

步骤 1　抽取样本，计算样本平均数（或样本成数），以此作为总体平均数（或总体成数）的估计值，并计算样本标准差，以此推算抽样平均误差。

步骤 2　根据给定的概率保证程度，查概率表得到概率度值。

步骤 3　根据概率度和抽样平均误差，计算抽样极限误差的可能范围，并据此计算被估计的总体平均数（或总体成数）的上限和下限。

**例 5-5** 某乡粮食种植总面积 1 666.7 公顷，以不重复抽样方法从中随机抽取 33.3 公顷实割实测，求得样本平均公顷产量为 9 600 千克，标准差为 71.5 千克。试以 95.45%的概率保证程度，对该乡粮食公顷产量和总产量做出估计。

（1）抽取样本，计算样本平均公顷产量和标准差。

$$\bar{x}=9\,600(千克/公顷)$$

$$S=71.5(千克)$$

$$\mu_{\bar{x}}=\sqrt{\frac{S^2}{n}\left(1-\frac{n}{N}\right)}=\sqrt{\frac{71.5^2}{33.3}\times\left(1-\frac{33.3}{1\,666.7}\right)}=12.3(千克)$$

（2）根据给定的概率保证程度 0.954 5，查概率表得 $t=2$。

（3）计算极限误差，据此计算粮食平均公顷产量的上下限，以及粮食总产量的上下限。

$\Delta_{\bar{x}}=t\mu_{\bar{x}}=2\ 12.3=24.6$（千克）

平均公顷产量下限 $=\bar{x}-\Delta_{\bar{x}}=9\ 600-24.6=9\ 575.4$（千克）

平均公顷产量上限 $=\bar{x}+\Delta_{\bar{x}}=9\ 600+24.6=9\ 624.6$（千克）

粮食总产量下限 $=1\ 666.7\times 9\ 575.4=1.596\times 10^7$（千克）

粮食总产量上限 $=1\ 666.7\times 9\ 624.6=1.604\times 10^7$（千克）

因此，得出以下两方面的基本结论。

点估计：该乡粮食公顷产量 9 600 千克，总产量 $1.6\times 10^7$ 千克，精确度为 99.7%，概率保证程度为 95.45%。

区间估计：以 95.45%的概率保证程度，估计该乡粮食公顷产量在 9575.4～9624.6 千克、总产量在 $1.596\times 10^7$～$1.604\times 10^7$ 千克。

**例 5-6** 某公司设计新产品，为了预测产品销路，在市场上随机对 480 个成年人进行调查，结果有 336 人喜欢新产品。要求以 90%的概率保证程度，估计该市消费者喜欢新产品的比率。

（1）根据样本资料计算。

$$p=\frac{336}{480}=70\%$$

$$S=\sqrt{p(1-p)}=\sqrt{0.7\times 0.3}=45.8\%$$

$$\mu_p=\sqrt{\frac{p(1-p)}{n}}=\sqrt{\frac{0.7\times 0.3}{480}}=2.1\%$$

（2）根据给定的概率保证程度 $F(t)=0.9$，查概率表得 $t=1.64$。

（3）计算极限误差范围，确定总体比率的上下限。

$\Delta_p=t\mu_p=1.64\times 2.1\%=3.44\%$

下限 $=p-\Delta_p=70\%-3.44\%=66.56\%$

上限 $=p+\Delta_p=70\%+3.44\%=73.44\%$

因此，得出以下两方面的基本结论。

点估计：该市消费者喜欢该新产品的比率是 70%，概率保证程度为 90%，或者该市消费者喜欢该新产品的比率为 70%，误差不超过 3.44%的概率保证程度为 90%。

区间估计：以 90%的概率保证程度，估计该市消费者喜欢该新产品的比率在 66.56%～73.44%。

## 三、基于 Excel 的抽样推断过程

本部分以月工资收入的推断过程为例，说明如何基于 Excel 开展平均工资的推断。某厂从工人中随机抽取 34 人，获得他们的月工资收入样本数据（单位：元）：

| | | | | |
|---|---|---|---|---|
| 7 112 | 6 930 | 5 154 | 8 583 | 8 121 |
| 3 131 | 7 378 | 8 350 | 4 872 | 8 730 |
| 8 032 | 3 436 | 5 445 | 4 972 | 3 169 |
| 6 485 | 3 140 | 6 999 | 4 324 | 6 198 |

| | | | | |
|---|---|---|---|---|
| 4 320 | 3 710 | 5 512 | 6 075 | 5 586 |
| 3 648 | 7 076 | 3 240 | 7 430 | 4 594 |
| 6 166 | 4 430 | 4 204 | 6 320 | |

步骤 1　打开 Excel，并将所有样本数据排成一列。

步骤 2　选择“数据”|“数据分析”，打开“数据分析”对话框，如图 5.3 所示。

视频演示

步骤 3　选择其中的“描述统计”选项，单击“确定”按钮，打开“描述统计”对话框。选择输入区域为 A1:A34、分组方式为“逐列”，选中“平均数置信度”复选框，并确定其值为 95%，如图 5.4 所示。

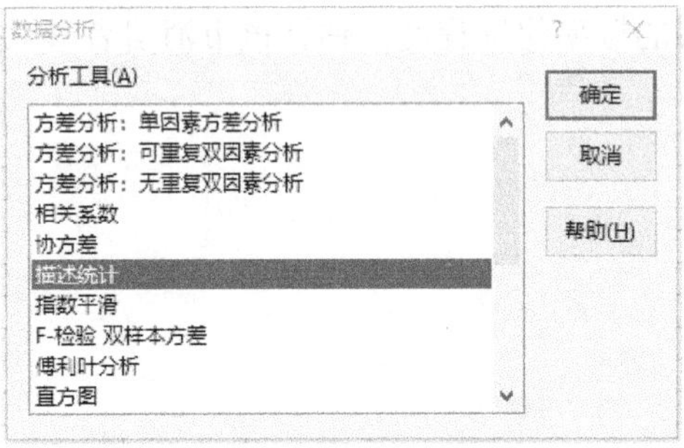


图 5.3　“数据分析”对话框

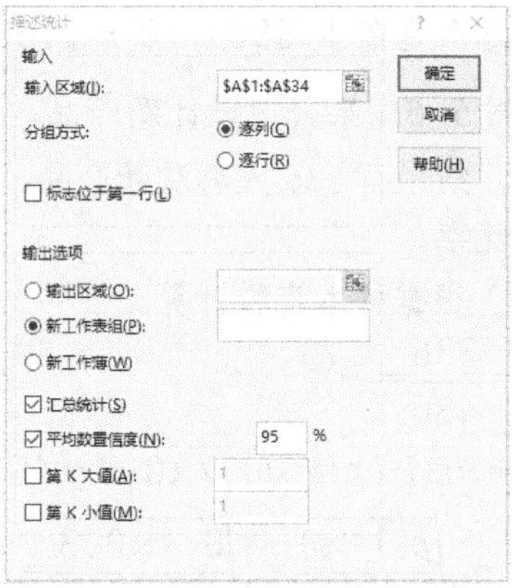


图 5.4　“描述统计”对话框

步骤 4　单击“确定”按钮，可以得到如表 5.3 所示的统计结果。

表 5.3　描述性统计结果

| 项　目 | 数　值 |
|---|---|
| 平均 | 5 672.705 882 |
| 标准误差 | 298.089 638 1 |
| 中位数 | 5 549 |
| 众数 | #N/A |
| 标准差 | 1 738.146 34 |
| 方差 | 30 211 52.699 |
| 峰度 | −1.144 388 155 |
| 偏度 | 0.120 910 776 |
| 区域 | 5 599 |
| 最小值 | 3 131 |
| 最大值 | 8 730 |
| 求和 | 192 872 |
| 观测数 | 34 |
| 置信度（95.0%） | 606.467 928 6 |

步骤 5 基于以上结果可以得到："平均"就是样本平均数，而"置信度"就是抽样极限误差。因此，得到抽样推断结果为（5 672.706−606.468, 5 672.706+606.468），即以 95% 的概率保证程度推断该厂工人的月工资收入在 5 066.238～6 279.174 元。

## 四、抽样数目的确定

### （一）确定必要样本容量的意义和原则

抽样数目是决定抽样误差大小的直接因素。在进行抽样调查过程中，抽取的样本单位数越多，所得的抽样资料对总体的代表性越好，抽样推断的效果就越好。相反，如果抽样单位数太少，样本代表性差，则抽样推断就起不到效果。但也不是样本单位数越多越好，抽取的单位数过多，会增加不必要的人力、物力和费用的开支，造成浪费，同时也影响了抽样调查数据资料的及时性。因此，在抽样调查过程中，必要抽样单位数的确定对于省时省力又能保障较好的调查效果而言非常重要。这里我们讨论的就是在抽样推断达到预期可靠程度和精确程度的前提下，确定一个合适的样本单位数。

总之，确定必要抽样数目的原则是：在保证预期的抽样推断可靠度和准确度下，抽取的样本单位数不宜过多。

### （二）决定抽样数目的因素

决定抽样数目的因素如下。

#### 1. 总体被研究标志的变异程度

总体的标志变异程度越大，需要的抽样单位数越多。

#### 2. 允许误差的大小

允许的误差越小，需要的抽样单位数越多。

#### 3. 可靠度的高低

可靠度的要求越高，需要的抽样单位数越多。

#### 4. 抽样方法与组织形式的不同

相比不重复抽样，重复抽样需要多抽些样本单位。类型抽样和等距抽样比简单随机抽样需要的样本单位数少，整群抽样比单个抽样需要抽取的样本单位数多。

#### 5. 人力、物力和财力的允许条件

在人力、物力和财力允许的前提下可多抽取单位数。

### （三）必要抽样数目的计算

#### 1. 重复抽样

必要抽样数目的计算可以由抽样极限误差的计算公式推导得到。由于：

$$\Delta_{\bar{x}}=t\mu_{\bar{x}}=t\sqrt{\frac{\sigma^2}{n}}$$

将上式两端同时平方得到 $\Delta_{\bar{x}}^2=t^2\dfrac{\sigma^2}{n}$，移项后得到平均数的必要抽样数目为：

$$n=\frac{t^2\sigma^2}{\Delta_{\bar{x}}^2}$$

用同样的方法得到重复抽样成数的必要抽样单位数公式：

$$n=\frac{t^2p(1-p)}{\Delta_p^2}$$

总之，平均数的必要抽样数目 $n=\frac{t^2\sigma^2}{\Delta_{\bar{x}}^2}$，成数的必要抽样数目 $n=\frac{t^2p(1-p)}{\Delta_p^2}$。

**2. 不重复抽样**

计算不重复抽样平均数的必要抽样数目公式，也可以由抽样极限误差的公式得到。其具体过程不再给出，结果为：

$$n=\frac{t^2\sigma^2N}{N\Delta_{\bar{x}}^2+t^2\sigma^2}$$

不重复抽样成数的必要抽样数目公式为：

$$n=\frac{t^2p(1-p)N}{N\Delta_p^2+t^2p(1-p)}$$

**思考**：在其他条件相同的情况下，重复抽样和不重复抽样所需的样本单位数哪个多？

**例 5-7** 对某型号电子元件 10 000 只进行耐用性能检查，根据以往抽样测定，求得耐用时数的标准差为 600 小时。

（1）在重复抽样条件下，概率保证程度为 68.27%、元件平均耐用时数的误差范围不超过 150 小时，要抽取多少只元件做检查？

（2）根据以往抽样检查知道，元件合格率为 95%、合格率的标准差为 21.8%。要求在 99.73%的概率保证程度下，允许误差不超过 4%，试确定重复抽样所需抽取的元件数目。

（1）根据已知得到：

$$n=\frac{t^2\sigma^2}{\Delta_{\bar{x}}^2}=\frac{1^2\times600^2}{150^2}=16\text{（只）}$$

（2）根据已知得：

$$n=\frac{t^2p(1-p)}{\Delta_p^2}=\frac{3^2\times0.95\times0.05}{0.04^2}\approx268\text{（只）}$$

在计算必要抽样单位数的时候需要注意：

① 在实际工作中，抽样比例一般很小（$n/N$ 很小），虽然采用的是不重复抽样，但仍按重复抽样的公式来计算必要的抽样数目。

② 根据平均数公式和成数公式计算出的必要抽样数目往往不等，有时甚至相差很大，为了保证抽样推断的准确程度，应选择其中较大的 $n$ 值。

③ 计算所得的必要的抽样数目的小数部分，不舍均入。

④ 计算时所需的总体方差，一般采用历史上曾取得过的资料或采用试抽样资料代替。对于 $p(1-p)$，可用最大值 0.25 代替。

# 第三节 抽样组织形式

## 一、简单随机抽样

### (一)简单随机抽样的含义

简单随机抽样又称纯随机抽样，是指对总体的所有单位不进行任何分类或排队，而是完全按照随机原则从总体所有单位中抽选出样本单位加以观察，保证每个单位都具有同等的机会被抽中。

当总体标志变异程度不大，或者具有某种特征的单位均匀地分布在总体的各个部分时，宜采用这种方式；当总体单位数目很大，标志变异程度也很大时，不宜采用这种方式。

### (二)简单随机抽样的特点

简单随机抽样过程较为简单，主要用于以下 3 种情况。

① 对调查的对象情况了解较少。

② 总体单位的排列没有秩序。

③ 抽到的单位比较分散时也不会影响调查工作的开展。

### (三)简单随机抽样的计算

前面所讲的抽样平均误差、抽样极限误差及必要抽样数目的计算公式，均可用于简单随机抽样。因此，简单随机抽样的抽样平均数和抽样成数误差公式分别为：

① 重复抽样下的抽样平均数公式

$$\mu_{\bar{x}}=\sqrt{\frac{\sigma^2}{n}}=\frac{\sigma}{\sqrt{n}}$$

② 不重复抽样下的抽样平均数公式

$$\mu_{\bar{x}}=\sqrt{\frac{\sigma^2}{n}\left(\frac{N-n}{N-1}\right)}$$

③ 重复抽样下抽样成数误差公式

$$\mu_p=\sqrt{\frac{p(1-p)}{n}}$$

④ 不重复抽样下抽样成数误差公式

$$\mu_p=\sqrt{\frac{p(1-p)}{n}\left(\frac{N-n}{N-1}\right)}$$

## 二、类型抽样

### （一）类型抽样的含义

类型抽样也称分类抽样，主要特点是将总体按主要标志进行分组，再按照随机原则从各组抽取样本单位。在统计实践中，当某个总体是由若干个有自然界限和区分的类别或层次所组成，同时不同类别相互之间差别很大，而每个类别内部的差异不大时，适合采用类型抽样的方法。

类型抽样可以提高抽样的效率，并且组织起来较为容易。而且由于分类获得样本使得样本结构接近总体的结构，因此提高了所选样本的代表性。

### （二）类型抽样的方法

类型抽样中确定各组单位数的方法一般有两类：不等比例类型抽样法和等比例类型抽样法。

① 不等比例类型抽样法是指在各类别单位之间的差异过分悬殊、某些类别的重要性大于其他类别的情况下，采取非比例抽样时，在这些类别抽取的样本数就多；反之，抽取的样本数就少。如果采取同时兼顾类别的大小和类别内差异程度的大小来抽样，则有利于提高综合样本对总体全貌的代表性，并可以提高样本的可信程度。

② 与之不同的是等比例类型抽样法，是指在各类单位之间差别不是很大，每个类别按照相同的比例分配样本单位数。等比例类型抽样方法单位数的确定方法为：

$$\frac{n_1}{N_1}=\frac{n_2}{N_2}=\frac{n_3}{N_3}=\frac{n_4}{N_4}=\cdots=\frac{n_i}{N_i}=\frac{n}{N}$$

式中，$n_i$为各组抽取的样本单位数；$n$为抽取的样本单位总数（$n=n_1+n_2+\cdots+n_i$）；$N_i$为各组总体单位数；$N$为总体单位数。

从统计工作实践角度看，大多采用等比例类型抽样方法。因此，接下来主要介绍等比例类型抽样方法下的抽样平均误差。

### （三）类型抽样误差的计算

类型抽样的抽样平均误差取决于各组样本单位数的总和和各组的组内方差的平均数。因此，测定平均数指标时，计算抽样误差将采用如下所示的计算公式。

① 重复抽样下

$$\mu_{\bar{x}}=\sqrt{\frac{\overline{\sigma_i^2}}{n}}$$

$$\overline{\sigma_i^2}=\frac{\sum\sigma_i^2 n_i}{n}$$

② 不重复抽样下

$$\mu_{\bar{x}}=\sqrt{\frac{\overline{\sigma_i^2}}{n}\left(1-\frac{n}{N}\right)}$$

类型抽样成数的抽样平均误差计算公式如下。

① 重复抽样下

$$\mu_p = \sqrt{\frac{p(1-p)}{n}}$$

② 不重复抽样下

$$\mu_p = \sqrt{\frac{p(1-p)}{n}\left(1-\frac{n}{N}\right)}$$

**例 5-8** 某农场种小麦 12 000 公顷，其中平原 3 600 公顷、丘陵 6 000 公顷、山地 2 400 公顷，现用类型抽样法调查 1 200 公顷，以各种麦田占全农场面积的比重分配抽样面积数量。

麦田类型的平均误差计算如表 5.4 所示。

**表 5.4 麦田类型抽样的平均误差计算**

| 类 型 | 全场播种面积/公顷 | 抽样调查面积/公顷 | 单位面积产量不均匀程度指标/千克 | $\sigma_i^2 n_i$ |
|---|---|---|---|---|
| 符号 | $N$ | $n$ | $\sigma_i$ | |
| 丘陵地区 | 6 000 | 600 | 750 | 337 500 000 |
| 平原地区 | 3 600 | 360 | 840 | 254 016 000 |
| 山地 | 2 400 | 240 | 1 000 | 240 000 000 |
| 合 计 | 12 000 | 1 200 | — | 831 516 000 |

根据表 5.4 结果代入公式后得到：

$$\overline{\sigma_i^2} = \frac{\sum \sigma_i^2 n_i}{\sum n_i} = \frac{831\,516\,000}{1\,200} = 692\,930\text{（千克）}$$

$$\left[\text{或}\ \overline{\sigma_i^2} = \frac{\sum \sigma_i^2 N_i}{N}\right]$$

$$\mu_{\bar{x}} = \sqrt{\frac{\overline{\sigma_i^2}}{n}\left(1-\frac{n}{N}\right)}$$

$$= \sqrt{\frac{692\,930}{1\,200}\times\left(1-\frac{1\,200}{12\,000}\right)} = \sqrt{519.697\,5} = 22.8\text{（千克）}$$

高产麦田比重的平均误差计算如表 5.5 所示。

**表 5.5 高产麦田比重的平均误差计算**

| 类 别 | 高产田比重/% | 非高产田比重/% | 抽样调查面积/公顷 | $p_i(1-p_i)n_i$ |
|---|---|---|---|---|
| 符号 | $p_i$ | $1-p_i$ | $n_i$ | |
| 丘陵 | 80 | 20 | 600 | 96 |
| 平原 | 90 | 10 | 360 | 32.4 |
| 山地 | 60 | 40 | 240 | 57.6 |
| 合 计 | — | — | 1 200 | 186 |

根据表 5.5 结果代入公式后得到：

$$\overline{P(1-P)}=\frac{\sum p_i(1-p_i)n_i}{\sum n_i}=\frac{186}{1\ 200}=15.5\%$$

$$\mu_p=\sqrt{\frac{\overline{p(1-p)}}{n}\left(1-\frac{n}{N}\right)}=\sqrt{\frac{0.155}{1\ 200}\times\left(1-\frac{1\ 200}{12\ 000}\right)}=1.078\%$$

因此，该农场小麦单位面积产量的抽样平均误差为 22.8 千克、高产麦田比重的抽样平均误差为 1.078%。

## 三、等距抽样

### （一）等距抽样的含义

等距抽样也称为机械抽样，是指先将总体按照有关标志或无关标志进行排列，再按照固定的顺序和间隔来抽选样本单位的一种抽样组织形式。

等距抽样按照所依据的标志不同，可以分为无关标志排队法和有关标志排队法。

① 无关标志排队法是指排队的标志和调查的内容无关。例如，调查某企业职工的收入水平时，用职工的姓氏笔画数排队；对库存的产品质量情况进行检查时，按照产品的入库时间顺序进行排队等。

② 有关标志排队是指排队的标志和调查的内容有关。例如，对农产品产量进行推断前，按照产量的高低地块进行排队并抽样调查；对学生某门专业课的学习态度调查时，按照学生的成绩进行排队等。

### （二）等距抽样的抽样误差的计算

无关标志排队的等距抽样的平均误差用简单随机抽样的误差公式计算，因此计算公式为：

重复抽样下：

$$\mu_{\bar{x}}=\sqrt{\frac{\sigma^2}{n}}=\frac{\sigma}{\sqrt{n}}\qquad \mu_p=\sqrt{\frac{p(1-p)}{n}}$$

不重复抽样下：

$$\mu_{\bar{x}}=\sqrt{\frac{\sigma^2}{n}\left(\frac{N-n}{N-1}\right)}\qquad \mu_p=\sqrt{\frac{p(1-p)}{n}\left(\frac{N-n}{N-1}\right)}$$

有关标志排队进行等距抽样，实质上可以看作一种类型抽样，只不过是分类更加细致、组数更多且每组只选择一个样本单位而已，因此抽样平均误差用类型抽样的误差公式来计算。

重复抽样下：

$$\mu_{\bar{x}}=\sqrt{\frac{\overline{\sigma_i^2}}{n}}$$

$$\overline{\sigma_i^2}=\frac{\sum\sigma_i^2 n_i}{n}$$

不重复抽样下：

$$\mu_{\bar{x}}=\sqrt{\frac{\overline{\sigma_i^2}}{n}\left(1-\frac{n}{N}\right)}$$

类型抽样抽样成数的抽样平均误差如下。

重复抽样下：

$$\mu_p=\sqrt{\frac{p(1-p)}{n}}$$

不重复抽样下：

$$\mu_p=\sqrt{\frac{p(1-p)}{n}\left(1-\frac{n}{N}\right)}$$

## 四、整群抽样

### （一）整群抽样的概念

整群抽样是指先将总体各单位划分为若干个群，再以群为单位从中随机抽取若干个群，对被抽中的群中的所有单位进行全面调查的一种抽样组织形式。例如，检验某种零件的质量时，不是逐个抽取零件，而是随机抽若干盒（每盒装有若干个零件），对所抽各盒零件进行全面检验。如果总体划分为单位数目相等的 $R$ 个群，则用不重复抽样方法，从 $R$ 群中抽取 $r$ 群进行调查。整群抽样都采取不重复抽样的方法。

在统计实践中，当某个总体是由若干个有自然界限和区分的子群（或类别、层次）所组成，同时不同子群之间差别不大，而每个子群内部的异质性比较大时，特别适合采用整群抽样的方法。

### （二）整群抽样误差的计算

整群抽样的抽样平均误差计算公式为：

$$\mu_{\bar{x}}=\sqrt{\frac{\delta^2}{r}\left(\frac{R-r}{R-1}\right)}$$

式中，$R$ 为总体群数；$r$ 为样本群数；$\delta$ 为群间方差。平均数的群间方差计算公式为：

$$\delta_{\bar{x}}^2=\frac{\sum(\bar{X}_i-\bar{X})^2}{R}$$

或

$$\delta_{\bar{x}}^2=\frac{\sum(\bar{x}_i-\bar{x})^2}{r}$$

式中，$\bar{X}_i$ 为总体每个群的平均数；$\bar{X}$ 为总体各群的总平均数；$\bar{x}_i$ 为样本中各群的平均数；$\bar{x}$ 为样本各群的总平均数。

而成数的群间方差为：

$$\delta_p^2=\frac{\sum(P_i-P)^2}{R}$$

或

$$\delta_p^2=\frac{\sum(p_i-p)^2}{r}$$

式中，$P_i$为总体每个群的平均数；$P$为总体各群的总平均数；$p_i$为样本中各群的平均数；$p$为样本各群的总平均数。

> **思考**：整群抽样和类型抽样有何不同？总体具有哪些特征时可以考虑实施整群抽样呢？

**例 5-9** 某工厂大量连续生产，为了掌握某月份某种产品的一级品率，确定抽出5%的产品，即在某月连续生产的720小时中，每隔20小时抽取1小时的全部产品进行检查。根据抽样资料的计算结果，一级品率为85%，各群间的方差为6%。计算整群抽样的平均误差及在95.45%的概率保证程度下全月一级品率的范围。

该问题为整群抽样的抽样推断问题，因此：

$$\mu_p=\sqrt{\frac{\delta^2}{r}\left(\frac{R-r}{R-1}\right)}=\sqrt{\frac{0.06}{36}\times\left(\frac{720-36}{720-1}\right)}=3.98\%$$

$$\Delta_p=t\cdot\mu_p=2\times3.98\%=7.96\%$$

$$p=85\%\pm7.96\%$$

即在95.45%的概率保证程度下，全月一级品率的范围在77.04%～92.96%。

## 五、多阶段抽样

### （一）多阶段抽样的概念

多阶段抽样是指将抽样过程分阶段进行，先抽总体中某种大范围的单位，再从中选取较小范围的单位，以此类推，最后从更小范围的单位中抽选样本的基本单位，分阶段完成抽样的组织工作。例如，我国农产品产量抽样调查可以按照行政区域划分层次，从省中抽县，从县中抽乡，从乡中抽村，从村中抽地；然后，对抽中的地块进行实割实测，计算样本的平均亩产量，再逐级向上估算平均亩产量，推算该省的总产量。

### （二）多阶段抽样具体操作过程

第一阶段，将总体分为若干个一阶抽样单元，从中抽选若干个一阶抽样单元作为样本。

第二阶段，将入样的每个一阶单元分成若干个二阶抽样单元，从入样的每个一阶单元中各抽选若干个二阶抽样单元入样。以此类推，直到获得最终样本。

如果我们面对的一阶单元内总体基本单元数相当大，则做全面的调查就会比较困难，或者一阶单元内各二阶单元可以给出相近的结果，做全面的调查又无必要，此时，从费用和抽样估计效率考虑，便可以从总体中随机抽取一部分一阶单元，然后再从被抽中的一阶单元内随机抽取部分二阶单元并对它们做全面调查。这种抽样技术称为两阶段抽样。

如果在被抽中的二阶单元中再抽取部分三阶单元组成样本，并对抽中的三阶单元进行全面的调查，就是三阶段抽样。类似地，可以定义四阶段抽样或更高阶的抽样。通常将两阶以上的抽样称为多阶段抽样。多阶段抽样过程所划分的阶段数不宜过多，一般以两三个阶段为宜，最多 4 个阶段。

需要指出的是，多阶段抽样中的各阶段既可以采用不同的抽样方法，也可采用同种抽样方法，要视具体情况和要求而定。

在两阶段抽样中，总体各一阶段单元所包含的二阶段单元数有相等和不相等两种情况：前者无论在样本的抽取还是在指标的估算方面都相对比较简单，然而在抽样实践中却很少有这种情况存在，但作为基本方法仍然有其实际意义；后者在抽样和指标的估算方法上都较为复杂，然而在实际中普遍存在。多阶段抽样的组织工作较复杂，但样本的代表性较高，在实际中应用广泛。

在多阶段抽样过程中需要注意：第一，应当适当地多抽一阶段的群数，使样本在总体中分布相对均匀；第二，根据方差的大小考虑各阶段抽取的群数，群间方差大的阶段，适当多抽取一些群数，群间方差小的阶段可以少抽取群数；第三，各阶段抽样时，可以根据条件将各种抽样组织方式综合运用，并尽可能利用现有的资料。

### （三）多阶段抽样与整群抽样和分层抽样的区别

多阶段抽样既区别于分层抽样，也区别于整群抽样。其优点在于适用于抽样调查的面特别广，没有一个包括所有总体单位的抽样框，或者总体范围太大，无法直接抽取样本等情况，所示可以相对节省调查费用；主要缺点是抽样时较为麻烦，而且从样本出发对总体的估计比较复杂。

将总体分为若干个一阶单元，如果在每个一阶单元中都随机抽取部分二阶单元，则由这些二阶单元中的总体基本单元组成的样本，在抽样的方式上就相当于分层抽样；如果在全部的一阶单元中只抽取了部分一阶单元，并对抽中的一阶单元中的所有的基本单元都做全面调查，则这就是整群抽样。

因此，分层抽样实际是第一阶抽样比为100%时的一种特殊的两阶段抽样；整群抽样实际上是第二阶抽样比为100%时的一种特殊的两阶段抽样，故也称单级整群抽样。整群抽样是对总体中抽取的每个样本群体所包含的基本单元进行全面调查；多阶段抽样是把总体中所有的群体视为一阶单元，对每个被抽中的一阶单元所包含的二阶单元（即基本单位）不是进行全面的调查，而是再进行一次抽样调查（也称抽子样本）。多阶段抽样产生二阶样本，最后综合估算出总的一阶样本指标。至于在综合估算的方式、方法上，多阶段抽样与整群抽样也是极其相似的，只不过前者是对被抽一阶单元的样本指标进行综合估算，后者是对被抽样群体单元的全体指标进行综合估算。

多阶段抽样与分层抽样也有区别，主要体现在：分层抽样是对总体中的每个一阶样本群体进行全面入样，再对所有的样本进行抽查；多阶段抽样是把总体中所有的群体视为一阶单元，对这些一阶单元进行抽样，将抽出的样本再次进行抽样（两次都不是进行全面的调查），产生二阶样本，最后综合估算出总的一阶样本指标。

### （四）多阶段抽样的特点

① 便于组织抽样。当总体单元数目很大、分布很广时，如果采用简单随机抽样，则编制全体总体单元的抽样框和现场实施随机抽样都是相当困难的；如果采用等距抽样，则需要将全部总体单元进行有序排列并等距抽取，也是很困难的；如果采用分层抽样，则为提高抽样估计效率，需要掌握全部总体单元的有关资料，按照分层的原则进行分层，然后到各层中去抽样，这一分层和大范围抽样的工作是很繁重的；如果采用单级整群抽样，则也需要掌握全部总体单元的有关资料，按分群的原则分群并在抽中的群内做全面调查，这一分群和在群内做全面调查的工作量也是很庞大的。例如，我国有一亿八千万个农户，为做农村住户调查，如果按上述几种方式进行抽样，则其工作量之大是难以想象的。

如果采用多阶段抽样，就可避免上述抽样技术中的麻烦。它可按现有的行政区域或地理区域划分为各阶段的抽样单元，从而简化抽样框的编制，便于样本单元的抽取，使整个抽样调查的组织工作容易进行。多阶段抽样既保持了单级整群抽样的优点，又克服了它的缺点。

② 抽样方式灵活，有利于提高抽样的估计效率。在多阶段抽样中，各阶段既可以采用同一种抽样方法，也可以根据各阶单元的分布情况采用不同的抽样方法。同时，还可以根据各阶单元分布情况的不同安排不同的抽样比。

③ 多阶段抽样对基本调查单元的抽选不是一步到位的，至少要经过两步抽样。这也是多阶段抽样与单阶抽样的区别所在。因此，多阶段抽样的随机性体现在每阶单元的抽选上。而在各阶段可以充分利用辅助信息来增加效率。但由于在现实中，各阶段单元大小相等的情形又几乎是不存在的，所以对于各阶段单元大小不等的多阶段抽样，如何保证每个基本单元都有相同的可能性被抽中，是一个较为复杂的问题，有待进一步探讨。

④ 多阶段抽样实质上是分层抽样与整群抽样的有机结合。以两阶段抽样为例，从总体上所有一阶单元中抽取一部分单元，相当于从总体所有群中抽取部分群的整群抽样；在每个抽中的一阶单元中分别抽取部分二阶单元，就相当于分层抽样。也就是先整群，后分层。

⑤ 多阶段抽样在抽样时并不需要二阶或更低阶单元的抽样框。对于第一阶抽样，初阶单元的抽样框是必要的。在以后的各阶段抽样中，仅仅需要对那些已抽中的单元准备下一阶单元的抽样框。

⑥ 多阶段抽样还可用于“散料”的抽样，即散料抽样。所谓“散料”，是指连续松散的、不易区分的个体或抽样单元的材料，如一堆煤、一车水泥等。对于散料，抽样单元既可以人为划分，也可以取其自然的单位。进行散料抽样时，一阶单元是自然或人为划分的分装（如一袋水泥），二阶单元则是从分装中抽取一定数量（如 1 千克）的样本做调查。

### （五）多阶段抽样的抽样误差计算

多阶段抽样过程中，前面几个阶段类似于整群抽样，最后一个阶段类似分层抽样或等距抽样，每个阶段都会产生抽样误差。下面以两阶段抽样为例介绍多阶段抽样误差的计算。

从总体 $R$ 个群中随机抽取 $r$ 个群，并从 $r$ 群中的 $M$ 个单位抽取 $m$ 个单位构成样本。那么，样本平均数的计算过程为：

首先计算第 $i$ 个群的样本平均数：

$$\bar{x}_i=\frac{\sum_{j=1}^{m}x_{ij}}{m}$$

则样本的平均数为：

$$\bar{x}=\frac{\sum_{i=1}^{r}\sum_{j=1}^{m}x_{ij}}{rm}=\frac{\sum_{i=1}^{r}\bar{x}_i}{r}$$

式中，$m$ 为第 $i$ 个群的样本单位数，而样本中共包含 $r$ 个群。

两阶段抽样的抽样平均误差由两部分组成：第一部分是第一阶段从总体全部群中抽取部分群而引起的群间方差，而第二部分是第二阶段在选中的群中抽取部分单位而引起的群内平均误差。

从总体 $R$ 个群中随机抽取 $r$ 个群，并从 $r$ 群中的 $M$ 个单位抽取 $m$ 个单位构成样本的过程中，抽样平均误差为两阶段抽样平均误差的和，可以表示为：

$$\mu_{\bar{x}}=\sqrt{\frac{\delta^2}{r}\left(\frac{R-r}{R-1}\right)+\frac{\bar{\sigma}^2}{rm}\left(\frac{M-m}{M-1}\right)}$$

式中，$\delta^2=\dfrac{\sum(\bar{x}_i-\bar{x})^2}{r}$ 为群内平均数的群间方差；$\bar{\sigma}^2=\dfrac{\sum_{i=1}^{r}\sigma_i^2}{r}$ 为各群内方差的平均值。

以上公式在应用的时候，在得不到总体资料的情况下，可以用样本资料来计算。

**例 5-10**　某地区共有 30 000 户居民，先将居民分成为 100 个群，每个群包含 300 户。为了调查居民的月收入水平，采用两阶段抽样方法。先从 100 个群里抽取得到 6 个群，然后再以住户为单位抽取具体单位，抽取的群里每群抽取 3 户进行入户调查获得月收入水平数据。要求计算两阶段样本的抽样平均误差，并以 95%的概率保证程度推断地区居民户月平均收入水平。

数据资料及计算如表 5.6 所示。

**表 5.6　多阶段抽样样本数据**

| 抽中的群编号 | 每户的月平均收入/元 | 样本平均数 | 样本平均数的离差 | 离差的平方 |
|---|---|---|---|---|
| 1 | 3 000 | 3 266.7 | −266.7 | 71 128.89 |
| | 3 300 | | 33.3 | 1 108.89 |
| | 3 500 | | 233.3 | 54 428.89 |
| 2 | 3 300 | 3 500 | −200 | 40 000 |
| | 3 400 | | −100 | 10 000 |
| | 3 800 | | 300 | 90 000 |
| 3 | 3 700 | 3 933.3 | −233.3 | 54 428.89 |
| | 3 900 | | −33.3 | 1 108.89 |
| | 4 200 | | 266.7 | 71 128.89 |

（续表）

| 抽中的群编号 | 每户的月平均收入/元 | 样本平均数 | 样本平均数的离差 | 离差的平方 |
|---|---|---|---|---|
| 4 | 4 180<br>4 340<br>4 500 | 4 340 | −160<br>0<br>160 | 25 600<br>0<br>25 600 |
| 5 | 4 620<br>4 840<br>5 100 | 4 853.3 | −233.3<br>−13.3<br>246.7 | 54 428.89<br>176.89<br>60 860.89 |
| 6 | 5 070<br>5 250<br>6 000 | 5 440 | −370<br>−190<br>560 | 136 900<br>36 100<br>313 600 |

样本的平均数为：

$$\overline{x}=\frac{\sum_{i=1}^{r}\overline{x}_i}{r}=\frac{3\,266.7+3\,500+3\,933.3+4\,340+4\,853.3+5\,440}{6}=4\,222.2$$

各个群内的方差计算公式为：

$$\sigma_1^2=\frac{71\,128.89+1\,108.89+54\,428.89}{3}=42\,222$$

$$\sigma_2^2=\frac{40\,000+10\,000+90\,000}{3}=46\,667$$

$$\sigma_3^2=\frac{54\,428.89+1\,108.89+71\,128.89}{3}=42\,222$$

$$\sigma_4^2=\frac{25\,600+0+25\,600}{3}=17\,067$$

$$\sigma_5^2=\frac{54\,428.89+176.89+60\,860}{3}=38\,489$$

$$\sigma_6^2=\frac{136\,900+36\,100+313\,600}{3}=162\,200$$

各个群内方差的平均值为：

$$\overline{\sigma}^2=\frac{\sum_{i=1}^{r}\sigma_i^2}{r}=\frac{42\,222+46\,667+42\,222+17\,067+38\,489+162\,200}{6}=58\,145$$

得到每个群的群内方差为：

$$\delta^2=\frac{\sum(\overline{x}_i-\overline{x})^2}{r}$$

$$=\frac{(3\,266.7-4\,222.2)^2+(3\,500-4\,222.2)^2+(3\,933.3-4\,222.2)^2}{6}+$$

$$\frac{(4\,340-4\,222.2)^2+(4\,853.3-4\,222.2)^2+(5\,440-4\,222.2)^2}{6}$$

$$=568\,870$$

两阶段抽样样本平均数的抽样方差为:

$$\mu_{\bar{x}}=\sqrt{\frac{\delta^2}{r}\left(\frac{R-r}{R-1}\right)+\frac{\bar{\sigma}^2}{rm}\left(\frac{M-m}{M-1}\right)}$$

$$=\sqrt{\frac{568\,870}{6}\times\left(\frac{100-6}{100-1}\right)+\frac{58\,145}{6\times3}\times\left(\frac{300-3}{300-1}\right)}$$

$$=\sqrt{90\,023+3\,209}=305.3$$

由此得到在95%的概率保证程度下，该地区居民户均收入水平为:

$$\bar{x}\pm1.96\mu_{\bar{x}}=4\,222.2\pm1.96\times305.3$$

$$=4\,222.2\pm598.4(\text{元})$$

也就是说，在95%的概率保证程度下，每户居民的月平均收入应该在3 623.80～4 820.60元。

## 阅读材料

### 公司总经理的报酬是多少

公司总经理的报酬是多少？为了回答这个问题，美国的《商业周刊》杂志每年都要对公司总经理做一次调查。在1994年，这家杂志曾调查了360家公司的总经理，表5.7是其中20家大公司总经理1993年的总收入（薪金、各种费用、红利等）。而这些数据代表了美国高收入公司总经理在1993年的一个样本。得到该数据后，《商业周刊》杂志进行了初步的统计推断并对这个问题进行了回答。

**表5.7　20家大公司总经理1993年的总收入**

| 序　号 | 公司总经理（公司） | 1993年总收入/千美元 |
|---|---|---|
| 1 | 迈克尔·埃斯纳（沃尔特·迪士尼） | 203 001 |
| 2 | 桑福德·威尔（旅行者） | 52 810 |
| 3 | 约瑟夫·海德（奥托佐思） | 32 220 |
| 4 | 查尔斯·马修森（国际对策技术） | 22 230 |
| 5 | 阿兰·格林伯格（斯蒂恩斯啤酒） | 15 915 |
| 6 | 休曾格（布洛克布斯特） | 15 557 |
| 7 | 诺尔曼·布林克（国际布林克） | 14 925 |
| 8 | 罗伯托·高佐塔（可口可乐） | 14 513 |
| 9 | 罗伯特·基德（金霸王电池） | 14 172 |
| 10 | 托马斯·哈恩（太平洋佐治亚） | 13 680 |
| 11 | 亚特·沃特（通用机械） | 13 177 |
| 12 | 詹姆斯·摩根（应用材料） | 12 833 |
| 13 | 里查得·詹里特（公平公司） | 12 380 |
| 14 | 哈里·默罗（太平洋路易斯安那） | 12 051 |
| 15 | 约翰·布赖恩（萨拉李） | 11 889 |

（续表）

| 序　号 | 公司总经理（公司） | 1993 年总收入/千美元 |
|---|---|---|
| 16 | 戴维·魏特曼（惠尔普尔） | 11 837 |
| 17 | 查尔斯·桑福德（信孚银行） | 11 811 |
| 18 | 弗朗克·卡霍特（梅隆银行） | 11 516 |
| 19 | 沃尔特·桑德斯（高级微型机械） | 11 488 |
| 20 | 斯坦利·高尔特（固特异） | 11 278 |

从推断结果看，美国 1993 年总经理的平均收入水平是 25 964.70 千美元，标准差为 42 807.80 千美元。可见，不同公司的总经理收入水平差别较大。由于 $n$=20，所以如果薪金近似服从正态分布，则（25 964.70−20 034.40,25 964.70+20 034.40），即这些高收入公司总经理中 95%的人，1993年的平均收入都在上述区间范围内。但是该置信区间有效的条件就是这些高收入公司总经理薪金近似服从正态分布。然而从数据的基本分布特征上看，因为这 20位总经理样本并非随机抽取，而是从高到低的顺序获得的数据，所以这个高收入置信区间有可能右偏，对于推断结果来说并不具有一般和典型意义。

**思考：**为什么对公司总经理的报酬的推断不具有一般和典型意义？怎么做才能保证推断的可靠度？

## 本章小结

- 抽样的概念
  - 基本概念
    - 样本量
    - 样本数目
    - 概率保证程度
    - 概率度
  - 抽样方法
    - 重复抽样
    - 不重复抽样
  - 抽样推断的理论基础
    - 大数律
    - 中心极限定理
  - 抽样估计的优良标准
    - 无偏性
    - 一致性
    - 有效性
  - 抽样组织形式
    - 简单随机抽样
    - 类型抽样
    - 等距抽样
    - 整群抽样
    - 多阶段抽样

- 抽样误差⇒随机性误差
  - 影响抽样误差的因素
    - 样本容量的大小
    - 总体的标志变异程度
    - 抽样组织方式和抽样方法
  - 抽样平均误差
    - 重复抽样
      - $\mu_{\bar{x}}=\dfrac{\sigma}{\sqrt{n}}$
      - $\mu_p=\sqrt{\dfrac{p(1-p)}{n}}$
    - 不重复抽样
      - $\mu_{\bar{x}}=\sqrt{\dfrac{\sigma^2}{n}\left(\dfrac{N-n}{N-1}\right)}$
      - $\mu_p=\sqrt{\dfrac{p(1-p)}{n}\left(\dfrac{N-n}{N-1}\right)}$
  - 抽样极限误差
    - $\Delta_{\bar{x}}=t\mu_{\bar{x}}$
    - $\Delta_p=t\mu_p$

- 抽样推断
  - 点估计
    - $\bar{x}=\bar{X}$
    - $p=P$
  - 区间估计
    - $\bar{x}-\Delta_{\bar{x}}\leqslant\bar{X}\leqslant\bar{x}+\Delta_{\bar{x}}$
    - $p-\Delta_p\leqslant P\leqslant p+\Delta_p$

## 本章疑难问题解答

### 一、点估计和区间估计的含义与方法

点估计是以抽样得到的样本指标作为总体指标的估计值，同时给出极限误差和相应的可靠程度的一种估计方法。区间估计是根据一定的精确度和可靠程度的要求，用样本指标和抽样误差去推断总体指标的可能范围的一种估计方法。

1. 第一套模式是根据已经给定的抽样极限误差范围，求概率保证程度，即已知抽样极限误差$\Delta$，求概率保证程度$F(t)$。具体计算过程可以总结为：

（1）抽取样本，计算样本平均数（或样本成数），以此作为总体平均数（或总体成数）的估计值，并计算样本标准差，以此推算抽样平均误差。

（2）根据给定的抽样极限误差范围，估计总体平均数（或总体成数）的下限和上限。

（3）将抽样极限误差除以抽样平均误差，求出概率度$t$值，再根据$t$值查概率表，求出相应的概率保证程度。

2. 第二套模式是根据给定的概率保证程度来估计极限抽样误差的可能范围，即已知$F(t)$，求抽样极限误差$\Delta$。具体计算过程可以总结为：

（1）抽取样本，计算样本平均数（或样本成数），以此作为总体平均数（总体成数）的估计值，并计算样本标准差，以此推算抽样平均误差。

（2）根据给定的概率保证程度，查概率表求出概率度值。

（3）根据概率度和抽样平均误差，计算抽样极限误差的可能范围，并据此计算被估计的总体平均数（或总体成数）上下限。

### 二、必要抽样数目的确定方法

影响必要抽样数目的因素主要有：

1. 总体被研究标志的变异程度。总体的标志变异程度越大，需要的抽样单位数越多。

2. 允许误差的大小。允许的误差越小，需要的抽样单位数越多。

3. 可靠程度的高低。可靠程度的要求越高，需要的抽样单位数越多。

4. 抽样方法与组织形式的不同。相对于不重复抽样，重复抽样需要多抽些样本单位。类型抽样和等距抽样比简单随机抽样需要的样本单位数少，整群抽样比单个抽样需要抽取的样本单位数多。

5. 人力、物力和财力的允许条件。在人力、物力和财力允许的前提下可多抽取单位数。

**三、类型抽样下抽样平均误差的计算方法**

类型抽样的抽样平均误差取决于各组样本单位数的总和和各组的组内方差的平均数。因此，测定平均数指标时，计算抽样误差将采用如下所示的计算公式。

重复抽样下

$$\mu_{\bar{x}}=\sqrt{\frac{\overline{\sigma_i^2}}{n}}$$

$$\overline{\sigma_i^2}=\frac{\sum\sigma_i^2 n_i}{n}$$

不重复抽样下

$$\mu_{\bar{x}}=\sqrt{\frac{\overline{\sigma_i^2}}{n}\left(1-\frac{n}{N}\right)}$$

类型抽样成数的抽样平均误差如下。

重复抽样下

$$\mu_p=\sqrt{\frac{\overline{p(1-p)}}{n}}$$

不重复抽样下

$$\mu_p=\sqrt{\frac{\overline{p(1-p)}}{n}\left(1-\frac{n}{N}\right)}$$

## 练习题

**一、填空题**

1. 根据抽样方式不同，抽样方法有（　　）和（　　）两种。

2. 抽样调查的组织方式主要有（　　）、（　　）、（　　）和（　　）4种。

3. 某校调查英语成绩，将学生按分数从高到低排序，每隔10个同学抽取一个分数，这种抽样调查方式为（　　）。

4. 抽样指标与总体指标误差的一般水平是指（　　）。

5. 样本指标和总体指标之间可允许的误差范围是指（　　）。

6. 有500件商品，随机抽取50件，其中有2件不合格。如果为重复抽样，则商品合格率的平均误差是（　　）；如果为不重复抽样，则商品合格率的平均误差是（　　）。

7. 样本指标和总体指标之间的绝对离差为（　　）。

8. 在纯随机重复抽样条件下，如果其他条件不变，抽样平均误差缩小1/2，则样本单位数为原来的（　　）。

9. 在区间估计中，可靠程度与准确程度的关系是可靠程度越高，准确程度（　　）。

## 二、单项选择题

1. 抽样误差是（　　）。

A. 登记性误差　　B. 偏差　　C. 随机性误差　　D. 计算误差

2. 重复抽样和不重复抽样形成的样本平均数的平均数与总体平均数的关系是（　　）。

A. 两者相等　　B. 两者不一定相等　　C. 前者大于后者　　D. 前者小于后者

3. 抽样估计的有效性是指作为优良估计量的方差，应该比其他估计量的方差（　　）。

A. 大　　B. 小　　C. 相等　　D. 无关

4. 在简单随机重复抽样情况下，为使抽样误差减少 3/4，则抽样单位数必须是原来的（　　）。

A. 4倍　　B. 3/4　　C. 9/16　　D. 16倍

5. 当抽样单位数增加 3倍时，抽样平均误差比原来（　　）。

A. 减小 1/2　　B. 增加 1/2　　C. 减少 1/3　　D. 增加 1/3

6. 在抽样推断中，要提高推断的可靠程度，必须（　　）。

A. 缩小误差范围　　B. 扩大误差范围

C. 确定总体指标的所在范围　　D. 是绝对可靠的范围

7. 当概率保证程度为 0.954 5时，抽样平均误差比抽样极限误差（　　）。

A. 大 2倍　　B. 小 2倍

C. 前者是后者的 1/2　　D. 后者是前者的 1/2

8. 抽样误差的大小（　　）。

A. 既可以避免，也可以控制　　B. 可以避免，但无法控制

C. 既无法避免，也无法控制　　D. 无法避免，但可以控制

9. 抽样误差和标准差的关系是（　　）。

A. 反比　　B. 正比　　C. 相反　　D. 相等

## 三、多项选择题

1. 缩小抽样误差的途径有（　　）。

A. 减小总体方差　　B. 将不重复抽样改为重复抽样

C. 增加样本单位数　　D. 减少样本单位数　　E. 将重复抽样改为不重复抽样

2. 抽取样本的方法有（　　）。

A. 简单随机抽样　　B. 类型抽样　　C. 重复抽样

D. 等距抽样　　E. 不重复抽样

3. 抽样的组织方式有（　　）。

A. 纯随机抽料　　B. 类型抽样　　C. 整群抽样

D. 等距抽样　　E. 阶段抽样

4. 影响样本单位数多少的因素有（　　）。

A. 总体的变异程度　　B. 所要求的把握程度大小

C. 极限误差的大小　　D. 抽样的组织方式　　E. 抽取样本的方法

5. 影响平均抽样误差大小的因素有（　　）。

A. 总体的变异程度　　B. 抽取样本的方法　　C. 抽样的组织方式

D. 样本单位数的多少　　E. 是有限总体还是无限总体

6. 抽样推断中的抽样误差（　　）。

A. 是不可避免要产生的　　B. 是可以通过改进调查方法消除的

C. 只能在调查后才能计算　　D. 既不能减小，也不能消除

E. 其大小是可以控制的

7. 衡量估计量是否优良的标准有（　　　　）。

A. 无偏性　B. 随机性　C. 一致性　D. 有效性　E. 有偏性

8. 抽样推断可靠程度的提高，必须（　　　　）。

A. 降低概率度　B. 扩大估计值的误差范围

C. 提高概率度　D. 增加样本容量　E. 缩小估计值的误差范围

9. 影响抽样误差大小的因素有（　　　　）。

A. 抽样数目的多少　B. 总体被研究标志的变异程度

C. 总体单位数多少　D. 抽样方法不同　E. 抽样组织形式不同

10. 抽样估计的优良标准是（　　　　）。

A. 真实性　B. 无偏性　C. 一致性　D. 有效性　E. 可靠性

**四、判断题**

1. 抽样推断的目的是用样本指标从数量上推断总体指标。（　）

2. 在样本未抽定之前，样本指标是唯一确定的。（　）

3. 对各种不同型号的电冰箱进行使用寿命的检查，最好的方法是抽样推断。（　）

4. 点估计是直接用样本指标代替总体指标。（　）

5. 某厂产品质量检查，按连续生产时间顺序每20小时抽取1小时的全部产品进行检验，这种方式是等距抽样。（　）

6. 抽样平均误差一定时，概率保证程度越大，推断的准确度越高。（　）

7. 在极限误差一定的情况下，概率度增大，抽样平均误差不变。（　）

8. 如果样本指标的平均数等于总体指标，则这个样本指标就是总体指标的一致估计量。（　）

9. 在其他条件一定时，重复抽样的抽样平均误差大于不重复抽样的抽样平均误差。（　）

10. 在其他条件一定时，按有关标志排队的等距抽样的抽样平均误差大于按无关标志排队的抽样平均误差。（　）

**五、问答题**

1. 衡量估计量是否优良的标准有哪些？抽样平均数的估计为什么会符合优良标准？

2. 说明区间估计的基本原理。

3. 抽样各组织方式有什么特点？

**六、计算题**

1. 工商部门对某超市经销的小包装休闲食品进行重量合格抽查，规定每包重量不低于30克，在1 000包食品中抽1%进行检验，结果如下表所示。

| 按重量分组/克 | 包数/包 |
|---|---|
| 26～27 | 1 |
| 27～28 | 3 |
| 28～29 | 3 |
| 29～30 | 2 |
| 30～31 | 1 |
| 合　计 | 10 |

试以95.45%的概率保证程度（$t$=2）推算:

（1）这批食品的平均包装重量是否符合规定要求？

（2）假定每包食品重量低于30克为不合格，求合格率的范围。

2. 某工厂有1 000名工人，随机抽取100名工人调查其工资收入水平，经计算得到月平均工资为6 500元，标准差为500元，请以95.45%的概率保证程度推断该工厂工人的月平均工资。

3. 某高校有4 500名学生，随机抽取其中的20%，调查其在校期间撰写论文及调查报告情况，所得数据如下表所示。

| 撰写论文篇数/篇 | 学生人数所占比重/% |
|---|---|
| 4以下 | 8 |
| 4～6 | 22 |
| 6～8 | 40 |
| 8～10 | 25 |
| 10以上 | 5 |
| 合　计 | 10 |

试以95.45%的概率保证程度（$t$=2）推算：

（1）全校学生在校期间平均每人撰写论文篇数。

（2）撰写论文篇数在6篇以上的人数比重。

4. 某工厂对产品进行质量检测，要求概率保证程度为0.682 7，抽样误差范围不超过0.015，并已知过去调查过程中发现产品的不合格率分别为1.25%、1.83%和2%。

要求：

（1）计算必要抽样单位数。

（2）假定其他条件不变，现在要求抽样误差范围不超过3%，也就是原来的2倍，那么必要抽样单位数变为多少？

# 第六章

# 相关分析与回归分析

**教学目标**

1. 掌握相关分析和回归分析的含义。
2. 理解相关分析和回归分析的区别。
3. 正确开展相关分析和回归分析过程并得到分析结论。

## 引导案例

回归是由英国著名生物学家兼统计学家高尔顿（Francis Galton，1822—1911年）在研究人类遗传问题时提出来的。高尔顿后来也被称为现代回归技术的创始人。为了研究父代与子代身高的关系，高尔顿搜集了 1 078对父亲及其儿子的身高数据，发现这些数据的散点图大致呈直线状态。也就是说，总的趋势是父亲的身高增加时，儿子的身高也倾向于增加。高尔顿还对试验数据进行了深入的分析，发现了一个很有趣的现象——回归效应。因为当父亲高于平均身高时，他儿子身高比他更高的概率要小于比他更矮的概率；父亲矮于平均身高时，他儿子身高比他更矮的概率要小于比他更高的概率。它反映了一个规律，即这两种身高父亲的儿子的身高有向他们父辈的平均身高回归的趋势。对于这个一般结论的解释是：大自然具有一种约束力，使人类身高的分布相对稳定而不产生两极分化。这就是所谓的回归效应。

高尔顿将儿子与父亲身高的这种现象拟合出一种线形关系，并通过分析后得到结论：假如父辈的平均身高为 1.75米，则预测儿子的身高为 1.759 7米；同时，通过回归方程表明父亲身高每增加一个单位时，其成年儿子的身高平均增加 0.516个单位。这就是回归一词最初在遗传学上的含义。

正如高尔顿所言，在第一次考试中成绩较差的和较好的那些学生在第二次考试中倾向于有更好或更差的成绩（比较接近所有学生的平均成绩）。平均来说，第一年利润最低的公司第二年不会最差，而第一年利润最高的公司第二年则不会是最好的。怎么解释这一现象呢?

到目前为止，我们所研究的均为一元数据，即样本观测值来自一个变量，而从本章开始，我们要考虑二元数据，即样本观测值来自于两个变量。例如，研究城镇居民消费，考虑收入水平的变化对消费水平的影响，我们可以随机抽取 $n$ 个样本，观测每个个体家庭的收入水平和消费水平，获得两个变量的数据，并开展进一步的分析。

研究两个变量之间的关系，一般采用相关分析或回归分析：相关分析是研究两个变量间相关程度的，两个变量都假定为随机变量；而在回归分析中，一个变量视为自变量，另一个变量为因变量。自变量不一定是随机变量，而因变量假定为随机变量。回归分析的主要目的是给出一个描述两者关系的数学方程，这个方程可以用来当已知自变量的值时，预测因变量的值。

要分析两个变量之间的关系，首先要构造样本数据的散点图。如果所有的点散布成一条直线，就可以认为两个变量间具有线性关系，否则两个变量不具有线性关系。本章我们首先来研究线性关系。

# 第一节　相关分析

## 一、相关关系概念及分类

自然界和人类社会中的很多事物和现象之间往往存在相互联系，它们彼此之间相互依赖或相互制约。现象之间的相互联系通常可以通过数量关系反映。现象之间的联系可以分为两类：函数关系和相关关系。

### （一）函数关系

函数关系反映现象之间存在着严格的依存关系，也就是具有确定性的对应关系，这种关系可用一个数学表达式反映出来。例如，某种商品的销售额和销售量之间由于存在价格因素，所以两者可表现为严格的依存关系。这就是说，在销售价格不变的情况下，对于该商品的某一销售量总有一个销售额与之对应，即销售额完全由销售量所确定，两者之间为线性函数关系。在自然界中，也广泛存在着函数关系。例如，圆的面积随半径的大小而变动。

### （二）相关关系

相关关系反映现象之间确实存在，而数量上不严格和不固定的依存关系。也就是说，两者之间不具有确定性的对应关系。这种关系有两个明显特点：

① 相关关系是指现象之间确实存在数量上的依存关系，即某一社会经济现象变化会引起另一社会经济现象的变化。例如，个子较高的人往往体重也会比较大、劳动生产率的提升会带来成本的降低等。在具有相互依存关系的两个变量中，作为根据的变量称为自变量，一般用 $x$ 表示；发生对应变化的变量称为因变量，一般用 $y$ 表示。

② 现象之间的这种依存关系是不严格的，即无法用数学公式表示。在相关关系中，某一自变量可以有多个因变量与之对应，并且数值之间存在一定的波动性。例如，耕地的施肥量和亩产量之间存在一定的依存关系。一般情况下，施肥量增加，亩产量会提高。但施肥量和亩产量数值之间的关系并不是严格的依存关系，因为对于产量来讲，除了受到施肥量影响，还有很多其他因素的影响。因此，即使施肥量相同，亩产量也不会完全相等。再如，收入水平和消费水平之间也存在一定的依存关系。一般情况下，收入水平高，消费水平也会较高。但收入水平和消费水平之间的关系也不是严格的依存关系。

思考：现实经济现象间的关系更多的是属于哪种关系类型？

## 二、相关关系的种类

现象间的相关关系往往是十分复杂的，以不同的方向和不同程度相互作用，并表现出具体的类型和形态。

### （一）按相关关系涉及的因素多少来划分

按这种方式，可划分为单相关和复相关。

① 两个因素之间的相关关系称为单相关，即只涉及一个自变量和一个因变量。

② 3 个或 3 个以上因素的相关关系称为复相关或多元相关，即涉及两个或两个以上的自变量和因变量。

在实际工作中，如果存在多个自变量，则可抓住其中主要的自变量，研究其相关关系，而保持另外一些因素不变，这时复相关即可转化为偏相关。

### （二）按相关关系的方向来划分

按这种方式，可划分为正相关和负相关。

① 正相关是指两个相关现象变化的方向是一致的。

② 负相关是指两个相关现象变化的方向是相反的。

如图 6.1 所示的散点图分别表明两个现象之间存在正相关和负相关。

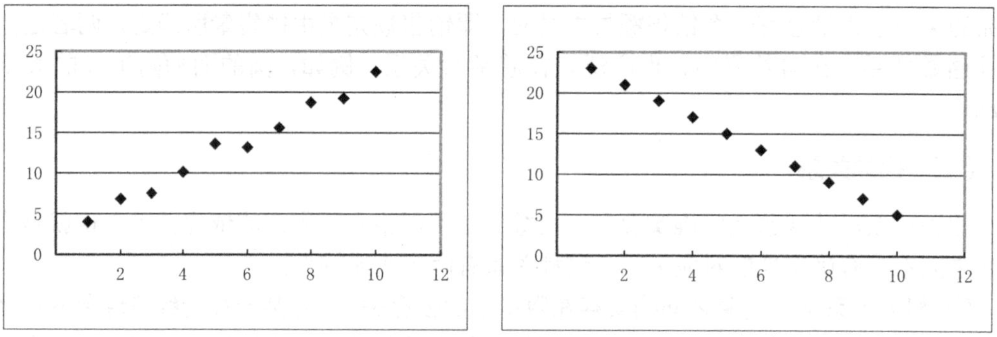


**图 6.1　正相关和负相关**

### （三）按相关关系的形式来划分

可划分为直线相关和非线性相关。

① 直线相关是指两个相关现象之间，当自变量 $x$ 的数值发生变动时，因变量 $y$ 随之发生近似于固定比例的变动。由于其在相关图上的散点近似地表现为直线形式，因此称其为直线相关关系。

② 非线性相关是指两个相关现象之间，当自变量 $x$ 的数值发生变动时，因变量 $y$ 也随之发生变动，但这种变动在数值上不成固定比例，在相关图上的散点可表现为抛物线、指数曲线、双曲线等形式。

如图 6.2 所示的散点图中分别表示两个现象之间存在直线相关和非线性相关。

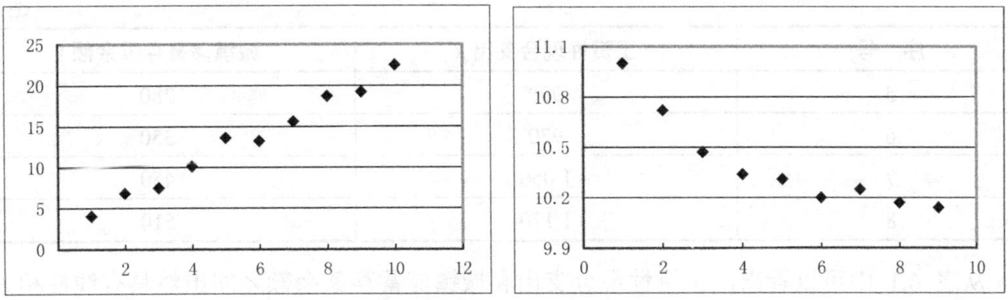

**图 6.2　直线相关和非线性相关**

### （四）按相关程度划分

按这种方式，可划分为完全相关、不完全相关和不相关。

① 完全相关就是相关现象之间的关系是完全确定的关系，因而完全相关关系就是函数关系。

② 不相关是指两个现象之间在数量的变化上各自独立，互不影响。

不完全相关就是介于完全相关和不相关之间的一种相关关系。

相关分析的对象主要是不完全相关关系。

## 三、相关关系的判断

判断现象间的相关关系一般需要进行定性分析，然后再做定量分析。定性分析是根据经济理论、有关专业知识和实际工作经验等进行科学的分析研究，初步确定现象间是否存在一定程度的关系。如果有，则进一步获取数据，将其制作成相关表或散点图，直观地判断现象间关系的特征，并可以通过计算相关系数进一步做定量分析。因此，相关分析的主要任务，概括起来有两个方面：

① 研究现象之间有无关系。这是相关分析的起点，有相互依存关系才能用相关方法进行分析，没有关系而当作有关系进行分析则会出现错误。

② 确定相关关系的密切程度。判断相关关系的密切程度的主要方法是：将自变量和因变量的数据资料制作成相关表或散点图，做出一般判断，再使用相关系数做进一步精确判定。

### （一）相关表和散点图

利用某市工资性现金支出与城镇储蓄存款余额的资料，说明简单相关表和散点图的编制方法。相关表如表 6.1 所示。

**表 6.1　某市工资性现金支出与城镇储蓄存款余额的资料**　万元

| 序　号 | 工资性现金支出 $x$ | 城镇储蓄存款余额 $y$ |
|---|---|---|
| 1 | 500 | 120 |
| 2 | 540 | 140 |
| 3 | 620 | 150 |
| 4 | 730 | 200 |

（续表）

| 序　号 | 工资性现金支出 $x$ | 城镇储蓄存款余额 $y$ |
|---|---|---|
| 5 | 900 | 280 |
| 6 | 970 | 350 |
| 7 | 1 050 | 450 |
| 8 | 1 170 | 510 |

从表 6.1 中可以看出，工资性现金支出和城镇储蓄存款余额之间虽然具有线性相关的趋势且关系比较密切，但不是很严格。

为了更直观、更清楚地展现相关表上的数据信息，可以采用图像的方式使数据呈现出来，称为相关图。

将表 6.1 中的数据做成相关图，如图 6.3 所示。

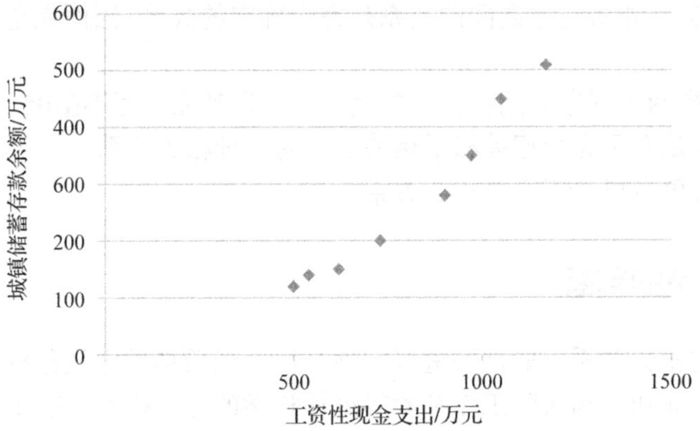


**图 6.3　工资性现金支出和城镇储蓄存款余额散点图**

从图 6.3 中可以看出，某市的工资性现金支出和城镇储蓄存款余额之间存在依存关系，但各个点不是完全在一条直线上，仅具有一个直线的基本特征。如果与某种现象相关的因素不是一个，则可以分别绘制散点图并对比各个因素，确定哪个因素是主要因素、哪个是次要因素。

无论是相关表还是相关图，只能从大体上定性地说明自变量和因变量有无关系，无法对相关关系的紧密程度进行定量的描述。因此，为进一步分析相关关系，需要运用数学解析方法构筑一个恰当的数学模型来表示相关关系及其密切程度。

### （二）相关系数

相关表和散点图对于了解相关关系是有用的，但也只是初步的判断。为了精确说明现象间的相关关系密切程度，可以计算相关系数。

相关系数 $r$ 的计算方法有以下几种。

#### 1. 积差法

$$r = \frac{\sigma_{xy}^2}{\sigma_x \sigma_y}$$

$$\sigma_{xy}^2=\frac{1}{n}\sum(x-\overline{x})(y-\overline{y})$$

式中，表示自变量序列和因变量序列的协方差$\sigma_x=\sqrt{\frac{1}{n}\sum(x-\overline{x})^2}$、$\sigma_y=\sqrt{\frac{1}{n}\sum(y-\overline{y})^2}$分别为自变量和因变量序列的标准差。因此，相关系数可以表示为：

$$r=\frac{\sum(x-\overline{x})(y-\overline{y})}{\sqrt{\sum(x-\overline{x})^2}\sqrt{\sum(y-\overline{y})^2}}$$

**例 6-1**　通过表 6.2 所示的数据来表明相关系数的计算过程。

**表 6.2　积差法的相关系数计算**

| 序号 | x/万元 | y/万元 | $x-\overline{x}$ | $y-\overline{y}$ | $(x-\overline{x})^2$ | $(y-\overline{y})^2$ | $(x-\overline{x})(y-\overline{y})$ |
|---|---|---|---|---|---|---|---|
| 1 | 500 | 120 | −310 | −155 | 96 100 | 24 025 | 48 050 |
| 2 | 540 | 140 | −270 | −135 | 72 900 | 18 225 | 36 450 |
| 3 | 620 | 150 | −190 | −125 | 36 100 | 15 625 | 23 750 |
| 4 | 730 | 200 | −80 | −75 | 6 400 | 5 625 | 6 000 |
| 5 | 900 | 280 | 90 | .5 | 8 100 | 25 | 450 |
| 6 | 970 | 350 | 160 | 75 | 25 600 | 5 625 | 12 000 |
| 7 | 1 050 | 450 | 240 | 175 | 57 600 | 30 625 | 42 000 |
| 8 | 1 170 | 510 | 360 | 235 | 129 600 | 55 225 | 84 600 |
| 合　计 | 6 480 | 2 200 | − | − | 432 400 | 155 000 | 253 300 |

$\overline{x}=\frac{\sum x}{n}=\frac{6\,480}{8}=810$（万元），　　$\overline{y}=\frac{\sum y}{n}=\frac{2\,200}{8}=275$（万元）

所以，　$r=\frac{\sum(x-\overline{x})(y-\overline{y})}{\sqrt{\sum x-\overline{x})^2}\sqrt{(\sum(y-\overline{y})^2}}=\frac{253\,300}{\sqrt{432\,400}\times\sqrt{155\,000}}=0.98$

因此，经过计算相关系数，表明该市工资性现金支出和城镇储蓄存款余额之间存在着高度正相关。

**2. 简洁法**

积差法相关系数计算过程相对复杂，需要给出两个数列的平均值和标准差等。而对于相关系数的计算还可以通过相对简洁的公式进行计算：

$$r=\frac{n\sum xy-(\sum x)(\sum y)}{\sqrt{n\sum x^2-(\sum x)^2}\sqrt{n\sum y^2-(\sum y)^2}}$$

**例 6-2**　使用简洁法计算以上数据资料，计算数据及计算过程如表 6.3 所示。

**表 6.3　使用简洁法的相关系数计算**

| 序　号 | x /万元 | y /万元 | $x^2$ | $y^2$ | xy |
|---|---|---|---|---|---|
| 1 | 500 | 120 | 250 000 | 14 400 | 60 000 |
| 2 | 540 | 140 | 291 600 | 19 600 | 75 000 |

（续表）

| 序　号 | x /万元 | y /万元 | $x^2$ | $y^2$ | xy |
|---|---|---|---|---|---|
| 3 | 620 | 150 | 384 400 | 22 500 | 93 000 |
| 4 | 730 | 200 | 532 900 | 40 000 | 146 000 |
| 5 | 900 | 280 | 810 000 | 78 400 | 252 000 |
| 6 | 970 | 350 | 940 900 | 122 500 | 339 500 |
| 7 | 1 050 | 450 | 1 102 500 | 202 500 | 472 500 |
| 8 | 1 170 | 510 | 1 368 900 | 260 100 | 596 700 |
| 合　计 | 6 480 | 2 200 | 5 681 200 | 760 000 | 2 035 300 |

由表 6.3 中的数据可以得到：

$$r=\frac{n\sum xy-\left(\sum x\right)\left(\sum y\right)}{\sqrt{n\sum x^2-\left(\sum x\right)^2}\sqrt{n\sum y^2-\left(\sum y\right)^2}}$$

$$=\frac{8\times 2\,035\,300-6\,480\times 2\,200}{\sqrt{8\times 5\,681\,200-6\,480^2}\times\sqrt{8\times 760\,000-2\,200^2}}=\frac{2\,026\,400}{1\,859\times 1\,114}=0.98$$

**3. 分组表计算的相关系数**

从单变量的分组数据也可以计算相关系数，与相关系数的简洁计算方式不同的是要进行加权处理。其基本计算公式为：

（1）积差法

$$r=\frac{\sum(x-\bar{x})(y-\bar{y})f}{\sqrt{\sum(x-\bar{x})^2 f}\sqrt{\sum(y-\bar{y})^2 f}}$$

式中，$\bar{x}=\dfrac{\sum xf}{\sum f}$，$\bar{y}=\dfrac{\sum yf}{\sum f}$。

（2）简洁法

$$r=\frac{\sum f\sum xyf-\sum xf\sum yf}{\sqrt{\sum f\sum x^2 f-\left(\sum xf\right)^2}\sqrt{\sum f\sum y^2 f-\left(\sum yf\right)^2}}$$

**4. 相关系数数值的含义**

① $|r|=1$，$x$ 与 $y$ 完全相关（函数关系）。$r=1$ 完全正相关；$r=-1$ 完全负相关。

② $|r|=0$，$x$ 与 $y$ 完全不相关（即不存在直线相关，但不排除其他类型的相关，如农作物与雨量的曲线相关）。

③ $0<|r|<1$，$x$ 与 $y$ 不完全相关。$r>0$ 正相关；$r<0$ 负相关。$r$ 取正值或负值决定于分子协方差。

④ $|r|$ 越接近 1，表明 $x$ 与 $y$ 的相关程度越高。

⑤ $|r|$ 越接近 0，表明 $x$ 与 $y$ 的相关程度越低。

**5. 依据相关系数数值大小判断相关程度的标准**

① 三级标准：$r\in(0.7,1)$，高度相关；$r\in(0.3,0.7)$，中度相关；$r\in(0,0.3)$，低度

相关。

② 四级标准：$r \in (0.8,1)$，高度相关；$r \in (0.5,0.8)$，显著相关；$r \in (0.3,0.5)$，低度相关；$r \in (0,0.3)$，不相关。

值得注意的是，无论是按三级还是四级标准进行划分，一定要遵守一条原则，即计算相关系数的原始数据应是大量的，只有如此才能确保相关系数的可靠度。

**6. 相关系数的特点**

① 在相关关系中，两个变量不必定出哪个是自变量、哪个是因变量，相关关系分析的两个变量都是随机变量。

② 相关关系中只能计算出一个相关系数 $r$。

需要特别注意的是，当通过计算两个变量的相关系数值确认存在较强的相关关系时，我们只能断定这两个变量之间存在着联系，不能认为一个变量的变化会引起另一个变量的变化，因为还有可能出现虚假相关。所谓虚假相关，顾名思义是虚假的关系，即两因素间本不存在因果关系，但根据相关系数的计算结果却被误认为存在。这种错误出现的原因包括忽略了第三方潜在因素的影响。例如，随着我国经济社会的发展，智商低的人口数量减少了，博士学位授予的人次增加了。统计研究发现两个变量之间呈现负相关关系，但两者之间未必有因果关系，所以不能认为博士增加是由于智商低的人数减少导致的，有可能仅仅是因为医疗教育事业的发展导致出现这一结果。

**思考：** 工人的技术水平提高了，使得劳动生产率提升，这种关系是否是一种正相关关系？正相关关系是否表明两个变量的变动方向都是上升的呢？

# 第二节 一元线性回归分析

第一节中我们对两种现象间关系的分析所用的是相关分析的方法。相关分析的目的在于测度变量之间的关系强度，所使用的测度工具就是相关系数。如果具有相关关系的变量之间存在着因果关系，则这时还可以使用回归分析（regression analysis）的方法来研究变量之间的依存关系。回归分析是研究一个变量关于另一个（些）变量的具体依赖关系的计算方法和理论。其目的在于通过后者的已知或设定值，去估计和（或）预测前者的（总体）均值。具体来说，回归分析方法包含以下 3 个方面的内容。

① 根据样本观察值对经济计量模型参数进行估计，求得回归方程。

② 对回归方程、参数估计值进行显著性检验。

③ 利用所求的关系式，根据一个或几个变量的取值来估计或预测另一个特定变量的取值，并给出这种估计或预测的可靠程度。

本节中我们重点关注第一个方面的内容。深入学习回归分析可以参考计量经济学等相关学科中的具体介绍。

## 一、回归模型

进行回归分析时，首先需要确定哪个变量是因变量，哪个变量是自变量。在回归分析中，被解释的变量称为因变量（dependent variable），用$y$表示；用来解释因变量的一个或多个变量称为自变量（independent variable），用$x$表示。例如，在分析收入水平对消费的影响时，目的是要预测一定的收入条件下的消费是多少。因此，消费是被预测的变量，称为因变量，而用来预测消费的收入水平就是自变量。

当回归中只涉及一个自变量时称为一元回归，如果因变量$y$和自变量$x$之间为线性关系，则称为一元线性回归。所建立的一元线性回归模型（regression model）可以表示为：

$$y_c = \beta_0 + \beta_1 x$$

式中，$y_c$表示$y$的拟合值；$x$为自变量；$\beta_0$和$\beta_1$分别为模型的参数。其中，$\beta_0$是回归直线在$y$轴上的截距；$\beta_1$是回归直线的斜率，称回归系数。回归系数表明$x$每增加一个单位因变量$y$的平均变化值：$\beta_1>0$，$x$与$y$为正相关；$\beta_1<0$，$x$与$y$为负相关。

综上所述，可见回归分析的特点为：

① 与相关分析不同的是，回归分析需要考察两个变量之间是否存在因果关系，回归分析更加关注变量之间因果关系分析。

② 两个变量之间的关系一个是自变量，另一个是因变量，分析时需要明确各自的承担者。

③ $x$和$y$两个变量存在两个关系式。

④ 直线回归方程中的回归系数表明因变量$y$对自变量$x$的回归关系，与相关系数的正负一致。

## 二、参数估计方法——最小二乘法

通常真实的总体回归直线是观测不到的。搜集得到样本数据后，通过最小二乘法计算得到如图 6.4 中所示的样本回归直线，进而通过样本回归直线估计总体回归直线。下面的讲解中提到的回归方程及回归模型都是针对样本而言的。

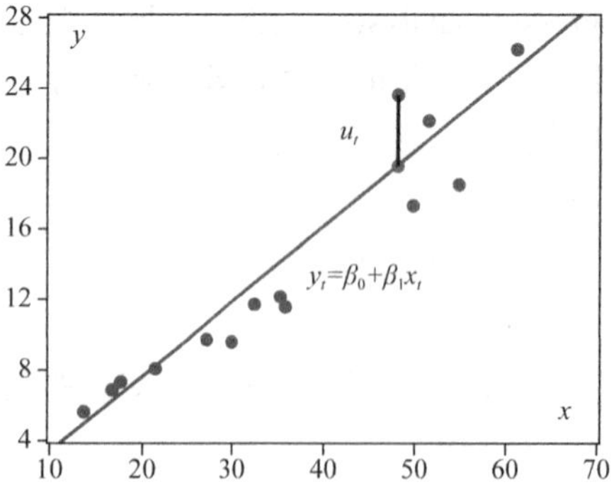


**图 6.4　最小二乘法示意图**

要估计回归方程中的这两个参数，可以采用不同的方法，在统计学中使用较多的是最小二乘法。最小二乘法是由著名的德国科学家高斯（C. F. Gauss，1777—1855 年）于 1809 年提出的。最小二乘法是基于$y$的样本观测值和拟合值$y_c$的差，也就是由残差的平方和最小的原则来确定参数$\beta_0$、$\beta_1$的方法。根据最小二乘法，基于样本数据，计算得到的参数$\beta_0$、$\beta_1$的估计值，会使得$\sum(y-y_c)^2$取得最小值。

令$Q=\sum(y-y_c)^2$，则$Q$是$\beta_0$、$\beta_1$的函数，并

且最小值总是存在。根据微积分的极值定理，对 $Q$ 函数求相对应 $\beta_0$、$\beta_1$ 的偏导数，并令其等于 0，则可以求出 $\beta_0$、$\beta_1$，即：

$$\begin{cases} \dfrac{\partial Q}{\partial \beta_0} = -2\sum(y-\beta_0-\beta_1 x)=0 \\ \dfrac{\partial Q}{\partial \beta_1} = -2\sum x(y-\beta_0-\beta_1 x)=0 \end{cases}$$

上述方程组整理后得到：

$$\begin{cases} \sum y = n\beta_0 + \beta_1\sum x \\ \sum xy = \beta_0\sum x + \beta_1\sum x^2 \end{cases}$$

该方程组可以称为正规方程组。

将正规方程组整理后得到：

$$\begin{cases} \beta_1 = \dfrac{n\sum xy - \sum x\sum y}{n\sum x^2 - (\sum x)^2} \\ \beta_0 = \dfrac{\sum y}{n} - \beta_1\dfrac{\sum x}{n} \end{cases}$$

最小二乘法拟合的直线具有一些优良的统计性质：首先，根据最小二乘法得到的回归直线能使残差平方和达到最小，保证了这是一条与数据拟合良好的直线；其次，由最小二乘法求得的回归直线可知参数估计量的抽样分布；最后，在某些条件下，参数的最小二乘估计量与其他估计量相比，其抽样分布具有较小的标准差。正是基于上述可以被证明的优良统计性质，最小二乘法被广泛用于对参数的估计过程。

因此，简单总结一下，一元线性回归方程建立的步骤为：

步骤 1　确定自变量 $x$ 和因变量 $y$，并搜集样本数据，建立回归方程。

步骤 2　计算出 $\sum xy$、$\sum x\sum y$、$\sum x$、$\sum y$ 和 $\sum x^2$。

步骤 3　代入公式，先求 $\beta_1$，再求 $\beta_0$。

**例 6-3**　根据表 6.4 中某市工资性现金支出 $x$（万元）与城镇储蓄存款余额 $y$（万元）的数据资料，基于表 6.5 的计算过程，可以得到回归方程。

**表 6.4　直线回归方程数据**

万元

| 序　号 | $x$ | $y$ |
|---|---|---|
| 1 | 500 | 120 |
| 2 | 540 | 140 |
| 3 | 620 | 150 |
| 4 | 730 | 200 |
| 5 | 900 | 280 |
| 6 | 970 | 350 |
| 7 | 1 050 | 450 |
| 8 | 1 170 | 510 |

表 6.5　直线回归方程计算

| 序　号 | $x$ /万元 | $y$ /万元 | $x^2$ | $y^2$ | $xy$ |
|---|---|---|---|---|---|
| 1 | 500 | 120 | 250 000 | 14 400 | 60 000 |
| 2 | 540 | 140 | 291 600 | 19 600 | 75 600 |
| 3 | 620 | 150 | 384 400 | 22 500 | 93 000 |
| 4 | 730 | 200 | 532 900 | 40 000 | 146 000 |
| 5 | 900 | 280 | 810 000 | 78 400 | 252 000 |
| 6 | 970 | 350 | 940 900 | 122 500 | 339 500 |
| 7 | 1 050 | 450 | 1 102 500 | 202 500 | 472 500 |
| 8 | 1 170 | 510 | 1 368 900 | 260 100 | 596 700 |
| 求和 | 6 480 | 2 200 | 5 681 200 | 760 000 | 2 035 300 |
| 平均值 | 810 | 275 | | | |

代入到方程组中，可以得到：

$$\begin{cases}\beta_1=\dfrac{n\sum xy-\sum x\sum y}{n\sum x^2-(\sum x)^2}=\dfrac{8\times2035300-6480\times2200}{8\times5681200-6480^2}=0.5858\\[2ex]\beta_0=\dfrac{\sum y}{n}-\beta_1\dfrac{\sum x}{n}=275-0.5858\times810=-199.5\end{cases}$$

因此，$y_c=-199.5+0.5858x$。这表明该市工资性现金支出每增加 1万元，储蓄存款余额平均增加 5 858元。

图 6.5所示的是基于 Excel 软件得到的回归结果，具体操作过程可以参考后面章节的介绍。

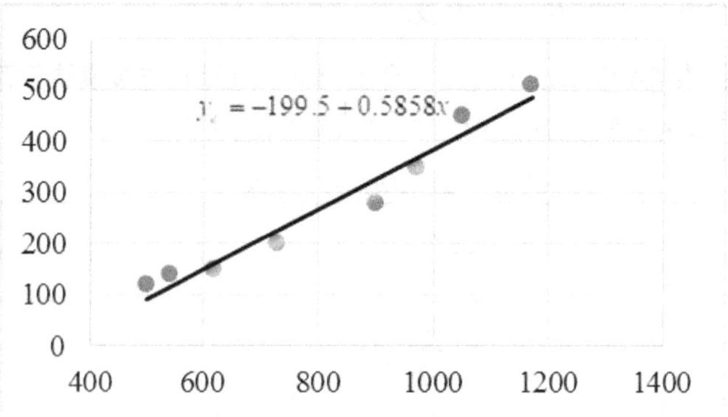


图 6.5　某市工资性现金支出与城镇储蓄存款余额的直线回归方程

对于从单变量分组表配合回归直线过程来说，参数估计的方法与上面基本相同，只是在计算的过程中采用加权的方法。因此，参数估计结果为：

$$y_c = \beta_0 + \beta_1 x$$

$$\begin{cases} \sum yf = \beta_0 \sum f + \beta_1 \sum xf \\ \sum xyf = \beta_0 \sum xf + \beta_1 \sum x^2 f \end{cases}$$

$$\begin{cases} \beta_1 = \dfrac{\sum f \sum xyf - \left(\sum xf\right)\left(\sum yf\right)}{\sum f \sum x^2 f - \left(\sum xf\right)^2} \\ \beta_0 = \bar{y} - \beta_1 \bar{x} = \dfrac{\sum yf}{\sum f} - \beta_1 \dfrac{\sum xf}{\sum f} \end{cases}$$

思考：当相关系数值为正数时，也就是相关关系为正时，回归系数 $\beta_1$ 是否也一定为正呢？为什么？

# 第三节　多元线性回归分析

## 一、二元回归模型及参数估计方法

在许多实际问题分析中，影响因变量的因素往往有多个。在研究消费问题时，我们仅仅分析了收入水平这一个影响因素，并没有考虑到财富水平、性别、消费习惯等因素。如果想要分析多个影响因素的情况，则这种一个因变量与多个自变量的回归问题就是多元回归，当因变量和各自变量之间为线性关系时，称为多元线性回归。多元线性回归分析的原理与一元线性回归基本相同，但参数估计过程却要复杂得多，往往需要借助专业软件来完成。

多元线性回归分析可以看作一元线性回归分析的扩展。本节我们以最简单的二元线性回归模型为例介绍多元线性回归分析过程。其方程式为：

$$y_c = \beta_0 + \beta_1 x_1 + \beta_2 x_2$$

式中，$y_c$ 为因变量的拟合值；$\beta_0$、$\beta_1$ 和 $\beta_2$ 为 3 个待估参数。

为了确定参数的数值，也需要使用最小二乘法，通过残差的平方和最小的方法确定正规方程组：

$$\begin{cases} \sum y = n\beta_0 + \beta_1 \sum x_1 + \beta_2 \sum x_2 \\ \sum x_1 y = \beta_0 \sum x_1 + \beta_1 \sum x_1^2 + \beta_2 \sum x_1 x_2 \\ \sum x_2 y = \beta_0 \sum x_2 + \beta_1 \sum x_1 x_2 + \beta_2 \sum x_2^2 \end{cases}$$

**例 6-4**　根据表 6.6 中的手表价格和销售量的数据资料，拟合得到二元线性回归方程。

通过最小二乘法得到一元线性回归方程：

$$y_c = 9\,643 - 65x$$

此时，一元回归系数 $\beta_1$ 表明，手表平均价格每降低 1 元/只，销售量约平均增长 65 万只。一元线性回归模型只列入了手表平均价格对销售量的影响，而忽略了居民收入这一很重要的因素，因此现对此资料补入同期居民人均货币收入资料，将原来的一元线性回归模型扩展为二元线性回归模型进行回归分析。

**表 6.6　二元回归方程计算**

| 年份 | 手表销售量 $y$ /万只 | 人均货币收入 $x_1$/千元 | 手表平均价格 $x_2$ /（元/只） | $x_1y$ | $x_2y$ | $x_1x_2$ | $x_1^2$ | $x_2^2$ |
|---|---|---|---|---|---|---|---|---|
| 2000 | 650.40 | 102.10 | 134 | 66 405.84 | 87 153.60 | 1 368 140 | 104 244 100 | 17 956 |
| 2001 | 758.40 | 105.30 | 134 | 79 859.52 | 101 625.60 | 1 411 020 | 110 880 900 | 17 956 |
| 2002 | 819.90 | 110.10 | 129 | 90 270.99 | 105 767.10 | 1 420 290 | 121 220 100 | 16 641 |
| 2003 | 1 051.70 | 113.90 | 131 | 119 788.6 | 137 772.70 | 1 492 090 | 129 732 100 | 17 161 |
| 2004 | 1 149.70 | 120.40 | 127 | 138 423.9 | 146 011.90 | 1 529 080 | 144 961 600 | 16 129 |
| 2005 | 1 388.10 | 131 | 125 | 181 841.1 | 173 512.50 | 1 637 500 | 171 610 000 | 15 625 |
| 2006 | 1 944.40 | 157 | 123 | 305 270.8 | 239 161.20 | 1 931 100 | 246 490 000 | 15 129 |
| 2007 | 2 534 | 193.50 | 123 | 490 329 | 311 682 | 2 380 050 | 374 422 500 | 15 129 |
| 2008 | 2 890 | 210.20 | 114 | 607 478 | 329 460 | 2 396 280 | 441 840 400 | 12 996 |
| 2009 | 3 576 | 228.70 | 89 | 817 831.2 | 318 264 | 2 035 430 | 523 036 900 | 7 921 |
| 2010 | 3 898 | 258.70 | 86 | 1 008 413 | 335 228 | 2 224 820 | 669 256 900 | 7 396 |
| 合计 | 20 660.60 | 1 730.90 | 1 315 | 3 905 912 | 2 285 639 | 198 258 | 303 769.55 | 160 039 |

建立的二元线性回归模型为：

$$y_c = \beta_0 + \beta_1 x_1 + \beta_2 x_2$$

基于最小二乘法及表 6.6 的计算结果，得到正规方程组：

$$\begin{cases} 20\,660.6 = 11\beta_0 + 1\,730.9\beta_1 + 1\,315\beta_2 \\ 3\,905\,911.56 = 1\,730.9\beta_0 + 303\,769.55\beta_1 + 198\,258\beta_2 \\ 2\,285\,639 = 1\,315\beta_0 + 198\,258\beta_1 + 160\,039\beta_2 \end{cases}$$

计算以上三元一次方程，得到参数计算结果为：

$$\begin{cases} \beta_0 = -94.064\,1 \\ \beta_1 = 18.636\,8 \\ \beta_2 = -8.032\,8 \end{cases}$$

因此，得到回归方程 $y_c = -94.064\,1 + 18.636\,8x_1 - 8.032\,8x_2$

式中，$\beta_1$表明在手表平均价格固定时，人均货币收入每增加 1 000 元，手表销售量平均增长 18.636 8 万只；$\beta_2$表明在人均货币收入固定时，手表平均价格每上升 1 元/只，手表销售量平均减少 8.032 8 万只。

这里的$\beta_2$比原一元线性回归模型中的同一回归系数要大得多，是因为一元线性回归模型只列入了手表平均价格对销售量的影响而忽略了居民收入这一很重要的因素，在手表平均价格的影响中渗入了居民收入的影响。

**思考**：对于一个具体的问题，如何确定选择几个解释性因素呢？例如，研究农业的粮食产量，如果只选择耕地面积一个解释性因素，那么是否合理？如果是研究城镇居民消费水平，那么只选择居民收入水平一个解释性因素是否可行呢？

## 二、多元回归模型及参数估计方法

将上述方法推广到多个自变量，其回归方程为：

$$y_c = \beta_0 + \beta_1 x_1 + \beta_2 x_2 + \beta_3 x_3 + \cdots + \beta_n x_n$$

上式中，参数包含$\beta_0$、$\beta_1$、$\beta_2$、…、$\beta_n$共$n+1$个，根据最小二乘法的基本原理，使得残差平方和最小。因为多元回归方程中有$n+1$个参数，所以正规方程组有$n+1$个方程。

$$\begin{cases} \sum y = n\beta_0 + \beta_1 \sum x_1 + \beta_2 \sum x_2 + \cdots + \beta_n \sum x_n \\ \sum x_1 y = \beta_0 \sum x_1 + \beta_1 \sum x_1^2 + \beta_2 \sum x_1 x_2 + \cdots + \beta_n \sum x_1 x_n \\ \sum x_2 y = \beta_0 \sum x_2 + \beta_1 \sum x_1 x_2 + \beta_2 \sum x_2^2 + \cdots + \beta_n \sum x_2 x_n \\ \vdots \\ \sum x_n y = \beta_0 \sum x_n + \beta_1 \sum x_1 x_n + \beta_2 \sum x_2 x_n + \cdots + \beta_n \sum x_n^2 \end{cases}$$

通过收集样本数据，代入上式中就可以得到参数的数值。多元回归模型的参数估计过程手工计算量很大，几乎不太可能，一般要使用专业的数据分析软件。

对于多元回归分析，我们尤其需要注意一个问题：多重共线性问题。当回归模型中两个或两个以上的自变量彼此相关时，则称回归模型中存在多重共线性。在实际问题中，所使用的自变量之间存在相关是一件很平常的事，但是在回归分析中存在多重共线性时将会产生某些问题。例如，变量之间高度相关时，可能会使回归的参数估计结果混乱，把分析引入歧途。多重共线性问题的出现还会使得参数估计量数值正负值与经济理论研究成果完全不符。因此，在多元回归分析中，选择自变量要十分慎重，并对自变量之间进行相关性分析，降低多重共线性现象对参数估计结果造成的不良影响。

# 第四节　非线性回归模型及参数估计方法

在研究现象间的相关关系时，我们通常会发现，多数现象间并不存在线性关系，非线性关系往往更为常见。为此，应配合适当的曲线形式，为两个变量拟合一条相应的曲线作为回归线，进行非线性相关和回归分析。

求解非线性回归分析相当复杂，因此在求解时，应通过变量的变换设法将其转换成线性回归分析，运用线性回归分析方法求解。

## 一、倒数函数和多项式函数的线性变换

### （一）倒数函数

$$y_c = \beta_0 + \beta_1 \frac{1}{x}$$

令$x' = \dfrac{1}{x}$，则函数可以转变为：

$$y_c = \beta_0 + \beta_1 x'$$

### （二）多项式函数

$$y_c = \beta_0 + \beta_1 x + \beta_2 x^2$$

令 $x'=x^2$，则原函数可以转变为：

$$y_c = \beta_0 + \beta_1 x + \beta_2 x'$$

可见，倒数函数和多项式函数都可以通过变量置换的方法转换为线性函数，建立线性回归模型。

## 二、幂函数和指数函数的线性变换

### （一）幂函数

$$y_c = \beta_0 x^{\beta_1}$$

两边同时取以 e 为底的自然对数后得到：

$$\ln y_c = \ln \beta_0 + \beta_1 \ln x$$

令 $y_c' = \ln y_c$、$\beta_0' = \ln \beta_0$、$x' = \ln x$，则可以得到：

$$y_c' = \beta_0' + \beta_1 x'$$

### （二）指数函数

$$y_c = \beta_0 \beta_1^x$$

两边同时取以 e 为底的自然对数后得到：

$$\ln y_c = \ln \beta_0 + x \ln \beta_1$$

令

$$y_c' = \ln y_c,\ \beta_0' = \ln \beta_0,\ \beta_1' = \ln \beta_1$$

则

$$y_c' = \beta_0' + \beta_1' x$$

可见，幂函数和指数函数都可以通过取对数与变量置换的方法转换为线性函数，建立线性回归模型。

*例 6-5* 某公司收取的咨询费率和公司净资产（见表 6.7）之间的关系分析。

**表 6.7 某公司收取的咨询费率和公司净资产数据**

| 序　号 | 咨询费率 *y*/% | 净资产 *x*/亿美元 |
|---|---|---|
| 1 | 0.52 | 0.5 |
| 2 | 0.508 | 5 |
| 3 | 0.484 | 10 |
| 4 | 0.46 | 15 |
| 5 | 0.439 8 | 20 |
| 6 | 0.423 8 | 25 |
| 7 | 0.411 5 | 30 |
| 8 | 0.402 | 35 |
| 9 | 0.394 4 | 40 |
| 10 | 0.388 | 45 |
| 11 | 0.382 5 | 55 |
| 12 | 0.373 8 | 60 |

基于表 6.7 所示的样本数据画出两列数据的散点图如图 6.6 所示。

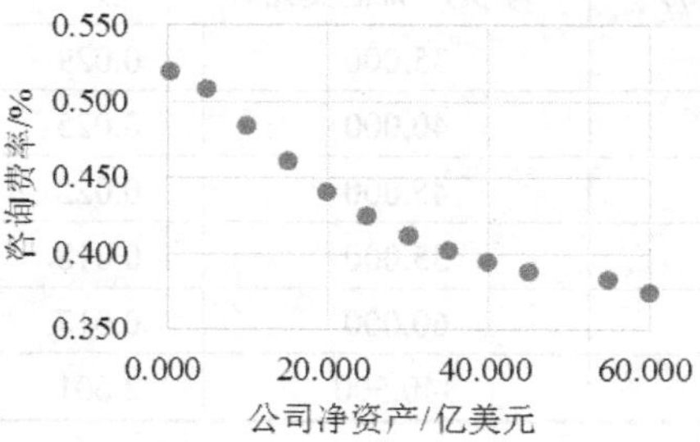


**图 6.6 某公司收取的咨询费率和公司净资产散点图**

步骤 1 通过观察样本点的分布特征，初步判断两者间关系。图 6.6 中所示的散点分布特征，类似双曲线的一支。

步骤 2 基于两者间存在的倒数关系，建立倒数模型。可以表示为：

$$y_c = \beta_0 + \beta_1 \frac{1}{x}$$

步骤 3 对倒数模型中的参数进行估计。估计过程首先需要采取变量替换的方法，令 $x' = \frac{1}{x}$，代入原模型中得到 $y_c = \beta_0 + \beta_1 x'$。

步骤 4 基于最小二乘法，并经过如表 6.8 所示的计算，得到正规方程组和参数估计结果：

$$\begin{cases} \beta_1 = \dfrac{n\sum x'y - \sum x' \sum y}{n\sum x'^2 - (\sum x')^2} = \dfrac{12\times 1.316 - 2.601\times 5.188}{12\times 4.062 - 2.601^2} = 0.055 \\ \beta_0 = \dfrac{\sum y}{n} - \beta_1 \dfrac{\sum x'}{n} = 5.188 \div 12 - 0.055\times 2.601 \div 12 = 0.420 \end{cases}$$

参数估计结果得到后，可以进一步得到回归模型为 $y_c = 0.420 + 0.055\frac{1}{x}$

可见，随着公司规模的增加，净资产水平的提升，某公司收取的咨询费率会降低，但这一降低过程会逐步放缓，并会最终维持在一个相对稳定的水平上。

**表 6.8 咨询费率与公司净资产相关分析计算**

| 序 号 | 咨询费率 $y$/% | 净资产 $x$/亿美元 | $x'$ | $x'^2$ | $x'y$ |
|---|---|---|---|---|---|
| 1 | 0.520 | 0.500 | 2.000 | 4.000 | 1.040 |
| 2 | 0.508 | 5.000 | 0.200 | 0.040 | 0.102 |
| 3 | 0.484 | 10.000 | 0.100 | 0.010 | 0.048 |
| 4 | 0.460 | 15.000 | 0.067 | 0.004 | 0.031 |
| 5 | 0.440 | 20.000 | 0.050 | 0.003 | 0.022 |
| 6 | 0.424 | 25.000 | 0.040 | 0.002 | 0.017 |
| 7 | 0.412 | 30.000 | 0.033 | 0.001 | 0.014 |

（续表）

| 序　号 | 咨询费率 y/% | 净资产 x/亿美元 | $x'$ | $x'^2$ | $x'y$ |
|---|---|---|---|---|---|
| 8 | 0.402 | 35.000 | 0.029 | 0.001 | 0.011 |
| 9 | 0.394 | 40.000 | 0.025 | 0.001 | 0.010 |
| 10 | 0.388 | 45.000 | 0.022 | 0.000 | 0.009 |
| 11 | 0.383 | 55.000 | 0.018 | 0.000 | 0.007 |
| 12 | 0.374 | 60.000 | 0.017 | 0.000 | 0.006 |
| 合　计 | 5.188 | 340.500 | 2.601 | 4.062 | 1.316 |

需要说明的是，本例仅说明非线性模型的线性化过程和参数估计的方法，并不能说明倒数模型是最适合该样本数据的。我们可以通过学习计量经济学相关知识进一步为该样本数据找到最合适的模型形式。

# 第五节　估计标准误差

## 一、估计标准误差的概念

直线回归方程反映了变量之间的一般数量关系的平均线。根据直线回归方程可以知道当自变量取一定的数值时，因变量的一般数值。但是估计出来的因变量数值并不是精确的数值，与实际数值之间存在一定的差异。估计标准误差是衡量实际值 $y$ 和估计值 $y_c$ 离差一般水平的分析指标。

回归方程的一个重要作用在于：根据自变量的已知值推算因变量的可能值。这个可能值与实际值可能一致，也可能有离差。离差数值越小，表明 $y_c$ 与 $y$ 越接近，估计值的代表性越高；离差数值越大，表明 $y_c$ 与 $y$ 越偏离，估计值的代表性越低。

回归方程的代表性如何一般是通过估计标准误差指标的计算予以检验的。

估计标准误差与标准差的性质相近。不同的是，估计标准误差说明回归方程这条平均线的代表性，而标准差说明平均数代表性的好坏。

## 二、估计标准误差的计算

### （一）离差法

根据因变量实际值和估计值的离差计算估计标准误差的方法称为离差计算法。由于两个现象间可以互为因果关系，因此就可能存在两条回归直线。两个变量 $x$ 和 $y$ 互为因果关系的情况下，估计标准误差的计算可以有两种方式：

$$s_{yx}=\sqrt{\frac{\sum(y-y_c)^2}{n-2}}$$

$$s_{xy}=\sqrt{\frac{\sum(x-x_c)^2}{n-2}}$$

式中，$s_{xy}$ 是估计标准误差，表示 $y$ 依 $x$ 而回归的方程；$s_{yx}$ 也是估计标准误差，表示 $x$ 依 $y$ 而回归的方程。

由于实际运用时变量值资料相当多，所以计算公式中对自由度的考虑就不一定太迫切和紧要。因此，估计标准误差的公式可写成：

$$s_{yx}=\sqrt{\frac{\sum(y-y_c)^2}{n}}$$

$$s_{xy}=\sqrt{\frac{\sum(x-x_c)^2}{n}}$$

**例 6-6**　对于某工厂劳动生产率和工龄之间回归分析结果的估计标准误差计算。

基于表 6.9 的计算，代入离差法估计标准误差计算公式，可以得到：

$$s_{yx}=\sqrt{\frac{\sum(y-y_c)^2}{n-2}}=\sqrt{\frac{1.50}{5-2}}=0.707\text{（件）}$$

或者不考虑自由度，可以得到：

$$s_{yx}=\sqrt{\frac{\sum(y-y_c)^2}{n}}=\sqrt{\frac{1.50}{5}}=0.548\text{（件）}$$

**表 6.9　离差法估计标准误差计算**

| 工人序号 | 工龄 $x$ /年 | 劳动生产率 $y$ /（件/小时） | $y_c$ | $y-y_c$ | $(y-y_c)^2$ |
|---|---|---|---|---|---|
| 1 | 8 | 3 | 3.5 | −0.5 | 0.25 |
| 2 | 9 | 5 | 4.0 | 1.0 | 1.00 |
| 3 | 10 | 4 | 4.5 | −0.5 | 0.25 |
| 4 | 13 | 6 | 6.0 | 0 | 0 |
| 5 | 15 | 7 | 7.0 | 0 | 0 |
| 合　计 | — | 25 | 25 | — | 1.5 |

**（二）参数法**

利用参数 $a$ 和 $b$ 的已知值，可以计算出估计标准误差：

$$s_{yx}=\sqrt{\frac{\sum y^2-a\sum y-b\sum xy}{n-2}}$$

$$s_{yx}=\sqrt{\frac{\sum x^2-a\sum x-b\sum xy}{n-2}}$$

基于表 6.10 的计算结果，代入参数法估计标准误差计算公式，可以得到：

$$s_{yx}=\sqrt{\frac{\sum y^2-a\sum y-b\sum xy}{n-2}}=\sqrt{\frac{135-(-0.5)\times25-0.5\times292}{5-2}}=0.707\text{（件）}$$

如果不考虑自由度，则可以得到：

$$s_{yx}=\sqrt{\frac{\sum y^2-a\sum y-b\sum xy}{n-2}}=\sqrt{\frac{135-(-0.5)\times 25-0.5\times 292}{5}}=0.548\text{（件）}$$

**表 6.10　参数法估计标准误差计算**

| 工人序号 | 工龄 x /年 | 劳动生产率 y /（件/小时） | $y^2$ | $xy$ |
|---|---|---|---|---|
| 1 | 8 | 3 | 9 | 24 |
| 2 | 9 | 5 | 25 | 45 |
| 3 | 10 | 4 | 16 | 40 |
| 4 | 13 | 6 | 36 | 78 |
| 5 | 15 | 7 | 49 | 105 |
| 合　计 | — | 25 | 135 | 292 |

### （三）估计标准误差和相关系数的关系

估计标准误差和相关系数之间的关系可以用如下的表达式来描述，即当给定估计标准误差时，相关系数的计算公式为：

$$r=\pm\sqrt{1-\frac{s_{yx}^2}{\sigma_y^2}}$$

式中，$r$ 为相关系数；$s_{yx}^2$ 为估计标准误差的平方；$\sigma_y^2$ 为 $y$ 的方差。

当给定相关系数时，估计标准误差计算公式为：

$$s_{yx}=\sigma_y\sqrt{1-r^2}$$

根号前面的正负号表明正相关或负相关，具体取舍由回归系数的符号决定。回归系数为正，则相关系数取值为正；回归系数为负，则相关系数取值为负。

基于表 6.11 的计算，得到劳动生产率的平均值 $\overline{y}=5$、标准差 $\sigma_y=1.414$ 和估计标准误差 $s_{yx}=0.548$。

**表 6.11　相关系数计算**

| 工人序号 | 工龄 x /年 | 劳动生产率 y /（件/小时） | $y-\overline{y}$ | $(y-\overline{y})^2$ |
|---|---|---|---|---|
| 1 | 8 | 3 | −2 | 4 |
| 2 | 9 | 5 | 0 | 0 |
| 3 | 10 | 4 | −1 | 1 |
| 4 | 13 | 6 | 1 | 1 |
| 5 | 15 | 7 | 2 | 4 |
| 合　计 | — | 25 | — | 10 |

代入相关系数的计算公式中，可以得到：

$$r=\pm\sqrt{1-\frac{s_{yx}^2}{\sigma_y^2}}=\pm\sqrt{1-\frac{0.548^2}{1.414^2}}=\pm 0.92$$

由于相关系数的正负取值与回归参数的数值是一致的，而估计得到 $\beta_1$ 的数值等于 0.5，因此相关系数值为 0.92，表明两者之间存在高度的正相关关系。

## 三、应用相关分析与回归分析应注意的问题

在本节内容的最后，需要提醒应用相关分析和回归分析过程要尤其注意以下几个方面的问题。

### （一）定性分析是必要条件

在定性分析的基础上进行定量分析是保证正确运用回归分析的必要条件。在确定哪个变量作为自变量、哪个变量作为因变量之前，必须对所研究的问题有充分、正确的认识。也就是说，做回归分析要有实际意义，不能对毫无关联的两种现象随意进行回归分析，忽视事物现象之间的内在联系和规律。例如，对儿童身高和小树的生长数据进行回归分析，既无道理也无用途。另外，即使两个变量之间存在回归关系，也不一定是因果关系，所以必须结合专业知识做出合理解释和结论。

### （二）相关分析是回归分析的基础和前提条件

只有在相关分析确定了变量之间存在一定的相关关系的基础上建立回归方程才更加有意义。而且，只有相关系数较大，并且变量之间具有因果关系时，才能利用回归分析研究两个变量之间的依存关系。也就是说，变量之间的相关关系存在是回归分析的必要条件。

### （三）关注变量是否来自于正态随机总体

直线回归分析的资料一般要求因变量 $y$ 是来自正态总体的随机变量；自变量既可以是正态随机变量，也可以是精确测量和严密控制的值。如果稍偏离要求，则一般对回归方程中参数的估计影响不大，但既可能影响到标准差的估计，也会影响假设检验中原假设的统计显著性水平。

### （四）进行回归分析时应先绘制散点图

进行回归分析时应先绘制散点图，如果散点图上提示有直线趋势存在，则可做直线回归分析；如果提示无明显线性趋势，则应根据散点分布类型选择合适的曲线模型（curvilinear model），经数据变换后化为线性回归来解决。一般来说，在不满足线性条件的情形下去计算回归方程毫无意义，最好采用非线性回归方程的方法进行分析。

### （五）离群值的处理

绘制散点图后，如果出现一些特大、特小的离群值（异常点），则应及时复核检查，对由于测定、记录或计算机输入的错误数据应予以修正和剔除；否则，异常点的存在会对回归方程中系数的估计产生较大影响。

### （六）回归直线不要外延

直线回归的适用范围一般以自变量取值范围为限，在此范围内求出的估计值称为内插

（interpolation）；超过自变量取值范围所计算的称为外延（extrapolation）。在无充足理由证明，超出自变量取值范围后直线回归关系仍成立时，应该避免随意外延。

## 第六节　利用 Excel 与 SPSS 进行相关分析和回归分析

### 一、用 Excel 做相关分析和回归分析

#### （一）相关分析

回归分析的参数估计过程往往计算量较大，特别是多元回归用手工计算几乎是不可能的。因此，在实际分析中，回归参数估计过程需要的计算完全依赖于计算机软件。除专门的统计软件外，为大多数人所熟悉的 Excel 也有回归分析功能。下面将结合例题，说明用 Excel 软件进行回归分析的具体步骤。

**例 6-7**　我国城镇化水平和收入水平情况是否具备相关性？如果具备相关性，那么相关关系的密切程度为多少？

首先，在国家统计局网站上的统计年鉴中下载，获得我国城镇化水平和收入水平的时间数列类型数据，接下来本节将基于此数据做相关及回归分析。所用数据如表 6.12 所示。

表 6.12　我国城镇化水平和收入水平的数据

| 年　份 | 城镇人口比重/% | 人均 GDP/元 |
|---|---|---|
| 1992 | 26.41 | 1 644 |
| 1993 | 26.94 | 1 893 |
| 1994 | 27.46 | 2 311 |
| 1995 | 27.99 | 2 998 |
| 1996 | 28.51 | 4 044 |
| 1997 | 29.04 | 5 046 |
| 1998 | 30.48 | 5 846 |
| 1999 | 31.91 | 6 420 |
| 2000 | 33.35 | 6 796 |
| 2001 | 34.78 | 7 159 |
| 2002 | 36.22 | 7 858 |
| 2003 | 37.66 | 8 622 |
| 2004 | 39.09 | 9 398 |
| 2005 | 40.53 | 10 542 |
| 2006 | 41.76 | 12 336 |
| 2007 | 42.99 | 14 185 |
| 2008 | 44.34 | 16 500 |

（续表）

| 年份 | 城镇人口比重/% | 人均 GDP/元 |
|---|---|---|
| 2009 | 45.89 | 20 169 |
| 2010 | 46.99 | 23 708 |
| 2011 | 48.34 | 25 608 |
| 2012 | 49.95 | 30 015 |
| 2013 | 51.27 | 35 198 |
| 2014 | 52.57 | 40 007 |
| 2015 | 53.73 | 43 852 |
| 2016 | 54.77 | 47 203 |
| 2017 | 56.10 | 49 992 |
| 2018 | 57.35 | 53 680 |
| 2019 | 58.52 | 59 201 |

### 1. 相关分析方法一

视频演示

步骤 1　单击“数据”选项卡，在其中选择“数据分析”选项（如果没有该选项，则需要通过 Excel 的“加载项”对话框成功加载后使用）。加载成功后，在该选项卡出现如图 6.7 最右边所示的“数据分析”选项。

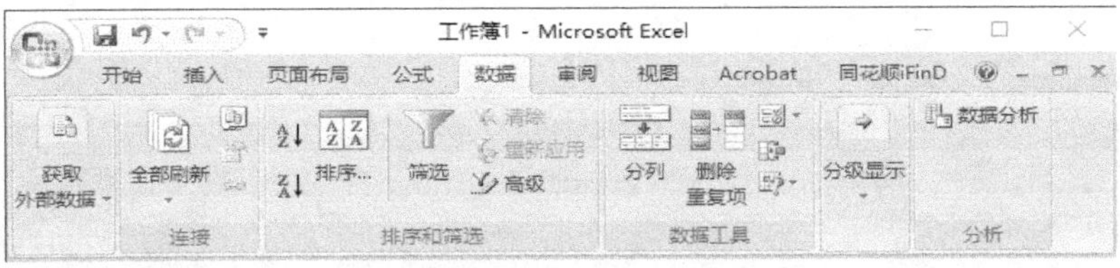


图 6.7　数据分析窗口

步骤 2　单击“数据分析”选项后出现如图 6.8 所示的对话框。在“分析工具”列表框中选择“相关系数”选项，然后单击“确定”按钮。

步骤 3　在弹出的对话框（见图 6.9）中，单击“输入区域”右侧下拉列表框添加分析所用数据；选择分组方式逐列还是逐行；确定标志是否位于第一行；选择结果输出选项是在现有工作表特定区域，还是建立新的工作表及新的工作簿。可按照实际需要进行操作。

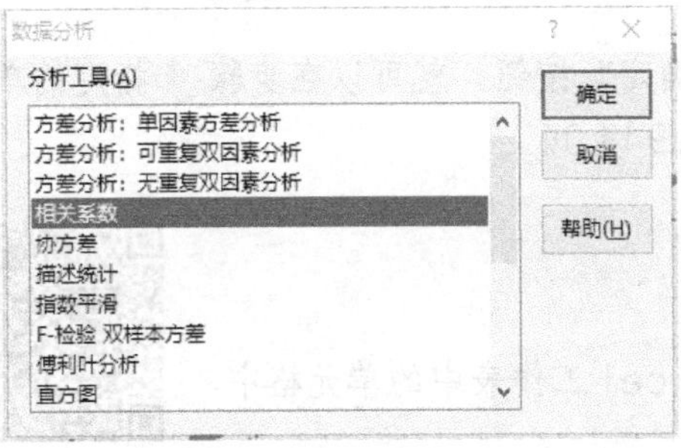


图 6.8　“数据分析”对话框

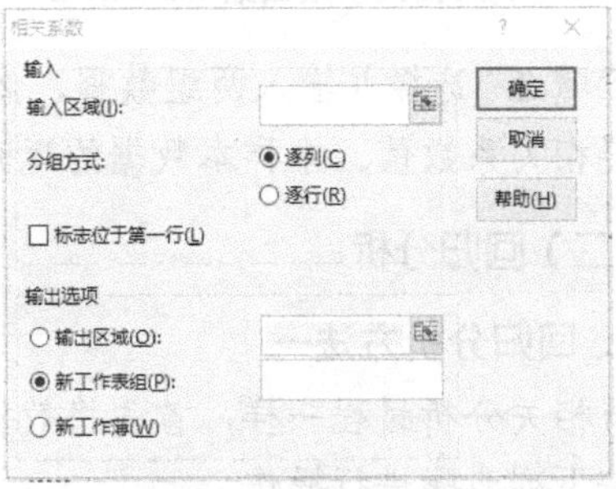


图 6.9　“相关系数”对话框

步骤 4　选择好相应区域后单击“确定”按钮，如图 6.10所示。

图 6.11中的 0.944 04即为相关系数值。

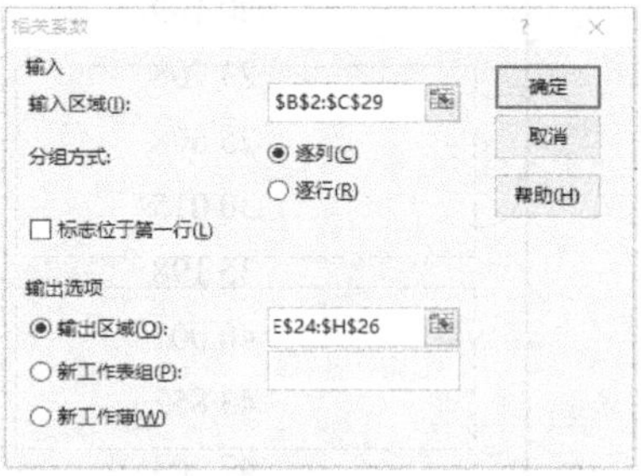


图 6.10　“相关系数”对话框

| | 列 1 | 列 2 |
|---|---|---|
| 列 1 | 1 | |
| 列 2 | 0.94404 | 1 |

图 6.11　相关系数计算结果

### 2. 相关分析方法二

可以通过 Excel 相关系数函数 CORREL（相关系数）获得相关系数值，如图 6.12所示。

视频演示

步骤 1　双击某单元格，再单击“=”按钮，调用 Excel 相关系数函数 CORREL。然后单击“确定”按钮，打开“函数参数”对话框，如图 6.13所示。

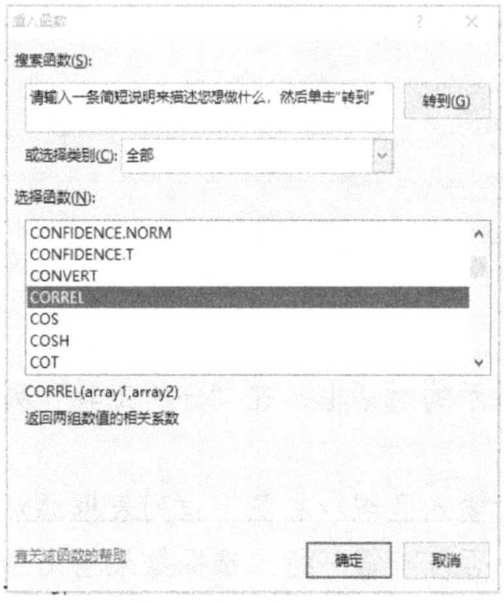


图 6.12　调用相关系数函数 CORREL

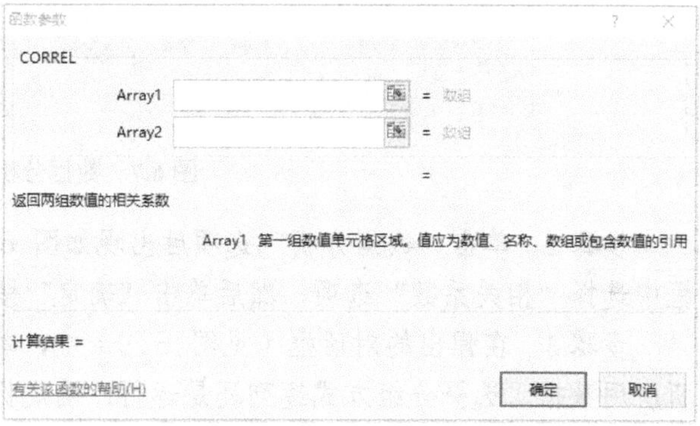


图 6.13　CORREL 函数

步骤 2　选择并输入两组数据，然后单击“确定”按钮，就可以在步骤 1 指定的单元格获得相关系数值。本样本数据的返回结果为 0.944 04。

## （二）回归分析

### 1. 回归分析方法一

与相关分析过程一样，首先将数据输入到 Excel 工作表中的单元格中，然后按下列步骤进行操作。

视频演示

步骤 1　选中数据单元格后，选择“插入”|“图表”|“散点图”命令。

步骤 2 在自动生成的散点图中，选中所有点后右击，在弹出的快捷菜单中选择“添加趋势线”命令。

步骤 3 在“趋势线选项”对话框中选中“线性”和“显示公式”复选框，如图 6.14 所示。

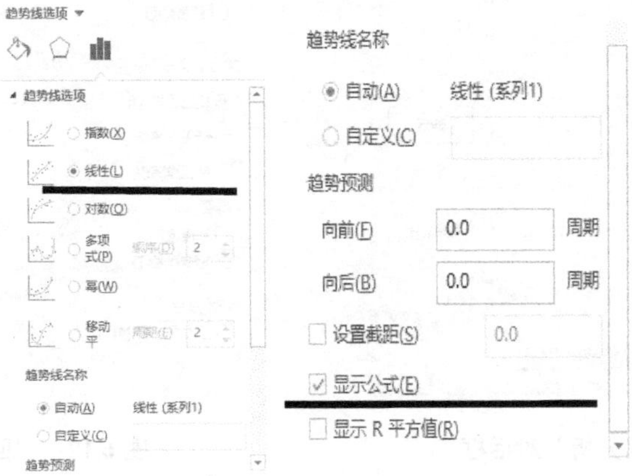


**图 6.14 趋势线选项**

得到的回归结果如图 6.15 中的黑色框所示，回归直线为图中虚线所示。如果选中了“显示R平方值”复选框，就可以得到回归分析的可决系数 $R^2$。

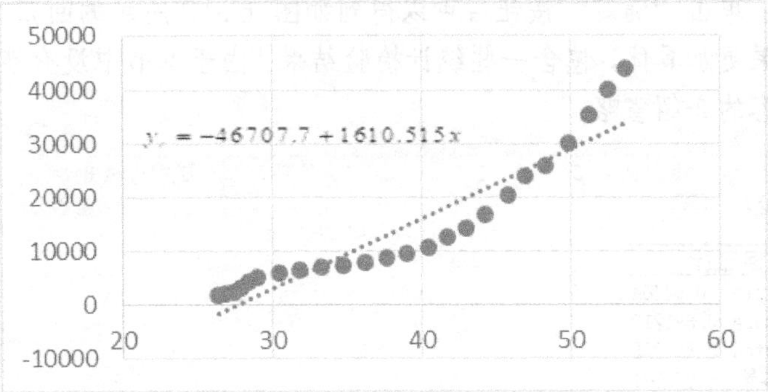


**图 6.15 我国城镇化水平和人均 GDP 之间的关系分析**

**2. 回归分析方法二**

在 Excel 中也可以选择如下方法获得回归结果。相对于以上的回归结果，回归分析方法二得到的结果将会更为具体。回归分析方法二的操作步骤具体为：

步骤 1 在 Excel 中选择“数据”|“数据分析”命令，打开“数据分析”对话框，如图 6.16 所示。

视频演示

步骤 2 在“分析工具”列表框中选择“回归”选项，然后单击“确定”按钮，打开“回归”对话框，如图 6.17 所示。

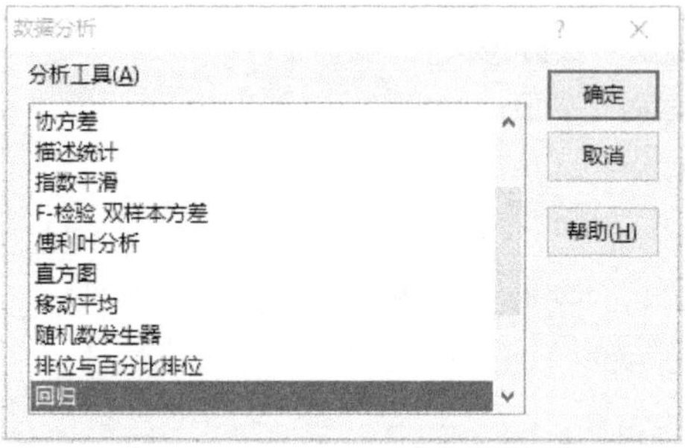


图 6.16 “数据分析”对话框

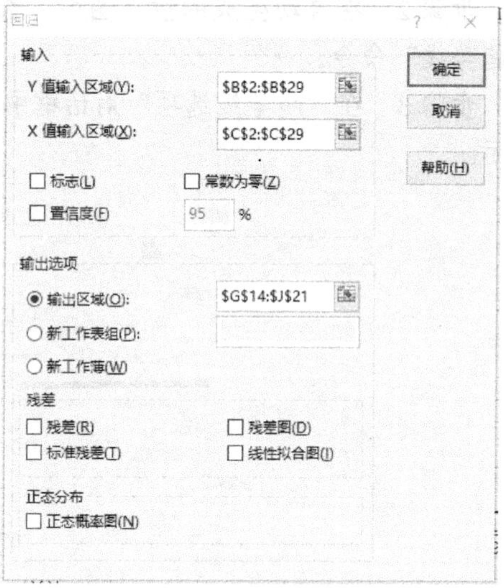


图 6.17 “回归”对话框

步骤 3 在“Y值输入区域”文本框内输入 $y$值数据区域；在“X值输入区域”文本框中输入 $x$值数据区域；在“置信度”右侧文本框中给出所需的数值(默认显著性水平为 95%)；在“输出选项”选项组中选择输出区域（这里也可以选新工作表组或新的工作簿）；在“残差”中可以按照需要选择是否要得到残差及残差图等；在“正态分布”可以选择是否需要得到正态概率图。单击“确定”按钮后可以得到如图 6.18 所示的回归结果。可见这种方式得到的回归结果更加具体，包含一些统计检验结果。由于本书中没有涉及统计检验部分，因此对这部分内容的介绍省略。

| A | B | C | D | E | F | G | H | I |
|---|---|---|---|---|---|---|---|---|
| SUMMARY OUTPUT | | | | | | | | |
| | | | | | | | | |
| 回归统计 | | | | | | | | |
| Multiple | 0.94404 | | | | | | | |
| R Square | 0.891212 | | | | | | | |
| Adjusted | 0.887028 | | | | | | | |
| 标准误差 | 6035.721 | | | | | | | |
| 观测值 | 28 | | | | | | | |
| | | | | | | | | |
| 方差分析 | | | | | | | | |
| | df | SS | MS | F | gnificance F | | | |
| 回归分析 | 1 | 7.76E+09 | 7.76E+09 | 212.9974 | 4.89E-14 | | | |
| 残差 | 26 | 9.47E+08 | 36429932 | | | | | |
| 总计 | 27 | 8.71E+09 | | | | | | |
| | | | | | | | | |
| | Coefficien | 标准误差 | t Stat | P-value | Lower 95% | Upper 95% | 下限 95.0% | 上限 95.0% |
| Intercept | -46707.7 | 4692.5 | -9.9537 | 2.33E-10 | -56353.3 | -37062.2 | -56353.3 | -37062.2 |
| X Variabl | 1610.515 | 110.3513 | 14.59443 | 4.89E-14 | 1383.684 | 1837.345 | 1383.684 | 1837.345 |

图 6.18 回归分析结果

图 6.18中 Coefficients列为自变量 $x$对应的系数。本例中我们选择的是一元回归模型，因此参数估计结果为两行，对应参数 $\beta_0$、$\beta_1$的估计值和其他统计量计算结果。如果

为多元回归模型，则回归分析结果行数将会随之增加。但是在多元回归分析过程中，$t$统计量对应的$P$值小于显著性水平，如5%的可以考虑保留；如果$P$值数值大于显著性水平，则先删除最大$P$值的$x$，对于余下的值再继续回归分析的步骤，直到得出理想结果为止。

因此，本例中我们可以得到的参数估计结果为：

$\beta_0=-46\ 707.7$，$\beta_1=1\ 610.515$

回归模型结果为：

$y_c=-46\ 707.7+1\ 610.515x$

视频演示

## 二、用SPSS 22.0做相关分析和回归分析

### （一）相关分析

例6-8　基于SPSS 22.0采用相关分析过程，来分析我国城镇化水平和收入水平情况是否具备相关性。如果具备相关性，那么相关关系的密切程度如何？

步骤1　如图6.19所示，将之前搜集好的城镇化水平和收入水平数据输入主窗口中。

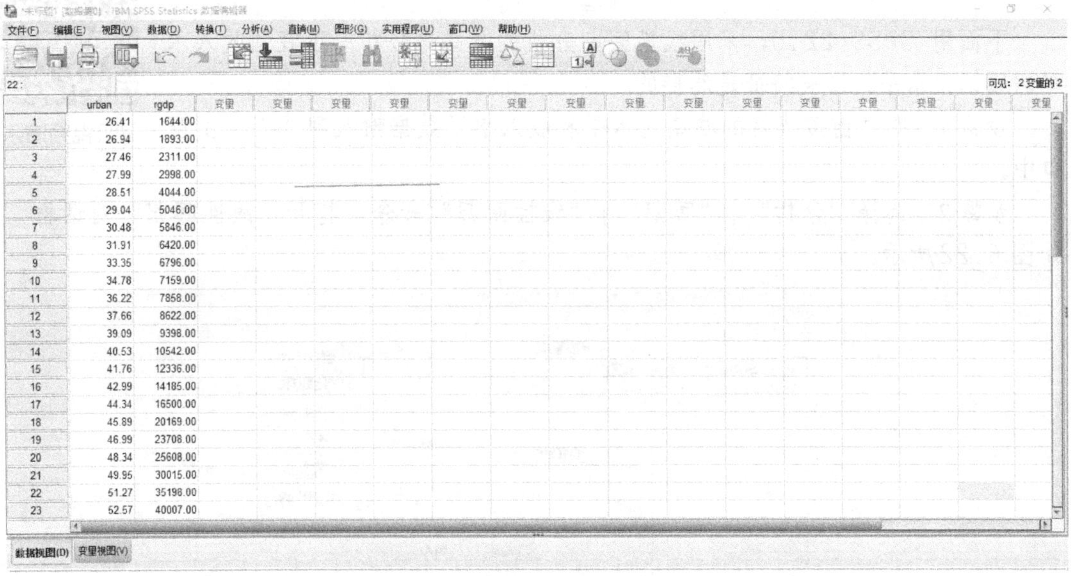


图6.19　输入数据到SPSS中

步骤2　选择“分析”|“相关”|“双变量”命令，打开“双变量相关性”对话框，如图6.20所示。选择变量urban和rgdp，单击中间的按钮将其移动到右侧的“变量”列表框中。然后选择相关系数种类和显著性检验选项及是否标注。选择完成后单击“确定”按钮。

步骤3　在输出窗格中得到如图6.21所示的结果。从中可以看到两个变量之间的相关系数值为0.944。

图 6.20 “双变量相关性”对话框

相关性

| | | urban | rgdp |
|---|---|---|---|
| urban | Pearson 相关性 | 1 | .944** |
| | 显著性（双尾） | | .000 |
| | N | 28 | 28 |
| rgdp | Pearson 相关性 | .944** | 1 |
| | 显著性（双尾） | .000 | |
| | N | 28 | 28 |

**. 在置信度（双测）为 0.01 时，相关性是显著的。

图 6.21 相关性分析结果

### （二）回归分析

下面用 SPSS 22.0，采用线性回归分析的方式来分析一下我国收入水平对城镇化水平的影响特征是怎样的。

视频演示

步骤 1　将之前搜集好的城镇化水平和收入水平数据输入到 SPSS 主窗口中。

步骤 2　选择“分析”|“回归”|“线性回归”命令，打开“线性回归”对话框，如图 6.22所示。

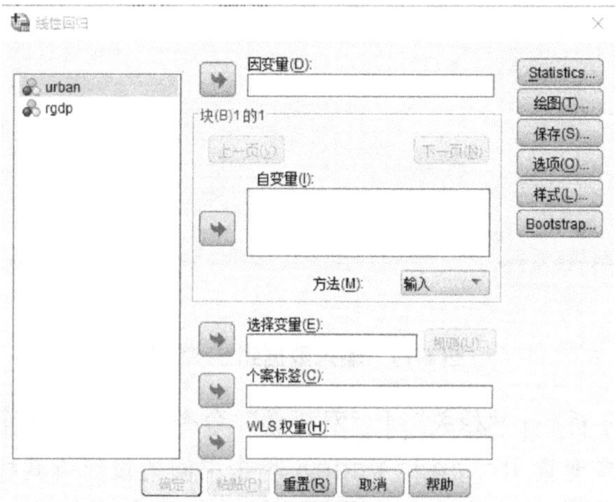


图 6.22 “线性回归”对话框

步骤 3　选择因变量为 rgdp 变量、自变量为 urban；在“方法”下拉列表框中选择回归分析中的自变量筛选策略；在“选择变量”文本框右侧的“规则”按钮中设置只有变量值满足一定条件的样本数据才能参与回归分析；在“个案标签”文本框中指定哪个变量作为数据样本点的标志变量，将该变量的值标在回归分析的输出图形中；在“WLS 权重”文本框中输入加权最小二乘法中的权重变量，仅在使用加权最小二乘法时使用。

步骤 4　单击“确定”按钮，在输出窗口中得到如图 6.23所示的回归分析结果。

系数[a]

| 模型 | | 非标准化系数 | | 标准系数 | t | 显著性 |
|---|---|---|---|---|---|---|
| | | B | 标准错误 | 贝塔 | | |
| 1 | (常量) | -46707.748 | 4692.500 | | -9.954 | .000 |
| | urban | 1610.515 | 110.351 | .944 | 14.594 | .000 |

a. 因变量：rgdp

**图 6.23　SPSS 回归分析结果**

由于部分回归分析过程及统计检验在统计学原理部分并没有详细讲解，因此本例中本书仅截取并介绍其中的参数估计结果。本例中，两个参数估计结果在图中第二列，分别为-46 707.748 和 1 610.515，即 $\beta_0=-46\,707.748$、$\beta_1=1\,610.515$。因此，得到的一元线性回归模型为：

$$y_c=-46\,707.748+1\,610.515x$$

## 阅读材料

### 回归分析的世俗智慧

回归分析的精髓在于相信样本包含了总体的很多信息，能够利用有限的样本来推断总体，并且坚信样本越是紊乱和无序，就越能得到一个稳定的总体规律。让我们感受到计量经济学美感的也正是这种从样本推断整体的思想。如果能够认识到我们生活的这个世界是极端复杂的，对它的认识永远是不能穷尽的话，那么对这种思想可能就会更加珍视。例如，如果我们有一种信念，相信能够通过努力成为一个书法家，那么应该怎么做呢？书法家们都会这样建议你：先选取百十来个字，集中精力把这百十个字练好，最好是临摹以往大师们的作品。通过对这些“样本”的把握和领会，你就几乎能够发现写好字的要领。因为我们不可能把这个世界上的字都练习到，所以只能由“样本”来推断所有字的写法。

从这个角度出发，几乎可以将这种思想推广到生活的各个方面，并且用以指导我们的生活。无论是学习、应试，还是搞艺术，都可以应用这种思想。“样本”往往是我们观察世界本质的窗口，有心人自会从这里得到无尽的启发。掌握一种过硬的分析数据的能力，无疑会全面改变你的工作方式和效率。这在一个人的职业生涯中极其重要。

从哲学的角度看，人不过是苍茫宇宙中的一粒尘埃，如果这个宇宙尚且遵循着从无序走向有序，那么是不是可以将这个信念演绎到每个人的人生中呢？其实，我们每个人的人生也只是在一个随机行走的世界中的随机行走过程。我们永远不会知道，在下个时段会经历什么、会遇到什么，甚至我们对于未来的规划都是不确定的。这个过程是随机的、紊乱的、偶然的和无序的。但是，这种无序和紊乱最终会走向有序。用计量经济学的说法，我们会从这些紊乱偶然的样本中得到一个回归方程。这个回归方程就是我们的人生轨迹！

当然，对于这个轨迹的认识永远是后验的，我们不可能在人生的每个阶段之前就得出一个回归轨迹作为人生的预测，这没有预测意义。那么，这种有序的观念究竟能给我们什么人生启发呢？

那就是：我们实在没有必要对发生于我们周围的看起来是好事或坏事的东西耿耿于怀，实在没有必要太挑剔上天对我们的似乎是不公正的待遇。中国自古就有“福祸”的智慧之言，以一种应有的宽容心态来对待生活无疑会让我们感到快乐。甚至我们的职业追求也是如此，没有什么绝对的好或不好，人生经历的样本在某些年里需要紊乱和无序。根据回归分析的思想，越是紊乱和无序的样本就越容易得出稳定的统计定律——一条稳定的人生轨迹！假如大家去看看人物传记，就可以发现在那些人的人生里，他们可能做过记者、参过军、被抓到过牢里，看起来与其最终人生归宿有很大的背离，可是这些背离最终回归到了他们的人生路径上。事实上，我们并不好确定是不是这种每个阶段的紊乱和无序最终造就了他们稳定的人生轨迹。

人生需要这种随机性。而且，如果我们想要一条稳定的人生轨迹，那么还要让我们的人生经历这一样本足够大。如何让自己的人生经历更多？如何让自己的人生有更多的随机性？那就是：要过主动追求的人生。当我们在生活中有意识地主动去追求时，就在客观上丰富了自己的经历，并且扩大了自己的人生经历样本。也只有在主动追求的时候，才能够发现惊喜和奇遇。消极和封闭的人生态度不利于扩大自己的人生经历样本，而样本不具有变异性，就难以得出好的回归方程。我们都应该学学“苍蝇的哲学”：苍蝇的四处乱撞让其即使在被困的时候也有机会逃脱。

在追求中，我们应该珍视随机性。因此，对于得失就不必太让自己负累，得失也是随机的。我们在生活中得到了什么、失去了什么，也许在这冥冥之中的东西面前可能只是一个慈悲的玩笑，太过于在意也许是失去了更多。

要求：通过阅读这篇文章你对统计学又有了哪些认识？得到了什么启示？

## 本章小结

- 相关分析
  - 相关关系的种类
    - 相关关系涉及的因素多少
      - 单相关
      - 复相关
    - 相关关系的方向
      - 正相关
      - 负相关
    - 相关关系的形式
      - 线性相关
      - 非线性相关
    - 相关程度
      - 完全相关
      - 不完全相关
      - 不相关
  - 相关关系的判断
    - 相关表
    - 散点图
    - 相关系数
- 回归分析
  - 一元线性回归模型最小二乘法
    - $\beta_1=\frac{n\sum xy-\sum x\sum y}{n\sum x^2-(\sum x)^2}$
    - $\beta_0=\frac{\sum y}{n}-\beta_1\frac{\sum x}{n}$
  - 多元线性回归模型
  - 非线性回归模型

## 本章疑难问题解答

### 一、回归分析和相关分析的主要区别

1. 在回归分析中，$y$ 被称为因变量，处在被解释的特殊地位；$x$ 是自变量，也被称为解释变量。而在相关分析中，$x$ 与 $y$ 处于平等的地位，也就是研究 $x$ 和 $y$ 的密切程度与研究 $y$ 和 $x$ 的密切程度是一致的。

2. 在相关分析中，$x$ 和 $y$ 都是随机变量；而在回归分析中，$y$ 是随机变量，$x$ 既可以是随机变量，也可以是非随机变量。通常在回归模型中，总是假定 $x$ 是确定性的、非随机的变量。

3. 相关分析主要是研究两个变量之间的密切程度，而回归分析不仅可以揭示 $x$ 对 $y$ 的影响大小，还可以由回归方程对 $y$ 进行数量上的预测和控制。

### 二、回归分析与相关分析的联系

1. 回归分析和相关分析都是研究变量之间关系的统计学课题。

2. 在专业研究上，有一定联系的两个变量之间是否存在直线关系及如何求得直线回归方程等问题，需要进行直线相关分析和回归分析。

3. 从研究的目的来说，如果仅仅为了了解两个变量之间呈直线关系的密切程度和方向，则宜选用线性相关分析；如果仅仅为了建立由自变量推算因变量的直线回归方程，则宜选用直线回归分析。

### 三、从应用角度看回归分析和相关分析的区别并举例说明

1. 相关分析是研究两个或两个以上处于同等地位的随机变量之间的相关关系的统计分析方法，侧重于发现随机变量间的相关特性。例如，人的身高和体重之间、空气中的相对湿度和降雨量之间的相关关系都是相关分析研究的问题。相关分析在工农业、水文、气象、社会经济和生物学等方面都有应用。

2. 回归分析是确定两种或两种以上变量之间相互依赖的定量关系的一种统计分析方法。回归分析主要是用一个变量去预测另一个变量。回归分析按照涉及变量的多少，分为一元回归和多元回归分析；按照因变量的多少，分为简单回归分析和多重回归分析；按照自变量和因变量之间的关系类型，分为线性回归分析和非线性回归分析。例如，经济发展水平对人口平均寿命的影响分析是回归分析，自变量是经济发展水平，因变量是人口平均寿命。而具体是线性还是非线性关系可以参考两个变量对应的两组样本数据散点图是否呈现线性特征。回归分析在生物、医学、经济、管理、金融和社会等领域实际问题的分析中得到了广泛的应用。

## 练习题

### 一、填空题

1. 现象之间存在着非严格的、不确定的依存关系是（　　）关系。
2. 相关系数的取值范围是（　　）；相关系数绝对值越接近（　　），变量之间的相关程度就越高。
3. 完全相关的相关系数为（　　）。
4. 如果直线回归方程为 $y=3+4x$，则变量 $x$ 和 $y$ 之间存在（　　）相关关系。
5. 按相关关系的形式划分，相关关系分为（　　）相关和（　　）相关。

## 二、单项选择题

1. 相关关系是社会经济现象之间客观存在的（　　）。

A. 数量上不确定的相互依存关系　　B. 数量上确定的函数关系

C. 数量上的恒等关系　　D. 数量上无法表现的平行关系

2. 下列客观现象中，属于相关关系的是（　　）。

A. 圆的半径和圆的周长之间的关系　　B. 圆的半径和圆的面积之间的关系

C. 四边形边长与其面积之间的关系　　D. 人工费和总生产费用之间的关系

3. 在相关分析中要求相关的两个变量（　　）。

A. 自变量是随机变量　　B. 因变量是随机变量

C. 都不是随机变量　　D. 都应是随机变量

4. 相关系数 $r$=0，表明两个变量之间（　　）。

A. 相关程度相当低　　B. 完全负相关

C. 不存在直线相关关系　　D. 不存在任何相关关系

5. 在计算相关系数之前，首先应对两个变量进行（　　）。

A. 定性分析　　B. 定量分析　　C. 回归分析　　D. 因素分析

6. 用来说明因变量估计值代表性高低的分析指标是（　　）。

A. 相关系数　　B. 回归系数　　C. 回归参数　　D. 估计标准误差

## 三、多项选择题

1. 按相关关系的方向划分，相关关系分为（　　　）。

A. 线性相关　　B. 负相关　　C. 非线性相关

D. 正相关关系　　E. 不相关

2. 如果要对现象之间的相关关系进行判断，那么可以采用（　　　）的方法。

A. 编制相关表　　B. 编制分组相关表　　C. 绘制相关图

D. 计算相关系数　　E. 定性分析

3. 在回归方程 $y_c=a+bx$ 中，回归系数 $b$ 表示（　　　）。

A. 当 $x$=0 时 $y$ 的估计值　　B. $y$ 变动一个单位时 $x$ 的平均值

C. $x$ 变动一个单位时 $y$ 的变动值　　D. $x$ 变动一个单位时 $y$ 的平均变动值

E. 回归系数 $b$ 大于 0，说明是正相关

4. 相关系数与回归系数的关系是（　　　）。

A. 回归系数大于 0 则相关系数大于 0　　B. 回归系数小于 0 则相关系数小于 0

C. 回归系数大于 0 则相关系数小于 0　　D. 回归系数小于 0 则相关系数大于 0

E. 回归系数等于 0 则相关系数等于 0

5. 销售额和流通费用率在一定条件下存在相关关系，这种相关关系属于（　　　）。

A. 正相关　　B. 单相关　　C. 负相关

D. 复相关　　E. 完全相关

6. 下列属于负相关关系的是（　　　）。

A. 合理限度内，施肥量和农作物亩产量之间的关系

B. 产品产量和单位产品成本之间的关系

C. 商品的流通费用率和销售利润率之间的关系

D. 商品的流通费用率和商品销售量之间的关系

E. 圆的半径和圆的面积之间的关系

7. 下列不属于相关关系的有（　　　　）。

A. 压力与压强　　B. 人的工作环境与健康状况

C. 圆的半径与圆的面积　　D. 人的身高与体重

E. 农业机械化程度与农业人口

**四、判断题**

1. 相关系数为 0，说明两个变量毫无关联。（　）

2. 当回归系数不为 0 时，相关系数也不为 0。（　）

3. 计算相关系数时，先要确定自变量和因变量。（　）

4. 回归系数取值介于−1 和 1 之间。（　）

5. 直线回归方程 $y$=30+5$x$表示自变量每增加 1 个单位，因变量平均增加 35 个单位。（　）

6. 正相关是指两个变量之间的变化方向都是上升的趋势，而负相关是指两个变量之间的变化方向都是下降的趋势。（　）

7. 负相关是指两个变量之间的变化方向相反，即一个呈下降（上升）而另一个呈上升（下降）（　）

8. 函数关系是一种完全的相关关系。（　）

9. 回归分析与相关分析一样，所分析的两个变量都一定是随机变量。

10. 在其他条件不变的情况下，相关系数越大，估计标准误差就越大；反之估计标准误差越小。可见，估计标准误差的大小与相关系数的大小是一致的。（　）

11. 相关系数的数值越大，说明相关程度越高。（　）

**五、简答题**

1. 相关关系有什么函数关系的区别？

2. 相关分析与回归分析有什么区别？

3. 判断相关关系的方法有哪些？

**六、计算题**

1. 从某一行业中随机抽取 5 家企业，获得产品产量和生产费用的数据如下表所示。

| 产品产量/台 | 生产费用/万元 |
|---|---|
| 40 | 130 |
| 50 | 140 |
| 50 | 145 |
| 70 | 150 |
| 80 | 156 |

要求：

（1）利用表中的样本数据使用最小二乘法求出回归方程。

（2）判断两个变量之间是正相关还是负相关，并说明如何得到该结论。

（3）给出估计标准误差。

2. 从某大学中随机抽取 10 名学生，获得如下表所示的身高和体重的数据资料。

| 身高/cm | 体重/kg |
|---|---|
| 171 | 53 |
| 167 | 56 |
| 177 | 64 |

（续表）

| 身高/cm | 体重/kg |
|---|---|
| 154 | 49 |
| 169 | 55 |
| 175 | 66 |
| 163 | 52 |
| 152 | 47 |
| 172 | 58 |
| 162 | 50 |

要求：

（1）根据表中的样本数据计算身高和体重的相关系数。

（2）给出两个变量之间的回归方程（设身高为自变量、体重为因变量）。

3. 为了研究劳动生产率和企业设备生产能力之间的关系，某集团公司对所属的8家企业进行调查。假设年设备生产能力为 $x$ kW/人、劳动生产率为 $y$ 万元/人。调查结果经整理后得到如下数据：$\sum x=26.6$，$\sum y=64.2$，$\sum xy=218.07$，$\sum x^2=91.9$，$\sum y^2=524.48$。

要求：

（1）给出劳动生产率和企业设备生产能力之间的相关系数。

（2）确定劳动生产率和设备生产能力之间的直线回归方程，并说明回归系数的经济意义。

# 第七章

# 统计指数

**教学目标**

1. 掌握统计指数的概念、作用和类型。
2. 掌握计算总指数的两种方法：综合指数和平均指数。
3. 掌握拉氏物量指数、派氏物量指数、拉氏价格指数、派氏价格指数、加权算术平均指数和加权调和平均指数的计算公式。
4. 掌握可变构成指数、结构影响指数和固定构成指数。
5. 掌握总量指标和平均指标的两因素分析。
6. 了解指数数列的种类和形式。

**引导案例**

CPI是居民消费价格指数（Consumer Price Index）的简称，是一个反映居民家庭一般所购买的消费品和服务项目价格水平变动情况的宏观经济指标。它是在特定时段内度量一组代表性消费品及服务项目的价格水平随时间而变动的相对数，用来反映居民家庭购买消费品及服务的价格水平的变动情况。

2020年1月9日，国家统计局发布了2019年全国CPI。最新数据显示，2019年12月份，全国居民消费价格同比上涨4.5%。其中，城市上涨4.2%，农村上涨5.3%；食品价格上涨17.4%，非食品价格上涨1.3%；消费品价格上涨6.4%，服务价格上涨1.2%。2019年全年，CPI比上年上涨2.9%。

12月份，食品烟酒类价格同比上涨12.9%，影响CPI上涨约3.82个百分点。在食品中，畜肉类价格上涨66.4%，影响CPI上涨约2.94%，其中猪肉价格上涨97.0%，影响CPI上涨约2.34%；鲜菜价格上涨10.8%，影响CPI上涨约0.26%；蛋类价格上涨6.2%，影响CPI上涨约0.04%；水产品价格上涨1.3%，影响CPI上涨约0.02%；粮食价格上涨0.6%，影响CPI上涨约0.01%；鲜果价格下降8.0%，影响CPI下降约0.15%。

12月份，食品烟酒类价格环比下降0.2%，影响CPI下降约0.05%。在食品中，蛋类价格下降4.7%，影响CPI下降约0.03%；畜肉类价格下降3.8%，影响CPI下降约0.28%，其中猪肉价格下降5.6%，影响CPI下降约0.27%；鲜菜价格上涨10.6%，影响CPI上涨约0.25%；鲜果价格上涨0.6%，影响CPI上涨约0.01%。

通过指数，我们可以知道报告期与基期相比消费价格的变化情况，不仅可了解全部消费品价格的变动情况，还可了解某一类消费品价格的变动情况。那么，什么是指数？指数有什么作用？如何计算指数呢？

# 第一节　统计指数概述

## 一、统计指数的概念

统计指数是一种表明社会经济现象总体数量变动的特殊相对数，既能反映简单、个别社会经济现象数量变动的方向和程度，也能反映复杂、总体社会经济现象数量变动的方向和程度。因此，在实际工作中，指数作为一种描述和分析社会经济现象发展变化情况的工具，得到了广泛的运用。

指数的含义有广义和狭义之分：广义的指数泛指所有社会经济现象数量对比的相对数，包括不同时间、不同空间的同类经济现象数量指标及实际完成指标与计划完成指标对比而形成的各种相对数；狭义的指数是指反映在总体社会经济现象中不能直接加总和不能直接对比的多种不同事物在数量上总变动的一种相对数。本章研究的是狭义的指数。

## 二、统计指数的作用

### （一）综合反映社会经济现象总体数量的变动方向和变动程度

综合反映社会经济现象总体数量的变动方向和变动程度是总指数最基本的作用。统计指数一般是用百分比来表示的相对数。这个百分比大于或小于 100%，反映社会经济现象总体数量上升或下降的变动方向；比 100%大多少或小多少，则反映社会经济现象总体数量上升或下降程度的大小。

例如，重庆市居民 2018 年与 2013 年相比的 CPI 为 183.8%，说明重庆市居民 2018 年所消费的商品价格总水平比 2013 年上涨了 83.8%。但具体到某种商品的价格，可能是上涨也可能是下跌。

再如，深圳市 2018 年与 2017 年相比的手机价格指数为 95%，说明深圳市手机价格 2018 年比 2017 年下降了 5%。

### （二）分析和测定复杂社会经济现象中各因素对总量变动的影响方向和影响程度

任何一个复杂社会经济现象的总体一般总是由多种因素构成的，总体的变动是各构成因素变动综合影响的结果。例如，工业产品产值是由产品的出厂价格和产品产量两个因素构成的，即：

$$工业产品产值=出厂价格\times 产品产量$$

产值的大小取决于出厂价格的高低及产品产量的多少。同样，企业产品总成本受企业产品数量、单位产品原材料消耗量及单位原材料价格 3 个因素的影响，即：

$$企业产品总成本=产品数量\times 单位产品原材料消耗量\times 单位原材料价格$$

对于这些包括两个或两个以上因素的现象总体，一般运用综合指数或平均指标分析其各构成因素对总指数的影响，从相对数和绝对数两方面分析各因素对总体的影响方向与影响程度。当用统计指数来分析现象总体变动中各个因素的影响情况时，这种方法叫因素分析法。

### （三）研究社会经济现象的长期变动趋势

社会经济现象的长期变动趋势主要通过编制指数数列，观察现象发展变化的趋势来完成。这种方法尤其适用于对比分析不同的时间数列之间的变动关系。例如，连续10年的保健品定基价格指数。

### （四）综合评价和测定社会经济现象

随着指数法在实际应用中的发展，许多社会经济现象都可以运用统计指数进行综合评价和测定，以便对某种经济现象的水平做出综合的数量判断。例如，用物价指数评价一个地区的经济状况，用消费指数评价一个地区或群体的消费能力。

## 三、统计指数的类型

由于观察角度的不同，统计指数可划分为不同的类型。

### （一）按指数研究对象的不同范围划分

按指数研究对象的不同范围划分，可分为个体指数、类指数和总指数。

① 个体指数。个体指数是说明社会经济现象中单项事物变动情况的相对数。例如，个体物价指数、个体产品产量指数、个体产品成本指数等。其计算公式为：

个体物价指数 $$K_P=\frac{P_1}{P_0}\times100\%$$

个体产品产量指数 $$K_Q=\frac{Q_1}{Q_0}\times100\%$$

个体产品成本指数 $$K_Z=\frac{Z_1}{Z_0}\times100\%$$

式中，$P$ 为价格；$P_0$为基期产品价格；$P_1$为报告期产品价格；$Q$ 为产量；$Q_0$为基期产品产量；$Q_1$为报告期产品产量；$Z$ 为成本；$Z_0$为基期产品单位成本；$Z_1$为报告期产品单位成本。

② 类指数。类指数是说明总体中某类或某组现象变动情况的相对数。例如，粮食类价格指数、服装类价格指数、重工业类产量指数和轻工业类产量指数等。

③ 总指数。总指数是说明多种社会经济现象综合变动情况的相对数。例如，说明多种产品产量综合变动的物量总指数；说明多种产品价格综合变动的价格总指数及多种产品成本总指数；居民消费品价格总指数融合了食品类价格指数、服装类价格指数、电子产品类价格指数、家电类价格指数等，反映的是全部消费品的价格总指数。

类指数有时可看成总指数，有些也起个体指数的作用。例如，如果研究食品类指数及其包含的所有食品的个体指数，那么可将食品类指数看成总指数；相反，如果研究居民消费品总指数及其包含的所有消费品类指数，那么可将各类消费品类指数看成个体指数。

从理论上说，类指数和总指数都涉及多种产品的综合，因此其计算和编制方法基本相同，后续章节只介绍总指数的编制方法，对类指数的编制方法不再介绍。

### （二）按指数研究对象的不同性质划分

按指数研究对象的不同性质划分，可分为数量指标指数和质量指标指数。

① 数量指标指数。数量指标指数简称数量指数，是说明现象总体规模水平变动情况的指数。例如，产品产量指数、职工人数指数、产品销售数量指数和货物运输量指数等。

② 质量指标指数。质量指标指数简称质量指数，是反映工作质量、管理水平等方面变动情况的指数。例如，产品价格指数、劳动生产率指数、平均工资指数和产品成本指数等。

### （三）按总指数的计算方法不同划分

总指数是说明多种事物综合变动的相对数，由于多种事物的度量单位不同，因此不能直接相加；又由于掌握的资料不同，因此对总指数的计算产生了两种不同的方法——综合指数和平均指数。

① 综合指数。综合指数是由两个总量指标对比而形成的相对数，编制原则是先综合后对比。

② 平均指数。平均指数是个体指数的平均数，有加权算术平均指数和加强调和平均指数两种形式。

这两种指数形式各具独立意义，但又有一定的相互联系。在一定的条件下，平均指数公式可以演变为综合指数公式，综合指数公式也可以演变为平均指数公式。

### （四）按计算指数时所采用的基期不同划分

按计算指数时所采用的基期不同划分，统计指数又可分为定基指数和环比指数。

① 定基指数。定基指数是指在指数数列中，每个指数都以某一固定时期作为基期。编制定基指数数列可以反映现象总体的长期变化动态及发展过程情况。

② 环比指数。环比指数是指在指数数列中，每个指数都以与其相邻的上个时期作为基期。编制环比指数数列可以反映现象总体的逐期变动情况。

### （五）按指数所反映现象的时间不同划分

按指数所反映现象的时间不同划分，可分为动态指数和静态指数。

① 动态指数。动态指数是由两个不同时期的经济现象变量值对比而形成的相对数，反映的是同类现象在不同时间上的发展变化情况。

② 静态指数。静态指数是在同一时间条件下，不同空间的同一经济变量不同数值对比而形成的相对数。此外，同一空间范围内，实际指标与计划指标相对比而形成的相对数也称为静态指数。

# 第二节　综合指数的编制和计算

## 一、综合指数的意义和特点

### （一）综合指数的意义

综合指数是总指数的基本形式，是由两个总量指标对比而形成的相对数。在包含两个或两个以上因素的总量指标中，将其中一个或一个以上的因素指标固定下来，仅观察另一个因素的变动情况，这样编制出来的总指数叫综合指数。

### （二）综合指数的特点

从综合指数的编制方法上看，它有以下几个特点。

① 先综合后对比。先解决现象总体中各个体由于使用价值不同、度量单位不同而不能直接加总的问题。为此，需要从现象的内在联系出发，确定与研究现象相联系的因素，使其成为同度量因素，从而将不能直接加总的指标过渡到能够相加和对比的指标，然后进行对比。例如，要观察两个不同时期商品总量的变化情况，由于不同商品的使用价值不同、度量单位各异，各种商品的数量不能直接相加。这时可以把各种商品的数量转化为价值量，也就是把各种商品量乘以各自相应的价格，得到各自的价值量。马克思在《资本论》中曾说过："作为使用价值，商品首先有质的差别；作为交换价值，商品只能有量的差别，因而不包含任何一个使用价值的原子。"这就是说，价值量是可以相加汇总的。这样，将两个时期的总价值量进行对比，就可以计算综合指数。

**例 7-1**　研究衣服和牙刷的综合产量变动情况。

由于衣服和牙刷的使用价值不同，且衣服和牙刷的度量单位不同——衣服是件、牙刷是支，所以不能将衣服的产量和牙刷的产量直接加到一起。为了使其能够相加，需要过渡到价值量，衣服的产量乘以价格为"件×元/件=元"、牙刷的产量乘以价格为"支×元/支=元"，衣服和牙刷价值量的度量单位都是"元"，因此可以进行求和运算。

② 固定同度量因素。把总量指标中的同度量因素加以固定，以测定所要研究因素的变动程度。

仍以衣服和牙刷的产量综合指数为例，研究 2019 年与 2018 年相比衣服和牙刷的产量变动。

步骤 1　要引入同度量因素产品价格进行综合。

$$\overline{K}=\frac{P_{2019衣服}Q_{2019衣服}+P_{2019牙刷}Q_{2019牙刷}}{P_{2018衣服}Q_{2018衣服}+P_{2018牙刷}Q_{2018牙刷}}$$

上式中，虽然"衣服的价格和产量对应相乘"可以与"牙刷的价格和产量对应相乘"相加，但是分子是 2019 年的数据、分母是 2018 年的数据，比较后的 $\overline{K}$ 是产值比，而不是产量比，所以需要固定同度量因素在同一时期。

步骤 2 将价格固定在基期 2018年。

$$\overline{K}_Q=\frac{P_{2018衣服}Q_{2019衣服}+P_{2018牙刷}Q_{2019牙刷}}{P_{2018衣服}Q_{2018衣服}+P_{2018牙刷}Q_{2018牙刷}}$$

上式中，分子分母不同的是衣服和牙刷的产量，分子是 2019年的产量、分母是 2018年的产量，因此对比出的才是衣服和牙刷的综合物量指数。

③ 分子、分母所研究对象的范围原则上必须一致，所反映的现象变动程度应是所综合的资料范围内该现象的变动程度。例如，可以编制一个企业、一个地区、一个部门或全国的指数等，无论范围大小，分子分母范围都应一致，并以全面资料为基础。因此，编制综合指数所采用的是全面调查资料，不存在抽样误差的问题。

## 二、综合指数的编制方法

综合指数的编制方法是编制总指数的基本方法。构成现象总体的因素大体可分为数量因素和质量因素，所以综合指数也就分为数量指标综合指数和质量指标综合指数。无论是数量指标综合指数的统计计算还是质量指标综合指数的统计计算，都需要选择恰当的同度量因素。这两种综合指数编制的基本原理是一样的，只是在处理方法上略有不同。一般情况下，计算数量指标综合指数时，选择相应的质量指标为同度量因素；计算质量指标综合指数时，选择相应的数量指标为同度量因素。

### （一）数量指标综合指数的编制

数量指标综合指数是说明数量指标变动情况的，即总体规模变动情况的比较指标。例如，工业产品生产量指数、商品销售量指数等。

以某电器厂甲、乙、丙 3 种商品的产量指数为例，说明数量指标综合指数的编制方法。有关资料如表 7.1 所示。

表 7.1 某电器厂甲、乙、丙 3 种商品的相关资料

| 商品类别 | 计量单位 | 基 期 | | 报告期 | |
|---|---|---|---|---|---|
| | | 产 量 | 价格/元 | 产 量 | 价格/元 |
| 甲 | 台 | 100 | 15 000 | 150 | 14 000 |
| 乙 | 件 | 500 | 6 000 | 450 | 8 000 |
| 丙 | 个 | 800 | 500 | 400 | 300 |

根据表 7.1 所示的资料，要测定甲、乙、丙 3 种商品产量的总变动情况，就必须计算产量总指数。由于 3 种商品的度量单位分别为台、件和个，显然不能直接相加汇总，必须借助于同度量因素这一媒介，也就是本例中的价格因素，分别计算出报告期和基期的商品价值总额，然后将两个时期的商品价值总额加以对比。由于商品价值的变化包括两个因素的变化，因此只有固定其中的同度量因素（即价格），才能观察另一因素（即产量）的变化。其一般公式为：

$$\overline{K}_Q=\frac{\sum PQ_1}{\sum PQ_0}$$

式中，$\overline{K}_Q$ 为产量总指数；$P$ 为某一时期价格；$Q_1$ 为报告期产量；$Q_0$ 为基期产量。

作为同度量因素的价格，既可以固定在基期，也可以固定在报告期，还可以固定在某一固定时期。采用不同时期的价格，会得到不同的计算结果，自然也反映不同的经济意义。

**1. 以基期价格作为同度量因素**

其计算公式为：

$$\overline{K}_Q=\frac{\sum P_0Q_1}{\sum P_0Q_0}$$

这个公式被称为拉氏物量指数公式。其计算结果的经济意义是：在基期价格水平的情况下，产品产量的综合变动方向和程度；分子与分母的差额（$\sum P_0Q_1-\sum P_0Q_0$）代表产量变动对产值的绝对影响程度。

**例 7-2** 根据表 7.1 所示的资料，计算出 3 种商品的拉氏物量指数。

3 种商品的拉氏物量指数需要基期价格和基期与报告期的产量，如表 7.2 所示。

**表 7.2 拉氏物量指数的计算**

| 商品类别 | 计量单位 | 产 量 | | 价格/元 |
|---|---|---|---|---|
| | | 基期 $Q_0$ | 报告期 $Q_1$ | 基期 $P_0$ |
| 甲 | 台 | 100 | 150 | 15 000 |
| 乙 | 件 | 500 | 450 | 6 000 |
| 丙 | 个 | 800 | 400 | 500 |

$$\overline{K}_Q=\frac{\sum P_0Q_1}{\sum P_0Q_0}=\frac{15\,000\times150+6\,000\times450+500\times400}{15\,000\times100+6\,000\times500+500\times800}=\frac{5\,150\,000}{4\,900\,000}=105.10\%$$

$$\sum P_0Q_1-\sum P_0Q_0=5\,150\,000-4\,900\,000=250\,000\text{（元）}$$

由计算结果可知，3 种商品产量平均增长 5.1%，由于产量增长而使产值产生的增加量为 250 000 元。

**2. 以报告期价格作为同度量因素**

其计算公式为：

$$\overline{K}_Q=\frac{\sum P_1Q_1}{\sum P_1Q_0}$$

这个公式被称为派氏物量指数公式。其计算结果的经济意义是：在报告期价格水平的情况下，产品产量的综合变动方向和程度；分子与分母的差额（$\sum P_1Q_1-\sum P_1Q_0$）代表产量变动对产值的绝对影响程度。

**例 7-3** 根据表 7.1 所示的资料，计算出 3 种商品的派氏物量指数。

3 种商品的派氏物量指数需要报告期价格和基期与报告期的产量，如表 7.3 所示。

**表 7.3 派氏物量指数的计算**

| 商品类别 | 计量单位 | 产 量 | | 价格/元 |
|---|---|---|---|---|
| | | 基期 $Q_0$ | 报告期 $Q_1$ | 报告期 $P_1$ |
| 甲 | 台 | 100 | 150 | 14 000 |
| 乙 | 件 | 500 | 450 | 8 000 |
| 丙 | 个 | 800 | 400 | 300 |

$$\bar{K}_Q=\frac{\sum P_1Q_1}{\sum P_1Q_0}=\frac{14\,000\times150+8\,000\times450+300\times400}{14\,000\times100+8\,000\times500+300\times800}=\frac{5\,820\,000}{5\,640\,000}=103.19\%$$

$$\sum P_1Q_1-\sum P_1Q_0=5\,820\,000-5\,640\,000=180\,000\text{（元）}$$

由计算结果可知，3种商品产量平均增长 3.19%，由于产量增长而使产值产生的增加量为 180 000元。

思考：为什么用拉氏物量指数公式和派氏物量指数公式计算出的3类商品的产量指数不同？这对解释数量指标指数是否有影响？

**3．以某一固定时期的不变价格作为同度量因素**

其计算公式为：

$$\bar{K}_Q=\frac{\sum P_nQ_1}{\sum P_nQ_0}$$

式中，$P_n$为某一固定时期的不变价格。

一种不变价格沿用的时间不宜过长。我国曾以 1950 年、1952 年、1957 年、1970 年、1980 年的实际价格作为不变价格，其后是以 1990 年的实际价格作为不变价格。

无论是用基期价格作为同度量因素，还是用报告期价格作为同度量因素，虽然各有其经济意义，但是都存在两个问题：其一，不便于进行长期比较，因为基期价格和报告期价格都是对一个总指数而言的，而对环比指数来说，各个时期总指数所用的价格就不同了，所以不便于进行比较；其二，计算工作量相当繁重，每个时期的总指数由于价格不是固定时期的，所以都要重新搜集价格资料，这就给实际工作带来了很大的困难。

思考：一般情况下，编制数量指标综合指数应采用拉氏物量指数公式，而非派氏物量指数公式。为什么？

## （二）质量指标综合指数的编制

质量指标综合指数是说明质量指标变动方向和程度的指数。例如，反映产品或商品的价格变动的价格指数；反映产品的单位成本变动的成本指数；反映产品的原材料耗用变动的原材料单耗指数。

现以商品的出厂价格指数为例，说明质量指标综合指数的编制原理和方法。利用表 7.1 所示的资料进行编制。编制商品价格指数要把产量指标作为同度量因素，将其固定，以观察价格变动。

其一般公式为：

$$\bar{K}_P=\frac{\sum P_1Q}{\sum P_0Q}$$

式中，$\bar{K}_P$为价格总指数；$Q$为某一时期产量；$P_1$为报告期价格；$P_0$为基期价格。

作为同度量因素的产量，既可以固定在基期，也可以固定在报告期。

**1. 以基期产量作为同度量因素**

其计算公式为：

$$\overline{K}_P=\frac{\sum P_1Q_0}{\sum P_0Q_0}$$

这个公式被称为拉氏价格指数公式。其计算结果的经济意义是：假定维持基期的产量，产品价格的综合变动方向和程度；分子与分母的差额（$\sum P_1Q_0-\sum P_0Q_0$）代表价格变动对产值的绝对影响程度。

**例 7-4**　根据表 7.1 所示的资料，计算出 3 种商品的拉氏价格指数。

3 种商品的拉氏价格指数需要基期产量和基期与报告期的价格，如表 7.4 所示。

**表 7.4　拉氏价格指数的计算**

| 商品类别 | 计量单位 | 价格/元 | | 产　量 |
|---|---|---|---|---|
| | | 基期 $P_0$ | 报告期 $P_1$ | 基期 $Q_0$ |
| 甲 | 台 | 15 000 | 14 000 | 100 |
| 乙 | 件 | 6 000 | 8 000 | 500 |
| 丙 | 个 | 500 | 300 | 800 |

$$\overline{K}_P=\frac{\sum P_1Q_0}{\sum P_0Q_0}=\frac{14\,000\times100+8\,000\times500+300\times800}{15\,000\times100+6\,000\times500+500\times800}=\frac{5\,640\,000}{4\,900\,000}=115.10\%$$

$$\sum P_1Q_0-\sum P_0Q_0=5\,640\,000-4\,900\,000=740\,000\text{（元）}$$

由计算结果可知，3 种商品价格平均增长 15.10%，由于价格增长而使产值产生的增加量为 740 000 元。

增加的 740 000 元是维持了基期产量得到的绝对值，但实际上是不可能的，所以以基期产量为同度量因素的现实意义比较小。

**2. 以报告期产量作为同度量因素**

其计算公式为：

$$\overline{K}_P=\frac{\sum P_1Q_1}{\sum P_0Q_1}$$

这个公式被称为派氏价格指数公式。其计算结果的经济意义是：在报告期实际产量一定的情况下，产品价格的综合变动方向和程度。分子与分母的差额（$\sum P_1Q_1-\sum P_0Q_1$）代表价格变动对产值的绝对影响程度。

**例 7-5**　根据表 7.1 所示的资料，计算出 3 种商品的派氏价格指数。

3 种商品的派氏价格指数需要报告期产量和基期与报告期的价格，如表 7.5 所示。

**表 7.5　派氏价格指数的计算**

| 商品类别 | 计量单位 | 价格/元 | | 产　量 |
|---|---|---|---|---|
| | | 基期 $P_0$ | 报告期 $P_1$ | 报告期 $Q_1$ |
| 甲 | 台 | 15 000 | 14 000 | 150 |
| 乙 | 件 | 6 000 | 8 000 | 450 |
| 丙 | 个 | 500 | 300 | 400 |

$$\bar{K}_p=\frac{\sum P_1Q_1}{\sum P_0Q_1}=\frac{14\,000\times150+8\,000\times450+300\times400}{15\,000\times150+6\,000\times450+500\times400}=\frac{5\,820\,000}{5\,150\,000}=113.01\%$$

$$\sum P_1Q_1-\sum P_0Q_1=5\,820\,000-5\,150\,000=670\,000\text{（元）}$$

由计算结果可知，3种商品价格平均增长13.10%，由于价格增长而使产值产生的增加量为670 000元。

通常评价质量指标变动时，将同度量因素固定在报告期的经济意义更明显。

3. 以报告期和基期产量之和作为同度量因素

其计算公式为：

$$\bar{K}_P=\frac{\sum P_1(Q_1+Q_0)}{\sum P_0(Q_1+Q_0)}$$

计算过程如表7.6所示。

**表7.6 价格指数的计算**

| 商品类别 | 计量单位 | 价格/元 | | 产量 | | $Q_1+Q_0$ |
|---|---|---|---|---|---|---|
| | | 基期 $P_0$ | 报告期 $P_1$ | 基期 $Q_0$ | 报告期 $Q_1$ | |
| 甲 | 台 | 15 000 | 14 000 | 100 | 150 | 250 |
| 乙 | 件 | 6 000 | 8 000 | 500 | 450 | 950 |
| 丙 | 个 | 500 | 300 | 800 | 400 | 1 200 |

$$\bar{K}_p=\frac{\sum P_1(Q_1+Q_0)}{\sum P_0(Q_1+Q_0)}=\frac{14\,000\times250+8\,000\times950+300\times1\,200}{15\,000\times250+6\,000\times950+500\times1\,200}=\frac{11\,460\,000}{10\,050\,000}=114.03\%$$

$$\sum P_1(Q_1+Q_0)-\sum P_0(Q_1+Q_0)=11\,460\,000-10\,050\,000=1\,410\,000\text{（元）}$$

由计算结果可知，3种商品价格平均增长14.03%，由于价格增长而使产值产生的增加量为1 410 000元。

## 三、综合指数的同度量因素的选择

同度量因素是指在计算综合指数时，解决总体中各个体不能直接相加的媒介因素，使不能直接相加的指标过渡到能够相加的指标。例如，在总成本等于生产量乘以单位产品成本这一经济联系中，如果要反映单位产品成本的变动，则以生产量作为同度量因素；如果要反映生产量的变动，则以单位产品成本作为同度量因素。

在综合指数的计算中，同度量因素要固定在某个时期上，以便观察其他因素的变动。关于同度量因素的时期确定，也可以有不同的方法。不同的方法会产生不同的计算结果。

### （一）从指数本身的经济定义考虑

在编制质量指标综合指数时，成本指数、价格指数、劳动生产率指数、工资水平指数等宜采用报告期数量指标作为同度量因素。而对于数量指标指数，如销售量指数、生产量指数等，则将同度量因素固定在基期，说明在基期质量指标不变的条件下销售量、生产量等数量指标的变化情况。

### （二）从指数体系的要求考虑

指数方法既可以单独编制质量指标指数和数量指标指数，以独立地研究经济现象，又可以将几个经济上有联系、数量上有关系的指数组成指数体系，以分别测定各因素指数对总指数的影响。在应用指数体系方法时，对各因素指数的同度量因素的时期应有一定的要求。例如，两因素的指数体系，其中一个因素指数的同度量因素固定在基期，则另一个因素指数的同度量因素就必须固定在报告期，这样才能保证在数量上的对等关系。因此，同度量因素固定的时期，除了考虑指数本身的经济意义外，还要考虑指数体系的要求。

### （三）从实际应用和是否便于取得资料方面考虑

有些方法从理论上看优点很多，但是在实际工作中却行不通，或者很难取得资料。例如，把同度量因素固定在报告期的价格指数必须取得报告期的各种商品销售量，而这种资料有时是很难取得的，所以有时也不得不考虑采用其他方法，如可用基期资料。

综上所述，确定综合指数中的同度量因素所属时期，在国内的一般做法是：编制质量指标指数，采用报告期数量指标为同度量因素；编制数量指标指数，采用基期质量指标为同度量因素；在某些特殊情况下，为了反映实际经济效果，在编制数量指标指数时，也以报告期质量指标为同度量因素。

在国外，编制质量指标指数用基期数量指标作为同度量因素；编制数量指标指数用基期质量指标作为同度量因素。他们认为，只有将同度量因素均固定在基期，才能确切地反映另外因素的变动情况，而如果用报告期指标作为同度量因素，则反映的就不仅仅是一个指标的变动情况。

# 第三节　平均指数的编制和计算

## 一、平均指数的含义

平均指数是总指数的另一种计算形式。它以个体指数为基础，采用加权形式编制总指数，以测定总体现象的平均变动程度。平均指数和综合指数同是计算总指数的方法，在一定条件下两种公式可以相互转化，平均指数实质上是综合指数的变形。综合指数是从复杂社会经济现象的总量出发，依靠同度量因素来观察其他因素的变动；平均指数是从独立的社会经济现象出发，通过对个体变化率（个体指数）加权平均的方法来观察总体平均变动。这两种计算总指数的方法各有其实用价值。

## 二、平均指数的编制方法

由于所使用的权数不同，平均指数包括综合指数变形计算形式和固定权数计算形式。

### （一）综合指数变形计算形式的平均指数

#### 1. 加权算术平均指数——拉氏物量指数的变形

它一般在编制数量指标指数时运用，只要掌握个体数量指数及综合指数的分母（基期的实际数）数值即可。其计算公式为：

$$\bar{K}_Q=\frac{\sum kP_0Q_0}{\sum P_0Q_0}$$

式中，$k=\frac{Q_1}{Q_0}$ 为个体数量指数；$P_0Q_0$ 为基期产值，是权数。

加权算术平均指数类似于加权算术平均数的计算公式 $\bar{X}=\frac{\sum Xf}{\sum f}$。加权算术平均指数是以个体数量指数为基础、以基期产值为权数，进行加权算术平均得到的。

**例 7-6** 根据表 7.1 所示的资料，计算出 3 种商品的加权算术平均指数。

计算结果如表 7.7 所示。

表 7.7 加权算术平均指数的计算

| 商品类别 | 计量单位 | 产　量 | | | 基期产值/元 |
|---|---|---|---|---|---|
| | | 基期 $Q_0$ | 报告期 $Q_1$ | 个体指数 $k=Q_1/Q_0$ | $P_0Q_0$ |
| 甲 | 台 | 100 | 150 | 1.5 | 1 500 000 |
| 乙 | 件 | 500 | 450 | 0.9 | 3 000 000 |
| 丙 | 个 | 800 | 400 | 0.5 | 400 000 |

$$\bar{K}_Q=\frac{\sum kP_0Q_0}{\sum P_0Q_0}$$
$$=\frac{1.5\times1\,500\,000+0.9\times3\,000\,000+0.5\times400\,000}{1\,500\,000+3\,000\,000+400\,000}$$
$$=\frac{5\,150\,000}{4\,900\,000}=105.10\%$$

计算结果表明，3 种商品产量报告期比基期平均增长 5.10%。

这个结果与例 7-2 拉氏物量指数的计算结果完全相同。其原因在于：在产量指数采用基期产值 $P_0Q_0$ 为权数时，加权算术平均指数和拉氏物量指数之间存在如下变形关系。

$$\bar{K}_Q=\frac{\sum kP_0Q_0}{\sum P_0Q_0}=\frac{\sum \frac{Q_1}{Q_0}P_0Q_0}{\sum P_0Q_0}=\frac{\sum P_0Q_1}{\sum P_0Q_0}$$

如果使用 $P_0Q_0$ 以外的任何其他权数，则不存在上述这种变形关系。

两种指数虽然存在变形关系，但两者的应用条件却有不同：综合指数在计算数量指标指数时，必须计算一个假定的产值，即 $\sum P_0Q_1$，而要取得这样的资料，在实际编制过程中往往比较困难，有时甚至是不可能的；加权算术平均指数在计算数量指标指数时，只需要掌握每种单项事物的个体数量指数及其基期产值，而不需要对应的价格资料和其他资料，也不需要计算假定的产值 $\sum P_0Q_1$。

**思考**：如果不采用基期产值为权数，而是采用报告期或某一时期同度量因素，那么还存在上述变形关系吗？

例如，采用报告期同度量因素的产值$P_1Q_0$为权数计算的加权算术平均指数，与数量指标综合指数的关系为：

$$\overline{K}_Q=\frac{\sum kP_1Q_0}{\sum P_1Q_0}=\frac{\sum \frac{Q_1}{Q_0}P_1Q_0}{\sum P_1Q_0}=\frac{\sum P_1Q_1}{\sum P_1Q_0}$$

可以看出，仍然存在变形关系，但是求加权算术平均指数需要计算假想产值$\sum P_1Q_0$，丧失了加权算术平均指数的优点，实际意义不大。因此，只需要掌握加权算术平均指数与拉氏物量指数的变形关系。

**2. 加权调和平均指数——派氏价格指数的变形**

它一般适用于编制质量指标指数，只要掌握了个体质量指数及综合指数的分子（报告期的实际数）数值即可。其计算公式为：

$$\overline{K}_P=\frac{\sum P_1Q_1}{\sum \frac{1}{k}P_1Q_1}$$

式中，$k=\frac{P_1}{P_0}$为个体价格指数；$P_1Q_1$为报告期产值，是权数。

加权调和平均指数类似于加权调和平均数的计算公式$M_H=\frac{\sum M}{\sum \frac{1}{x}M}$。加权调和平均指数是以个体质量指数为基础、以报告期产值为权数，进行加权调和平均得到的。

**例 7-7**　根据表 7.1 所示的资料，计算出 3 种商品的加权调和平均指数。

计算结果如表 7.8 所示。

**表 7.8　加权调和平均指数的计算**

| 商品类别 | 计量单位 | 价格 | | | 报告期产值/元 $P_1Q_1$ |
|---|---|---|---|---|---|
| | | 基期 $P_0$ | 报告期 $P_1$ | 个体指数 $1/k=P_0/P_1$ | |
| 甲 | 台 | 15 000 | 14 000 | 1.07 | 2 100 000 |
| 乙 | 件 | 6 000 | 8 000 | 0.75 | 3 600 000 |
| 丙 | 个 | 500 | 300 | 1.67 | 120 000 |

$$\overline{K}_P=\frac{\sum P_1Q_1}{\sum \frac{1}{k}P_1Q_1}$$

$$=\frac{2\,100\,000+3\,600\,000+120\,000}{1.07\times2\,100\,000+0.75\times3\,600\,000+1.67\times120\,000}$$

$$=\frac{5\,820\,000}{5\,150\,000}=113.01\%$$

计算结果表明，3种商品价格报告期比基期平均增长13.01%。

这个结果与前面派氏价格指数的计算结果完全相同。其原因在于：在价格指数采用报告期产品产值$P_1Q_1$为权数时，加权调和平均指数和派氏价格指数之间存在如下变形关系。

$$\bar{K}_P=\frac{\sum P_1Q_1}{\sum\frac{1}{k}P_1Q_1}=\frac{\sum P_1Q_1}{\sum\frac{P_0}{P_1}P_1Q_1}=\frac{\sum P_1Q_1}{\sum P_0Q_1}$$

它们的变形关系存在的条件是：如果产品价格综合指数采用报告期产量指标为同度量因素，那么调和平均数指数中的权数就必须采用 $P_1Q_1$；否则就不存在这种变形关系。加权调和平均指数的计算也不需要计算假定产值 $\sum P_0Q_1$，而只需要价格个体指数资料和报告期产值资料，这些资料较易取得。

### （二）固定权数计算形式的平均指数

#### 1. 用固定权数计算加权算术平均指数

固定权数是指用某一时期经过调整后的权数资料，以比重的形式固定下来作为权数，它通常用 $w$ 表示。

用固定权数计算加权算术平均指数的公式为：

价格指数 $$\bar{K}_P=\frac{\sum kw}{\sum w}\quad\left(k=\frac{P_1}{P_0}\right)$$

物量指数 $$\bar{K}_Q=\frac{\sum kw}{\sum w}\quad\left(k=\frac{Q_1}{Q_0}\right)$$

在统计工作中，有时由于报告期资料较难获取，因此采用固定权数来计算平均指数比较简便迅速，有很大的灵活性。目前，在绝大多数西方国家，其 CPI 是最重要的指数。由于缺乏全面的统计资料，无法用综合指数的方法进行计算，所以一般都用固定权数加权的方法来统计计算 CPI。我国编制的零售物价指数也是用固定权数加权的方法计算的，有的工业品出厂价格指数、工业原材料购进价格指数等也都是采用这种方法。这种方法要分别计算个体指数、类指数和总指数，因此也要分层确定比重权数，且各层权数之和都等于 100。权数一经固定下来，一般 5 年左右更换一次，但在使用期限内也可做个别调整。

例 7–8　利用固定权数计算零售物价指数，资料如表 7.9 所示。

表 7.9　固定权数计算零售物价指数

| 商品类别 | 个体指数/% $k'$ | 商品权数/% $w'$ | 类指数/% $\bar{K}$ | 类权数/% $w$ | $\bar{K}\cdot w$ |
|---|---|---|---|---|---|
| 粮食类 | | | 106.40 | 40 | 4 256 |
| 大米 | 112 | 60 | | | |
| 面粉 | 98 | 40 | | | |
| 服装类 | | | 103 | 35 | 3 605 |
| 上衣 | 100 | 50 | | | |
| 裤子 | 106 | 50 | | | |
| 百货类 | | | 99 | 25 | 2 475 |
| … | | | | | |
| 合　计 | | | | 100 | 10 336 |

表 7.9 中给出了三大类商品：粮食类、服装类和百货类。首先，根据每类下的个体指数 $k'$ 和商品权数 $w'$ 计算出类指数 $\overline{K}$。

$$\overline{K}_{粮食}=\frac{\sum k'w'}{\sum w'}=\frac{112\%\times60\%+98\%\times40\%}{100\%}=106.40\%$$

$$\overline{K}_{服装}=\frac{\sum k'w'}{\sum w'}=\frac{100\%\times50\%+106\%\times50\%}{100\%}=103\%$$

$$\overline{K}_{百货}=\frac{\sum k'w'}{\sum w'}=\cdots=99\%$$

其次，根据类指数 $\overline{K}$ 和类权数 $w$ 计算出总指数 $\overline{K}_p$。

$$\overline{K}_p=\frac{\sum \overline{K}\cdot w}{\sum w}=\frac{4\,256+3\,605+2\,475}{100}=103.36\%$$

**2. 用固定权数计算加权调和平均指数**

以 $w$ 代表固定权数，加权调和平均指数公式为：

价格指数 $$\overline{K}_P=\frac{\sum w}{\sum \frac{1}{k}w}\quad（k=\frac{P_1}{P_0}）$$

物量指数 $$\overline{K}_Q=\frac{\sum w}{\sum \frac{1}{k}w}\quad（k=\frac{Q_1}{Q_0}）$$

用固定权数计算加权调和平均指数并不常用，因此不再举例。

## 三、平均指数的特点

与综合指数相比，平均指数具有以下特点。

① 平均指数可以不计算假定的总产值指标，因此是一种实用、灵活方便地计算总指数的方法。

② 综合指数要求使用全面资料编制，而平均指数既可利用全面资料编制，也可利用非全面资料编制。

③ 平均指数权数的选择有很多方法，如基期产值、报告期产值、某一时期产值和固定权数。

## 四、固定权数加权算术平均指数的应用

由于平均指数具有以上两个综合指数无法替代的优点，因此具有十分广泛的实用价值，尤其是固定权数加权算术平均指数应用更为广泛。在采用固定权数加权算术平均指数时，应解决好以下两个问题。

### （一）代表品的选择

固定权数加权算术平均指数的计算多采用非全面资料。例如，在计算零售物价指数

时，全面资料要搜集几百万种资料，很难办到，因此可以选择一些有代表性的品种，计算出个体指数，再加权平均，求出总指数。

指数的研究对象与目的不同，选择代表品的方法也不同，但应遵循 3 条基本原则：

① 代表品要有充分的代表性。从一个总体看，它有多种侧面、多种标志。因此，代表品的代表性只能根据研究问题的具体情况确定其主要标志，以求其在某性质上有代表性。例如，价格指数研究的是价格变动，代表品的代表性在于其价格变动的趋势和程度能基本上反映总体价格变动的趋势与程度。

② 选择那些对国计民生影响较大的品种。这些品种的价格或产量等的变化对国民经济的发展往往带来全局性的影响。

③ 选择经济寿命比较长、有发展前途的品种，力求避免选择那些即将被淘汰的品种。

### （二）权数的编制

编制权数的方法主要有 3 种，即直接权数、附加权数和分层分摊权数。下面以销售额指标做权数为例分别加以说明。

① 直接权数。直接权数是以全部代表品的销售额为 100%，然后求各代表品的销售额在全部代表品销售额中所占的比重。这个比重就是代表品的权数，因为它是直接用代表品的销售额计算的，所以称为直接权数。

② 附加权数。附加权数是指附加在每一代表品上的权数。这里不仅有该品种的权数，还有那些由该代表品在指数中所代表的那一部分品种的权数。例如，代表品自身的权数是 20%，该代表品还代表其他几个品种，这些品种的权数是 5%，因此代表品的权数是 25%。

③ 分层分摊权数。分层分摊权数是指将非代表品的销售额分层分摊到代表品上。假定指数分为大类、中类、小类、产品 4 层，则具体计算步骤为：

第一层计算各代表大类权数　求出各代表大类的销售额占全部代表大类销售额的比重，此比重即各代表大类权数。

第二层计算各代表中类权数　从代表大类中选出代表中类产品，求出各代表中类的销售额占全部代表中类销售额合计的比重，再用这个比重乘以该大类权数，其积即各代表中类权数。

第三层计算各代表小类权数　从代表中类中选出代表小类产品，求出各代表小类的销售额占全部代表小类销售额合计的比重，再用这个比重乘以该中类权数，其积即各代表小类权数。

第四层计算各代表品权数　从代表小类中选出代表品，求出各代表品的销售额占小类中全部代表品销售额合计的比重，再用这个比重乘以小类权数，其积即各代表品权数。

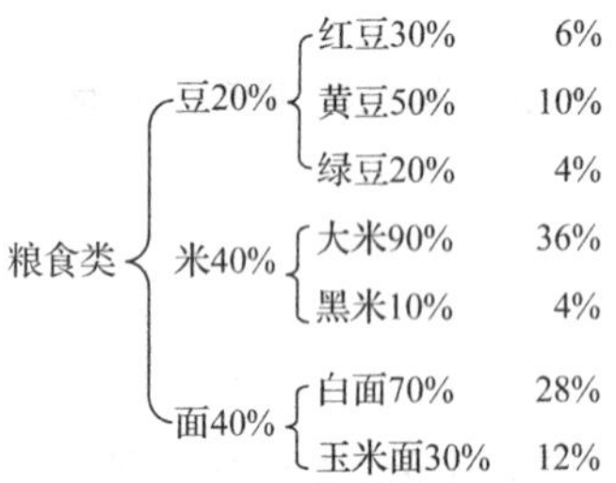


**图 7.1　分层分摊权数示例**

以粮食类为例，按分层分摊法计算权数，如图 7.1 所示。

这几种编制权数的方法各有利弊，可根据指数的不同要求进行选用。

# 第四节 平均指标指数

## 一、平均指标指数的含义

平均指标指数是同一经济现象两个不同时期条件下两个平均指标值对比形成的相对数，用来说明两个时期总平均水平变动的方向和程度。平均指标指数的方法类似统计指数的方法，用来分析平均指标变动的构成要素。

平均指标指数的一般公式为：

$$k=\frac{\overline{x}_1}{\overline{x}_0}$$

式中，$k$ 为平均指标指数；$\overline{x}_1$ 为报告期平均指标；$\overline{x}_0$ 为基期平均指标。

常见的平均指标指数有劳动生产率指数、平均工资指数、平均单位成本指数等。下面以劳动生产率指数为例，介绍平均指标指数的分析方法。劳动生产率指数的计算公式为：

$$k=\frac{\overline{q}_1}{\overline{q}_0}=\frac{\dfrac{\sum q_1T_1}{\sum T_1}}{\dfrac{\sum q_0T_0}{\sum T_0}}$$

式中，$\overline{q}_1$ 为报告期平均劳动生产率；$\overline{q}_0$ 为基期平均劳动生产率；$q_1$ 为报告期劳动生产率；$q_0$ 为基期劳动生产率；$\sum T_1$ 为报告期工人总数；$\sum T_0$ 为基期工人总数；$\sum q_1T_1$ 为报告期产量；$\sum q_0T_0$ 为基期产量。

上式也可改写为：

$$k=\frac{\sum q_1\dfrac{T_1}{\sum T_1}}{\sum q_0\dfrac{T_0}{\sum T_0}}$$

显而易见，劳动生产率指数反映了两个因素变动的影响，即各种工人劳动生产率变动的影响和各组工人数在全部工人总数中所占比重变动的影响。这是因为加权算术平均指数本身包括标志值和权数两个因素，所以平均指标指数所反映的变动程度也包括两个因素的影响，即不仅受所平均的经济指标变动的影响，而且还受所研究总体内部单位数结构变动的影响。

因为平均指标指数受两个因素的影响，这又类似于综合指数中两个因素之间的关系——为了测定一个因素的变动情况，必须将另一个因素固定下来，因此应利用因素分析法对平均指标指数进行分析。

## 二、平均指标指数的因素分析

平均指标指数变动，既包括标志值的变动，也包括权数构成的变动。

例 7-9　对劳动生产率指数进行因素分析。

如表 7.10 的资料所示，全厂劳动生产率的上升受两个因素的共同影响：一是甲、乙、丙 3 个车间职工平均劳动生产率的变动；二是甲、乙、丙 3 个车间人员比重的变动。以下分别计算可变构成指数、固定构成指数和结构影响指数。

表 7.10　劳动生产率指数的计算

| 车　间 | 劳动生产率/（件/人） | | 人数/人 | | 人数构成/% | |
|---|---|---|---|---|---|---|
| | 基期 $q_0$ | 报告期 $q_1$ | 基期 $T_0$ | 报告期 $T_1$ | 基期 $T_0/\sum T_0$ | 报告期 $T_1/\sum T_1$ |
| 甲车间 | 100 | 120 | 40 | 50 | 40 | 50 |
| 乙车间 | 120 | 150 | 30 | 40 | 30 | 40 |
| 丙车间 | 90 | 100 | 30 | 10 | 30 | 10 |
| 合　计 | — | — | 100 | 100 | 100 | 100 |

### （一）可变构成指数

可变构成指数是研究现象总体变动的指数，受各组平均水平和总体结构变动两个因素的影响。

$$\bar{q}_1=\frac{\sum q_1T_1}{\sum T_1}=\frac{120\times50+150\times40+100\times10}{100}=\frac{13\,000}{100}=130(\text{件/人})$$

$$=\sum q_1\frac{T_1}{\sum T_1}=120\times50\%+150\times40\%+100\times10\%=130(\text{件/人})$$

$$\bar{q}_0=\frac{\sum q_0T_0}{\sum T_0}=\frac{100\times40+120\times30+90\times30}{100}=\frac{10\,300}{100}=103(\text{件/人})$$

$$=\sum q_0\frac{T_0}{\sum T_0}=100\times40\%+120\times30\%+90\times30\%=103(\text{件/人})$$

$$\text{可变构成指数}=\frac{\bar{q}_1}{\bar{q}_0}=\frac{130}{103}=1.262\,1=126.21\%$$

这说明全厂劳动生产率水平平均提高了 26.21%、全厂生产率水平的绝对数增加了 27 件/人。这里不仅仅是为了研究全厂劳动生产率水平的变动程度和方向，更重要的是找出各车间职工劳动生产率水平变动和职工比重变动对全厂劳动生产率的影响情况。

与综合指数相似，在观察一个因素变化时，需要将另一个因素固定。一般情况下，在观察平均水平变化的时候，把结构固定在报告期；在观察结构变动时，把平均水平固定在基期。下面以这种方式来计算固定构成指数和结构影响指数。

### （二）固定构成指数

为了观察各车间劳动生产率的变动影响，将职工结构假定在报告期来计算劳动生产率指数，这个指数被称为劳动生产率固定构成指数。其计算公式为：

$$\text{固定构成指数}=\frac{\sum q_1T_1}{\sum T_1}\div\frac{\sum q_0T_1}{\sum T_1}$$

$$=130\div\frac{100\times50+120\times40+90\times10}{100}=\frac{130}{107}=1.215\,0=121.5\%$$

计算结果说明：由于3个车间劳动生产率水平平均提高了21.5%，使全厂劳动生产率水平提高的绝对数为23件／人。

### （三）结构影响指数

为了观察各车间人员比重结构对全厂劳动生产率变动的影响，将各车间劳动生产率水平假定在基期来计算劳动生产率指数，这个指数被称为劳动生产率结构影响指数。其计算公式为：

$$\text{结构影响指数}=\frac{\sum q_0T_1}{\sum T_1}\div\frac{\sum q_0T_0}{\sum T_0}=\frac{107}{103}=1.038\ 8=103.88\%$$

计算结果说明：由于3个车间人员比重的变动，使全厂劳动生产率上升了3.88%，使全厂劳动生产率水平提高的绝对数为4件／人。

## 三、3个指数之间的联系

可变构成指数、固定构成指数和结构影响指数三者之间具有一定的内在联系，形成一个指数体系。

从相对数上看：可变构成指数=固定构成指数×结构影响指数

$$\frac{\sum q_1T_1}{\sum T_1}\div\frac{\sum q_0T_0}{\sum T_0}=\left(\frac{\sum q_1T_1}{\sum T_1}\div\frac{\sum q_0T_1}{\sum T_1}\right)\times\left(\frac{\sum q_0T_1}{\sum T_1}\div\frac{\sum q_0T_0}{\sum T_0}\right)$$

$$126.21\%=121.5\%\times103.88\%$$

从绝对数上看：

$$\frac{\sum q_1T_1}{\sum T_1}-\frac{\sum q_0T_0}{\sum T_0}=\left(\frac{\sum q_1T_1}{\sum T_1}-\frac{\sum q_0T_1}{\sum T_1}\right)+\left(\frac{\sum q_0T_1}{\sum T_1}-\frac{\sum q_0T_0}{\sum T_0}\right)$$

$$130-103=(130-107)+(107-103)$$

$$27=23+4$$

# 第五节　指数体系与因素分析

## 一、指数体系的概念和作用

客观现象是错综复杂的，各种因素对它的影响不是孤立的，而是相互联系、相互制约和相互影响的。在统计中，除了依据现象内在因素联系编制综合指数外，还要应用指数体系来分析现象中各个因素的影响程度，这就需要建立指数体系。

所谓指数体系，是指若干有联系的指数在数量上、逻辑上形成的一个反映客观事物本身的内在联系的整体。利用指数体系，可以从相对数和绝对数两个方面分析受多种因素影响的复杂总体中各个因素的影响程度、变动方向及绝对数量；利用指数体系，可以进行指数之间的相互推算，如果已知指数体系中3个数中的任意两个，就可以推算第三个指数。通过指数体系可以对社会经济现象进行预测。

组成指数体系的指数必须满足两个条件：

① 各因素指数的乘积应等于总变动指数。

② 各因素指数分子、分母差额的总和应等于总量指标指数实际发生的总差额。

例如：

商品销售额指数=商品价格指数×商品销售量指数

利润额指数=生产量指数×产品价格指数×销售利润率指数

**（一）质量指数将同度量因素固定在报告期，而数量指数则将同度量因素固定在基期**

$$\frac{\sum P_1Q_1}{\sum P_0Q_0}=\frac{\sum P_1Q_1}{\sum P_0Q_1}\frac{\sum P_0Q_1}{\sum P_0Q_0}$$

$$\sum P_1Q_1-\sum P_0Q_0=(\sum P_1Q_1-\sum P_0Q_1)+(\sum P_0Q_1-\sum P_0Q_0)$$

**（二）质量指数将同度量因素固定在基期，而数量指数则将同度量因素固定在报告期**

$$\frac{\sum P_1Q_1}{\sum P_0Q_0}=\frac{\sum P_1Q_0}{\sum P_0Q_0}\frac{\sum P_1Q_1}{\sum P_1Q_0}$$

$$\sum P_1Q_1-\sum P_0Q_0=(\sum P_1Q_0-\sum P_0Q_0)+(\sum P_1Q_1-\sum P_1Q_0)$$

## 二、因素分析

指数体系是进行因素分析的基本依据。进行因素分析按包含因素的多少，既可以是两因素的分析，也可以是两因素以上（多因素）的分析；进行因素分析按分析指标的种类，既可以是总量指标的因素分析，也可以是平均指标的因素分析。

**（一）总量指标的两因素分析**

总量指标的两因素分析，分析的对象是由两个因素组成的总量指标，分析的目的是分别测定两个因素的变动对总量变动的影响程度和影响方向。

*例 7-10* 根据表 7.1 所示的资料对产值指标进行两因素分析。

计算结果如表 7.11 所示。

**表 7.11 产值指标的两因素计算**

| 商品类别 | 计量单位 | 产　量 | | 价格/元 | | 基期产值 $P_0Q_0$ | 报告期产值 $P_1Q_1$ | 假定产值 $P_0Q_1$ |
|---|---|---|---|---|---|---|---|---|
| | | 基期 $Q_0$ | 报告期 $Q_1$ | 基期 $P_0$ | 报告期 $P_1$ | | | |
| 甲 | 台 | 100 | 150 | 15 000 | 14 000 | 1 500 000 | 2 100 000 | 2 250 000 |
| 乙 | 件 | 500 | 450 | 6 000 | 8 000 | 3 000 000 | 3 600 000 | 2 700 000 |
| 丙 | 个 | 800 | 400 | 500 | 300 | 400 000 | 120 000 | 200 000 |
| 合　计 | | — | — | — | — | 4 900 000 | 5 820 000 | 5 150 000 |

**1. 相对数上的关系**

产值指数=价格指数×产量指数

$$\frac{\sum P_1Q_1}{\sum P_0Q_0}=\frac{\sum P_1Q_1}{\sum P_0Q_1}\frac{\sum P_0Q_1}{\sum P_0Q_0}$$

$$\frac{\sum P_1Q_1}{\sum P_0Q_0}=\frac{5\,820\,000}{4\,900\,000}=118.78\%$$

$$\frac{\sum P_1Q_1}{\sum P_0Q_1}=\frac{5\,820\,000}{5\,150\,000}=113.01\%$$

$$\frac{\sum P_0Q_1}{\sum P_0Q_0}=\frac{5\,150\,000}{4\,900\,000}=105.10\%$$

存在数量上的相对关系：118.78%=113.01%×105.10%

**2. 绝对数上的关系**

实际增加或减少的产值=由于价格变动而增加或减少的产值+由于产量变动而增加或减少的产值

$$\sum P_1Q_1-\sum P_0Q_0=(\sum P_1Q_1-\sum P_0Q_1)+(\sum P_0Q_1-\sum P_0Q_0)$$

$$5\,820\,000-4\,900\,000=(5\,820\,000-5\,150\,000)+(5\,150\,000-4\,900\,000)$$

$$920\,000=670\,000+250\,000$$

① 产值指数为118.78%，说明产值实际增长了18.78%，增长额为920 000元。这是由价格和产量两个因素共同作用的结果。

② 价格指数为113.01%，说明3种商品价格上涨了13.01%，使产值绝对值增加670 000元；或者，由于3种商品价格的变动导致产值增加了13.01%，增加的绝对值是670 000元。

③ 产量指数为105.10%，说明3种商品产量增加了5.10%，使产值增长的绝对数为250 000元；或者由于3种商品产量的变动导致产值增加了5.10%，增加的绝对值是250 000元。

### （二）总量指标的多因素分析

复杂社会现象变动有时受3个或3个以上多因素变动的影响，对此可以利用指数体系进行多因素分析，以测定多个因素变动对现象总体变动的影响程度。这种分析，从理论上来说可以推广到4个、5个，甚至更多的因素分析。但统计研究中应分清主次，抓住主要矛盾，以便采取措施。因此，一般三四个因素的分析就足够了。

多因素分析的基本方法与两因素分析相同。在进行多因素现象分析时，需要注意以下两点。

**1. 同度量因素固定时期的选择**

为了反映一个因素变动，必须假定其他因素固定不变，这也有一个选择同度量因素固定的时期问题，即同度量因素固定时期的选择。一般来说，在测定数量因素变动时将质量因素固定在基期、在测定质量因素变动时将数量因素固定在报告期，与前面讲的综合指数编制的方法相似。其目的是要使各个因素指数的连乘积等于总指数、受各个因素指数变动而影响的差额之和等于总指数实际发生的差额，从而保持指数体系的完整性，使计算结果有现实意义。

**2. 各个因素的排列顺序**

在多因素分析中，各个因素的排列顺序要根据现象各因素间的内在联系加以确定，应使相邻两个因素的乘积具有独立的经济意义。例如，某厂原材料消耗总额由产品产量、产品原材料单耗和原材料单价 3 个因素的乘积求得。由此，它们在多因素分析中排序也是如此，从数量因素逐步过渡到质量因素；或者倒转过来，即原材料消耗总额=原材料单价×原材料单耗×产品产量，从质量因素过渡到数量因素。上述两种排序无论采用哪种方式，其相邻两个因素的乘积都有独立的经济意义。

原材料耗用量

原材料支出总额=产品产量×原材料单耗×原材料单价

单位产品原材料价格

产品产量相对于原材料单价是数量指标，原材料单价相对于原材料耗用量是质量指标。当编制数量指标指数时，将作为同度量因素的质量指标固定在基期；反之亦然。

① 在相对数上存在以下关系。

原材料支出总额指数=产量总指数×原材料单耗总指数×原材料单价总指数

$$\frac{\sum Q_1M_1P_1}{\sum Q_0M_0P_0}=\frac{\sum Q_1M_0P_0}{\sum Q_0M_0P_0}\frac{\sum Q_1M_1P_0}{\sum Q_1M_0P_0}\frac{\sum Q_1M_1P_1}{\sum Q_1M_1P_0}$$

② 在绝对数上存在以下关系。

$$\sum Q_1M_1P_1-\sum Q_0M_0P_0=(\sum Q_1M_0P_0-\sum Q_0M_0P_0)+(\sum Q_1M_1P_0-\sum Q_1M_0P_0)+(\sum Q_1M_1P_1-\sum Q_1M_1P_0)$$

式中，$Q$ 为产品产量；$M$ 为原材料单耗；$P$ 为原材料单价。

**例 7-11** 根据表 7.12 所示的资料对原材料支出总额进行三因素分析。

**表 7.12 原材料支出总额的三因素计算**

| 原材料 | 产品产量 | | 原材料单耗 | | 原材料单价 | | 原材料支出总额 | | | |
|---|---|---|---|---|---|---|---|---|---|---|
| | 基期 $Q_0$ | 报告期 $Q_1$ | 基期 $M_0$ | 报告期 $M_1$ | 基期 $P_0$ | 报告期 $P_1$ | $Q_0M_0P_0$ | $Q_1M_0P_0$ | $Q_1M_1P_0$ | $Q_1M_1P_1$ |
| 甲 | 10 | 12 | 4 | 5 | 8 | 6 | 320 | 384 | 480 | 360 |
| 乙 | 12 | 15 | 2 | 3 | 12 | 15 | 288 | 360 | 540 | 675 |
| 合计 | — | — | — | — | — | — | 608 | 744 | 1 020 | 1 035 |

（1）原材料支出总额指数

① 相对数

$$\overline{K}_{QMP}=\frac{\sum Q_1M_1P_1}{\sum Q_0M_0P_0}=\frac{1\,035}{608}=170.23\%$$

② 绝对数

$$\sum Q_1M_1P_1-\sum Q_0M_0P_0=1\,035-608=427\text{（元）}$$

该厂报告期与基期相比，原材料支出总额增加了 70.23%，绝对增加额为 427 元。

（2）产量总指数

① 相对数

$$\overline{K}_Q=\frac{\sum Q_1M_0P_0}{\sum Q_0M_0P_0}=\frac{744}{608}=122.37\%$$

② 绝对数

$$\sum Q_1M_0P_0-\sum Q_0M_0P_0=744-608=136(元)$$

由于产量的增加，使原材料支出总额上升了22.37%，绝对增加额为136元。

（3）原材料单耗总指数

① 相对数

$$\overline{K}_M=\frac{\sum Q_1M_1P_0}{\sum Q_1M_0P_0}=\frac{1\,020}{744}=137.10\%$$

② 绝对数

$$\sum Q_1M_1P_0-\sum Q_1M_0P_0=1\,020-744=276(元)$$

由于原材料单耗的增加，使原材料支出总额上升了37.10%，绝对增加额为276元。

（4）原材料价格总指数

① 相对数

$$\overline{K}_P=\frac{\sum Q_1M_1P_1}{\sum Q_1M_1P_0}=\frac{1\,035}{1\,020}=101.47\%$$

② 绝对数

$$\sum Q_1M_1P_1-\sum Q_1M_1P_0=1\,035-1\,020=15(元)$$

由于原材料价格的增加，使原材料支出总额上升了1.47%，绝对增加额为15元。

4种指数的相对关系为：

170.23%=122.37%×137.10%×101.47%

4种指数的绝对关系为：

427元=136元+276元+15元

**（三）平均指标的两因素分析**

分析总平均数受各组平均数和各组单位构成变动的影响，即计算可变构成指数、固定构成指数和结构影响指数。

① 相对数

$$\frac{\sum x_1f_1}{\sum f_1}\div\frac{\sum x_0f_0}{\sum f_0}=\left(\frac{\sum x_1f_1}{\sum f_1}\div\frac{\sum x_0f_1}{\sum f_1}\right)\times\left(\frac{\sum x_0f_1}{\sum f_1}\div\frac{\sum x_0f_0}{\sum f_0}\right)$$

② 绝对数

$$\frac{\sum x_1f_1}{\sum f_1}-\frac{\sum x_0f_0}{\sum f_0}=\left(\frac{\sum x_1f_1}{\sum f_1}-\frac{\sum x_0f_1}{\sum f_1}\right)\times\left(\frac{\sum x_0f_1}{\sum f_1}-\frac{\sum x_0f_0}{\sum f_0}\right)$$

式中，$x_1$为报告期的各组平均数；$x_0$为基期的各组平均数；$f_1$为报告期的各组单位数；$f_0$为基期的各组单位数。

**例 7-12** 以某事业单位员工总平均工资为例进行因素分析。其员工分为两类——有编制和无编制，实行同工不同酬，对应的平均工资和人员构成及其计算如表 7.13 所示。

表 7.13 平均工资和人员构成及其计算

| 员工类型 | 平均工资/（元/人） | | 员工数量/人 | | 工资总额/元 | | |
|---|---|---|---|---|---|---|---|
| | 基期 $x_0$ | 报告期 $x_1$ | 基期 $f_0$ | 报告期 $f_1$ | $x_0f_0$ | $x_1f_1$ | $x_0f_1$ |
| 有编制 | 7 000 | 8 000 | 120 | 100 | 840 000 | 800 000 | 700 000 |
| 无编制 | 4 000 | 5 000 | 40 | 20 | 160 000 | 100 000 | 80 000 |
| 合　计 | — | — | 160 | 120 | 1 000 000 | 900 000 | 780 000 |

（1）总平均工资指数（可变构成指数）

① 相对数

$$\bar{K}=\frac{\sum x_1f_1}{\sum f_1}\div\frac{\sum x_0f_0}{\sum f_0}=\frac{900\,000}{120}\div\frac{1\,000\,000}{160}=7\,500\div6\,250=120\%$$

② 绝对数

$$\frac{\sum x_1f_1}{\sum f_1}-\frac{\sum x_0f_0}{\sum f_0}=7\,500-6\,250=1\,250\text{（元/人）}$$

该事业单位总平均工资报告期与基期相比上升了 20%，绝对增加额为 1 250元/人。总平均工资是由各组平均工资和各组人员构成两个因素共同影响的，以下进行详细分析。

（2）各组平均工资指数（固定构成指数）

① 相对数

$$\bar{K}_x=\frac{\sum x_1f_1}{\sum f_1}\div\frac{\sum x_0f_1}{\sum f_1}=\frac{900\,000}{120}\div\frac{780\,000}{120}=7\,500\div6\,500=115.38\%$$

② 绝对数

$$\frac{\sum x_1f_1}{\sum f_1}-\frac{\sum x_0f_1}{\sum f_1}=7\,500-6\,500=1\,000\text{（元/人）}$$

各组平均工资指数是 115.38%，即由于各组平均工资的增加使总平均工资上升了 15.38%，增加的绝对额为 1 000元/人。

（3）各组人员构成指数（结构影响指数）

① 相对数

$$\bar{K}_f=\frac{\sum x_0f_1}{\sum f_1}\div\frac{\sum x_0f_0}{\sum f_0}=\frac{780\,000}{120}\div\frac{1\,000\,000}{160}=6\,500\div6\,250=104\%$$

② 绝对数

$$\frac{\sum x_0f_1}{\sum f_1}-\frac{\sum x_0f_0}{\sum f_0}=6\,500-6\,250=250\text{（元/人）}$$

各组人员构成指数是 104%，即由于各组人员构成的增加使总平均工资上升了 4%，增加的绝对额为 250 元/人。

从相对数和绝对数上看，总平均工资指数、各组平均工资指数和各组人员构成指数符合指数体系的特征。

## 三、指数数列

指数数列是指将各个时期的一系列指数按时间顺序加以排列而形成的数列。它既是一种时间数列，也是一种时间数列。通过对指数数列的观察和分析，可使我们对数列所反映的现象发展变化趋势有比较全面、系统的了解，这对于研究现象的规律、预测现象的发展趋势都有重大价值。

由于指数数列中的各项指标都是指数，而指数又有不同的分类方法，因此与之相适应，也就产生了各种指数数列。

### （一）定基指数数列和环比指数数列

指数数列按其所采用的基期不同，可分为定基指数数列和环比指数数列。

① 定基指数数列。定基指数数列是指由一系列定基指数按时间顺序排列而形成的数列。定基指数数列的编制更加有利于研究现象的动态发展趋势。

② 环比指数数列。环比指数数列是指由一系列环比指数按时间顺序排列而形成的数列。环比指数数列的编制更适用于分析现象短期的动态变化情况。

### （二）数量指数数列和质量指数数列

① 数量指数数列。计算数量指标时是以基期质量指标为权数的，所以在数量指数数列中，定基指数的权数固定在基期，是不变权数；环比指数的权数随基期的变动而变化，是可变权数。

② 质量指数数列。计算质量指数是以报告期的数量指标为权数的，所以在一个质量指数数列中，不论是定基指数还是环比指数都是可变权数。

**例 7-13** 分别以产量指数和成本指数为例，编制定基指数数列和环比指数数列。

（1）产量指数

① 以 2015 年为基期，编制连续 5 年的定基指数数列：

$$100\%,\frac{\sum Q_{2016}P_{2015}}{\sum Q_{2015}P_{2015}},\frac{\sum Q_{2017}P_{2015}}{\sum Q_{2015}P_{2015}},\frac{\sum Q_{2018}P_{2015}}{\sum Q_{2015}P_{2015}},\frac{\sum Q_{2019}P_{2015}}{\sum Q_{2015}P_{2015}},\frac{\sum Q_{2020}P_{2015}}{\sum Q_{2015}P_{2015}}$$

② 以 2015 年为基期，编制连续 5 年的环比指数数列：

$$100\%,\frac{\sum Q_{2016}P_{2015}}{\sum Q_{2015}P_{2015}},\frac{\sum Q_{2017}P_{2016}}{\sum Q_{2016}P_{2016}},\frac{\sum Q_{2018}P_{2017}}{\sum Q_{2017}P_{2017}},\frac{\sum Q_{2019}P_{2018}}{\sum Q_{2018}P_{2018}},\frac{\sum Q_{2020}P_{2019}}{\sum Q_{2019}P_{2019}}$$

（2）成本指数

① 以 2015 年为基期，编制连续 5 年的定基指数数列：

$$100\%,\frac{\sum Z_{2016}Q_{2016}}{\sum Z_{2015}Q_{2016}},\frac{\sum Z_{2017}Q_{2017}}{\sum Z_{2015}Q_{2017}},\frac{\sum Z_{2018}Q_{2018}}{\sum Z_{2015}Q_{2018}},\frac{\sum Z_{2019}Q_{2019}}{\sum Z_{2015}Q_{2019}},\frac{\sum Z_{2020}Q_{2020}}{\sum Z_{2015}Q_{2020}}$$

② 以 2015年为基期，编制连续 5年的环比指数数列：

$$100\%,\frac{\sum Z_{2016}Q_{2016}}{\sum Z_{2015}Q_{2016}},\frac{\sum Z_{2017}Q_{2017}}{\sum Z_{2016}Q_{2017}},\frac{\sum Z_{2018}Q_{2018}}{\sum Z_{2017}Q_{2018}},\frac{\sum Z_{2019}Q_{2019}}{\sum Z_{2018}Q_{2019}},\frac{\sum Z_{2020}Q_{2020}}{\sum Z_{2019}Q_{2020}}$$

### （三）定基指数和环比指数的关系

**1. 在采用不变权数的条件下，环比指数的连乘积等于相应时期的定基指数**

例如，从 2017 年开始连续 3 年固定权数的产量环比指数相乘，等于 2020 年比 2017 年的定基指数。

$$\frac{\sum Q_{2018}P_n}{\sum Q_{2017}P_n}\frac{\sum Q_{2019}P_n}{\sum Q_{2018}P_n}\frac{\sum Q_{2020}P_n}{\sum Q_{2019}P_n}=\frac{\sum Q_{2020}P_n}{\sum Q_{2017}P_n}$$

**2. 两个相邻的定基指数相除等于相应的环比指数**

利用这种联系，可以彼此推算，即利用环比指数求相应的定基指数，或者利用定基指数求环比指数。例如，以 2011 年为基期，2020 年和 2019 年的定基指数相除，等于 2020 年比 2019 年的环比指数。

$$\frac{\sum Q_{2020}P_n}{\sum Q_{2011}P_n}\div\frac{\sum Q_{2019}P_n}{\sum Q_{2011}P_n}=\frac{\sum Q_{2020}P_n}{\sum Q_{2019}P_n}$$

### （四）指数中的基期更换

有时为了比较和研究的需要，要改变指数的基期，可用新定为基期的那个原来的指数去除各年原来的指数，即可得到基期更改后的各年指数。

**例 *7-14*** 连续 5 年的定基指数如下，如果想以第 3 年为基期，则各年指数应怎样变化？

| 第1年 | 第2年 | 第3年 | 第4年 | 第5年 |
|---|---|---|---|---|
| $100\%$ | $\frac{\sum Q_{2016}P_n}{\sum Q_{2015}P_n}$ | $\frac{\sum Q_{2017}P_n}{\sum Q_{2015}P_n}$ | $\frac{\sum Q_{2018}P_n}{\sum Q_{2015}P_n}$ | $\frac{\sum Q_{2019}P_n}{\sum Q_{2015}P_n}$ |

以第 3年为基期，每年的指数除以第 3年的指数，则得到各年的指数如下。

第 1年指数：

$$100\%\div\frac{\sum Q_{2017}P_n}{\sum Q_{2015}P_n}=\frac{\sum Q_{2015}P_n}{\sum Q_{2017}P_n}$$

第 2年指数：

$$\frac{\sum Q_{2016}P_n}{\sum Q_{2015}P_n}\div\frac{\sum Q_{2017}P_n}{\sum Q_{2015}P_n}=\frac{\sum Q_{2016}P_n}{\sum Q_{2017}P_n}$$

第 3年指数：

$$\frac{\sum Q_{2017}P_n}{\sum Q_{2015}P_n}\div\frac{\sum Q_{2017}P_n}{\sum Q_{2015}P_n}=1\text{或}100\%$$

第 4 年指数：

$$\frac{\sum Q_{2018}P_n}{\sum Q_{2015}P_n} \div \frac{\sum Q_{2017}P_n}{\sum Q_{2015}P_n} = \frac{\sum Q_{2018}P_n}{\sum Q_{2017}P_n}$$

第 5 年指数：

$$\frac{\sum Q_{2019}P_n}{\sum Q_{2015}P_n} \frac{\sum Q_{2017}P_n}{\sum Q_{2015}P_n} = \frac{\sum Q_{2019}P_n}{\sum Q_{2017}P_n}$$

# 第六节 几种常见的指数及 Excel 应用

## 一、几种常见的指数

### （一）股票价格指数

股票价格指数是反映股票市场上多种股票价格综合变动程度的指数。股票价格指数作为反映股票市场行情变化的重要指标，不仅是广大股票投资者进行投资决策的重要依据，而且也被视为一个国家或地区经济发展的晴雨表。股票价格指数一般采用综合指数的形式进行编制，以发行量（或流通量）为权数，通常采用派氏公式进行计算。股票价格指数通常以“点”为单位，基期水平固定为 100 点或 1 000 点，股票价格比基期每变动 1%或 1‰，就称变动了 1 点。下面以我国的上证综合指数和深证成分指数为例，简要介绍股票价格指数的编制。

上证综合指数是由上海证券交易所编制的股票价格指数，该指数于 1991 年 7 月 15 日正式发布，以 1990 年 12 月 19 日为基期，基期指数为 100 点，以所有在上海证券交易所挂牌上市的全部股票为样本，以报告期股票发行量为权数进行编制。其计算公式为：

$$I_P = \frac{\sum P_1 Q_1}{\sum P_0 Q_1}$$

深证成分指数是深圳证券交易所编制的一种以流通量为权数的成分股指数，该指数于 1995 年 1 月 23 日正式发布，以 1994 年 7 月 20 日为基期，基期指数为 1 000 点，初始样本股数量为 40 只。2015 年 5 月 20 日，深圳证券交易所对深证成分指数正式实施样本股扩容，将样本股数量从 40 只扩大到 500 只，选样规则保持不变。经过扩容，新深证成分指数的板块分布更趋均衡合理，市场代表性大幅度提升。新深证成分指数的行业结构与深圳股票市场高度吻合，与上证综合指数形成明显差异，凸显了深圳股票市场的结构特征。

### （二）居民消费价格指数

居民消费价格指数（Consumer Price Index，CPI）是度量居民消费品及服务项目价格水平随时间变动的相对数，反映居民家庭购买的消费品及服务项目价格水平的变动情况。居民消费价格指数与人民群众的生活密切相关，在整个国民经济价格体系中占有十分重要的地位，是进行经济分析和决策、价格总水平监测和调控的重要指标。

我国目前编制的居民消费价格指数是采用固定加权算术平均指数方法来编制的。其主要编制过程和特点是：首先，将各种居民消费划分为食品、衣着、居住、家庭设备用品及服务、医疗保健、交通和通信、娱乐教育文化用品及服务、其他商品和服务八大类，下面再划分为若干个中类和小类；其次，从以上各类中选定部分代表品入编指数，并进行定时定点采价，进而利用有关对比时期的价格资料分别计算个体价格指数；再次，依据有关时期内各种商品的销售额构成比例确定代表品的比重权数，按从低到高的顺序采用固定加权算术平均公式，依次编制各小类、中类、大类的消费价格指数和总指数。其计算公式为：

$$I_P = \frac{\sum kw}{\sum w}$$

式中，$k$ 为代表品个体价格指数或各层的类指数；$w$ 为代表品的固定权数。

## 二、Excel 应用

### （一）用 Excel 计算综合指数

**例 7-15** 以表 7.1 所示的资料为背景资料，用 Excel 计算拉氏物量指数。

视频演示

步骤 1 把数据输入 Excel 中，如图 7.2 所示。

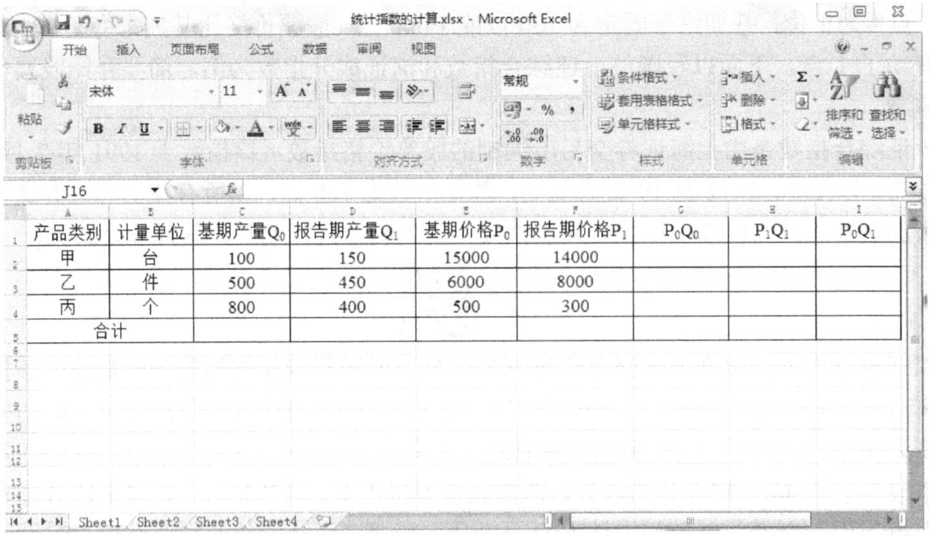

| 产品类别 | 计量单位 | 基期产量$Q_0$ | 报告期产量$Q_1$ | 基期价格$P_0$ | 报告期价格$P_1$ | $P_0Q_0$ | $P_1Q_1$ | $P_0Q_1$ |
|---|---|---|---|---|---|---|---|---|
| 甲 | 台 | 100 | 150 | 15000 | 14000 | | | |
| 乙 | 件 | 500 | 450 | 6000 | 8000 | | | |
| 丙 | 个 | 800 | 400 | 500 | 300 | | | |
| 合计 | | | | | | | | |

图 7.2 输入数据资料

步骤 2 计算产值乘积项。计算 $P_0Q_0$，在 G2 单元格中输入“=E2*C2”，如图 7.3 所示。然后按回车键，出现计算好的数值 1 500 000，如图 7.4 所示。用鼠标拖动公式复制到 G3 单元格和 G4 单元格，出现相应的数值，如图 7.5 所示。

计算产值 $P_1Q_1$ 和 $P_0Q_1$ 乘积项。计算方法同上，在 H2 单元格中输入“=D2*F2”，在 I2 单元格中输入“=E2*D2”，然后按回车键并用鼠标拖动，计算好的数值如图 7.6 所示。

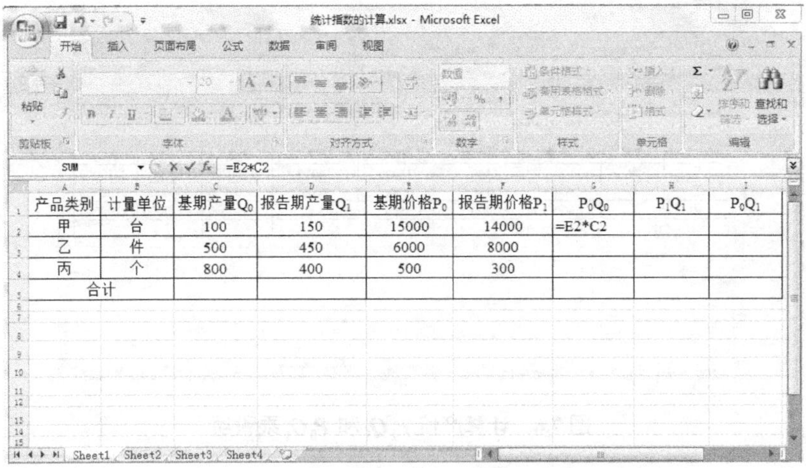


| 产品类别 | 计量单位 | 基期产量$Q_0$ | 报告期产量$Q_1$ | 基期价格$P_0$ | 报告期价格$P_1$ | $P_0Q_0$ | $P_1Q_1$ | $P_0Q_1$ |
|---|---|---|---|---|---|---|---|---|
| 甲 | 台 | 100 | 150 | 15000 | 14000 | =E2*C2 | | |
| 乙 | 件 | 500 | 450 | 6000 | 8000 | | | |
| 丙 | 个 | 800 | 400 | 500 | 300 | | | |
| 合计 | | | | | | | | |

图 7.3 计算产值 $P_0Q_0$ 乘积项之一

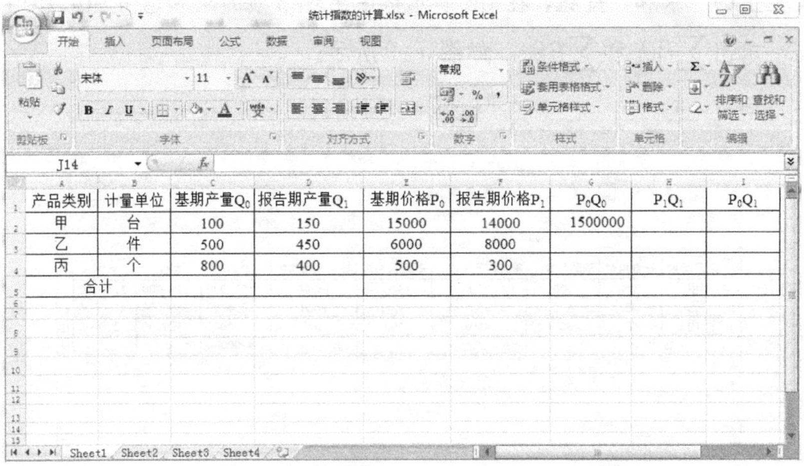


| 产品类别 | 计量单位 | 基期产量$Q_0$ | 报告期产量$Q_1$ | 基期价格$P_0$ | 报告期价格$P_1$ | $P_0Q_0$ | $P_1Q_1$ | $P_0Q_1$ |
|---|---|---|---|---|---|---|---|---|
| 甲 | 台 | 100 | 150 | 15000 | 14000 | 1500000 | | |
| 乙 | 件 | 500 | 450 | 6000 | 8000 | | | |
| 丙 | 个 | 800 | 400 | 500 | 300 | | | |
| 合计 | | | | | | | | |

图 7.4 计算产值 $P_0Q_0$ 乘积项之二

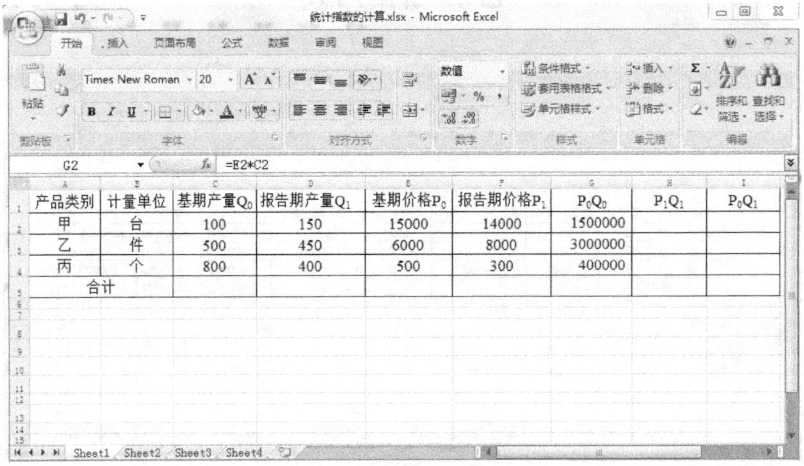


| 产品类别 | 计量单位 | 基期产量$Q_0$ | 报告期产量$Q_1$ | 基期价格$P_0$ | 报告期价格$P_1$ | $P_0Q_0$ | $P_1Q_1$ | $P_0Q_1$ |
|---|---|---|---|---|---|---|---|---|
| 甲 | 台 | 100 | 150 | 15000 | 14000 | 1500000 | | |
| 乙 | 件 | 500 | 450 | 6000 | 8000 | 3000000 | | |
| 丙 | 个 | 800 | 400 | 500 | 300 | 400000 | | |
| 合计 | | | | | | | | |

图 7.5 计算产值 $P_0Q_0$ 乘积项之三

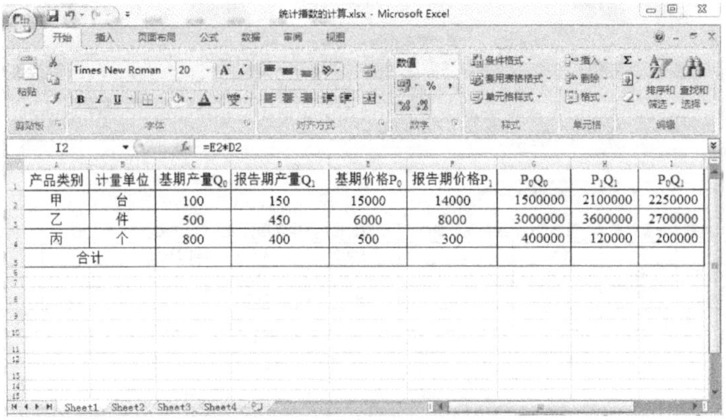


| 产品类别 | 计量单位 | 基期产量$Q_0$ | 报告期产量$Q_1$ | 基期价格$P_0$ | 报告期价格$P_1$ | $P_0Q_0$ | $P_1Q_1$ | $P_0Q_1$ |
|---|---|---|---|---|---|---|---|---|
| 甲 | 台 | 100 | 150 | 15000 | 14000 | 1500000 | 2100000 | 2250000 |
| 乙 | 件 | 500 | 450 | 6000 | 8000 | 3000000 | 3600000 | 2700000 |
| 丙 | 个 | 800 | 400 | 500 | 300 | 400000 | 120000 | 200000 |
| 合计 | | | | | | | | |

**图 7.6 计算产值 $P_1Q_1$ 和 $P_0Q_1$ 乘积项**

步骤 3 对产值进行求和。计算 $\sum P_0Q_0$，把光标放在 G5 单元格上，选定区域 G2:G4，再单击工具栏上的“求和”按钮，在 G5 单元格中出现 3 项的求和值 4 900 000，如图 7.7 所示。同理，求出 $\sum P_1Q_1$ 和 $\sum P_0Q_1$，如图 7.8 所示。

| 产品类别 | 计量单位 | 基期产量$Q_0$ | 报告期产量$Q_1$ | 基期价格$P_0$ | 报告期价格$P_1$ | $P_0Q_0$ | $P_1Q_1$ | $P_0Q_1$ |
|---|---|---|---|---|---|---|---|---|
| 甲 | 台 | 100 | 150 | 15000 | 14000 | 1500000 | 2100000 | 2250000 |
| 乙 | 件 | 500 | 450 | 6000 | 8000 | 3000000 | 3600000 | 2700000 |
| 丙 | 个 | 800 | 400 | 500 | 300 | 400000 | 120000 | 200000 |
| 合计 | | | | | | 4900000 | | |

**图 7.7 计算 $\sum P_0Q_0$**

| 产品类别 | 计量单位 | 基期产量$Q_0$ | 报告期产量$Q_1$ | 基期价格$P_0$ | 报告期价格$P_1$ | $P_0Q_0$ | $P_1Q_1$ | $P_0Q_1$ |
|---|---|---|---|---|---|---|---|---|
| 甲 | 台 | 100 | 150 | 15000 | 14000 | 1500000 | 2100000 | 2250000 |
| 乙 | 件 | 500 | 450 | 6000 | 8000 | 3000000 | 3600000 | 2700000 |
| 丙 | 个 | 800 | 400 | 500 | 300 | 400000 | 120000 | 200000 |
| 合计 | | | | | | 4900000 | 5820000 | 5150000 |

**图 7.8 计算 $\sum P_1Q_1$ 和 $\sum P_0Q_1$**

步骤 4 计算拉氏物量指数。根据公式 $\overline{K}_Q=\frac{\sum P_0Q_1}{\sum P_0Q_0}$，在 A8 单元格中输入“拉氏物量指数”，在 C8 单元格中输入“=I5/G5”，如图 7.9 所示。然后按回车键，即可得到具体数值，如图 7.10 所示。

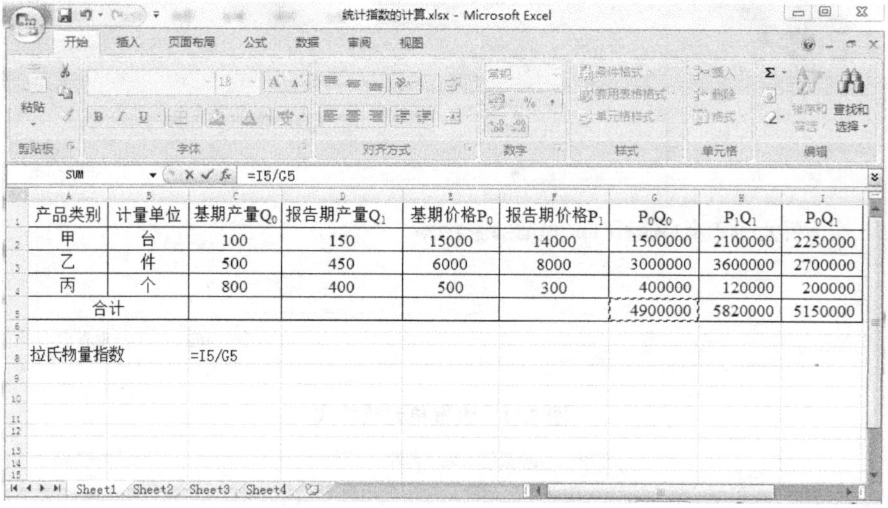


| 产品类别 | 计量单位 | 基期产量$Q_0$ | 报告期产量$Q_1$ | 基期价格$P_0$ | 报告期价格$P_1$ | $P_0Q_0$ | $P_1Q_1$ | $P_0Q_1$ |
|---|---|---|---|---|---|---|---|---|
| 甲 | 台 | 100 | 150 | 15000 | 14000 | 1500000 | 2100000 | 2250000 |
| 乙 | 件 | 500 | 450 | 6000 | 8000 | 3000000 | 3600000 | 2700000 |
| 丙 | 个 | 800 | 400 | 500 | 300 | 400000 | 120000 | 200000 |
| 合计 | | | | | | 4900000 | 5820000 | 5150000 |
| 拉氏物量指数 | | =I5/G5 | | | | | | |

图 7.9 计算拉氏物量指数之一

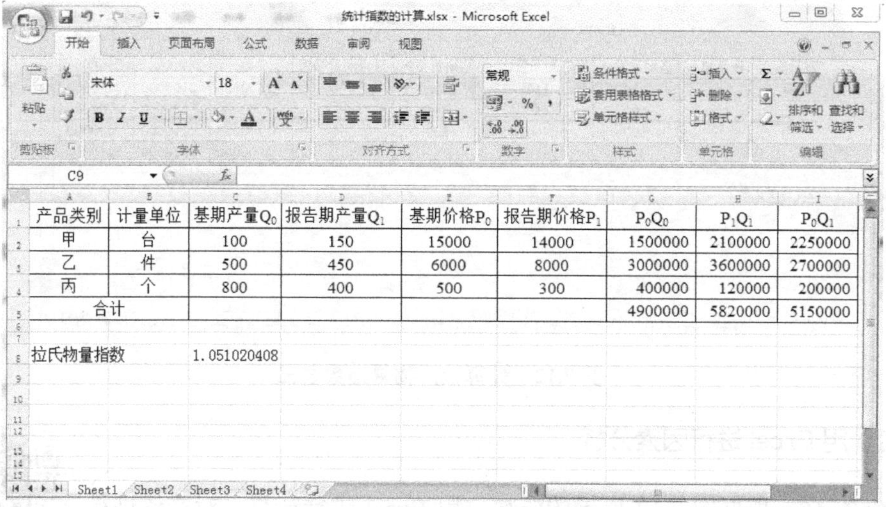


| 产品类别 | 计量单位 | 基期产量$Q_0$ | 报告期产量$Q_1$ | 基期价格$P_0$ | 报告期价格$P_1$ | $P_0Q_0$ | $P_1Q_1$ | $P_0Q_1$ |
|---|---|---|---|---|---|---|---|---|
| 甲 | 台 | 100 | 150 | 15000 | 14000 | 1500000 | 2100000 | 2250000 |
| 乙 | 件 | 500 | 450 | 6000 | 8000 | 3000000 | 3600000 | 2700000 |
| 丙 | 个 | 800 | 400 | 500 | 300 | 400000 | 120000 | 200000 |
| 合计 | | | | | | 4900000 | 5820000 | 5150000 |
| 拉氏物量指数 | | 1.051020408 | | | | | | |

图 7.10 计算拉氏物量指数之二

步骤 5 由于指数的计算需要转换成百分数的形式，所以设置 C8 单元格的格式为“百分比”，并保留 2 位小数。设置方法如图 7.11 所示，设置后的拉氏物量指数如图 7.12 所示。

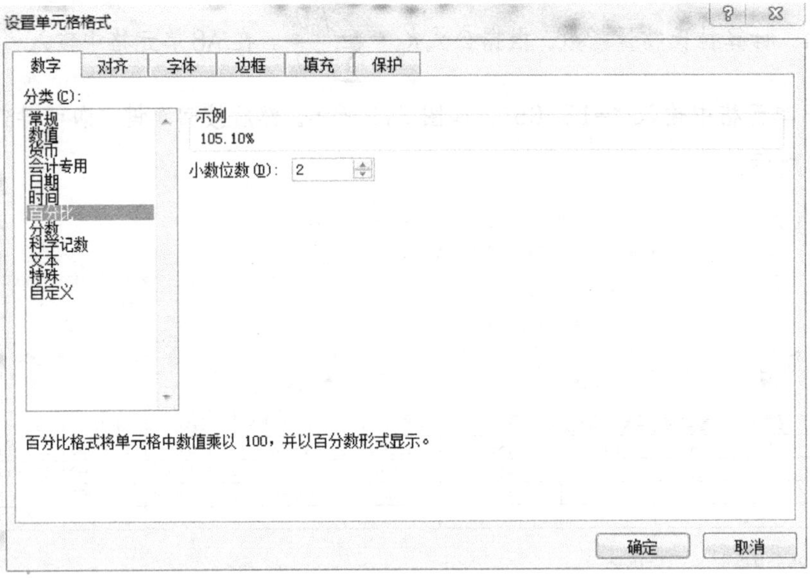


图 7.11　设置单元格格式

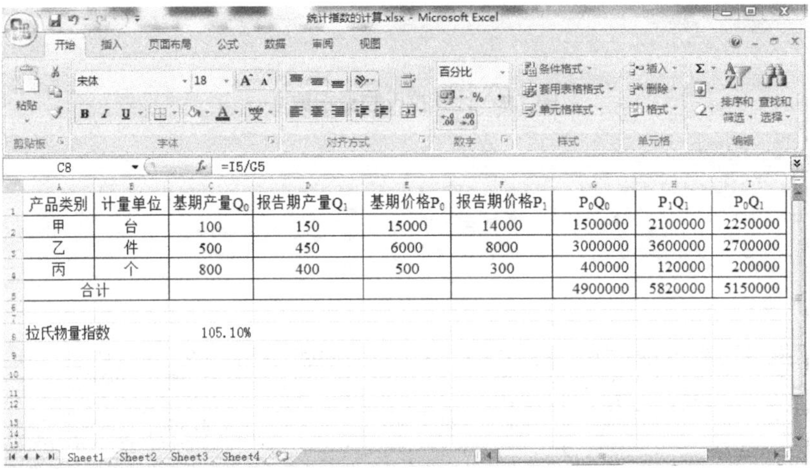


图 7.12　计算拉氏物量指数之三

## （二）用 Excel 进行因素分析

例 7-16　根据图 7.12 所示的资料，用 Excel 进行计算，对产值进行两因素分析。

视频演示

步骤 1　计算产值指数。根据公式 $\bar{K}=\dfrac{\sum P_1Q_1}{\sum P_0Q_0}$，在 A9 单元格中输入“产值指数”，在 C9 单元格中输入“=H5/G5”，如图 7.13 所示。然后按回车键便可得到具体数值，如图 7.14 所示。

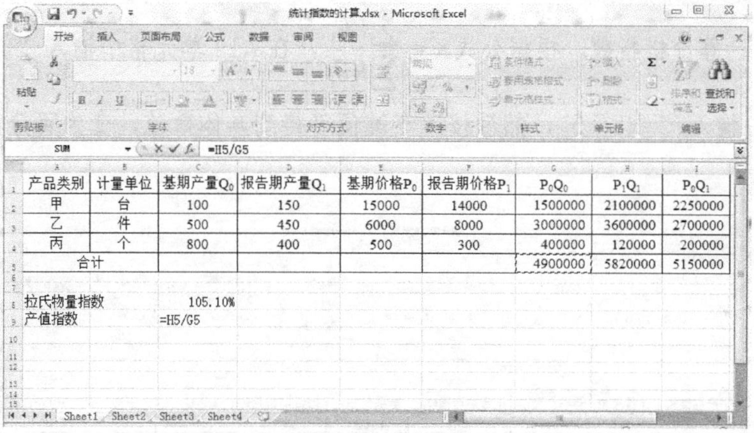


| | A | B | C | D | E | F | G | H | I |
|---|---|---|---|---|---|---|---|---|---|
| 1 | 产品类别 | 计量单位 | 基期产量$Q_0$ | 报告期产量$Q_1$ | 基期价格$P_0$ | 报告期价格$P_1$ | $P_0Q_0$ | $P_1Q_1$ | $P_0Q_1$ |
| 2 | 甲 | 台 | 100 | 150 | 15000 | 14000 | 1500000 | 2100000 | 2250000 |
| 3 | 乙 | 件 | 500 | 450 | 6000 | 8000 | 3000000 | 3600000 | 2700000 |
| 4 | 丙 | 个 | 800 | 400 | 500 | 300 | 400000 | 120000 | 200000 |
| 5 | 合计 | | | | | | 4900000 | 5820000 | 5150000 |
| 8 | 拉氏物量指数 | | 105.10% | | | | | | |
| 9 | 产值指数 | | =H5/G5 | | | | | | |

图 7.13　计算产值指数之一

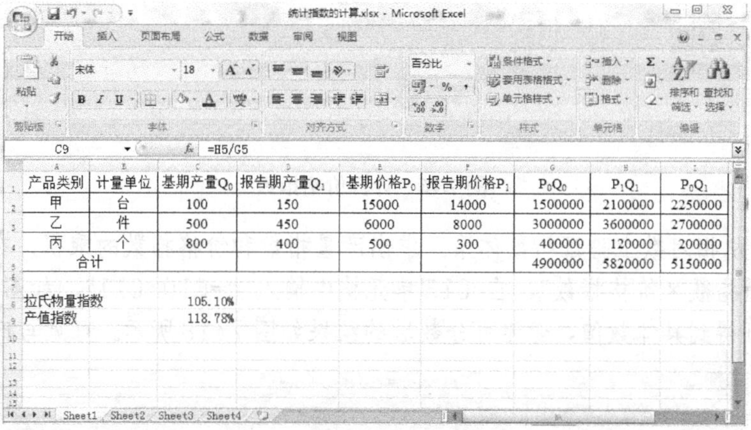


| | A | B | C | D | E | F | G | H | I |
|---|---|---|---|---|---|---|---|---|---|
| 1 | 产品类别 | 计量单位 | 基期产量$Q_0$ | 报告期产量$Q_1$ | 基期价格$P_0$ | 报告期价格$P_1$ | $P_0Q_0$ | $P_1Q_1$ | $P_0Q_1$ |
| 2 | 甲 | 台 | 100 | 150 | 15000 | 14000 | 1500000 | 2100000 | 2250000 |
| 3 | 乙 | 件 | 500 | 450 | 6000 | 8000 | 3000000 | 3600000 | 2700000 |
| 4 | 丙 | 个 | 800 | 400 | 500 | 300 | 400000 | 120000 | 200000 |
| 5 | 合计 | | | | | | 4900000 | 5820000 | 5150000 |
| 8 | 拉氏物量指数 | | 105.10% | | | | | | |
| 9 | 产值指数 | | 118.78% | | | | | | |

图 7.14　计算产值指数之二

步骤 2　计算产量指数。产量指数即拉氏物量指数，在 A10 单元格中输入“产量指数”，将 C8 单元格中的数值复制到 C10 单元格中，如图 7.15 所示。

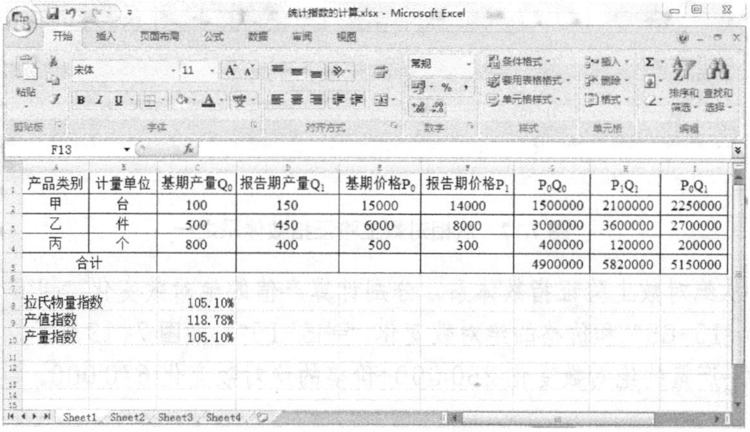


| | A | B | C | D | E | F | G | H | I |
|---|---|---|---|---|---|---|---|---|---|
| 1 | 产品类别 | 计量单位 | 基期产量$Q_0$ | 报告期产量$Q_1$ | 基期价格$P_0$ | 报告期价格$P_1$ | $P_0Q_0$ | $P_1Q_1$ | $P_0Q_1$ |
| 2 | 甲 | 台 | 100 | 150 | 15000 | 14000 | 1500000 | 2100000 | 2250000 |
| 3 | 乙 | 件 | 500 | 450 | 6000 | 8000 | 3000000 | 3600000 | 2700000 |
| 4 | 丙 | 个 | 800 | 400 | 500 | 300 | 400000 | 120000 | 200000 |
| 5 | 合计 | | | | | | 4900000 | 5820000 | 5150000 |
| 8 | 拉氏物量指数 | | 105.10% | | | | | | |
| 9 | 产值指数 | | 118.78% | | | | | | |
| 10 | 产量指数 | | 105.10% | | | | | | |

图 7.15　计算产量指数

步骤 3　计算价格指数。根据公式 $\overline{K}=\dfrac{\sum P_1Q_1}{\sum P_0Q_1}$，在 A11 单元格中输入“价格指数”，在 C11 单元格中输入“=H5/I5”，然后按回车键便可得到具体数值，变为百分数后的结果如图 7.16 所示。

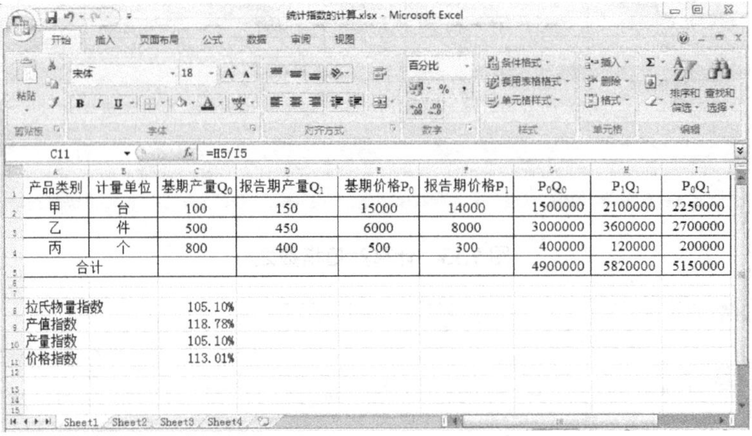
C11　=H5/I5

| 产品类别 | 计量单位 | 基期产量$Q_0$ | 报告期产量$Q_1$ | 基期价格$P_0$ | 报告期价格$P_1$ | $P_0Q_0$ | $P_1Q_1$ | $P_0Q_1$ |
|---|---|---|---|---|---|---|---|---|
| 甲 | 台 | 100 | 150 | 15000 | 14000 | 1500000 | 2100000 | 2250000 |
| 乙 | 件 | 500 | 450 | 6000 | 8000 | 3000000 | 3600000 | 2700000 |
| 丙 | 个 | 800 | 400 | 500 | 300 | 400000 | 120000 | 200000 |
| 合计 | | | | | | 4900000 | 5820000 | 5150000 |

| | | |
|---|---|---|
| 拉氏物量指数 | | 105.10% |
| 产值指数 | | 118.78% |
| 产量指数 | | 105.10% |
| 价格指数 | | 113.01% |

图 7.16　计算价格指数

步骤 4　从相对数上验证指数体系。求出产量指数和价格指数的乘积，在 A13 单元格中输入“产量指数×价格指数”，在 C13 单元格中输入“=C10*C11”，如图 7.17 所示。按回车键便可得到具体数值，变为百分数后的结果如图 7.18 所示。可见与产值指数相同。

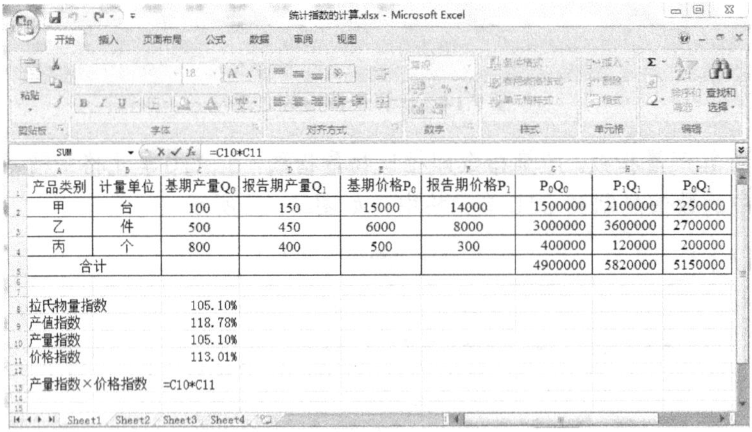
SUM　=C10*C11

| 产品类别 | 计量单位 | 基期产量$Q_0$ | 报告期产量$Q_1$ | 基期价格$P_0$ | 报告期价格$P_1$ | $P_0Q_0$ | $P_1Q_1$ | $P_0Q_1$ |
|---|---|---|---|---|---|---|---|---|
| 甲 | 台 | 100 | 150 | 15000 | 14000 | 1500000 | 2100000 | 2250000 |
| 乙 | 件 | 500 | 450 | 6000 | 8000 | 3000000 | 3600000 | 2700000 |
| 丙 | 个 | 800 | 400 | 500 | 300 | 400000 | 120000 | 200000 |
| 合计 | | | | | | 4900000 | 5820000 | 5150000 |

| | | |
|---|---|---|
| 拉氏物量指数 | | 105.10% |
| 产值指数 | | 118.78% |
| 产量指数 | | 105.10% |
| 价格指数 | | 113.01% |
| 产量指数×价格指数 | | =C10*C11 |

图 7.17　从相对数上验证指数体系之一

步骤 5　从绝对数上验证指数体系。分别计算产值的绝对数变化“=H5-G5”、产量的绝对数变化“=I5-G5”和价格的绝对数变化“=H5-I5”，如图 7.19 所示。产值的绝对数变化 920 000=产量的绝对数变化 250 000+价格的绝对数变化 670 000。

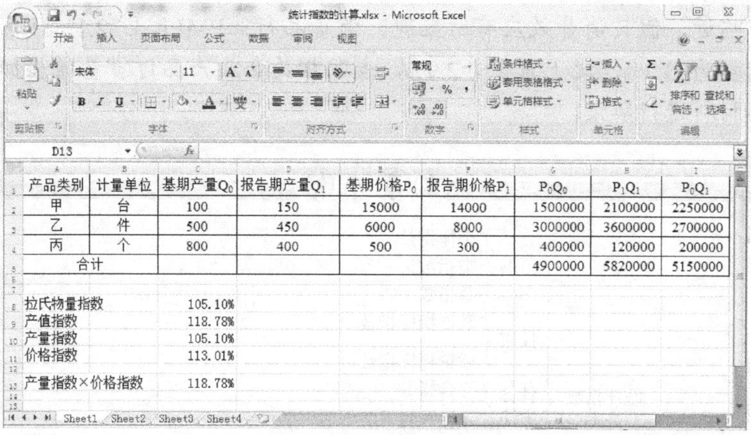

| 产品类别 | 计量单位 | 基期产量$Q_0$ | 报告期产量$Q_1$ | 基期价格$P_0$ | 报告期价格$P_1$ | $P_0Q_0$ | $P_1Q_1$ | $P_0Q_1$ |
|---|---|---|---|---|---|---|---|---|
| 甲 | 台 | 100 | 150 | 15000 | 14000 | 1500000 | 2100000 | 2250000 |
| 乙 | 件 | 500 | 450 | 6000 | 8000 | 3000000 | 3600000 | 2700000 |
| 丙 | 个 | 800 | 400 | 500 | 300 | 400000 | 120000 | 200000 |
| 合计 | | | | | | 4900000 | 5820000 | 5150000 |

| | |
|---|---|
| 拉氏物量指数 | 105.10% |
| 产值指数 | 118.78% |
| 产量指数 | 105.10% |
| 价格指数 | 113.01% |
| 产量指数×价格指数 | 118.78% |

图 7.18　从相对数上验证指数体系之二

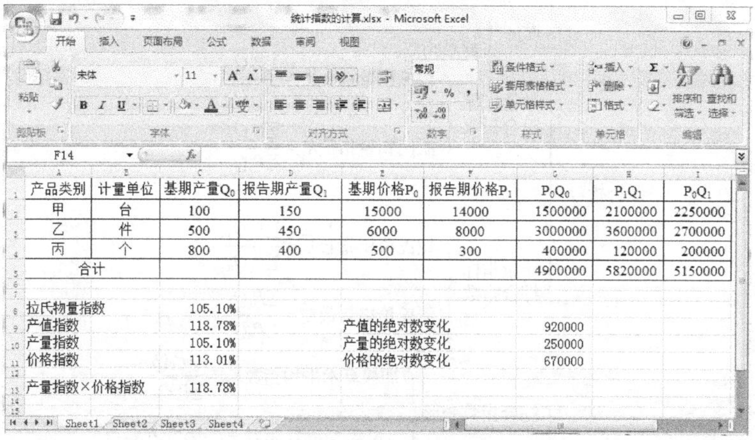

| 产品类别 | 计量单位 | 基期产量$Q_0$ | 报告期产量$Q_1$ | 基期价格$P_0$ | 报告期价格$P_1$ | $P_0Q_0$ | $P_1Q_1$ | $P_0Q_1$ |
|---|---|---|---|---|---|---|---|---|
| 甲 | 台 | 100 | 150 | 15000 | 14000 | 1500000 | 2100000 | 2250000 |
| 乙 | 件 | 500 | 450 | 6000 | 8000 | 3000000 | 3600000 | 2700000 |
| 丙 | 个 | 800 | 400 | 500 | 300 | 400000 | 120000 | 200000 |
| 合计 | | | | | | 4900000 | 5820000 | 5150000 |

| | | | |
|---|---|---|---|
| 拉氏物量指数 | 105.10% | | |
| 产值指数 | 118.78% | 产值的绝对数变化 | 920000 |
| 产量指数 | 105.10% | 产量的绝对数变化 | 250000 |
| 价格指数 | 113.01% | 价格的绝对数变化 | 670000 |
| 产量指数×价格指数 | 118.78% | | |

图 7.19　从绝对数上验证指数体系

## 阅读材料

2020年9月30日，国家统计局服务业调查中心和中国物流与采购联合会发布了中国采购经理指数。9月份，中国采购经理指数明显回升，其中制造业采购经理指数为51.5%，比上月上升0.5%，具体表现如下。

一是供需两端同步回升。随着供需持续恢复和传统生产旺季的来临，企业采购意愿增强，市场活跃度有所提升，生产指数和新订单指数为54.0%和52.8%，分别高于上月0.5%和0.8%。从行业情况看，食品及酒饮料精制茶、通用设备、专用设备、计算机通信电子设备等制造业生产指数和新订单指数均位于55.0%以上，且均高于上月。

二是进出口指数升至临界点以上。随着一系列稳外贸政策不断落地生效，加之国际市场需求局部回暖，制造业进出口进一步改善，本月新出口订单指数和进口指数为50.8%和50.4%，分别高于上月1.7%和1.4%，今年以来首次升至荣枯线以上。

三是部分重点行业景气回升加快。高技术制造业和装备制造业PMI为54.5%和53.0%，分别高于上月1.7%和0.3%，产业升级步伐加快，新动能带动作用有所增强。另外，随着国庆、中秋双节临近，假日消费效应有所显现，消费品行业PMI升至52.1%，高于上月1.7%，其中新订单指数为53.7%，比上月上升2.9%，表明相关企业产品订货量增长加快。

要求：对材料进行解读。

## 本章小结

- 统计指数分类
  - 范围
    - 个体指数
    - 类指数
    - 总指数
  - 性质
    - 数量指标指数
    - 质量指标指数
  - 计算方法
    - 综合指数
    - 平均指数
  - 基期
    - 定基指数
    - 环比指数
  - 时间
    - 动态指数
    - 静态指数
- 综合指数
  - 数量指标综合指数
    - 拉氏物量指数 $\bar{K}_Q=\frac{\sum P_0Q_1}{\sum P_0Q_0}$
    - 派氏物量指数 $\bar{K}_Q=\frac{\sum P_1Q_1}{\sum P_1Q_0}$
  - 质量指标综合指数
    - 拉氏价格指数 $\bar{K}_P=\frac{\sum P_1Q_0}{\sum P_0Q_0}$
    - 派氏价格指数 $\bar{K}_P=\frac{\sum P_1Q_1}{\sum P_0Q_1}$
- 平均指数
  - 综合指数变形
    - 加权算术平均指数 $\bar{K}_Q=\frac{\sum kP_0Q_0}{\sum P_0Q_0}$
    - 加权调和平均指数 $\bar{K}_P=\frac{\sum P_1Q_1}{\sum\frac{1}{k}P_1Q_1}$
  - 固定权数
    - 加权算术平均指数 $\bar{K}_P=\frac{\sum kw}{\sum w}$ 或 $\bar{K}_Q=\frac{\sum kw}{\sum w}$
    - 加权调和平均指数 $\bar{K}_P=\frac{\sum w}{\sum\frac{1}{k}w}$ 或 $\bar{K}_Q=\frac{\sum w}{\sum\frac{1}{k}w}$
- 平均指标指数
  - 可变构成指数 $k=\frac{\sum q_1\frac{T_1}{\sum T_1}}{\sum q_0\frac{T_0}{\sum T_0}}$ 或 $k=\frac{\frac{\sum q_1T_1}{\sum T_1}}{\frac{\sum q_0T_0}{\sum T_0}}$
  - 固定构成指数 $k=\frac{\sum q_1\frac{T_1}{\sum T_1}}{\sum q_0\frac{T_1}{\sum T_1}}$ 或 $k=\frac{\frac{\sum q_1T_1}{\sum T_1}}{\frac{\sum q_0T_1}{\sum T_1}}$
  - 结构影响指数 $k=\frac{\sum q_0\frac{T_1}{\sum T_1}}{\sum q_0\frac{T_0}{\sum T_0}}$ 或 $k=\frac{\frac{\sum q_0T_1}{\sum T_1}}{\frac{\sum q_0T_0}{\sum T_0}}$

## 本章疑难问题解答

### 一、总指数的两种编制方法：综合指数和平均指数

1. 综合指数的编制方法是编制总指数的基本方法。构成现象总体的因素大体可分为数量因素和质量因素，所以综合指数也就分为数量指标综合指数和质量指标综合指数。无论是数量指标综合指数的统计计算还是质量指标综合指数的统计计算，都需要选择恰当的同度量因素。一般情况下，计算数量指标综合指数时，选择相应的质量指标为同度量因素；计算质量指标综合指数时，选择相应的数量指标为同度量因素。数量指标综合指数是说明数量指标变动情况的；质量指标综合指数是说明质量指标变动方向和程度的。

2. 平均指数是总指数的另一种计算形式。它以个体指数为基础，采用加权形式编制总指数，以测定总体现象的平均变动程度。平均指数有两种基本形式：一是加权算术平均指数；二是加权调和平均指数。由于所使用的权数不同，每种形式又包括综合指数变形计算形式和固定权数计算形式。加权算术平均指数只要掌握个体数量指数及综合指数的分母（基期的实际数）数值即可；加权调和平均指数只要掌握个体质量指数及综合指数的分子（报告期的实际数）数值即可。

### 二、综合指数和平均指数的区别和联系

1. 联系。平均指数和综合指数同是计算总指数的方法，在一定条件下两种公式可以相互转化，平均指数实质上是综合指数的变形指数。

2. 区别。综合指数是从复杂社会经济现象的总量出发，依靠同度量因素来观察其他因素的变动；平均指数是从独立的社会经济现象出发，通过对个体变化率（个体指数）加权平均的方法来观察总体平均变动。这两种计算总指数的方法各有其实用价值。

### 三、总量指标和平均指标的两因素分析

1. 总量指标的两因素分析。分析对象是由两个因素组成的总量指标；分析的目的是分别测定两个因素的变动对总量变动的影响程度和影响方向。

2. 平均指标的两因素分析。分析总平均数受各组平均数和各组单位构成变动的影响，即计算可变构成指数、固定构成指数和结构影响指数。

## 练习题

### 一、填空题

1. 如果生活费用指数降低12%，则现在的1元钱是原来的（　　）。

2. 在编制质量指标综合指数时，一般把作为同度量因素的数量指标固定在（　　）。

3. 零售商品物价增长2%、商品销售量增加5%，则商品销售额增长（　　）。

4. 平均指数是（　　）指数的变形指数。

5. 编制数量指标综合指数的一般原则是采用（　　）作为同度量因素。

6. 加权算术平均指数是以个体（　　）为基础，以（　　）的价值量为权数，进行加权算术平均得到的。

### 二、单项选择题

1. 综合指数是（　　）对比形成的指数。

A. 两个相对指标　　B. 两个平均指标　　C. 相邻个体指数　　D. 两个总量指标

2. 某销售公司销售额 2019年较 2018年上升 50%，同期销售量指数为 120%，则销售价格指数是（　　）。

A. 150%　　B. 125%　　C. 120%　　D. 110%

3. 数量指标指数和质量指标指数的划分依据是（　　）。

A. 所反映现象的性质不同　　B. 所反映的对象范围不同

C. 所比较的现象时间不同　　D. 编制指数的方法不同

4. 编制数量指标指数一般采用（　　）作为同度量因素。

A. 基期质量指标　　B. 报告期质量指标　　C. 基期数量指标　　D. 报告期数量指标

5. 某市 2015年社会商业零售总额为 10 000万元，2019年增至 15 000万元，这 4年物价上涨了 25%，则商业零售量指数为（　　）。

A. 150%　　B. 130%　　C. 125%　　D. 120%

6. 居民消费价格指数反映了（　　）。

A. 城乡商品零售价格的变动趋势和程度

B. 城乡居民购买生活消费品价格的变动趋势和程度

C. 城乡居民购买服务项目价格的变动趋势和程度

D. 城乡居民购买生活消费品和服务项目价格的变动趋势与程度

7. 统计指数按其研究对象的范围不同，可分成（　　）。

A. 数量指标指数与质量指标指数　　B. 个体指数与总指数

C. 加权算术平均指数与调和平均指数　　D. 定基指数与环比指数

8. 单位产品的原材料消耗指数是（　　）。

A. 质量指标指数　　B. 数量指标指数　　C. 综合指数　　D. 拉氏指数

9. 对全部工业产品而言，某种工业产品的产量指数是（　　）。

A. 综合指数　　B. 平均指数　　C. 总指数　　D. 个体指数

10. 物价指数的一般公式为 $\bar{K}_P = \dfrac{\sum P_1 Q}{\sum P_0 Q}$，公式中扮演同度量因素的是（　　）。

A. $P$　　B. $\sum$　　C. $Q$　　D. $K_P$

11. 一般情况下，编制质量指标综合指数，其同度量因素采用的是（　　）。

A. 报告期的数量指标　　B. 报告期的质量指标

C. 基期的数量指标　　D. 基期的质量指标

12. 平均指数是另一种计算形式的（　　）。

A. 综合指数　　B. 平均指标指数　　C. 总指数　　D. 个体指数

13. 加权算术平均指数的一般公式为 $\bar{K}_Q = \dfrac{\sum k P_0 Q_0}{\sum P_0 Q_0}$，公式中起权数作用的是（　　）。

A. $k$　　B. $P_0$　　C. $Q_0$　　D. $P_0 Q_0$

14. 零售物价指数为 103%、商品零售量指数为 106%，则商品零售额指数为（　　）。

A. 109%　　B. 110%　　C. 103%　　D. 109.18%

15. 如果产量增加，而总生产费用持平，则单位成本指数值（　　）。

A. 大于 100%　　B. 小于 100%　　C. 等于 100%　　D. 在 100%上下浮动

16. 粮食亩产量报告期比基期增加 5%，其总产量却减少 5.5%，则粮食播种面积比基期（　　）。

A. 扩大 5%　　B. 扩大 10%　　C. 缩小 5%　　D. 缩小 10%

17. 在质量指标数列中，无论是定基指数还是环比指数，其权数（　　）。

A. 都是不变权数　　B. 有可能是不变权数

C. 都是可变权数　　D. 有可能是可变权数

**三、多项选择题**

1. 编制数量指标综合指数的原则是（　　）。

A. 以质量指标为同度量因素　B. 以数量指标为同度量因素

C. 同度量因素固定在报告期　D. 同度量因素固定在基期

E. 同度量因素时间可以不固定

2. 产品单位成本指数 $\bar{K}_Z = \frac{\sum Z_1Q_1}{\sum Z_0Q_1}$ 是（　　）。

A. 个体指数　B. 总指数　C. 综合指数

D. 动态指数　E. 质量指标指数

3. 下列属于质量指标指数的是（　　）。

A. 批发价格指数　B. 产品单位成本指数

C. 原材料单耗指数　D. 劳动生产率指数

E. 平均工资指数

4. 用综合指数形式计算的商品销售价格指数表明（　　）。

A. 商品销售量的变动幅度　B. 商品销售的品种规格的变动

C. 商品销售价格的变动趋势　D. 商品销售价格的变动程度

E. 销售价格变动对销售额产生的影响

5. 加权算术平均指数是（　　）。

A. 总指数　B. 平均数指数　C. 综合指数

D. 平均指标指数　E. 个体指数加权平均数

6. 组成平均指标指数体系的指数有（　　）。

A. 综合指数　B. 个体指数　C. 可变构成指数

D. 结构影响指数　E. 固定构成指数

7. 某公司劳动生产率提高 10%、职工人数减少 10%，则（　　）。

A. 职工人数指数为 90%　B. 产量指数为 99%

C. 产量减产 1%　D. 劳动生产率指数为 110%

E. 产量指数为 100%

8. 关于综合指数的描述，正确的是（　　）。

A. 是编制总指数的基本形式　B. 以两个总量指标对比形成的指数

C. 既有数列指标指数，又有质量指标指数　D. 在一定意义上，平均指数是它的变形

E. 特点之一是先综合后对比

**四、判断题**

1. 综合指数是一种加权指数。（　）

2. 综合指数是总指数的基本形式，是编制总指数的唯一方法。（　）

3. 在实际应用中，计算价格综合指数一般采用基期数量指标为同度量因素。（　）

4. 在编制综合指数时，虽然将同度量因素加以固定，但是同度量因素仍然起权数作用。（　）

5. 在实际应用中，计算销售量综合指数一般采用报告期质量指标为同度量因素。（　）

6. 综合指数与平均指数具有不同的特点，两者之间不能相互转化。（　）

7. 平均指数与平均数指数是同一个概念。（　）

8. 某超市 2019年与 2018年相比，商品销售额增长 6.5%、商品销售量增长 6.5%，则商品价格不增不减。（　）

9. 如果各种商品价格平均上涨 5%，销售量平均下降 5%，则销售额指数不变。（　）

10. 平均数变动的因素分析建立的指数体系由3个指数构成，即平均数指数、固定构成指数和结构影响指数。（ ）

**五、简答题**

1. 统计指数的作用是什么？
2. 统计指数如何分类？
3. 统计指数体系的作用是什么？

**六、计算题**

1. 某企业生产情况如下表所示。

| 产品名称 | 产量/万吨 | | 出厂价格/（万元/吨） | |
|---|---|---|---|---|
| | 基　期 | 报告期 | 基　期 | 报告期 |
| 甲 | 30 | 40 | 6 | 5 |
| 乙 | 40 | 42 | 8 | 6 |
| 丙 | 50 | 55 | 10 | 8 |

要求：

（1）计算产量个体指数。

（2）计算出厂价格个体指数。

（3）计算产量综合指数。

（4）计算出厂价格综合指数。

2. 某企业生产及成本情况如下表所示。

| 产品名称 | 产量/万件 | | 单位成本/（元/件） | |
|---|---|---|---|---|
| | 基　期 | 报告期 | 基　期 | 报告期 |
| A | 12 | 20 | 9 | 10 |
| B | 15 | 22 | 13 | 15 |
| C | 20 | 18 | 5 | 6 |

要求：

（1）计算3种产品的个体成本指数。

（2）计算全厂成本指数。

（3）分析全厂产品总成本的变动原因。

3. 某公司的销售情况如下表所示。

| 产品名称 | 实际销售额/万元 | | 销售量个体指数/% | 销售价格降低的比率/% |
|---|---|---|---|---|
| | 2016年 | 2019年 | 基　期 | 报告期 |
| A | 200 | 240 | 125 | 4 |
| B | 450 | 485 | 110 | 2 |
| C | 350 | 480 | 140 | 2 |

要求：

（1）用平均指数方法，分别计算全公司的销售量总指数与销售价格总指数。

（2）计算全公司销售额总指数。

（3）分析销售量变化和销售价格变化对公司销售额的影响程度。

4. 某企业集团的有关资料如下表所示。

| 企业名称 | 劳动生产率/（元/人） | | 职工人数/人 | |
|---|---|---|---|---|
| | 基　期 | 报告期 | 基　期 | 报告期 |
| 甲 | 450 000 | 500 000 | 100 | 80 |
| 乙 | 800 000 | 1 000 000 | 60 | 65 |
| 丙 | 620 000 | 400 000 | 140 | 70 |
| 丁 | 350 000 | 200 000 | 50 | 45 |

要求：

（1）计算各企业的劳动生产率指数。

（2）计算集团的劳动生产率指数。

（3）计算集团劳动生产率的固定构成指数和结构影响指数。

# 第八章 动态分析

## 教学目标

1. 了解时间数列的概念、构成要素和编制原则。
2. 掌握时间数列的分类。
3. 掌握发展水平、平均发展水平、增减量、平均增减量、发展速度、平均发展速度、增减速度、平均增减速度及增减1%的绝对值等动态分析指标的意义及计算方法。
4. 掌握时距扩大法、移动平均法、指数平滑法、最小平方法等长期趋势的测定分析方法及季节变动规律的测定分析方法。

## 引导案例

美国内华达职业健康诊所（Nevada Occupational Health Clinic）是一家私人医疗诊所，位于内华达州的Sparks市。从1991年年初开始，该诊所进入快速发展时期。在其后的26个月里，诊所每个月的账单收入从57 000美元增长到超过300 000美元。直到1993年4月6日，当诊所的主建筑物被烧毁时，诊所收入一直增长。诊所向保险公司申请索赔，诊所的保险既包括实物财产和设备的损失，也包括由于正常商业经营的中断而引起的收入损失。确定实物财产和设备在火灾中的损失额是一个相对简单的事情，但是确定在重建诊所的7个月中的收入损失额是很复杂的，对如果没有发生火灾诊所的账单收入将达到多少，由于没有预先制定的规则，诊所和保险公司之间进行了多次讨价还价。为了估计损失的收入，诊所采用了一种预测方法，来测算在7个月的停业期间将要实现的营业增长——以火灾前的账单收入的历史资料为基础，建立具有线性趋势和季节成分的预测模型。这个预测模型使诊所准确地估计出在重建的7个月中损失的收入，这个估计值最终被保险公司接受。

这是一个动态分析方法在保险业务中运用的成功案例。

大多数社会经济现象会随着时间的推移而不断变化，我们不仅需要从静态上研究其数量特征及相互关系，还需要从动态上研究其发展过程及发展规律，动态分析就是以时间数列为依据研究和分析现象的发展过程及发展规律。

# 第一节 时间数列概述

## 一、时间数列的概念

将同一统计指标在不同时间的取值按照时间顺序排列起来形成的数列，称为时间数列或时间序列。如表 8.1 所示，就是把我国 2013—2019 年 GDP、第三产业对 GDP 的贡献率按照时间顺序排列形成的时间数列。其中，可以看出时间数列由两个要素构成：一是现象所属的时间；二是反映现象在所属时间上的指标数值。

**表 8.1 我国 2013—2019 年 GDP、第三产业对 GDP 的贡献率资料**

| 年份 | 2013 | 2014 | 2015 | 2016 | 2017 | 2018 | 2019 |
|---|---|---|---|---|---|---|---|
| GDP/亿元 | 592 963 | 633 563 | 688 858 | 746 395 | 832 035 | 919 281 | 990 865 |
| 第三产业对 GDP 的贡献率/% | 47.2 | 49.9 | 55.9 | 60 | 61.1 | 59.7 | 59.4 |

思考：时间数列与分配数列有何不同？

## 二、时间数列的种类

时间数列按其指标的性质不同，可以分为总量指标（绝对数）时间数列、相对指标（相对数）时间数列、平均指标（平均数）时间数列。绝对数时间数列是基本的时间数列，相对数时间数列、平均数时间数列则是依据绝对数时间数列计算而得出的派生数列。

### （一）绝对数时间数列

绝对数时间数列是将总量指标的数值按时间顺序排列而形成的时间数列。绝对数时间数列根据所反映的社会经济现象的时间性质不同，又可分为时期数列和时点数列。

**1. 时期数列**

时期数列是将某个时期指标在不同时期的数值按时间顺序排列而形成的绝对数时间数列。表 8.1 所示的 GDP 的时间数列就是时期数列。

在时期数列中，每个指标数值表示一个时段内现象的发展总和，表明现象的总规模和总水平；每项指标数值所包含的时间长短是时期；两项相邻时期之间的时间距离是时期距离。

时期数列具有以下特点。

① 数列中各个指标数值可以相加。时期数列中的每个指标值表示在一段时期内现象发展过程的总量，它们相加后的数值表示现象在更长时期内发展的总量。

② 数列中各指标数值的大小与时间长短有直接的联系，时间越长指标数值越大。时间的长短主要根据研究目的来决定。

③ 数列中的每个指标数值通常是通过连续不断的登记并累积取得的。

**2. 时点数列**

时点数列是将某个时点指标在不同时点的数值按时间顺序排列而形成的绝对数时间数列。如表 8.2 所示就是一个时点数列，在时点数列中每个指标数值表示某一时点上现象发展所达到的总规模和总水平。通常将时点定为一天，如年末、季末、月末、周末等。

**表 8.2　某企业月初在册职工人数资料**

| 月　初 | 1月 | 2月 | 3月 | 4月 | 5月 | 6月 | 7月 |
|---|---|---|---|---|---|---|---|
| 职工人数 | 4 000 | 4 040 | 4 050 | 4 080 | 4 070 | 4 090 | 4 100 |

时点数列具有以下特点。

① 数列中各个指标数值不能相加。时点数列中每个指标数值是现象在某个瞬间的数量表现，相加后不仅会发生重复计算，而且也无法说明这个数值是属于哪个时点上现象的数量，所以没有实际意义。

② 数列中每个指标数值的大小与其间隔长短没有直接的联系。在时点数列中，两个相邻的时点间的距离称作间隔。间隔的长短主要根据研究目的和现象在时间上变化的大小来决定。

③ 数列中的每个指标数值不需要连续登记，只要在代表时点登记即可。

> **思考：** 怎样区分时期数列与时点数列？

### （二）相对数时间数列

相对数时间数列是将同一相对指标的数值按时间顺序排列而形成的时间数列，反映了现象与数量的对比关系，如结构、比例、强度等的发展变化过程。如表 8.1 所示的第三产业对 GDP 的贡献率时间数列、表 8.3 所示的市场占有率时间数列就是相对数时间数列。

**表 8.3　某公司 2012—2019 年市场占有率**

| 年　份 | 2012 | 2013 | 2014 | 2015 | 2016 | 2017 | 2018 | 2019 |
|---|---|---|---|---|---|---|---|---|
| 市场占有率/% | 23.4 | 24.1 | 24.6 | 26.1 | 28.2 | 30.5 | 31.6 | 31.6 |

> **思考：** 相对数时间数列各个时间的数值可否相加？

### （三）平均数时间数列

平均数时间数列是将同一平均指标的数值按时间顺序排列而形成的时间数列，反映了现象一般水平的发展变化过程。如表 8.4 所示的劳动生产率时间数列就是平均数时间数列。

**表 8.4　某公司 2012—2019 年劳动生产率**

| 年　份 | 2012 | 2013 | 2014 | 2015 | 2016 | 2017 | 2018 | 2019 |
|---|---|---|---|---|---|---|---|---|
| 劳动生产率/（万元/人） | 22.9 | 24.1 | 24.6 | 26.1 | 28.2 | 30.5 | 31.6 | 31.4 |

## 三、时间数列的编制原则

编制时间数列的目的是通过数列中各项指标数值对比来观察和分析被研究对象的发展过程及规律性。因此，编制时间数列的基本原则是可比性，即保证时间数列中前后各项指标数值具有可比性。具体编制时间数列时，应遵守以下几个基本编制原则。

### （一）现象的总体范围应一致

总体范围是指时间数列各指标值所属的地区范围、隶属关系范围等应一致。在进行时间数列分析时，要查明所依据的指标值总体范围是否前后一致。只有总体范围一致才能对比，如有变动应进行必要调整。

### （二）指标的经济内容应相同

一般来说，只有经济内容相同的现象才能进行动态对比，表明现象发展变化的过程及趋势。在经济分析中，经常存在着这样一种情况：有些指标从指标名称上看在不同时间并没有什么变化，但随着时间的推移，其经济内容却发生了很大的变化（如工资的含义），必须注意调整。

### （三）指标数值时间方面应可比

由于时期数列数值的大小与时间长短成正比，因此时期数列中各项指标值所属的时间长短应该前后一致才能对比，如果时间长短不同，应进行必要的调整。为了利于对比分析，时距最好相等。

由于时点数列指标值的大小与其间隔的长短没有直接关系，其间隔虽然可以不一致，但是为了准确地反映社会经济现象发展变化的规律性，也应力求一致。

### （四）指标的计算方法、计算价格和计量单位应一致

指标的计算方法如果不一致，就不便于动态对比。例如，GDP 指标可以用生产法、分配法和支出法来计算，从理论上讲 3 种计算方法的计算结果应一致，但实际中由于资料来源不同，这 3 种计算方法计算的结果会存在差异，因此在编制时间数列时，指标数值的计算方法要统一。同时，计算价格、计量单位也要统一，才能确保指标可比。

## 四、时间数列的主要作用

① 描述被研究现象的发展变化过程和结果。
② 分析现象的发展变化速度和趋势，用以探索现象发展变化的规律性。
③ 利用时间数列，通过建立经济计量模型，对现象的发展变化进行趋势预测。
④ 通过对比不同的时间数列，实现现象的不同空间对比和现象的相关分析。

# 第二节　时间数列的比较分析

时间数列的比较分析指标有绝对数分析指标和相对数分析指标。前者有发展水平和增减量等指标；后者有发展速度和增减速度等指标。

## 一、发展水平

### (一) 含义

发展水平指标一般是指时间数列中的总量指标。在时间数列中，各项指标数值反映社会经济现象在各个不同时期或不同时点上发展所达到的水平，故称为发展水平指标。发展水平用符号 $a$ 表示，是计算其他动态分析指标的基础。

### (二) 类别

#### 1. 按照在时间数列中所处的位置不同划分

① 最初发展水平。时间数列中首项的发展水平为最初发展水平，用 $a_0$ 表示。

② 最末发展水平。时间数列中末项的发展水平为最末发展水平，用 $a_n$ 表示。

③ 中间发展水平。时间数列中中间的发展水平为中间发展水平，用 $a_i$ 表示（$i=1,2,3,\cdots,n-1$）。

发展水平示例如表 8.5 所示。

**表 8.5 某市 2013—2019 年财政收入发展水平**

| 年 度 | 2013 | 2014 | 2015 | 2016 | 2017 | 2018 | 2019 |
|---|---|---|---|---|---|---|---|
| 财政收入/亿元 | $a_0$ | $a_1$ | $a_2$ | $a_3$ | $a_4$ | $a_5$ | $a_6$ |
| | 776.65 | 1 004.51 | 1 105.56 | 1 310.66 | 1 486.88 | 1 578.07 | 1 624.22 |

#### 2. 按照在分析时所起的作用不同划分

① 基期发展水平，作为比较标准的那个时间的发展水平，用 $a_0$ 表示。

② 报告期发展水平，需要分析研究的那个时间的发展水平，用 $a_i$ 表示。

## 二、增减量

### (一) 含义

增减量是两个不同时间发展水平比较的绝对相差量，即增减量=报告期发展水平-基期发展水平，差为正数表明是增长量，差为负数表明是减少量。

### (二) 分类

计算增减量时按采用的基期不同可划分为：

#### 1. 逐期增减量

逐期增减量是报告期发展水平比上期发展水平增长或减少的绝对量。其计算公式为：

$$\text{逐期增减量}=\text{报告期发展水平}-\text{前期发展水平}$$

用符号表示为：

$$a_1-a_0, a_2-a_1, a_3-a_2, \cdots, a_n-a_{n-1}$$

#### 2. 累积增减量

累积增减量是报告期发展水平减去固定基期的发展水平。其计算公式为：

累积增减量=报告期发展水平−固定基期发展水平

用符号表示为：

$$a_1-a_0,a_2-a_0,a_3-a_0,\cdots,a_n-a_0$$

例 8-1 某市2013—2019年财政收入增减量计算如表8.6所示。

**表8.6 某市2013—2019年财政收入增减量计算** 亿元

| 年度 | | 2013 | 2014 | 2015 | 2016 | 2017 | 2018 | 2019 |
|---|---|---|---|---|---|---|---|---|
| 财政收入 | | $a_0$ | $a_1$ | $a_2$ | $a_3$ | $a_4$ | $a_5$ | $a_6$ |
| | | 776.65 | 1 004.51 | 1 105.56 | 1 310.66 | 1 486.88 | 1 578.07 | 1 624.22 |
| 增减量 | 逐期 | — | 227.86 | 101.05 | 205.1 | 176.22 | 91.19 | 46.15 |
| | 累积 | — | 227.86 | 328.91 | 534.01 | 710.23 | 801.42 | 847.57 |

### 3. 逐期增减量和累积增减量的经济联系

① 逐期增减量的和等于相应的累积增减量。用计算公式表达为：

$$(a_1-a_0)+(a_2-a_1)+\cdots+(a_n-a_{n-1})=a_n-a_0$$

② 相邻两个累积增减量之差等于相应的逐期增减量。用计算公式表达为：

$$(a_i-a_0)-(a_{i-1}-a_0)=a_i-a_{i-1}$$

## 三、发展速度

### （一）含义

发展速度是表明经济社会现象发展程度的相对指标，是将现象报告期发展水平除以基期发展水平。其计算公式为：

$$发展速度=\frac{报告期发展水平}{基期发展水平}$$

发展速度通常用百分数表示，说明现象报告期发展水平为基期发展水平的百分之几。

### （二）分类

由于采用的基期不同，发展速度可分为环比发展速度、定基发展速度和同比发展速度。

#### 1. 环比发展速度

环比发展速度是将报告期发展水平除以上期发展水平，表明现象的逐期发展变化程度。其计算公式为：

$$环比发展速度=\frac{报告期发展水平}{上期发展水平}=\frac{a_i}{a_{i-1}}$$

用符号表示为：

$$\frac{a_1}{a_0},\frac{a_2}{a_1},\frac{a_3}{a_2},\cdots,\frac{a_n}{a_{n-1}}$$

#### 2. 定基发展速度

定基发展速度是将报告期发展水平除以某一固定基期发展水平，表明现象在较长时期内总的发展变化程度。其计算公式为：

$$定基发展速度=\frac{报告期发展水平}{固定基期发展水平}=\frac{a_i}{a_0}$$

用符号表示为：

$$\frac{a_1}{a_0},\frac{a_2}{a_0},\frac{a_3}{a_0},\cdots,\frac{a_n}{a_0}$$

例 8-2　某市 2013—2019 年财政收入发展速度计算如表 8.7 所示。

**表 8.7　某市 2013—2019 年财政收入发展速度计算**

| 年　度 | | 2013 | 2014 | 2015 | 2016 | 2017 | 2018 | 2019 |
|---|---|---|---|---|---|---|---|---|
| 财政收入/亿元 | | $a_0$ | $a_1$ | $a_2$ | $a_3$ | $a_4$ | $a_5$ | $a_6$ |
| | | 776.65 | 1 004.51 | 1 105.56 | 1 310.66 | 1 486.88 | 1 578.07 | 1 624.22 |
| 发展速度/% | 环比 | — | 129.34 | 110.06 | 118.56 | 113.45 | 106.13 | 102.92 |
| | 定基 | — | 129.34 | 142.35 | 168.76 | 191.45 | 203.19 | 209.13 |

**3. 环比发展速度和定基发展速度的经济联系**

① 环比发展速度的连乘积等于相应的定基发展速度。用计算公式表达为：

$$\frac{a_1}{a_0}\times\frac{a_2}{a_1}\times\cdots\times\frac{a_n}{a_{n-1}}=\frac{a_n}{a_0}$$

② 相邻两个定基发展速度相除等于相应的环比发展速度。用计算公式表达为：

$$\frac{a_n}{a_0}\div\frac{a_{n-1}}{a_0}=\frac{a_n}{a_{n-1}}$$

**4. 同比发展速度**

社会经济现象的发展往往具有季节性变动的特点，如果仅与相邻时期水平对比或与某一固定时期水平对比，就会出现季节性变化的影响因素。为了消除这种影响，通常会以过去的同季度或同月份为基期，反映现象的动态演变程度。其计算公式为：

$$同比发展速度=\frac{本年某季度（或某月）发展水平}{上年同季度（或同月）发展水平}$$

## 四、增减速度

### （一）含义

增减速度是增减量与基期发展水平之比，是表明现象增减变化程度的相对指标。其计算公式为：

$$增减速度=\frac{增减量}{基期发展水平}=\frac{报告期发展水平-基期发展水平}{基期发展水平}=发展速度-1$$

### （二）分类

根据采用基期的不同，增减速度可分为环比增减速度、定基增减速度和同比增减速度。

#### 1. 环比增减速度

环比增减速度是逐期增减量除以上期发展水平，表明现象逐期增减的相对程度。其计算公式为：

$$\text{环比增减速度}=\frac{\text{逐期增减量}}{\text{上期发展水平}}=\frac{\text{报告期发展水平}-\text{上期发展水平}}{\text{上期发展水平}}=\text{环比发展速度}-1$$

#### 2. 定基增减速度

定基增减速度是累积增减量除以某一固定基期发展水平，表明现象在较长时期内累积增减的相对程度。其计算公式为：

$$\text{定基增减速度}=\frac{\text{累积增减量}}{\text{固定基期发展水平}}=\frac{\text{报告期发展水平}-\text{固定基期发展水平}}{\text{固定基期发展水平}}=\text{定基发展速度}-1$$

*例 8-3* 某市 2013—2019 年财政收入增长速度计算如表 8.8 所示。

**表 8.8 某市 2013—2019 年财政收入增长速度计算**

| 年度 | | 2013 | 2014 | 2015 | 2016 | 2017 | 2018 | 2019 |
|---|---|---|---|---|---|---|---|---|
| 财政收入/亿元 | | $a_0$ | $a_1$ | $a_2$ | $a_3$ | $a_4$ | $a_5$ | $a_6$ |
| | | 776.65 | 1 004.51 | 1 105.56 | 1 310.66 | 1 486.88 | 1 578.07 | 1 624.22 |
| 发展速度/% | 环比 | — | 129.34 | 110.06 | 118.56 | 113.45 | 106.13 | 102.92 |
| | 定基 | — | 129.34 | 142.35 | 168.76 | 191.45 | 203.19 | 209.13 |
| 增减速度/% | 环比 | — | 29.34 | 10.06 | 18.56 | 13.45 | 6.13 | 2.92 |
| | 定基 | 100 | 29.34 | 42.35 | 68.76 | 91.45 | 103.19 | 109.13 |

#### 3. 同比增减速度

同比增减速度是同比发展速度减去 1 或 100%，表明不同年份同季度或同月份对比的增减变化程度。其计算公式为：

$$\text{同比增减速度}=\frac{\text{本年某季度（或某月）比上年同期增减量}}{\text{上年同季度（或同月）发展水平}}=\text{同比发展速度}-1$$

相对数分析指标“发展速度”和“增减速度”通常用来分析绝对数时间数列与平均数时间数列，一般不用于分析相对数时间数列。

### （三）应用发展速度和增减速度指标应注意的几个问题

① 发展速度与增减速度在含义上有严格区别。“增加到”是指发展速度，“增加了”则是指增长速度，后者是指净增加的百分数或倍数，不包括基数。

② 发展速度和增减速度不仅说明现象发展与增减的程度，同时也说明了发展的方向。发展速度大于 1，则增减速度为正值，说明现象的发展方向是上升的；反之则说明是下降的。

③ 在绝对数时间数列中如果中间水平有负数出现，则不宜（或很难）用速度指标进行分析。此时可用增减量指标。

④ 当作为比较的基期数值极小时，一般不宜用速度指标进行分析。

## 五、增减 1%的绝对值

发展水平和增减量说明的是社会经济现象所达到的一定水平及其增减的绝对量；发展

速度和增减速度表明的是社会经济现象的发展与增减的相对程度。

因为速度指标是相对指标，会掩饰其所依据的绝对量水平，即高速度可能掩盖了低水平，而低速度后面可能隐藏着高水平。这就是速度和水平之间矛盾的一面。为了弥补增减速度分析中的局限性，需要把增减量和增减速度结合起来分析，因此需要计算每增长一个百分点而增加的绝对量，即增减 1%的绝对值。其计算公式为：

$$\text{增减1\%的绝对值}=\frac{\text{逐期增减量}}{\text{环比增长速度}}=\frac{a_i-a_{i-1}}{\dfrac{a_i}{a_{i-1}}-1}\times 1\%=\frac{a_{i-1}}{100}$$

**例 8-4** 某市 2013—2019 年财政收入增减 1%的绝对值计算如表 8.9 所示。

**表 8.9 某市 2013—2019 年财政收入增减 1%的绝对值计算**

| 年 度 | 2013 | 2014 | 2015 | 2016 | 2017 | 2018 | 2019 |
|---|---|---|---|---|---|---|---|
| 财政收入/亿元 | $a_0$ | $a_1$ | $a_2$ | $a_3$ | $a_4$ | $a_5$ | $a_6$ |
| | 776.65 | 1 004.51 | 1 105.56 | 1 310.66 | 1 486.88 | 1 578.07 | 1 624.22 |
| 增减 1%绝对值/亿元 | — | 7.77 | 10.05 | 11.06 | 13.11 | 14.87 | 15.78 |

# 第三节 时间数列的平均分析

在分析研究社会经济动态状况时，一般要将时间数列中的各个指标数值在时间上的变动加以平均，计算出平均数，以此表明社会经济现象在某一段时间内的一般水平和平均速度。这就是对时间数列的平均分析。分析指标包括平均发展水平、平均增减量、平均发展速度、平均增减速度。

## 一、平均发展水平

平均发展水平是将经济社会现象在不同时间上的数量差异抽象化，从动态上说明现象总体在一段时间内发展的一般水平。它是根据时间数列来计算的，是动态平均数（也叫序时平均数）。

> 思考：动态平均数与一般平均数（静态平均数）有何异同？

计算和确定社会经济现象在时间上的平均变动状况，由于时间数列的各项指标运用了不同的综合指标，所以具体计算是不一样的。

### （一）根据绝对数时间数列计算平均发展水平

#### 1. 根据时期数列计算平均发展水平

时期数列中各项指标数值可以相加，所以可采用简单算术平均数计算平均发展水平，即以时期数列中各项指标数值之和除以时期数求得。其计算公式为：

$$\bar{a}=\frac{a_1+a_2+\cdots+a_n}{n}=\frac{\sum a}{n}$$

式中，$\bar{a}$ 代表动态平均数；$a_i$ 代表各时期发展水平（$i=1,2,\cdots,n$）；$n$ 代表时期数。

**例 8-5** 某市 2013—2019 年财政收入资料如表 8.10 所示，计算其年平均财政收入。

**表 8.10 某市 2013—2019 年财政收入资料**

| 年 度 | 2013 | 2014 | 2015 | 2016 | 2017 | 2018 | 2019 |
|---|---|---|---|---|---|---|---|
| 财政收入/亿元 | $a_0$ | $a_1$ | $a_2$ | $a_3$ | $a_4$ | $a_5$ | $a_6$ |
| | 776.65 | 1 004.51 | 1 105.56 | 1 310.66 | 1 486.88 | 1 578.07 | 1 624.22 |

$$\bar{a}=\frac{\sum a}{n}$$

$$=\frac{776.65+1\,004.51+1\,105.56+1\,310.66+1\,486.88+1\,578.07+1\,624.22}{7}$$

$$=1\,269.51(\text{亿元})$$

**2. 根据时点数列计算平均发展水平**

时点数列可以有连续时点数列和间断时点数列，一般都是间断时点数列。在实际统计工作中通常将时点定为一天，因此当时点数列的资料是逐日记录的时候，就可以把它看作连续时点数列；如果不是逐日记录的，则是间断时点数列。下面分别讲述不同类型时点数列平均发展水平的计算。

（1）连续时点数列

如果时点数列的资料是逐日记录，而又逐日排列的，这时就可以把它看作连续时点数列。

如果某单位某月每天有在册人数的记录，则该月平均在册人数的计算公式为：

$$\bar{a}=\frac{a_1+a_2+\cdots+a_n}{n}=\frac{\sum a}{n} \text{ 或 } \bar{a}=\frac{\sum af}{\sum f}$$

**例 8-6** 某企业 1 月在册人数统计如表 8.11 所示，计算 1 月平均在册人数。

**表 8.11 某企业 1 月在册人数统计资料**

| 日 期 | 1—8 日 | 9—12 日 | 13—24 日 | 25—31 日 |
|---|---|---|---|---|
| 在册人数/人 | 200 | 220 | 190 | 210 |

1 月平均在册人数为：

$$\bar{a}=\frac{\sum af}{\sum f}=\frac{200\times8+220\times4+190\times12+210\times7}{31}=201（\text{人}）$$

（2）间断时点数列

对间断时点数列计算平均发展水平一般要采用两个假设条件：一是假设上期期末水平等于本期期初水平（上期期末和本期期初是两个连续的时点，这里假设两个时点的水平没有变化）；二是假设现象在间隔期内的数量变化是均匀的。

根据上述两个假设条件，对间断时点序列计算平均发展水平的一般步骤如下。

步骤 1　计算各间隔期的平均水平。

步骤 2　以间隔期的长度为权数，对各间隔期的平均水平再进行加权平均计算。由于间断时点数列的间隔期有的相等、有的不相等，所以计算平均发展水平的具体方法不同。

① 时点间隔相等

如果时点数列的间隔期是相等的，那么权数就没有作用了，因此只将各间隔期的发展水平进行简单平均计算即可。其计算公式为：

$$\bar{a}=\frac{\frac{a_1+a_2}{2}+\frac{a_2+a_3}{2}+\cdots+\frac{a_{n-1}+a_n}{2}}{n-1}=\frac{\frac{a_1}{2}+a_2+a_3+\cdots+\frac{a_n}{2}}{n-1}$$

式中，$\bar{a}$ 代表动态平均数；$a_i$ 代表各时期发展水平（$i=1,2,\cdots,n$）；$n$ 代表时期数。

这种方法又称为首末折半法。

**例 8-7**　某企业第四季度在册人数统计如表 8.12 所示，求第四季度的平均人数。

**表 8.12　第四季度在册人数统计资料**

| 月　份 | 9 月 | 10 月 | 11 月 | 12 月 |
|---|---|---|---|---|
| 月末人数/人 | 2 000 | 2 500 | 2 300 | 2 200 |

第四季度的平均人数为：

$$\bar{a}=\frac{\frac{a_1}{2}+a_2+a_3+\cdots+\frac{a_n}{2}}{n-1}=\frac{\frac{2\,000}{2}+2\,500+2\,300+\frac{2\,200}{2}}{4-1}=2\,300\text{（人）}$$

② 时点间隔不相等

时点间隔不相等的时点数列应用加权算术平均法计算平均发展水平，以间隔期的长度为权数，对各间隔期的平均水平进行加权平均计算。其计算公式为：

$$\bar{a}=\frac{\frac{a_1+a_2}{2}f_1+\frac{a_2+a_3}{2}f_2+\cdots+\frac{a_{n-1}+a_n}{2}f_{n-1}}{f_1+f_2+\cdots+f_{n-1}}$$

式中，$f$ 为相邻时点的间隔。

**例 8-8**　某企业库存量统计如表 8.13 所示，求全年平均库存量。

**表 8.13　某企业库存量统计资料**

| 月　末 | 上年 12 月 | 2 月 | 6 月 | 7 月 | 9 月 | 12 月 |
|---|---|---|---|---|---|---|
| 库存量/件 | 1 000 | 1 100 | 1 400 | 1 300 | 1 200 | 1 000 |

全年平均库存量为：

$$\bar{a}=\frac{\frac{1\,000+1\,100}{2}\times2+\frac{1\,100+1\,400}{2}\times4+\frac{1\,400+1\,300}{2}\times1+\frac{1\,300+1\,200}{2}\times2+\frac{1\,200+1\,000}{2}\times3}{2+4+1+2+3}=1\,188\text{(件)}$$

### （二）根据相对数时间数列计算平均发展水平

根据相对数时间数列计算平均发展水平的基本方法是：先计算构成相对数时间数列的

分子数列与分母数列的动态平均数，然后再将这两个动态平均数对比。其计算公式为：

$$\bar{c}=\frac{\bar{a}}{\bar{b}}$$

式中，$\bar{a}$ 代表分子数列的平均发展水平；$\bar{b}$ 代表分母数列的平均发展水平；$\bar{c}$ 代表相对数时间数列的平均发展水平。

**例 8-9** 某企业第四季度的各类工人数如表 8.14 所示，计算该公司第四季度一线工人数占全部工人数的平均比重。

**表 8.14 第四季度各类工人数统计资料** 人

| 月 末 | 9 月 | 10 月 | 11 月 | 12 月 |
|---|---|---|---|---|
| 全部工人数 | 448 | 456 | 469 | 474 |
| 一线工人数 | 342 | 355 | 358 | 364 |

第四季度平均一线工人数为：

$$\bar{a}=\frac{\frac{a_1}{2}+a_2+a_3+\cdots+\frac{a_n}{2}}{n-1}=\frac{\frac{342}{2}+355+358+\frac{364}{2}}{4-1}=355.33\text{（人）}$$

第四季度平均全部工人数为：

$$\bar{b}=\frac{\frac{b_1}{2}+b_2+b_3+\cdots+2}{n-1}=\frac{\frac{448}{2}+456+469+\frac{474}{2}}{4-1}=462\text{（人）}$$

该公司第四季度一线工人数占全部工人数的平均比重为：

$$\bar{c}=\frac{\bar{a}}{\bar{b}}=\frac{355.33}{462}=76.91\%$$

### （三）根据平均数时间数列计算平均发展水平

由一般平均数所组成的平均数时间数列，实质上也是两个绝对数时间数列对比所形成的。其分子数列是总体标志总量数列，分母是总体单位总量数列。因此，与相对数时间数列一样，应先分别计算分子数列和分母数列的动态平均数，然后进行对比，就可求得一般平均数时间数列的动态平均数。

**例 8-10** 某大型石油公司 2019 年 4 个季度的利润额及职工人数如表 8.15 所示，计算该公司每个季度人均创造的利润。

**表 8.15 某大型石油公司 2019 年 4 个季度的利润额及职工人数**

| 季 度 | 一季度 | 二季度 | 三季度 | 四季度 | 年 底 |
|---|---|---|---|---|---|
| 总利润/万元 | 810 | 950 | 920 | 1 030 | — |
| 季初职工人数/人 | 200 | 203 | 218 | 230 | 210 |

该公司平均每个季度的利润额为：

$$\bar{a}=\frac{\sum a}{n}=\frac{810+950+920+1\,030}{4}=927.50\text{（万元）}$$

该公司平均每个季度的职工人数为：

$$\bar{b}=\frac{\frac{b_1}{2}+b_2+b_3+\cdots+\frac{b_n}{2}}{n-1}=\frac{(200/2+203+218+230+210/2)}{4}=214\text{（人）}$$

该公司每个季度人均创造的利润额为：

$$\bar{c}=\frac{\bar{a}}{\bar{b}}=\frac{927.5}{214}=4.33\text{（万元/人）}$$

## 二、平均增减量

平均增减量又称平均增减水平，表明某种现象在一定时期内每期平均增加或减少的绝对量。其计算公式为：

$$\text{平均增减量}=\frac{\text{逐期增减量之和}}{\text{逐期增减量的个数}}$$

$$\Delta_a=\frac{a_n-a_0}{n}$$

**例 8-11** 某市 2013—2019 年的财政收入如表 8.16 所示，计算 2014—2019 年财政收入的年平均增减量。

**表 8.16 某市 2013—2019 年的财政收入**

| 年　度 | 2013 | 2014 | 2015 | 2016 | 2017 | 2018 | 2019 |
|---|---|---|---|---|---|---|---|
| 财政收入/亿元 | $a_0$ | $a_1$ | $a_2$ | $a_3$ | $a_4$ | $a_5$ | $a_6$ |
| | 776.65 | 1 004.51 | 1 105.56 | 1 310.66 | 1 486.88 | 1 578.07 | 1 624.22 |

某市 2014—2019 年财政收入的年平均增减量为：

$$\Delta_a=\frac{a_n-a_0}{n}=\frac{1\,624.22-776.65}{6}=141.26\text{（亿元）}$$

## 三、平均发展速度

### （一）含义

平均发展速度是较长时期内环比发展速度的动态平均数，表示现象在较长时期内单位时间平均发展变化的程度。

### （二）计算方法

平均发展速度根据被研究现象的特点和统计分析的目的不同，有两种计算方法。

#### 1. 几何平均法

几何平均法又称水平法，其计算平均发展速度的数理依据是：从最初水平出发，逐期按其环比速度发展，就可以达到末期水平。根据所掌握的资料不同，计算方法如下：

① 当已知各环比发展速度时，其计算公式为：

$$\overline{x}=\sqrt[n]{x_1\times x_2\times\cdots\times x_n}=\sqrt[n]{\prod x}$$

② 当已知时间数列最后的定基发展速度时，其计算公式为：

$$\overline{x}=\sqrt[n]{R}$$

③ 当已知时间数列的最初和最末发展水平时，其计算公式为：

$$\overline{x}=\sqrt[n]{\frac{a_n}{a_0}}$$

**例 *8-12*** 某市 2013—2019 年的财政收入发展速度如表 8.17 所示，计算某市 2013—2019 年财政收入的年平均发展速度。

**表 8.17 某市 2013—2019 年财政收入发展速度**

| 年 度 | | 2013 | 2014 | 2015 | 2016 | 2017 | 2018 | 2019 |
|---|---|---|---|---|---|---|---|---|
| 财政收入/亿元 | | $a_0$ | $a_1$ | $a_2$ | $a_3$ | $a_4$ | $a_5$ | $a_6$ |
| | | 776.65 | 1 004.51 | 1 105.56 | 1 310.66 | 1 486.88 | 1 578.07 | 1 624.22 |
| 发展速度/% | 环比 | — | 129.34 | 110.06 | 118.56 | 113.45 | 106.13 | 102.92 |
| | 定基 | — | 129.34 | 142.35 | 168.76 | 191.45 | 203.18 | 209.13 |

当已知各环比发展速度时，平均发展速度的计算为：

$$\overline{X}=\sqrt[n]{X_1\times X_2\times\cdots\times X_n}$$

$$=\sqrt[6]{129.34\%\times 110.06\%\times 118.56\%\times 113.45\%\times 106.13\%\times 102.92\%}=113.08\%$$

当已知时间数列最后的定基发展速度 $R$ 时，平均发展速度的计算为：

$$\overline{X}=\sqrt[n]{R}=\sqrt[6]{209.13\%}=113.08\%$$

当已知时间数列的最初和最末发展水平时，平均发展速度的计算为：

$$\overline{X}=\sqrt[n]{\frac{a_n}{a_0}}=\sqrt[6]{\frac{1\,624.22}{776.65}}=113.08\%$$

**2. 累积法**

累积法又称方程式法，其计算平均发展速度的数理依据是：从最初水平出发，每期按平均发展速度发展，计算出各期发展水平之和，应等于其实际发展水平之和。其计算公式为：

$$\overline{x}+\overline{x}^2+\overline{x}^3+\cdots+\overline{x}^n=\frac{\sum a}{a_0}$$

这个方程的求解，通常借助累积法平均增长速度查对表解决。如果数值在表中两个数据之间，则可采用插补法计算。

**3. 几何平均法与累积法的区别**

几何平均法侧重考察最末期的水平；累积法侧重考察现象的整个发展过程，研究整个过程的累积总水平。当要求长期计划的最后一年应达到什么水平时，用几何平均法计算；当要求整个计划期应累积完成多少时，一般用累积法计算。

思考：计算投资的年平均发展速度，你认为应采用哪种方法？

## 四、平均增减速度

平均增减速度是各环比增减速度的动态平均数，表示现象在较长时期内单位时间平均增减变化的程度。平均增减速度与平均发展速度具有密切的联系，即：

$$平均增减速度=平均发展速度-1（或100\%）$$
$$=\bar{x}-1=\sqrt[n]{\frac{a_n}{a_0}}-1$$

**例 8-13** 某旅游景点2014年接待游客400万人次，2019年接待游客552.3万人次，则年平均增长率为多少？

2014—2019年的年平均增长率为：

$$\bar{x}-1=\sqrt[n]{\frac{a_n}{a_0}}-1=\sqrt[5]{\frac{552.3}{400}}-1=6.7\%$$

# 第四节 时间数列的趋势分析

## 一、影响时间数列变动的因素及组合方式

### （一）影响时间数列变动的因素

社会经济现象的发展变化是多种因素综合影响的结果。按它们的性质和作用不同，可以分为长期趋势、季节变动、循环变动和不规则变动4种。

**1. 长期趋势**

长期趋势是指社会经济现象在较长时期内表现出的上升趋势、下降趋势，或者是一种水平趋势。例如，中华人民共和国成立以来，国内生产总值、全国人口的变动虽然有起伏，但整体呈上升趋势。又如，第一产业产值占GDP的比重呈下降趋势，人口的性别比例长期呈水平趋势。

**2. 季节变动**

季节变动是指社会经济现象受自然因素和社会因素的影响，在一年内随着时间变化而发生比较有规律的周期性变化。例如，春运客流量、淡旺季、春夏秋冬不同的服装等。

**3. 循环变动**

循环变动是指以若干年为一个周期，涨落起伏、扩张与收缩交替出现的一种周期性变动现象。例如，产品生命周期、果树生产的大小年轮回等。

**4. 不规则变动**

不规则变动是指由其他干扰性因素，如偶然性因素或突发性因素引起的变动现象。

### （二）时间数列的组合方式

如果将各种波动原因影响的结果进行数学处理，那么可将时间数列的总波动分解成加法模型或乘法模型。

**1．加法模型**

如果4种变动因素是相互独立的，则可以用加法模型组成时间数列。其计算公式为：

$$y=T+S+C+I$$

式中，$y$为绝对数时间数列；$T$为长期趋势，也是绝对数指标，与$y$同单位；$S$、$C$、$I$分别为季节变动、循环变动和不规则变动对长期趋势所产生的偏差，或者是正值，或者是负值。

**2．乘法模型**

如果4种变动因素是相互交错影响的关系，则可用乘法模型组成时间数列。其计算公式为：

$$y=T\times S\times C\times I$$

式中，$y$、$T$均为绝对数指标；$S$、$C$、$I$则是比率，或者称为指数，表示季节变动、循环变动和不规则变动对长期趋势影响增加或减少的百分比。

在实际应用中，无论是哪种模式，并非4种变动俱在，往往在一个数列中仅包含其中部分因素。

**思考：** 当时间数列是年度资料时，无法反映什么变动？当时间数列是月度资料时，无法反映什么变动？

## 二、长期趋势分析

### （一）长期趋势的含义和意义

客观现象在一个相当长的时间内所表现出的按特定方向持续稳定发展变化的趋势，称为长期趋势。长期趋势因素是在较长时期内比较稳定的经常起作用的根本性因素。其特点是：如果现象只受长期趋势因素的影响，则其发展变化必然是逐渐增长或逐渐下降，或者平稳发展的。

研究长期趋势，首先要认识和掌握现象发展变化的规律性；其次将长期趋势从时间数列中分离出来，探求这种趋势的类型，通过建立经济计量模型，以对现象的未来进行预测；最后测定长期趋势，以消除原有时间数列中长期趋势的影响，更好地研究季节变动等问题。

为了反映现象发展变化的长期趋势，必须对反映现象发展变化情况的时间数列进行修匀。修匀时间数列的统计方法相当多，但各方法的基本思路和实质都是要消除偶然因素引起的随机波动对时间数列的影响，从而使时间数列所反映现象的长期趋势明显地显示出来。

测定长期趋势的方法有时距扩大法、移动平均法、指数平滑法、最小平方法等。

### （二）测定长期趋势的方法

**1．时距扩大法**

时距扩大法是最原始、最简单的方法，是将原来的时间数列中各个时期的指标适当加以合并，形成时距较长的指标，从而消除因时距较短所引发的各种偶然因素影响的波动，使经修匀过的时间数列能够显著地反映现象发展变动的基本趋势的方法。

**例 8–14** 某公司 1996—2019 年各年的销售量如表 8.18 所示。

表 8.18 某公司 1996—2019 年各年销售量 吨

| 年 份 | 销售量 | 年 份 | 销售量 | 年 份 | 销售量 | 年 份 | 销售量 |
|---|---|---|---|---|---|---|---|
| 1996 | 24 | 2002 | 26 | 2008 | 35 | 2014 | 42 |
| 1997 | 25 | 2003 | 28 | 2009 | 32 | 2015 | 40 |
| 1998 | 26 | 2004 | 30 | 2010 | 33 | 2016 | 43 |
| 1999 | 23 | 2005 | 27 | 2011 | 34 | 2017 | 44 |
| 2000 | 22 | 2006 | 32 | 2012 | 38 | 2018 | 46 |
| 2001 | 24 | 2007 | 33 | 2013 | 36 | 2019 | 48 |

从表 8.18可以看出，在 24年间，该公司销售量有几次小的波动。如果把时距扩大为4年，则得到的新时间数列如表 8.19所示。

表 8.19 某公司各年的销售量 吨

| 时 期 | 总销售量 | 平均销售量 |
|---|---|---|
| 1996—1999 | 98 | 24.50 |
| 2000—2003 | 100 | 25.00 |
| 2004—2007 | 122 | 30.50 |
| 2008—2011 | 134 | 33.50 |
| 2012—2015 | 156 | 39.00 |
| 2016—2019 | 181 | 45.25 |

无论是总销售量的时间数列还是平均销售量时间数列，销售量的波动消除了，凸显出了销售量的长期增长趋势。

**思考：**时距扩大法是否适合时点数列？

### 2. 移动平均法

移动平均法是对原有时间数列进行修匀的较为简单的常用方法。它采用逐项移动的办法计算一系列移动的动态平均数，形成一个由动态平均数构成的新的时间数列。这种方法是时距扩大法的改良，主要修匀不规则变动和季节变动的影响，从而呈现出现象较长时间的基本发展趋势。

**例 8–15** 已知某商店 2019 年各月销售收入，计算 3 个月的移动平均数、5 个月的移动平均数，如表 8.20 所示。

表 8.20 移动平均数计算 万元

| 月 份 | 收 入 | 3 项移动平均数 | 5 项移动平均数 |
|---|---|---|---|
| | (1) | (2) | (3) |
| 1月 | 33 | | |
| 2月 | 34 | 34.7 | |

（续表）

| 月份 | 收入<br>（1） | 3项移动平均数<br>（2） | 5项移动平均数<br>（3） |
|---|---|---|---|
| 3月 | 37 | 35.0 | 35.8 |
| 4月 | 34 | 37.3 | 38.0 |
| 5月 | 41 | 39.7 | 41.2 |
| 6月 | 44 | 45.0 | 43.0 |
| 7月 | 50 | 46.7 | 45.6 |
| 8月 | 46 | 47.7 | 47.8 |
| 9月 | 47 | 48.3 | 48.0 |
| 10月 | 52 | 48.0 | 49.0 |
| 11月 | 45 | 50.7 | |
| 12月 | 55 | | |

3项移动平均数的计算：$34.70=\dfrac{33+34+37}{3}$

$$35=\frac{34+37+34}{3}$$

以此类推，移动平均数分别位于被移动数据的中间位置，结果如表8.20第（2）栏所示。

5项移动平均数的计算：$35.80=\dfrac{33+34+37+34+41}{5}$

$$38=\frac{34+37+34+41+44}{5}$$

以此类推，移动平均数分别位于被移动数据的中间位置，结果如表8.20第（3）栏所示。

移动平均法的特点是：

① 移动平均法可以对短期不规则变动修匀。移动的项数越多，对原数列的波动修匀程度越强，也就越能显示出现象的长期发展趋势。5项移动平均比3项移动平均更光滑、更能体现上升趋势。

② 通过移动平均产生的时间数列项数比原时间数列项数减少。因此，移动的项数越多，首尾丢失的项数也就越多，误差也就越大。

③ 如果消除短期偶然因素的影响，则可用3项或5项移动平均；如果消除季节性变动，则可用4项或12项移动平均。

④ 移动平均采用奇数项移动能一次对准被移动数据的中间位置，比较方便。如果采用偶数项移动，则一次移动平均后的数值对准的是中间位置，置于两项数值之间，还须进行二项移动对准月份。

**3. 指数平滑法**

指数平滑法是对不同时期的观察值用递减加权的方法修匀时间数列的波动，从而对现象的发展趋势进行预测的方法。

指数平滑法是对移动平均法的改进，因为移动平均法是用简单算术平均数对不同时间的观察值进行修匀，各期观察值的权数是一样的。但是按照事物发展由远及近的规律，不同时期的观察值资料对现象的趋势发展产生的影响是不同的，因此应对不同时期资料赋予不同的权数，才能体现远期资料的长期影响和近期资料的突出影响。具体来说，离预测期近的赋予较大权数；离预测期远的赋予较小权数。

一次指数平滑法的基本公式为：

$$\hat{y}_{t+1}=\alpha y_t+(1-\alpha)\hat{y}_t$$

式中，$\alpha$ 为平滑系数，取值在 0 和 1 之间；$\hat{y}_{t+1}$ 预测期的预测值；$y_t$ 为本期的实际值；$\hat{y}_t$ 为本期的预测值。

预测期的预测值是根据本期实际发生的数值与本期预测值加权平均的结果。

**例 8-16** 已知某商店 2019 年各月销售额，取 $\alpha=0.7$，计算各月的趋势预测值，如表 8.21 所示。

**表 8.21 指数平滑计算** 万元

| 月份 | 销售额 | 预测值 |
|---|---|---|
| 1 月 | 16.80 | |
| 2 月 | 15.60 | |
| 3 月 | 17.10 | |
| 4 月 | 16.90 | 16.50 |
| 5 月 | 17.60 | 16.78 |
| 6 月 | 17.40 | 17.35 |
| 7 月 | 18.50 | 17.39 |
| 8 月 | 19.20 | 18.17 |
| 9 月 | 19.00 | 18.89 |
| 10 月 | 18.40 | 18.97 |
| 11 月 | 19.60 | 18.57 |
| 12 月 | 20.00 | 19.29 |

初始预测值取最初期 3 个月的平均数：$\hat{y}_4=\dfrac{16.80+15.60+17.10}{3}=16.50$（万元）

5 月预测值 $\hat{y}_5=\alpha y_4+(1-\alpha)\hat{y}_4=0.7\times16.90+(1-0.7)\times16.50=16.78$（万元）

其余各月预测值的计算以此类推。

2020 年 1 月销售额预测值 $\hat{y}_{13}=\alpha y_{12}+(1-\alpha)\hat{y}_{12}=0.7\times20+(1-0.7)\times19.29=19.79$（万元）

由原销售额时间数列与预测值时间数列的对比可看出，经过指数平滑后的预测值时间数列比原销售额时间数列波动平缓，起到了修匀作用。

取值的方法是：

① $\alpha$ 取大值，可以加强近期资料对预测值的影响；$\alpha$ 取小值，可以加强长期资料对预测值的影响。

② 一般情况下，当时间数列波动不大时，$\alpha$ 取值可小一些（0.1～0.3）；当时间数列起伏较大时，$\alpha$ 取值可大一些（0.6～0.8）。

③ 在实际工作中，如果不能确定 $\alpha$ 的取值，则可以试算几个不同的 $\alpha$ 值，计算观察值与预测值的离差平方和或离差绝对值总和，将较小的 $\alpha$ 作为平滑系数。

预测值往往存在滞后效应，即预测值小于实际值。这是一次指数平滑法的局限性。

**思考**：时间数列波动不大时，为什么 $\alpha$ 取值可以小一些？

一次指数平滑法适用于分析呈水平状态波动且无明显线性趋势变动的资料。当原始数据有较明显长期线性趋势时，需要在一次指数平滑的基础上进行二次、三次指数平滑。

**4. 最小平方法**

最小平方法的基本原理是要求实际值与趋势值的离差平方和为最小，对时间数列所反映的现象长期发展趋势拟合一条较为理想的趋势线建立数学模型，进行动态预测。

最小平方法既可用于拟合直线，也可用于拟合曲线。在应用过程中，必须根据被研究现象发展变化的情况，即可根据原有时间数列反映出来的现象变动的特点，经过仔细分析后，确定应拟合趋势线的类型。

（1）直线趋势的拟合

直线趋势方程的一般形式为：

$$y_c = a + bt$$

式中，$y_c$ 为趋势值；$t$ 为时间；$a$、$b$ 为两个参数，$a$ 为直线的截距，$b$ 为直线的斜率，即当 $t$ 每增加或减少一个单位，$y_c$ 平均增加或减少的量。

参数 $a$、$b$ 用最小平方法来求解。

令 $Q=\sum(y-y_c)^2=\sum(y-a-bt)^2$ 为最小，根据数学极值原理，对 $a$、$b$ 求偏导数，且令其为 0。

$$\frac{\partial Q}{\partial a}=\sum 2(y-a-bt)\times(-1)=0$$

$$\frac{\partial Q}{\partial b}=\sum 2(y-a-bt)\times(-t)=0$$

整理得出两个方程：$\begin{cases}\sum ty = a\sum t + b\sum t^2\\ \sum y = na + b\sum t\end{cases}$

解方程组，得出 $a$、$b$ 的计算公式 $\begin{cases}b=\dfrac{n\sum ty-\sum t\sum y}{n\sum t^2-(\sum t)^2}\\ a=\overline{y}-b\overline{t}\end{cases}$

上述计算过程比较复杂，通过一些处理可以用简捷的方法计算：

① 当时间数列是奇数项时，将时间数列居中的一项序号确定为 0，其以前的各项序号依次为-1,-2,-3,…，其以后的各项序号依次为 1,2,3,…，这样就保证了 $\sum t=0$。

② 当时间数列是偶数项时，将时间数列居中的两项序号分别确定为-1 和 1，时间序号以间隔 2 的顺序重新排列，其以前的各项序号依次为-3,-5,-7,…，其以后的各项序号依次

为 3,5,7,…，$\sum t=0$ 也成立。

由此可得：

$$b=\frac{n\sum ty-\sum t\sum y}{n\sum t^2-(\sum t)^2}=\frac{\sum ty}{\sum t^2}$$

$$a=\overline{y}-b\overline{t}=\overline{y}$$

**例 8-17** 已知我国 2014—2019 年某煤矿的采煤量，运用最小平方法建立直线趋势方程，并预测 2022 年的采煤量，如表 8.22 所示。

**表 8.22 最小平方法计算** 万吨

| 年 份 | 采煤量 $y$ | $t$ | $T^2$ | $ty$ |
|---|---|---|---|---|
| 2014 | 400 | −5 | 25 | −2 000 |
| 2015 | 420 | −3 | 9 | −1 260 |
| 2016 | 450 | −1 | 1 | −450 |
| 2017 | 478 | 1 | 1 | 478 |
| 2018 | 516.20 | 3 | 9 | 1 548.6 |
| 2019 | 552.30 | 5 | 25 | 2 761.5 |
| 合 计 | 2 816.50 | 0 | 70 | 1 078.1 |

设回归方程为：

$$y_c=a+bt$$

则

$$b=\frac{\sum ty}{\sum t^2}=\frac{1\,078.10}{70}=15.40$$

$$a=\overline{y}=\frac{\sum y}{n}=\frac{2\,816.50}{6}=469.42$$

则直线趋势方程为：

$$y_c=469.42+15.40t$$

把 $t=11$ 代入：

$$y_c=469.42+15.40\times 11=638.82\text{（万吨）}$$

由此得出该煤矿 2022 年的采煤量大约为 638.82 万吨。

（2）二次趋势曲线的拟合

当现象的变化趋势呈抛物线形态时，应拟合二次曲线模型。其方程的一般形式为：

$$y_c=a+bt+ct^2$$

式中，$y_c$ 为趋势值，$t$ 为时间，$a$、$b$、$c$ 为 3 个参数。

按最小平方法得出下列 3 个标准方程：

$$\begin{cases}\sum y=na+b\sum t+c\sum t^2\\ \sum ty=a\sum t+b\sum t^2+c\sum t^3\\ \sum t^2y=a\sum t^2+b\sum t^3+c\sum t^4\end{cases}$$

如果通过一些处理使 $\sum t=0$，则 $\sum t^3=0$，上述方程可简化为以下 3 个标准方程：

$$\begin{cases}\sum y = na + c\sum t^2 \\ \sum ty = b\sum t^2 \\ \sum t^2 y = a\sum t^2 + c\sum t^4\end{cases} \quad 解方程组得出 \begin{cases} a = \dfrac{\sum y - c\sum t^2}{n} \\ b = \dfrac{\sum ty}{\sum t^2} \\ c = \dfrac{n\sum ty - \sum t^2 \sum y}{n\sum t^2 - \left(\sum t^2\right)^2}\end{cases}$$

（3）指数曲线的拟合

当现象的变化趋势呈指数曲线形态时，应拟合指数曲线模型。指数曲线方程的一般形式为：

$$y_c = ab^t$$

式中，$y_c$ 为趋势值，$t$ 为时间，$a$、$b$ 为两个参数。

为求解指数曲线方程中的参数 $a$、$b$，可以采用取对数的方法把方程转化成线性方程，即对 $y_c = ab^t$ 两边同时取对数，则：

$$\lg y_c = \lg a + t\lg b$$

令 $y' = \lg y_c$，$a' = \lg a$，$b' = \lg b$，原方程变为 $y' = a' + b't$

$$a' = \frac{\sum y'}{n} = \frac{\sum \lg y}{n}, \quad b' = \frac{\sum ty'}{\sum t^2} = \frac{\sum t \cdot \lg y}{\sum t^2}$$

计算出 $a'$、$b'$ 之后，取反对数即可得出参数 $a$、$b$ 的数值。

（4）拟合趋势线的类型选择

分析现象发展的长期趋势，除可根据所绘制的散点图以确定拟合趋势线的类型外，还可大致按下述原则考虑：如果时间数列逐期增长量大致相同，则可拟合直线；如果时间数列次差（二级增长量）大体相同，则可拟合抛物线；当时间数列各期环比增长速度大体相同时，则可拟合指数曲线。

## 三、季节变动分析

### （一）季节变动的含义和意义

季节变动是指由于受自然因素和社会条件的影响，经济现象在一年之内随着季节的变动而出现的比较有规律的变化。比较典型的例子是农业生产，而农业生产的季节性又影响到农产品加工业生产的季节性及农产品购销、运输等活动的季节性。

不同社会经济现象具有不同的季节变动周期，有的以一年为循环周期，以月或季为变动单位；有的以一个月为循环周期，以日为变动单位。例如，时令性商品销售量的变动情况是以年为周期，各年内的变动情况大体相同；城市公共交通客运量是以日为周期，每日内变动情况大体相同，等等。确定这种变化规律有利于安排好季节计划，对克服盲目性、加强计划的科学性具有重要意义。

### （二）季节变动的测定原理

用来度量季节变动的指标是季节指数，季节指数是各年同季（月）的平均数与全期（所有）季（月）的平均数对比而得到的比率。12 个月的季节比率之和应该为 1 200%，每个月的季节比率大于 100%，说明发展处于高峰期（旺季）；季节比率小于 100%，说明发展处于低谷期（淡季）；季节比率等于或接近 100%，说明不受季节变动的影响。4 个季度的季节比率之和应该为 400%，每个季度的季节比率大于 100%，说明发展处于高峰期（旺季）；季节比率小于 100%，说明发展处于低谷期（淡季）；季节比率等于或接近 100%，说明不受季节变动的影响。季节指数差异越大，则说明现象受季节变动影响越大。

### （三）季节变动的测定方法

季节变动根据变动特征可以分为两类：水平型季节变动和长期趋势型季节变动。水平型季节变动是指时间数列中各项数值的变化是围绕某一个水平值上下周期性的波动，没有明显的上升或下降的长期趋势。如果时间数列呈水平型季节变动，则意味着时间数列中不存在明显的长期趋势变动而仅有季节变动和不规则变动。长期趋势季节变动是指时间数列中各项数值一方面随时间变化呈现季节性周期变化，另一方面随着时间变化而呈现上升或下降的变化趋势。如果时间数列呈长期趋势季节变动，则意味着时间数列中不仅有季节变动、不规则变动，而且还有长期趋势变动。

测定季节变动的方法很多，大体上可以分为两类；一是在不考虑长期趋势的影响情况下适用的方法——同期平均法；二是在考虑长期趋势影响情况下适用的方法——移动平均趋势剔除法。移动平均趋势剔除法在运用时应先剔除长期趋势的影响，然后再测定季节变动。无论应用哪种方法，都需要具备至少 3 年以上各月（季）发展水平的资料。

#### 1. 同期平均法

同期平均法是预测水平型季节变动的方法。它的运用比较简单，常用的是按月（季）平均法，即对不同年份中同一时期（同月或同季）的数值求平均数，与整个时间数列总的月（季）平均数对比，得到季节指数，来测定其季节变动。

其计算步骤如下。

步骤 1　将 3 年以上各月或各季度的完整资料进行排列。

步骤 2　计算各年同季（月）的平均数。

步骤 3　计算所有季（月）的平均数。

步骤 4　计算季节指数：

$$\text{季节指数}=\frac{\text{同季（月）的平均数}}{\text{所有季（月）的平均数}}$$

步骤 5　计算调整系数：

$$\text{调整系数}=\frac{400\ (1\ 200)}{\text{4个季度（12个月）季节比率之和}}$$

步骤 6　计算调整后的季节指数：

$$\text{调整后的季节指数}=\text{季节指数}\times\text{调整系数}$$

**例 8-18**　已知某企业 2015—2019 年各月销售额，计算季节指数，如表 8.23 所示。

表 8.23 季节指数计算

万元

| 年 度 | 2015 | 2016 | 2017 | 2018 | 2019 | 同月合计 | 同月平均数 | 季节指数/% |
|---|---|---|---|---|---|---|---|---|
| 月 份 | （1） | （2） | （3） | （4） | （5） | （6） | （7） | （8） |
| 1月 | 22 | 33 | 43 | 48 | 50 | 196 | 39.2 | 55.4 |
| 2月 | 25 | 35 | 50 | 52 | 58 | 220 | 44.0 | 62.1 |
| 3月 | 30 | 45 | 55 | 60 | 64 | 254 | 50.8 | 71.8 |
| 4月 | 35 | 40 | 60 | 65 | 71 | 271 | 54.2 | 76.6 |
| 5月 | 40 | 45 | 65 | 72 | 78 | 300 | 60 | 84.7 |
| 6月 | 50 | 55 | 68 | 78 | 82 | 333 | 66.6 | 94.1 |
| 7月 | 90 | 100 | 115 | 120 | 130 | 555 | 111 | 156.8 |
| 8月 | 100 | 120 | 135 | 140 | 190 | 685 | 137 | 193.5 |
| 9月 | 105 | 115 | 120 | 130 | 132 | 602 | 120.4 | 170.1 |
| 10月 | 45 | 60 | 70 | 80 | 88 | 343 | 68.6 | 96.9 |
| 11月 | 30 | 40 | 50 | 62 | 71 | 253 | 50.6 | 71.5 |
| 12月 | 80 | 30 | 35 | 45 | 48 | 238 | 47.6 | 62.2 |
| 合 计 | 652 | 718 | 866 | 952 | 1 062 | 4 250 | 70.8 | 1 200.7 |

表中，(6)＝(1)＋(2)＋(3)＋(4)＋(5)

(7)＝(6) ÷5（或 60）

(8)＝(7) ÷70.8

12个月的季节比率之和应该为 1 200。如果不等，则是由计算过程中四舍五入引起的，要利用调整系数加以调整：

调整系数=1 200÷季节指数之和=1 200÷1 200.70=0.999 417

如果误差不大，则季节指数可以不做调整。

由计算结果可知，该企业产品销售量季节指数 7月、8月、9月高于 100%，为销售旺季；1、2、3、4、11、12月远低于 100%，为销售淡季。

**2. 移动平均法**

当时间数列存在明显的升降趋势时，为了更准确地计算季节指数，要利用移动平均法剔除原时间数列中的长期趋势的影响，然后再测定其季节变动。

其计算步骤如下。

步骤 1 根据时间数列中各年按月（或季）的数据依次计算其 12 个月（或 4 个季度）的移动平均数。这样可以消除季节变动和不规则变动的影响，所得移动平均的结果只包含趋势变动和循环变动。在具体计算时，如果时间数列为季度资料，则时距一般定为 4 项为宜；如果时间数列为月度资料，则时距一般定为 12 项为宜。由于是偶数项移动平均，因此其趋势值 $y_c$ 还需要分两步求得，即将第一次得到的移动平均值再做一次 2 项移动平均以校正其位置。这样才能得到所需要的趋势值。

步骤 2 用时间数列中各月（季）的数值（$y$）与其相对应的趋势值（$y_c$）对比，计算 $y \div y_c$ 的比值。

步骤 3　把 $y \div y_c$ 的百分比数值按月（季）重新排列，计算出各年同月（季）的总平均数。这个平均数就是所求的各月（季）的季节指数。

步骤 4　把各月（或季）的季节指数加总，其总和应等于 1 200%（或 400%），否则需要进行调整。

*例 8–19*　已知某超市某品牌酒销售量的季度资料，试用移动平均法计算季度指数，如表 8.24 和表 8.25 所示。

**表 8.24　4 个季度移动平均法趋势剔除计算**

万元

| 年　份 | 季　度 | 销售量 $y$ | 4 个季度移动平均数 $\bar{y}$ | 2 项移动平均（趋势值）$y_c$ | $\frac{y}{y_c}$ |
|---|---|---|---|---|---|
| 2017 | 1 | 3 600 | | | |
| | 2 | 1 100 | | | |
| | | | 1 875 | | |
| | 3 | 800 | | 1 900 | 42.10 |
| | | | 1 925 | | |
| | 4 | 2 000 | | 1 950 | 102.56 |
| | | | 1 975 | | |
| 2018 | 1 | 3 800 | | 2 012.5 | 188.82 |
| | | | 2 050 | | |
| | 2 | 1 300 | | 2 137.5 | 60.82 |
| | | | 2 225 | | |
| | 3 | 1 100 | | 2 162.5 | 50.87 |
| | | | 2 100 | | |
| | 4 | 2 700 | | 2 225 | 121.35 |
| | | | 2 350 | | |
| 2019 | 1 | 4 300 | | 2 387.5 | 180.10 |
| | | | 2 425 | | |
| | 2 | 1 300 | | 2 475 | 52.52 |
| | | | 2 525 | | |
| | 3 | 1 400 | | | |
| | 4 | 3 100 | | | |

**表 8.25　移动平均法趋势剔除后季节指数计算**

万元

| 年　份 | 第一季度 | 第二季度 | 第三季度 | 第四季度 | 合　计 |
|---|---|---|---|---|---|
| 2017 | | | 42.10 | 102.56 | |
| 2018 | 188.82 | 60.82 | 50.87 | 121.35 | |
| 2019 | 180.10 | 52.52 | | | |
| 合　计 | 368.92 | 113.34 | 92.97 | 223.91 | |
| 同季平均数 | 184.46 | 56.67 | 46.49 | 111.96 | 399.57 |
| 调后季节指数 | 184.66 | 56.73 | 46.54 | 112.08 | 400.00 |

说明：调整系数=400÷399.57=1.001 076

调后季节指数=同季平均数×调整系数

由计算结果可知，该品牌酒第一、四季度是销售旺季，第二、三季度是销售淡季。

## 四、循环变动分析

循环变动是指发生周期较长的涨落起伏的变动。与长期趋势不同，它不是朝单一方向持续变化，而是波浪式起伏变动；与季节变动也不同，它的波动时间较长，一般在一年以上，且规律性也不明显。例如，宏观经济形势、政治环境、房地产行业及钢铁工业的变化都有这种循环变动趋势。

循环变动存在于很多经济和社会现象中。例如，产品的市场寿命一般要经历由试制、成长、成熟和衰退直至被其他新产品所替代这样一种循环过程；一些国家由于存在周期性经济波动，许多与此有联系的经济社会现象也往往存在相应的循环变动。认识和掌握事物循环变动的规律，预见下一个循环周期可能出现的各种影响，可以充分利用有利的时机，防备不利因素的影响。这对一个国家把握经济波动、进行宏观调控、制定经济政策都有着重要的现实意义。

**思考：**循环变动与季节变动的区别是什么？

### 五、不规则变动分析

不规则变动是受随机因素的影响使现象产生的上下起伏波动，是没有周期性和趋势性的变动。导致不规则变动的随机因素难以把握、难以控制、难以预测，既可能是偶然因素，也可能是战争、自然灾害等突发因素。

## 第五节　利用 Excel 计算动态分析指标

### 一、用 Excel 计算比较分析指标

**例 8-20**　表 8.26 所示是某市 2013—2019 年的财政收入。试计算表 8.26 中时间数列的逐期增长量、累积增长量、环比发展速度、定基发展速度、环比增长速度、定基增长速度。

**表 8.26　某市 2013—2019 年的财政收入**

| 年　度 | 2013 | 2014 | 2015 | 2016 | 2017 | 2018 | 2019 |
|---|---|---|---|---|---|---|---|
| 财政收入/亿元 | $a_0$ | $a_1$ | $a_2$ | $a_3$ | $a_4$ | $a_5$ | $a_6$ |
| | 776.65 | 1 004.51 | 1 105.56 | 1 310.66 | 1 486.88 | 1 578.07 | 1 624.22 |

步骤 1　打开 Excel。

步骤 2　把数据输入 Excel 中，如图 8.1 所示。

步骤 3　计算逐期增长量。选中 D4 单元格，在编辑栏输入“=C4-C3”，如图 8.2 所示。然后按回车键，计算出 2014 年的逐期增长量，如图 8.3 所示。

视频演示

步骤 4　选中 D4 单元格，用鼠标拖动公式复制到 D5 至 D9 单元格，以后各年的逐期增长量自动计算出来，如图 8.4 所示。

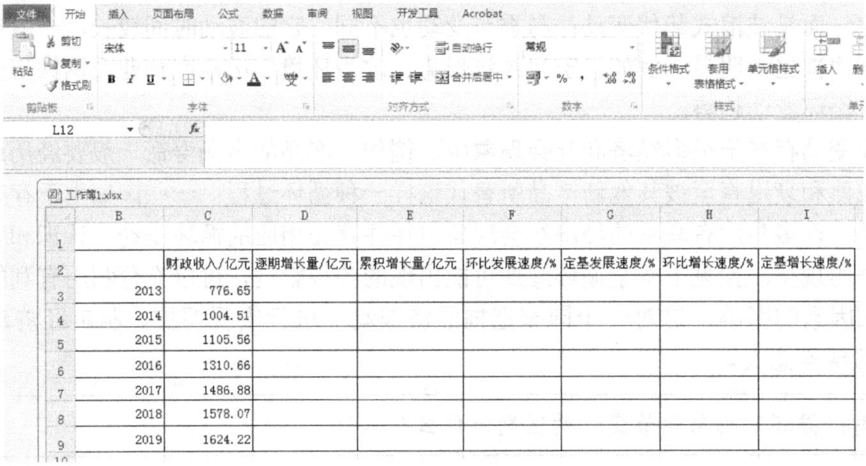

| | 财政收入/亿元 | 逐期增长量/亿元 | 累积增长量/亿元 | 环比发展速度/% | 定基发展速度/% | 环比增长速度/% | 定基增长速度/% |
|---|---|---|---|---|---|---|---|
| 2013 | 776.65 | | | | | | |
| 2014 | 1004.51 | | | | | | |
| 2015 | 1105.56 | | | | | | |
| 2016 | 1310.66 | | | | | | |
| 2017 | 1486.88 | | | | | | |
| 2018 | 1578.07 | | | | | | |
| 2019 | 1624.22 | | | | | | |

**图 8.1　输入数据资料**

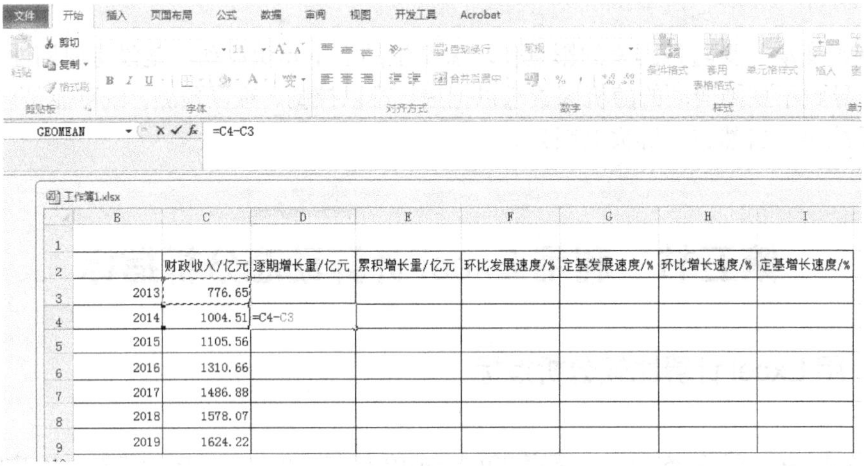

| | 财政收入/亿元 | 逐期增长量/亿元 | 累积增长量/亿元 | 环比发展速度/% | 定基发展速度/% | 环比增长速度/% | 定基增长速度/% |
|---|---|---|---|---|---|---|---|
| 2013 | 776.65 | | | | | | |
| 2014 | 1004.51 | =C4-C3 | | | | | |
| 2015 | 1105.56 | | | | | | |
| 2016 | 1310.66 | | | | | | |
| 2017 | 1486.88 | | | | | | |
| 2018 | 1578.07 | | | | | | |
| 2019 | 1624.22 | | | | | | |

**图 8.2　输入函数**

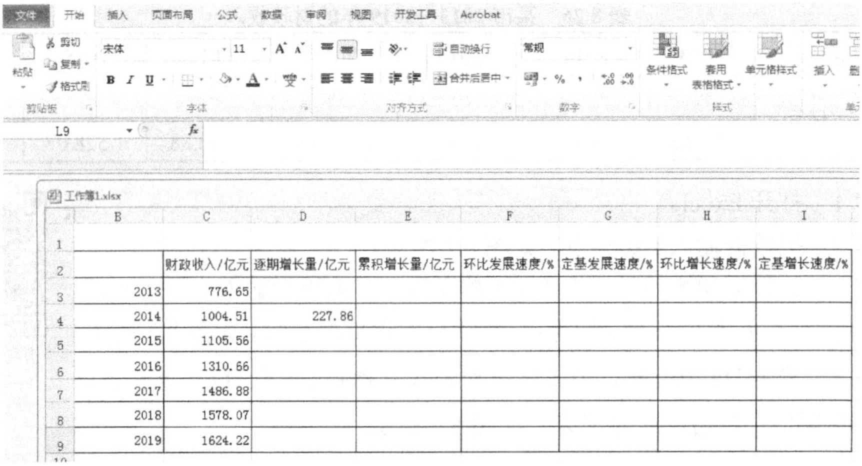

| | 财政收入/亿元 | 逐期增长量/亿元 | 累积增长量/亿元 | 环比发展速度/% | 定基发展速度/% | 环比增长速度/% | 定基增长速度/% |
|---|---|---|---|---|---|---|---|
| 2013 | 776.65 | | | | | | |
| 2014 | 1004.51 | 227.86 | | | | | |
| 2015 | 1105.56 | | | | | | |
| 2016 | 1310.66 | | | | | | |
| 2017 | 1486.88 | | | | | | |
| 2018 | 1578.07 | | | | | | |
| 2019 | 1624.22 | | | | | | |

**图 8.3　计算逐期增长量一**

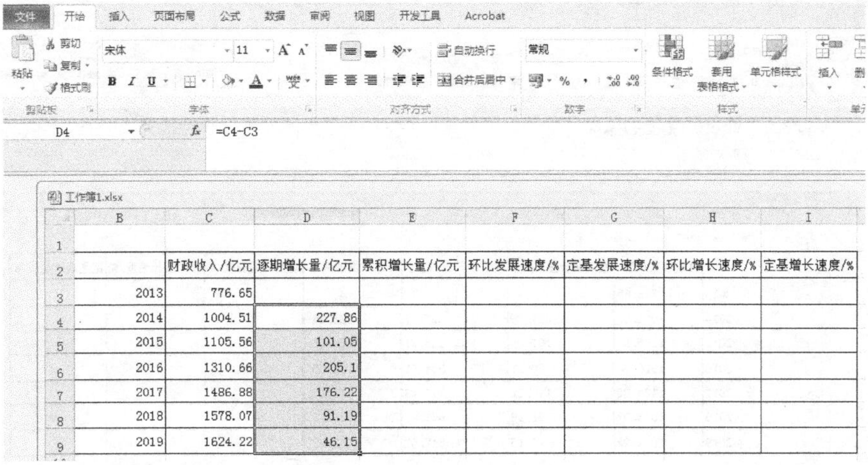


| | 财政收入/亿元 | 逐期增长量/亿元 | 累积增长量/亿元 | 环比发展速度/% | 定基发展速度/% | 环比增长速度/% | 定基增长速度/% |
|---|---|---|---|---|---|---|---|
| 2013 | 776.65 | | | | | | |
| 2014 | 1004.51 | 227.86 | | | | | |
| 2015 | 1105.56 | 101.05 | | | | | |
| 2016 | 1310.66 | 205.1 | | | | | |
| 2017 | 1486.88 | 176.22 | | | | | |
| 2018 | 1578.07 | 91.19 | | | | | |
| 2019 | 1624.22 | 46.15 | | | | | |

**图 8.4 计算逐期增长量二**

步骤 5 计算累积增长量。选中 E4 单元格，在编辑栏输入“=C4-776.65”。然后按回车键，计算出 2014 年的累积增长量。选中 E4 单元格，用鼠标拖动公式复制到 E5 至 E9 单元格，以后各年的累积增长量自动计算出来，如图 8.5 所示。

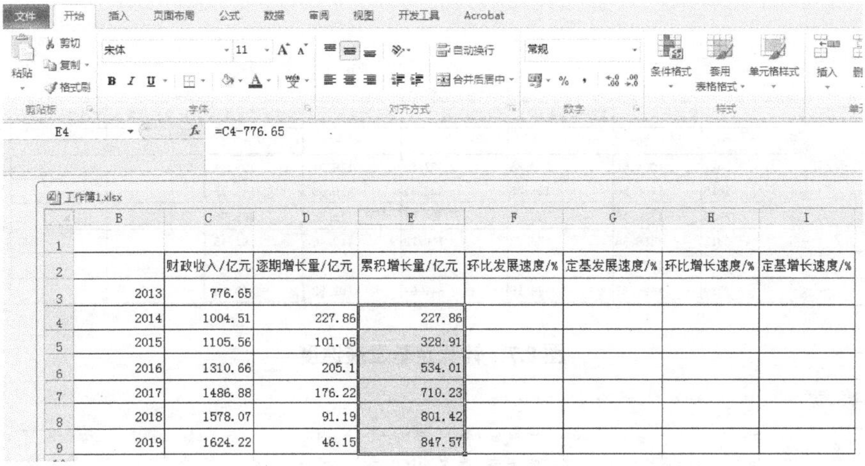


| | 财政收入/亿元 | 逐期增长量/亿元 | 累积增长量/亿元 | 环比发展速度/% | 定基发展速度/% | 环比增长速度/% | 定基增长速度/% |
|---|---|---|---|---|---|---|---|
| 2013 | 776.65 | | | | | | |
| 2014 | 1004.51 | 227.86 | 227.86 | | | | |
| 2015 | 1105.56 | 101.05 | 328.91 | | | | |
| 2016 | 1310.66 | 205.1 | 534.01 | | | | |
| 2017 | 1486.88 | 176.22 | 710.23 | | | | |
| 2018 | 1578.07 | 91.19 | 801.42 | | | | |
| 2019 | 1624.22 | 46.15 | 847.57 | | | | |

**图 8.5 计算累积增长量**

步骤 6 计算环比发展速度。选中 F4 单元格，在编辑栏输入“=C4/C3*100”。然后按回车键，计算出 2014 年的环比发展速度。用鼠标拖动公式复制到 F5 至 F9 单元格，以后各年的环比发展速度自动计算出来，如图 8.6 所示。

步骤 7 计算定基发展速度。选中 G4 单元格，在编辑栏输入“=C4/779.65*100”。然后按回车键，计算出 2014 年的定基发展速度。选中 G4 单元格，用鼠标拖动公式复制到 G5 至 G9 单元格，以后各年的定基发展速度自动计算出来，如图 8.7 所示。

步骤 8 计算环比增长速度。选中 H4 单元格，在编辑栏输入“=(C4-C3)/C3*100”。然后按回车键，计算出 2014 年的环比增长速度。用鼠标拖动公式复制到 H5 至 H9 单元格，以后各年的环比增长速度自动计算出来，如图 8.8 所示。

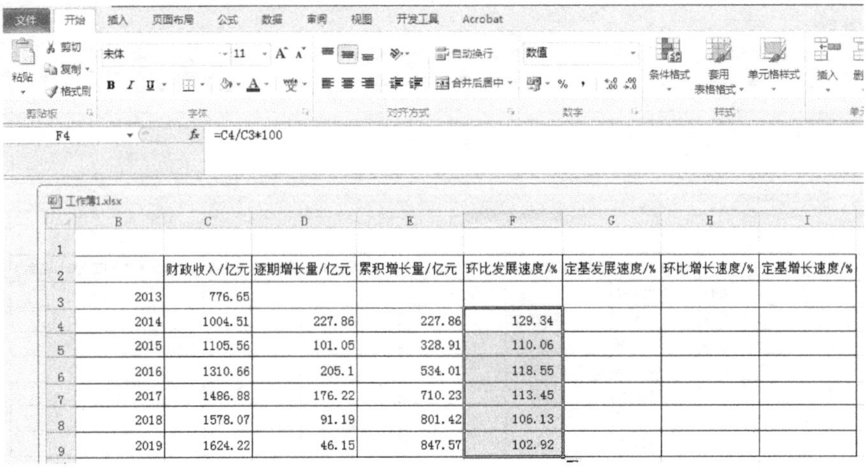


| | 财政收入/亿元 | 逐期增长量/亿元 | 累积增长量/亿元 | 环比发展速度/% | 定基发展速度/% | 环比增长速度/% | 定基增长速度/% |
|---|---|---|---|---|---|---|---|
| 2013 | 776.65 | | | | | | |
| 2014 | 1004.51 | 227.86 | 227.86 | 129.34 | | | |
| 2015 | 1105.56 | 101.05 | 328.91 | 110.06 | | | |
| 2016 | 1310.66 | 205.1 | 534.01 | 118.55 | | | |
| 2017 | 1486.88 | 176.22 | 710.23 | 113.45 | | | |
| 2018 | 1578.07 | 91.19 | 801.42 | 106.13 | | | |
| 2019 | 1624.22 | 46.15 | 847.57 | 102.92 | | | |

**图 8.6　计算环比发展速度**

| | 财政收入/亿元 | 逐期增长量/亿元 | 累积增长量/亿元 | 环比发展速度/% | 定基发展速度/% | 环比增长速度/% | 定基增长速度/% |
|---|---|---|---|---|---|---|---|
| 2013 | 776.65 | | | | | | |
| 2014 | 1004.51 | 227.86 | 227.86 | 129.34 | 129.34 | | |
| 2015 | 1105.56 | 101.05 | 328.91 | 110.06 | 142.35 | | |
| 2016 | 1310.66 | 205.1 | 534.01 | 118.55 | 168.76 | | |
| 2017 | 1486.88 | 176.22 | 710.23 | 113.45 | 191.45 | | |
| 2018 | 1578.07 | 91.19 | 801.42 | 106.13 | 203.19 | | |
| 2019 | 1624.22 | 46.15 | 847.57 | 102.92 | 209.13 | | |

**图 8.7　计算定基发展速度**

| | 财政收入/亿元 | 逐期增长量/亿元 | 累积增长量/亿元 | 环比发展速度/% | 定基发展速度/% | 环比增长速度/% | 定基增长速度/% |
|---|---|---|---|---|---|---|---|
| 2013 | 776.65 | | | | | | |
| 2014 | 1004.51 | 227.86 | 227.86 | 129.34 | 129.34 | 29.34 | |
| 2015 | 1105.56 | 101.05 | 328.91 | 110.06 | 142.35 | 10.06 | |
| 2016 | 1310.66 | 205.1 | 534.01 | 118.55 | 168.76 | 18.55 | |
| 2017 | 1486.88 | 176.22 | 710.23 | 113.45 | 191.45 | 13.45 | |
| 2018 | 1578.07 | 91.19 | 801.42 | 106.13 | 203.19 | 6.13 | |
| 2019 | 1624.22 | 46.15 | 847.57 | 102.92 | 209.13 | 2.92 | |

**图 8.8　计算环比增长速度**

步骤 9 计算定基增长速度。选中 I4 单元格，在编辑栏输入“=(C4-776.5)/776.5*100”。然后按回车键，计算出 2014 年的定基增长速度。用鼠标拖动公式复制到 I5 至 I9 单元格，以后各年的定基增长速度自动计算出来，如图 8.9 所示。

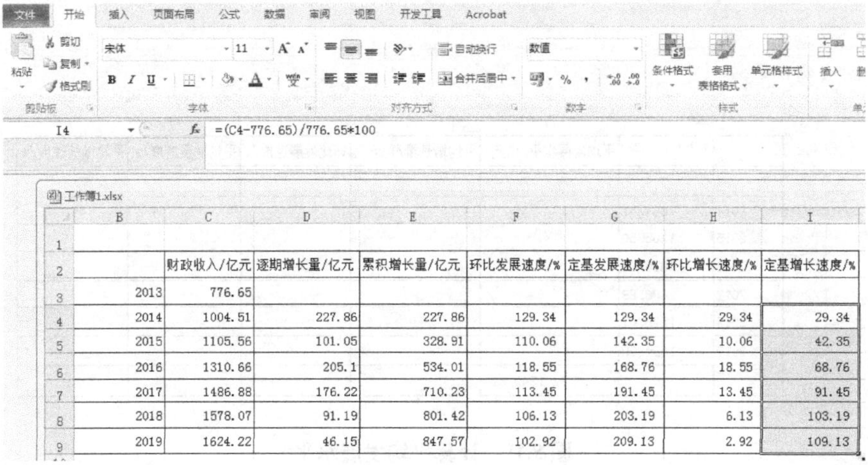


| | 财政收入/亿元 | 逐期增长量/亿元 | 累积增长量/亿元 | 环比发展速度/% | 定基发展速度/% | 环比增长速度/% | 定基增长速度/% |
|---|---|---|---|---|---|---|---|
| 2013 | 776.65 | | | | | | |
| 2014 | 1004.51 | 227.86 | 227.86 | 129.34 | 129.34 | 29.34 | 29.34 |
| 2015 | 1105.56 | 101.05 | 328.91 | 110.06 | 142.35 | 10.06 | 42.35 |
| 2016 | 1310.66 | 205.1 | 534.01 | 118.55 | 168.76 | 18.55 | 68.76 |
| 2017 | 1486.88 | 176.22 | 710.23 | 113.45 | 191.45 | 13.45 | 91.45 |
| 2018 | 1578.07 | 91.19 | 801.42 | 106.13 | 203.19 | 6.13 | 103.19 |
| 2019 | 1624.22 | 46.15 | 847.57 | 102.92 | 209.13 | 2.92 | 109.13 |

**图 8.9 计算定基增长速度**

## 二、用 Excel 计算平均分析指标

视频演示

步骤 1 把数据输入 Excel 中，如图 8.10 所示。

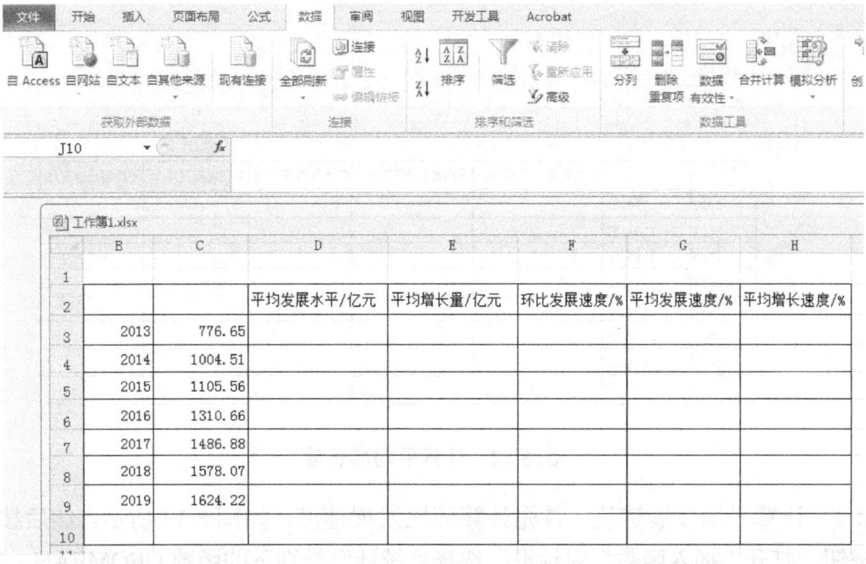


| | | 平均发展水平/亿元 | 平均增长量/亿元 | 环比发展速度/% | 平均发展速度/% | 平均增长速度/% |
|---|---|---|---|---|---|---|
| 2013 | 776.65 | | | | | |
| 2014 | 1004.51 | | | | | |
| 2015 | 1105.56 | | | | | |
| 2016 | 1310.66 | | | | | |
| 2017 | 1486.88 | | | | | |
| 2018 | 1578.07 | | | | | |
| 2019 | 1624.22 | | | | | |

**图 8.10 输入数据资料**

步骤 2 计算平均发展水平。选中 D10 单元格，在编辑栏输入“=SUM(C3:C9)/7”，然后按回车键，计算出 2013—2019 年的平均发展水平，如图 8.11 所示。

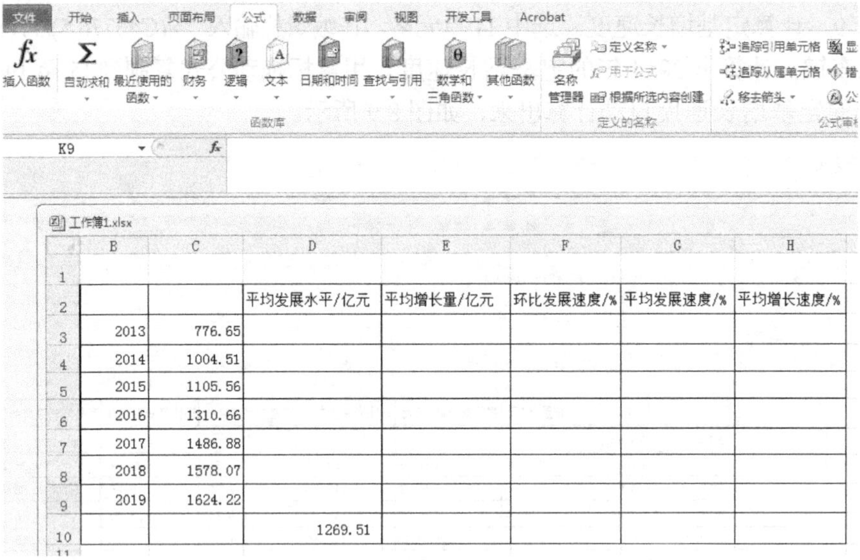

| | B | C | D | E | F | G | H |
|---|---|---|---|---|---|---|---|
| 1 | | | | | | | |
| 2 | | | 平均发展水平/亿元 | 平均增长量/亿元 | 环比发展速度/% | 平均发展速度/% | 平均增长速度/% |
| 3 | 2013 | 776.65 | | | | | |
| 4 | 2014 | 1004.51 | | | | | |
| 5 | 2015 | 1105.56 | | | | | |
| 6 | 2016 | 1310.66 | | | | | |
| 7 | 2017 | 1486.88 | | | | | |
| 8 | 2018 | 1578.07 | | | | | |
| 9 | 2019 | 1624.22 | | | | | |
| 10 | | | 1269.51 | | | | |

**图 8.11　计算平均发展水平**

步骤 3　计算平均增长量。选中 E10 单元格，在编辑栏输入“=(C9−C3)/6”，然后按回车键，计算出 2013—2019 年的平均增长量，如图 8.12 所示。

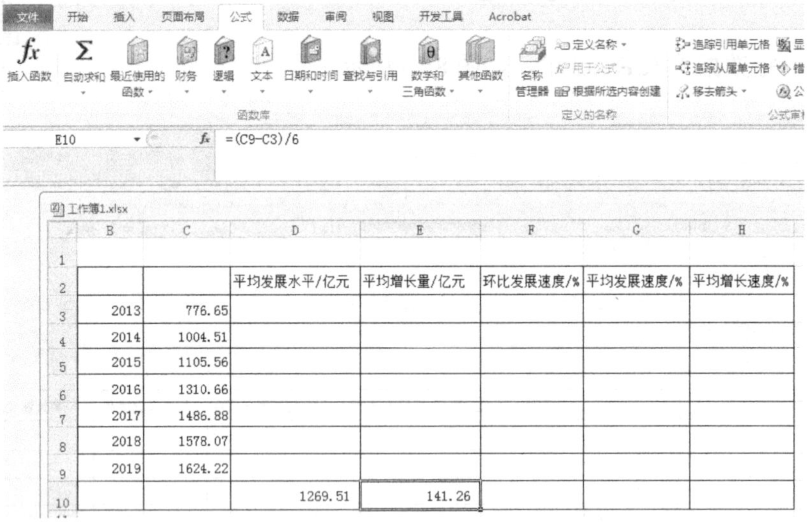


| | B | C | D | E | F | G | H |
|---|---|---|---|---|---|---|---|
| 1 | | | | | | | |
| 2 | | | 平均发展水平/亿元 | 平均增长量/亿元 | 环比发展速度/% | 平均发展速度/% | 平均增长速度/% |
| 3 | 2013 | 776.65 | | | | | |
| 4 | 2014 | 1004.51 | | | | | |
| 5 | 2015 | 1105.56 | | | | | |
| 6 | 2016 | 1310.66 | | | | | |
| 7 | 2017 | 1486.88 | | | | | |
| 8 | 2018 | 1578.07 | | | | | |
| 9 | 2019 | 1624.22 | | | | | |
| 10 | | | 1269.51 | 141.26 | | | |

**图 8.12　计算平均增长量**

步骤 4　计算平均发展速度。首先计算环比发展速度，如图 8.13 所示。然后按 F10 键，单击 *fx* 按钮，打开“插入函数”对话框。选择“统计”类别下的函数 GEOMEAN，如图 8.14 所示。在“函数参数”对话框中选择 F4 至 F9 单元格（见图 8.15），单击“确定”按钮后计算出平均发展速度，如图 8.16 所示。平均发展速度减 100%，得出平均增长速度，如图 8.17 所示。

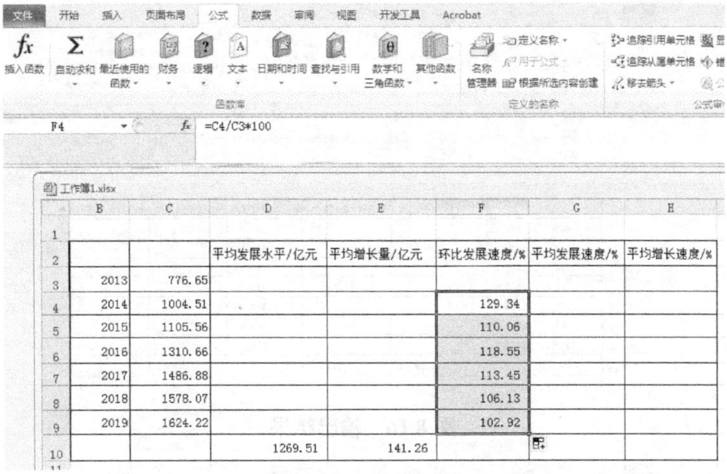


图 8.13　计算环比发展速度

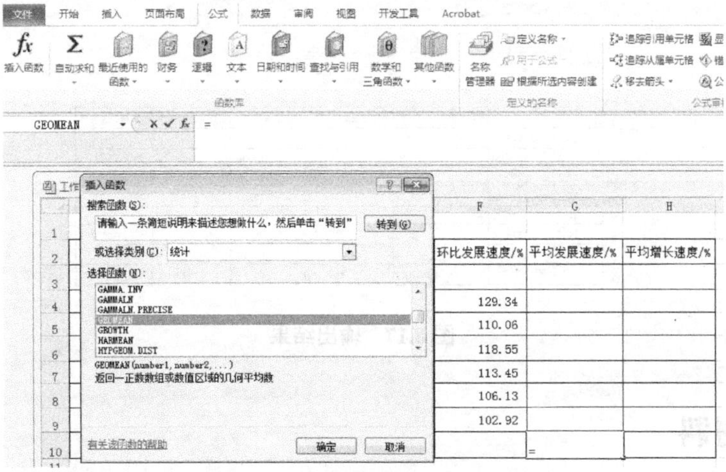


图 8.14　选择函数 GEOMEAN

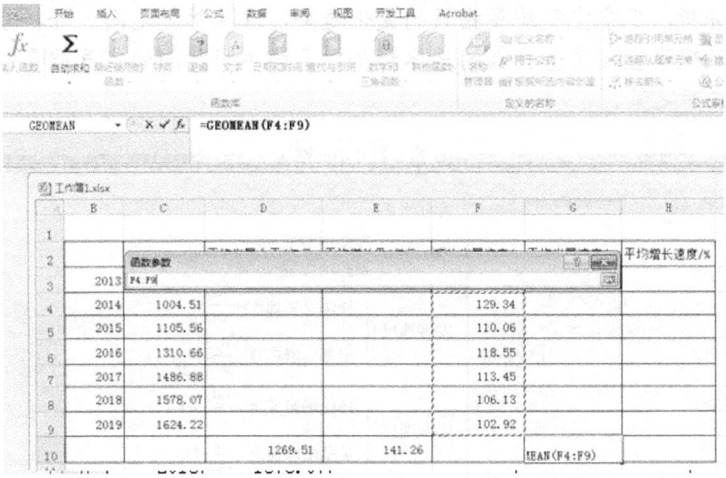


图 8.15　选择数据

| | B | C | D | E | F | G | H |
|---|---|---|---|---|---|---|---|
| 1 | | | | | | | |
| 2 | | | 平均发展水平/亿元 | 平均增长量/亿元 | 环比发展速度/% | 平均发展速度/% | 平均增长速度/% |
| 3 | 2013 | 776.65 | | | | | |
| 4 | 2014 | 1004.51 | | | 129.34 | | |
| 5 | 2015 | 1105.56 | | | 110.06 | | |
| 6 | 2016 | 1310.66 | | | 118.55 | | |
| 7 | 2017 | 1486.88 | | | 113.45 | | |
| 8 | 2018 | 1578.07 | | | 106.13 | | |
| 9 | 2019 | 1624.22 | | | 102.92 | | |
| 10 | | | 1269.51 | 141.26 | | 113.08 | |

图 8.16　输出结果

| | B | C | D | E | F | G | H |
|---|---|---|---|---|---|---|---|
| 1 | | | | | | | |
| 2 | | | 平均发展水平/亿元 | 平均增长量/亿元 | 环比发展速度/% | 平均发展速度/% | 平均增长速度/% |
| 3 | 2013 | 776.65 | | | | | |
| 4 | 2014 | 1004.51 | | | 129.34 | | |
| 5 | 2015 | 1105.56 | | | 110.06 | | |
| 6 | 2016 | 1310.66 | | | 118.55 | | |
| 7 | 2017 | 1486.88 | | | 113.45 | | |
| 8 | 2018 | 1578.07 | | | 106.13 | | |
| 9 | 2019 | 1624.22 | | | 102.92 | | |
| 10 | | | 1269.51 | 141.26 | | 113.08 | 13.08 |

图 8.17　输出结果

## 阅读材料

### 基于时间数列的北京空气质量分析

通过选取北京市 2017 年年初到 2018 年年初，一整年的空气质量指数（AQI）作为指标，对其进行动态分析，观察空气质量指数的变化趋势，以及总体走向；分析空气质量指数的滞后效应，以及观察空气质量指数的总体形势，了解不同时间的空气质量指数的高低，从而在将来做出应对之策。

## 本章小结

比较分析

- 发展水平 $a_i$
- 增减量
  - 逐期增减量 $=a_i-a_{i-1}$
  - 累积增减量 $=a_i-a_0$
- 发展速度
  - 环比发展速度 $=\dfrac{a_i}{a_{i-1}}$
  - 定基发展速度 $=\dfrac{a_i}{a_0}$
- 增减速度
  - 环比增减速度 $=\dfrac{a_i}{a_{i-1}}-1$
  - 定基增减速度 $=\dfrac{a_i}{a_0}-1$
- 增减1%的绝对值 $=\dfrac{a_{i-1}}{100}$

- 平均分析
  - 平均发展水平
    - 时期数列 $\bar{a}=\dfrac{\sum a}{n}$
    - 时点数列
      - 连续 $\bar{a}=\dfrac{\sum af}{\sum f}$
      - 相等间隔 $\bar{a}=\dfrac{\frac{a_1}{2}+a_2+a_3+\cdots+\frac{a_n}{2}}{n-1}$
      - 不等间隔 $\bar{a}=\dfrac{\frac{a_1+a_2}{2}f_1+\frac{a_2+a_3}{2}f_2+\cdots+\frac{a_{n-1}+a_n}{2}f_{n-1}}{f_1+f_2+\cdots+f_{n-1}}$
    - 相对数时间数列、平均数时间数列 $\bar{c}=\dfrac{\bar{a}}{\bar{b}}$
  - 平均增减量 $\Delta_a=\dfrac{a_n-a_0}{n}$
  - 平均发展速度 $\bar{x}=\sqrt[n]{x_1\times x_2\times\cdots\times x_n}=\sqrt[n]{\dfrac{a_n}{a_0}}$
  - 平均增减速度 $=\bar{x}-1$
- 趋势分析
  - 长期趋势分析
    - 时距扩大法
    - 移动平均法
    - 指数平滑法
    - 最小平方法
  - 季节变动测定
    - 同期平均法
    - 移动平均法
  - 循环变动分析
  - 不规则变动分析

## 本章疑难问题解答

### 一、一般平均数与动态平均数的区别

一般平均数是根据变量数列计算的，动态平均数则是根据时间数列计算的；一般平均数表明总体内部各单位标志值的一般水平，动态平均数则表明总体在某段时间内的一般水平。

### 二、计算平均发展速度时几何平均法与累积法的区别

几何平均法侧重考察和控制现象的末期水平，累积法侧重于考察和控制现象各期水平的总和；几何平均法不能考察和控制中间的各期水平，适用呈递增趋势的现象；累积法不能考察中间各期水平的具体分布，适用年度间变化不稳定的现象。

### 三、时期数列与时点数列的区别

时期数列与时点数列从以下 3 个方面区分：一是各指标数值是否具有可加性；二是各指标数值大小是否与其时间长短直接相关；三是各指标数值的取得方式是连续登记还是一次性登记。

## 练习题

**一、填空题**

1. 时间数列按其所采用的统计指标形式的不同，可分为（　　　　）、（　　　　）和（　　　　）3类。

2. 已知各期环比增长速度为 7.1%、3.4%、3.6%、5.3%，则定基增长速度是（　　　）。

3. 时间数列的编制原则是（　　　　）、（　　　　）、（　　　　）和（　　　　）。

4. 绝对数时间数列分为（　　　　）数列和（　　　　）数列。

5. 季节变动的测定方法包括（　　）和（　　）。

6. 时间数列的总波动可分解成（　　）、（　　）、（　　）和（　　）。

**二、单项选择题**

1. 能用简单算术平均数计算平均发展水平的时间数列是（　　）。

A. 时期数列　B. 相对数时点数列
C. 间隔相等的时点数列　D. 间隔不相等的时点数列

2. 时间数列中，每个指标值可以相加的是（　　）。

A. 相对数时间数列　B. 时期数列　C. 间断时点数列　D. 平均数时间数列

3. 某地区粮食产量的环比增长速度2016年为5%、2017年为3%，则2015—2017年该地区粮食产量共增长了（　　）。

A. 2%　B. 8%　C. 8.15%　D. 15%

4. 定基增长速度等于（　　）。

A. 环比发展速度的连乘积减1　B. 环比增长速度的连乘积
C. 环比发展速度之和　D. 环比增长速度之和

5. 如果某商店销售额的逐期增长量每年都相等，则其各年的环比增长速度是（　　）。

A. 年年增长　B. 年年下降　C. 年年不变　D. 无法确定

6. 定基增长速度与环比增长速度的关系为（　　）。

A. 定基增长速度等于环比增长速度之和
B. 定基增长速度等于环比增长速度的连乘积
C. 定基增长速度等于相应环比增长速度加1后连乘积再减1
D. 定基增长速度等于相应环比增长速度连乘积加1

7. 某小区新增住户2%，每家住户用电量比上年提高了5%，则该小区用电量总额增长了（　　）。

A. 7%　B. 7.1%　C. 10%　D. 11.1%

8. 在时间数列的预测方法中，如果要拟合指数曲线，则所依据的样本资料的特点是（　　）。

A. 定基发展速度大致相等　B. 环比发展速度大致相等
C. 逐期增长量大致接近于一个常数　D. 二级增长量大致接近于一个常数

9. 平均增长量等于（　　）。

A. 逐期增长量之和除以时间数列项数　B. 逐期增长量之和除以时间数列项数减1
C. 平均发展速度乘期初水平　D. 平均增长速度乘期初水平

10. 平均增长量是指在一定时期内平均每期增长或减少的（　　）数量。

A. 相对　B. 绝对　C. 累计　D. 平均

11. 已知环比增长速度为3%、4%、6%，则定基增长速度为（　　）。

A. 3%×4%×6%　B. 3%×4%×6%-100%
C. 103%×104%×106%　D. 103%×104%×106%-100%

**三、多项选择题**

1. 下面属于时点数列的是（　　）。

A. 历年旅客周转量　B. 某工厂历年设备台数
C. 历年商品销售量　D. 历年牲畜存栏数
E. 某银行储户存款余额

2. 下面是时期数列的有（　　）。

A. 我国近几年来的耕地总面积　B. 我国历年新增人口数

C. 我国历年图书出版量　　D. 我国历年黄金储备

E. 某地区国有企业历年资金利税率

3. 定基发展速度和环比发展速度的关系是（　　）。

A. 两者都属于速度指标

B. 环比发展速度的连乘积等于定基发展速度

C. 定基发展速度的连乘积等于环比发展速度

D. 相邻两个定基发展速度之商等于相应的环比发展速度

E. 相邻两个环比发展速度之商等于相应的定基发展速度

4. 累积增长量与逐期增长量（　　）。

A. 前者基期水平不变，后者基期水平总在变动

B. 二者存在关系式：逐期增长量之和=累积增长量

C. 相邻的两个逐期增长量之差等于相应的累积增长量

D. 根据这两个增长量都可以计算较长时期内的平均每期增长量

E. 这两个增长量都属于速度分析指标

5. 下列说法正确的是（　　）。

A. 发展速度等于增长速度加 1　　B. 发展速度等于增长速度减 1

C. 定基发展速度等于定基增长速度加 1　　D. 定基发展速度等于定基增长速度减 1

E. 定基发展速度等于相应的环比发展速度的连乘积

6. 平均发展水平（　　）。

A. 又称动态平均数　　B. 是现象在不同时期发展水平的平均数

C. 是同一时间数列各项指标值的平均数　　D. 是各期发展水平的算术平均数

E. 说明某一现象的总量在不同时间上变化的一般水平

7. 分析时间数列的水平指标包括（　　）。

A. 发展水平　　B. 发展速度　　C. 增减量

D. 平均发展水平　　E. 平均增减量

8. 如果两个相邻时期的环比发展速度皆为 106%，则（　　）。

A. 这两个时期的逐期增长量相等　　B. 这两个时期的定基发展速度相等

C. 这两个时期的发展水平相等　　D. 这两个时期的环比增长速度相等

E. 这两个时期的平均发展速度为 106%

9. 影响社会经济现象发展变化的因素主要有（　　）。

A. 基本因素　　B. 偶然因素　　C. 季节因素

D. 变量值水平　　E. 权数大小

10. 进行长期趋势的分析方法有（　　）。

A. 时距扩大法　　B. 移动平均法　　C. 随机抽样法

D. 动态平均法　　E. 最小平方法

11. 用按季或按月平均法测定季节变动（　　）。

A. 方法简便　　B. 在原数列不存在明显的长期趋势时采用

C. 在原数列存在明显的长期趋势时采用　　D. 计算出的季节比率比长期趋势剔除法准确

E. 计算出来的季节比率不能说明任何问题

12. 测定长期趋势的意义有（　　）。

A. 测定长期趋势的形式和走向，以便认识和掌握现象发展变化的规律性

B. 利用现象发展的长期趋势，可对未来的情况做出预测

C. 对时间数列进行修匀

D. 拟合趋势线

E. 测定长期趋势还可以将长期趋势从时间数列中分离出来，以便更好地研究季节变动和循环变动

**四、判断题**

1. 动态平均数抽象的是现象在不同时间上的数量差异，因此它能够从动态上说明现象在一定时期内发展变化的一般趋势。（ ）

2. 逐期增长量等于两个相邻的累积增长量之差。（ ）

3. 逐期增长量之和等于累积增长量，故累积增长量必定大于各期的逐期增长量。（ ）

4. 现象的增长量大于0，说明现象的发展趋势良好。（ ）

5. 某时期的环比发展速度等于该时期的定基发展速度除以上期的定基发展速度。（ ）

6. 定基增长速度等于各期环比增长速度的连乘积。（ ）

7. 如果数列的环比增长速度相等，则其逐期增长量相等。（ ）

8. 对同一资料按几何平均法和按累积法计算的平均发展速度是相等的。（ ）

9. 如果某企业销售收入的各期逐期增长量大于0且相等，则该时间数列环比增长速度呈下降趋势。（ ）

10. 用累积法计算的平均速度，实质上只反映了现象首末期水平的变化。（ ）

**五、简答题**

1. 时间数列有哪些作用？

2. 计算平均发展速度的几何平均法和累积法有何不同？各适用于哪些现象？

3. 时期数列和时点数列有哪些区别？

**六、计算题**

1. 某企业某种产品的有关数据如下表所示。

| 年　份 | 2014 | 2015 | 2016 | 2017 | 2018 | 2019 |
|---|---|---|---|---|---|---|
| 产量/台 | 9 500 | | | | | |
| 逐期增长量/台 | — | 500 | | | | 510 |
| 环比发展速度/% | — | | 104.0 | | | |
| 定基增长速度/% | — | | | 10.0 | | |
| 增长1%绝对值/台 | — | | | | | 109 |

要求：

（1）将表中空格的数字填上。

（2）计算年平均增长量。

（3）计算产品产量的年平均增长速度。

2. 某企业资料如下表所示。

| 月　份 | 1月 | 2月 | 3月 | 4月 |
|---|---|---|---|---|
| 总产值/万元 | 440 | 500 | 588 | 652 |
| 月初人数/人 | 2 000 | 2 200 | 2 300 | 2 350 |

要求：

（1）计算该企业第一季度平均每人每月产值（平均月劳动生产率）。

（2）又知上年12月该企业总产值为430万元，试计算本年度前4个月总产值的平均增长速度。

3. 某厂职工人数及非生产人员数资料如下表所示。

| 月　初 | 1月 | 2月 | 3月 | 4月 | 5月 | 6月 | 7月 |
|---|---|---|---|---|---|---|---|
| 职工人数 | 4 000 | 4 040 | 4 050 | 4 080 | 4 070 | 4 090 | 4 100 |
| 其中非生产人员数 | 724 | 716 | 682 | 694 | 666 | 666 | 660 |

要求：计算上半年非生产人员比重。

4. 某大型石油公司 2019年 4个季度的利润额及职工人数如下表所示。

| 季　度 | 一季度 | 二季度 | 三季度 | 四季度 | 年　底 |
|---|---|---|---|---|---|
| 总利润/万元 | 810 | 950 | 920 | 1 030 | |
| 季初职工人数/人 | 200 | 203 | 218 | 230 | 210 |

要求：计算该公司全年人均创造的利润。

5. 某地区工业产值 2007—2012年平均增长 7%、2012—2019年平均增长 6%，2007—2019年的平均增长速度为多少？

6. 已知某地区国民生产总值（GNP）在 2008—2009年平均每年递增 15%、2010—2012年平均每年递增 12%、2013—2017年平均每年递增 9%。

（1）计算该地区国民生产总值这 10年间的总发展速度及平均增长速度。

（2）如果 2017年的国民生产总值为 500亿元，以后每年增长 8%，到 2020年可达到多少亿元？

7. 已知某煤矿的 2010—2015年的采煤量如下表所示。

| 年　份 | 2010 | 2011 | 2012 | 2013 | 2014 | 2015 |
|---|---|---|---|---|---|---|
| 产量/万吨 | 400 | 420 | 450 | 478 | 516.2 | 552.3 |

要求：

（1）计算 2010—2015年的产量的年平均增长量和年平均增长速度。

（2）用最小二乘法建立产量的直线趋势方程。

（3）预测 2020年的产量。

8. 某商场某类商品分季销售情况如下表所示。

| 年　份 | 一季度 | 二季度 | 三季度 | 四季度 |
|---|---|---|---|---|
| 2015 | 9 | 13 | 16 | 6 |
| 2016 | 11 | 14 | 14 | 10 |
| 2017 | 8 | 16 | 21 | 6 |
| 2018 | 10 | 12 | 20 | 8 |
| 2019 | 12 | 15 | 16 | 10 |

要求：

（1）采用按季平均法计算各季季节比率。

（2）对季节变动规律做简要分析。

# 参 考 文 献


[1] 刘照德，黄小敏. 统计学——从典型案例到问题和思想[M]. 广州：华南理工大学出版社，2015.

[2] 陈嗣成. 新编统计学原理[M]. 7 版. 北京：首都经济贸易大学出版社，2016.

[3] 李心愉，袁诚. 应用经济统计学[M]. 3 版. 北京：北京大学出版社，2015.

[4] 陈晓萍，徐淑英，樊景立. 组织与管理研究的实证方法[M]. 2 版. 北京：北京大学出版社，2012.

[5] A. 林德. 商务与经济统计方法[M]. 15 版. 聂巧平，叶光，译. 北京：机械工业出版社，2015.

[6] 方娜. 商务统计学[M]. 2 版. 武汉：武汉大学出版社，2015.

[7] 张海平，孟泽云. 统计学原理[M]. 北京：机械工业出版社，2011.

[8] 宋粉鲜，陈世文. 统计学基础习题与实训[M]. 北京：现代教育出版社，2013.

[9] S. 伯恩斯坦，R. 伯恩斯坦. 统计学原理——描述性统计学与概率[M]. 北京：科学出版社，2002.

[10] 李洁明. 统计学原理[M]. 上海：复旦大学出版社，2017.